WIZARD

トレードコーチと メンタルクリニック

無理をしない自分だけの成功ルール

著者 バン・K・タープ　監修者 長尾慎太郎　訳者 山下恵美子

Trading Beyond the Matrix :
The Red Pill for Traders and Investors by Van K. Tharp

Pan Rolling

Trading Beyond the Matrix : The Red Pill for Traders and Investors
by Van K. Tharp

Copyright © 2013 by Lake Lucerne LP. All rights reserved.

This translation published under license with the original publisher John Wiley & Sons, Inc.

監修者まえがき

　本書はトレーダーのメンタルトレーニングで有名なバン・K・タープ博士が著した"Trading Beyond the Matrix : The Red Pill for Traders and Investors"の邦訳である。タープ博士が書いたものの邦訳としてはすでに『新版　魔術師たちの心理学』『魔術師たちの投資術』『タープ博士のトレード学校　ポジションサイジング入門』の３冊がパンローリングから刊行されている。トレードの心理を扱った相場書は希少なので、これらを手に取ったことのある方も多いことだろう。しかし、本書をそれらの延長線上に位置づけて読んだら仰天することになる。なぜなら、本書は相場書というよりは、広義のセルフヘルプとスピリチュアリティ（霊性）に関して書かれた啓蒙書だからである。

　一般に私たちはだれでも認知バイアスを持っている。これには例外はなく、人によって程度が異なるだけである。それが極端な場合は社会生活に支障を来すこともあるが、ほとんどの場合は特に問題とはならない。日常生活では合理的な判断・行動が常に必要なわけではないからだ。だがマーケットにおいては、他者が合理的な行動を取るなかで自分が非合理的な行動を取れば、意図せざる損失を被ることになる。認知的不協和の発生である。この不快感を軽減する方法はいくつかあるが、本質的に問題を解決しようとすれば、自分自身もしくは自分の行動を変えるしかない。

　実際に自分自身を変えるのは大変で成人ではほとんど不可能であるが、もし問題がトレードに限定されているのなら、表面的な行動さえ変えればよいのだから話は簡単である。機関投資家の運用現場では、これを組織デザインと分業制度、ミッションのエージェンシー化によって解決している。これは日本人が得意とする分野で、したがって各

担当者のメンタルな問題はパフォーマンスにはまったく影響を与えない。一方で、自分ひとりですべてをこなさなければならない個人投資家の場合は、多くは数学（特に統計学）をはじめとした科学的な思考を心がけることでもって、トレードにおける自分の行動を律してきた。

　しかし著者らは第三の道を選んだ。認知的不協和の存在から来る不快を軽減するために、プロセスを変えるのではなく自分の認識体系の方を入れ替えるのである。著者らはその認識体系を「信念（belief）」、それを矯正する新たな認知バイアスを「タープ的思考」と呼び、この原理に通じれば精神が解放され、神と対話することになる（らしい）。本書は、トレードにおけるメンタルトレーニングの領域をはるかに超えて行き着くところまで行ってしまった人たちの記録である。私自身はここに書かれたような超自然的なモノの存在を信じないし、たかがゼニ儲けのために神様を持ち出すのはむしろ不謹慎なんじゃないのか？といった疑問も感じるのだが、唯一絶対神を持たない私たち日本人と違って、彼らには科学よりも宗教のほうが、自らを統制するものとしては受け入れやすいのかもしれない。

　翻訳にあたっては以下の方々に心から感謝の意を表したい。山下恵美子氏には、正確で分かりやすい翻訳をしていただいた。そして阿部達郎氏には丁寧な編集・校正を行っていただいた。また、このような尖った趣向の本が発行される機会を得たのは社長である後藤康徳氏のおかげである。

2014年1月

長尾慎太郎

CONTENTS

監修者まえがき　　　　　　　　　　　　　　　　　　　1
謝辞　　　　　　　　　　　　　　　　　　　　　　　15
まえがき　ダグ・ベントレー　　　　　　　　　　　　19
序文 ── 変革を理解する　バン・K・タープ博士　　　25
　レベル1 ── トレードゲームの変革　　　　　　　　28
　レベル2 ── マトリックスを理解し、自分自身を再プロ
　　グラミングする　　　　　　　　　　　　　　　　31
　レベル3 ── マトリックスを超えてトレードする　　34
　本書の応用方法　　　　　　　　　　　　　　　　　36

第1部
トレードゲームの変革 ── 基本を理解しよう
バン・K・タープ博士　　　　　　　　　　　　　39

　古いルールと新しいルール　　　　　　　　　　　　39
　　第1部の内容　　　　　　　　　　　　　　　　　43

第1章　130%を超えるリターン ── でもそれはほんの始まりにすぎなかった
デビッド・ウィトキン　　　　　　　　　　　47

　トレードを学ぶ　　　　　　　　　　　　　　　　　48
　タープ的思考の基礎　　　　　　　　　　　　　　　53
　どの教訓も同じではない　　　　　　　　　　　　　59
　最終的には勝ちビー玉が出るようになった　　　　　64

第2章　タープ的思考の自動化
ローレンス・ベンスドープ　　　　　　　　　71

　トレードは人に頼らず自分でやる　　　　　　　　　74
　他人をトレーニングする　　　　　　　　　　　　　81
　なぜこういったことが可能なのか　　　　　　　　　83
　補足　　　　　　　　　　　　　　　　　　　　　　84

CONTENTS

第3章　銀行の貸付係から経済的に自由なトレーダー兼投資家へ
リック・フリーマン　87

- 最初の心理的な変化　90
- トレードゲームについて私が学んだこと　95
  - トレードゲームを理解する　98
  - では、正の期待値を持つシステムはどうやれば手に入るのか　104
- 機能するシステムを手に入れる　106
- トレード心理　107
- 私の人生はどう変わったか　110

第4章　陸軍少佐からシステム専門家へ
ケネス・ロング（数学博士）　115

- 私は何を学び、どう変わったか　118
  - 信念の力　118
  - 統計学に基づくトレード　122
  - 極端な状態をトレードする　126
  - リワード・リスク・レシオの評価　127
  - R倍数　129
  - ポジションサイジング戦略とビュレット　129
  - システム、ターゲット、市場を評価するためのSQNパフォーマンス　131
  - 市場分類戦略　132
- 変革　133
  - システムのパフォーマンスが向上　134
  - 市場状態ごとに異なるシステム　134
  - 詳細な記録とトレード分析　135
  - 根拠に基づく管理　135
  - ストレスの軽減　136
- パフォーマンス　136
  - 毎月リバランスする長期システム　137
  - 週に1回ポートフォリオを調整する週次スイングトレード　137
  - 日々の引け後のデータを使ったパターンスイングトレード　139
  - ライブのトレードワークショップの結果　140

第5章　タープ的思考を使ってブローカーからフルタイムのトレーダーへ
マーティン・ホーシー　147

- 私の新たな冒険　149
  - ノースカロライナへ　150
  - トレードの再開　153
- 今の自分　156

第6章　タープ的思考をあなたのトレードに取り入れよう
バン・K・タープ博士　159

- 分野１──成功するトレードの原理を完璧に理解する　162
- パート１──トレードを学ぶことは骨が折れるが、それは教えることができる　164
- パート２──自分自身を知る　166
- パート３──過ち　168
- パート４──目標とポジションサイジング戦略　170
- パート５──確率とリワード・リスク・レシオの評価　173
- パート６──システムと市場　178
- タープ的思考を学ぶためのステップ　181

第2部
心理的変革──マトリックス内の最高レベルで機能する自分を作る
バン・K・タープ博士　183

第7章　信念──マトリックスの基本
バン・K・タープ博士　189

- 信念はあなたの人生を変えるほどの影響を持つ　190
- 私は経験をどう作りだすのか　199

CONTENTS

あなたはあなたのなかを流れる思考に気づく人	205
信念の階層	207
あなたの信念を変える	212
あらゆるものはあなたが与えた意味を持つ	219

第8章　感覚と身動きできない感情の驚くべき世界
　　　　　　　　　　　　　　　　　匿名　225

転機	226
自己破壊モデル	230
感情を受け入れる	232
今の自分	237
編集者から一言 ── 目覚めを測る測度としての感情の解放	242

第9章　あなたは対立する部分の集合体
　　　　　　　　　　　　　　　バン・K・タープ博士　243

練習 ── パーツパーティー	247
部分間で交渉する練習	247
CBOEのフロアトレーダーとのインタビュー	251
バン・タープ博士とのワーク	254
対立する部分に対処する	256
それから何が変わったか	258
今の自分（数年後）	259

第10章　内なるガイダンス ── 奇跡への旅
　　　　　　　　　　　　　　　バン・K・タープ博士　263

私の旅	264
神との対話	270
ディクシャ（ワンネスブレッシング）	273
私とミツィーとの関係	274
私の今の内なるガイダンス	277
変革した工学の元教授を再び訪れる	280
私とドゥルガーとの関係の発展	284
神とのワンネス	285
神との絆	287

関係の性質が重要	291
これはあなたやあなたのトレードにとってどんな意味があるのか	295
最近起こったこと	300
奇跡1 ── マザー・ミーラの2回目のブレッシング	300
奇跡2 ── 恐怖を基にしたスピリチュアルな信念を払いのけることができた	301

第11章　TfMによる経験

ピーター・ウェクター　305

「私」は「神」という言葉に関する問題を持っている	312
5つの変革	314
まだ理解していないリトルiがいくつか現れた	318
議論	330
過ちへの対処	332
議論	336
本章を終わるにあたって	337
補足	339

第12章　あなた自身の世界を作る

バン・K・タープ博士　347

自分自身を極めるための9つのステップ	351
ステップ1 ── 自分は対立する部分の集合体	351
ステップ2 ── 各部分からアイデンティティーレベルの信念を25から30個引き出す	352
ステップ3 ── それぞれの信念に対して信念チェックパラダイムを行う	355
ステップ4 ── 投影とあなたの影の部分を見つけよ	356
ステップ5 ── 感情解放によって感情を解放せよ	357
ステップ6 ── 人生を振り返り、現れた信念をリストアップせよ	359
ステップ7 ── 問題をリストアップし、その基となる原因（信念や感情）を見つけよ	360
ステップ8 ── あなたの内なるガイダンスと常に交信し続けよ	361

CONTENTS

  ステップ9 ── 部分を取り除くか、あるいはそれらが
    あなたとともに働くことができるようにせよ 364

第3部
意識レベルを変えることでマトリックスを超える
バン・K・タープ博士 367

  私たちの最も強力なツール 370
  変革によるスーパートレーダーへの旅 371

第13章　変革の旅をどう高めていったか
       キム・アンダーソン 375

  元凶を見つける 381
  変革の加速 388
   変革の柱1 ── 恐怖を取り除く 388
   変革の柱2 ── ハイアーパワーに接触する 390
   変革の柱3 ── 私の人生における目的 392
   変革の柱4 ── コントロールに対する願望を取り除く 393
  大金持ちになることへの無意識の恐怖を手なずける 395
  以前と現在の比較 396
  強化された変革モデル 398
  結論 400

第14章　エンジニアからスピリチュアルな戦士へ
    ── トレードの旅
       匿名 401

  時間表1 ── 下り坂を転げ落ちる 402
  時間表2 ── 穴から這い出る 407
   どこからともなくやって来たメッセージ 408

  退職したらすぐにプロの投資家になるという目標 410
  本当の問題を抱えているのか、それとも暗闇のなかに
   悪魔を見ているだけなのか 413
  スーパートレーダープログラムの参加者に出会う――
   彼らのようになりたい！ 414
 変革１――過去の投影の痛みを捨てる 416
  最初の状態 416
  変革するために何をしたか 417
  変革した状態 419
  幕あい――だれにでもお金を儲けるチャンスはある 420
 変革２――温和な宇宙を体験する 423
  最初の状態 423
  変革するために何をしたか 424
  変革した状態 426
 変革３――自分の目標を認識する 426
  最初の状態 426
  変革するために何をしたか 428
  変革した状態 430
 変革４――自分に合ったビークルを見つける 432
  最初の状態 432
  変革するために何をしたか 433
  変革した状態 434
 変革５――感情状態の積極的な管理者になる 437
  最初の状態 437
  変革するために何をしたか 438
  変革した状態 441
 結論――最後に勝者となる 443

第15章　プロトレーダーの旅――マトリックスを超えて

カーティス・ウィー　445

 初期のトレード 448
 バン・タープ・インスティチュートとの出合い 452
 重要な教訓１――責任を持つ 453
 重要な教訓２――思考、感情、行動を自由自在に操れる 455

CONTENTS

重要な教訓3 ── 私の思考は私のものではない　　458
重要な教訓4 ── 内なるガイダンスを信じる　　460
重要な教訓5 ── 世界が完全であることを理解する　　461
重要な教訓6 ── 自分の目標を知る　　463
重要な教訓7 ── 自分を作り変える　　465
今の自分　　467

第16章　「ただ在る」状態でトレードする
　　　　　　　　　　　　　　　タン・グエン　**469**

変革への旅　　471
　分野1 ── 不安や心配　　473
　分野2 ── 辛抱強さのなさ　　474
　分野3 ── 失敗することや間違うことへの恐れ　　475
　分野4 ── 圧倒される　　476
　分野5 ── 自分はいつも正しいのだと信じる傾向がある　　477
　分野6 ── プランやシステムなしにトレードする　　477
私はこれをどのようにして達成したのか　　479
今の自分　　481
編集者注　　484

第17章　意識レベルを向上させるために
　　　　　　　　　　　　　バン・K・タープ博士　**485**

「ただ在る」状態でトレードするための練習　　486
「ただ在る」状態でトレードする　　489
レベル4の変革　　492
意識レベルを上げることに対する質問　　495

第18章　旅は続く
　　　　　　　　　　　　　バン・K・タープ博士　**501**

分野3 ── トレードや投資のための個人的なビジネスプランを作成する　　501
分野4 ── トレードに対する準備ができているか　　509
分野5 ── トレードの過ちを理解する　　515

付録 521
用語解説 525

「自分は何者なのかを忘れるな」と常にささやきかけ、光に満ちあふれた世界を示してくれる彼女に本書を捧げる。

謝辞

　私はおよそ30年にわたってトレーダーや投資家たちとかかわってきた。本書に書かれている考え方を形成するのを手助けしてくれたのは、その間に知り合った多くの人々だ。**タープ的思考**と私が呼ぶものは、トレーダーや投資家として成功した数多くの人々とのモデリングを通して身につけた知識のたまものだ。ここでは一握りの人しか名前を挙げられないが、貢献してくれた人々全員にこの場を借りて御礼申し上げたい。

　まずは『マーケットの魔術師』（パンローリング）で私を紹介してくれたジャック・シュワッガーに御礼申し上げる。彼のおかげで私は偉大な人々と知り合うことができた。そして、ポジションサイジング戦略と、目標を達成するのにそれがいかに重要かを教えてくれたのがエド・スィコータ、ウィリアム・エックハート、トム・バッソの面々だ。

　私が1対1でコンサルティングした人々やスーパートレーダープログラムに参加してくれた人々にも感謝したい。あなた方は本書における思考を形成するのにどれほど役立ったか分からない。本当に驚くべき人々だ。あなた方はきっと私と同じように自分の人生に革命をもたらしたことだろう。

　私はこの30年、自己変革の旅をしてきた。これはひとえに私の先生方のおかげである。そのなかの何人かは、対処すべき問題を見つけ、それに対峙する手助けをしてくれたという意味で本当に偉大な先生たちだった。

　あるいは手本を示してくれた先生もいた。スリ・アンマ・バガバン、マザー・ミーラ、ナラシマ・クマラジ、ワンネスユニバーシティーとフィージーでガイドをしてくれたダグ・ベントレー、エミール・ウェ

ブ、ビジェイ・タークル、レオ・フィッシュベック、ウェンデル・ウィル、ジョン・グリンダーとNLPトレーナーチームのロバート・ディルツ、ワイアット・ウッズモール、リー・コイト、ラジンダー・ルーンバ、エニッド・ビエン、ブルース・デューブ、ハリー・パルマー、バイロン・ケイティ、デビッド・ホーキンズ、フランク・キンスロー、タッド・ジェームス、エッカート・テレ、リビー・アダムス、ディアドラ・プライス、マイケル・ミルナー、スチュアート・ムーニー、マシュー・オッテンバーグ。このほかにも大勢いる。本当にありがとう。

次に感謝したいのは本書への貢献者たちだ。本書のテクニックは、その人生がこれらのテクニックによって変革された人々の話なくしては意味をなさない。こうした話を提供してくれたデビッド・ウィトキン、ローレンス・ベンスドープ、リック・フリーマン、ケン・ロング、マーティン・ホーシー、ピーター・ウェクター、キム・アンダーソン、カーティス・ウィー、タン・グエンと、匿名で投稿してくれた3人に感謝する。あなた方の洞察力と飛躍的進歩には大いに勇気づけられた。これはまさに賞賛に値するものだ。

また、バン・タープ・インスティチュートのスタッフにも感謝する。校正と編集を担当してくれたベッキー・マッケイとシャノン・マンテ。本当にありがとう。会社の日々の運営を手助けしてくれたキャシー・ヘイスティー、R・J・ヒクソン、フランク・イーブス、リバティー・ラマスワミにも感謝する。あなた方がいなければ、本書が日の目を見ることはなかっただろう。そして、最後にジリアン・エリス。彼女は私をサポートしてくれただけでなく、本書のためにイラストを描いてくれた。彼女のイラストのおかげで本書は輝きを増し、深刻な話題にも和みをもたせることができた。本当に感謝する。

長年にわたり携わってきた偉大なトレーダーたちにも感謝したい。彼らは本書の概念に従って何百万ドルものお金を稼いできた。私がこれらの概念をよりよく理解し、他人にもこれらの概念が機能すること

を証明することができたのもあなた方のおかげだ。

　本書の弁護士兼エージェントであるロイド・ジャシンにも感謝する。彼は本書を書くにあたって正しいことをするように奨励してくれた。彼がいなければ、ジョン・ワイリー・アンド・サンズで素晴らしいサポートチームを見つけることはできなかっただろう。

　特にジョン・ワイリー・アンド・サンズの編集者であるデブラ・エングランダーには深く感謝する。彼女は本書の可能性を発見してくれた張本人だ。これは「平均的」な本ではない。本書は強い独自性を持つばかりか、大きな影響を与える本だと言ってくれたのが彼女だった。彼女はワイリーとのさまざまな取り決めもアレンジしてくれた。ワイリーのサポートチーム全員にもこの場を借りて感謝する。

　そして最後に、最も親密感を感じる3人に感謝する。妻のカラバティー、息子のロバート、そして娘のようなめい、ナンチーニの3人だ。愛しているよ。君たちは私のインスピレーションの源だ。いつもそばにいてくれてありがとう。

　このほかにも数多くの人々のお世話になった。ここでは1人ひとりの名前を挙げることはできないが、この場を借りて感謝する。

まえがき
　　　　　　ダグ・ベントレー（北アメリカ・ワンネス・ガイド）

　人生において本当に達成したいこと —— それは金銭的に裕福になり、成功することである。これは近代社会に生きるだれにとっても時間と労力を費やすだけの価値のあるものである。私たちは学校で懸命に勉強し、懸命に働く。これは金銭的な成功を収めるのに必要な進歩を成し遂げるためである。欧米諸国では成長して成功を手に入れる方法は無数にある。しかし、幸運で物事がスムーズに進む人がいる一方で、もがき苦しむ人がいる。これはなぜなのだろうか。努力だけではけっして補えない部分がある。成功と失敗を分かつものとは一体何なのだろうか。

　人間は成長すると、外的部分と内的部分との相互関係に気づくようになる。人はストレスや恐怖や悲しみにさらされると肉体的に不健康になる。さらに細かく観察すると、外的世界は私たちの内的世界を反映するものであることが分かってくる。内的世界は、人生とはかくあるべきだという私たちの信念を映し出す鏡のような気がする。われわれは成功に値する人物なのか。愛されるに値する人物なのか。成功するのか。失敗するのか。私たちはこうしたことに対して明確な態度を取る。したがって、私たちが私たち自身に対して持っているすべての考えは毎日の生活で起こることに影響を及ぼす。人間関係に影響を及ぼし、成功するかどうかにも影響を及ぼし、幸福にも影響を及ぼす。とにかく、私たちの生活のあらゆる部分に影響を及ぼすのである。

　2人の人物を例に取って考えてみよう。2人とも同じ情熱を持ち、同じ意欲を持ち、同じ知性を持つ。1人は、やることなすことすべてうまくいくと思っている。なぜなら、成功に見合うだけのことをやっているからだ。もう1人は、いつも失敗すると思っている。なぜなら、

成功に見合うだけのことをやっていないからだ。その結果どうなるかというと、1人は成功し、もう1人は失敗する。つまり、自分について信じていることが起こるということである。しかし、2人ともそのことには気づいていない。

　では、これを解決するにはどうすればよいだろうか。この内的世界に気づいて、無意識の信念パターンというものが分かるようになるにはどうすればよいのだろうか。それは簡単だ。目覚めればよいのだ。まずは自分の内側で何が起こっているかに気づくことから始めよう。

　人間は太古の昔から旅をしてきた。旅は意識を開花させるプロセスであり、それによって人は本当の自分というものになっていく。旅は自分の奥深くに眠る内的状態に気づかせてくれ、自分の真実というものを知る機会を与えてくれるものだ。そして、自分の内部を垣間見たそのときから、本物の自分になり、内なる人格というものが機能し始める。

　これがお金を稼ぎ、成功するのとどんな関係があるのか、と聞きたくなることだろう。答えは簡単だ。一瞬一瞬において自分自身のことによく気づいているとき、あなたは他人やあなたの置かれた状況と調和していることになる。この状態は、心を超えて自然に発生してくる知性というものに接する機会を与えてくれるものだ。いわゆる直感というやつである。タープ博士はこれを、ただ在る状態でトレードする能力と呼んでいる。ゾーン状態にあること、と呼ぶ人もいる。しかし、これにはもっと深い意味がある。この内なる知性は、ブッダからスティーブ・ジョブズまで、この地球上に存在した偉大なるすべての人間の才能を結集したものなのである。

　この深い内なる世界に接することができた人々は創造力豊かで知性にあふれていた。彼らが狙ったものは成功裏のうちに成し遂げられた。遭遇する新たな状況における自分自身に気づくようになると、毎日が限定的な信念を超えて自分自身の成長を発見する日々だった。このプ

ロセスは自動的で努力を要しないものだった。ただ、彼らに起こったこと。それだけだ。彼らが偉大なことを成し遂げられたのは、内なるものが開花して、神の愛が彼らを包みこんだからである。

　何と魅力的なことなのだろう。あなたもこうなりたいと思うか。そうなら、参加することだ。

　ここで話していることは簡単にできることではない。毎日やれるような簡単なものではない。それはあなたに与えられるものなのだ。

　古代人は真の成功の秘訣は意識のなかに存在することを理解していた。内なる自分を開花させた人は大成功し、そうでなければもだえ苦しむ。人間を開花させるには神経生物学的変化が必要だ。あなたの体のなかに眠っている精神的エネルギーを目覚めさせなければならないわけである。しかし、それがいったん目覚めると、内なる自分は自然に開花し、あなたを気づきと意識のもっと高い次元へと押し上げてくれる。

　古代人は、目覚めたいと真剣に思ったとき、目覚めた人を求めて長い旅に出た。そして、その目覚めた人を探し当てたとき、彼らは目覚めを求める人に目覚めのエネルギーを伝授してくれる。

　このエネルギーの伝授はディクシャと呼ばれ、人が与えられるたぐいまれで最も貴重な恩恵と考えられていた。エネルギーを伝授されるものは達人のガイダンスのもと、長い間学習してようやくエネルギーを伝授されるのである。

　ディクシャは、求めようとして簡単に求められるものではなく、この近代社会ではつい最近まで知られることはなかった。しかし、このディクシャが今戻ってきたのだ。成長し、目覚めを求める人であればだれでも手に入れることができるようになった。

　ディクシャは崇高なものだが、宗教的な枠組みにはとらわれない。それはあなたの精神的エネルギーを呼び覚ます神聖なエネルギーの伝授であり、脳の不活性な部分を活性化させることで脳がバランスよく

機能するような変化をもたらすものである。その結果、ディクシャを与えられた人々は目覚め、知性が増す。これは目覚めの自動的なプロセスであり、終わりのない成長の旅であり、日々の生活のなかでの発展をうながすものである。

つまり、あなたは自分自身を見つめ、自分の限界を発見することができるようになるわけである。しかし、この旅は手助けがなければ非常にのろく、途中で挫折させるかもしれない障害に満ちあふれたものになる。しかし、この旅に神の力が注ぎ込まれれば、深淵なる内なる癒やしが自然に始まる。この癒やしによって、妨げとなる信念のシステムを固着させ、懸命にがんばっているのに私たちを成功から遠ざけるようなものから自然に解放される。このプロセスは本書の第2部で詳しく説明されている。

人々が目覚めを開花させるにつれ、大きく成長し、内なる神聖な領域に自然に触れることができるようになる。日々の生活のなかで求めること、あるいは起こってほしいと思うことを経験するようになる。それはいとも簡単に優美に実現される。そして、人々は人生がうまくいっていることを実感する。人生が流れるように動きだし、ただ在る状態でトレードできる喜びにあふれる。いきなり、苦悩とはおさらばして、物事を達成することが楽しい旅になる。

人生は楽しまなければならない。人生は経験に満ちたものでなければならない。しかし、これを達成するためには、意識を開花させ、成長させる必要がある。今、この地球上にはディクシャによって目覚めを手に入れた人々が何百万人もいる。彼らは、人生は驚きに満ちたものであり、成長と喜びの経験であるという現実に気づきつつある。

そんな1人がバン・タープだ。彼は目覚めを手に入れたばかりではなく、他人も目覚めさせようと努力している人物だ。彼は、内面世界を成長させることで外的世界で大きな成功を達成させるために実業家たちを手助けしている。

本書では驚くべき旅、スーパートレーダーへの旅を目の当たりにすることだろう。あなたが求める成功を手に入れるためには、偉大な洞察力と教えが必要だ。あなたが人生で情熱を燃やすことを達成できることを願ってやまない。そして、目標達成への旅が喜びにあふれ優美なものになることを願っている。

序文 ── 変革を理解する

バン・K・タープ博士

　トレーダーたちのコーチを始めてかれこれ30年経つ。ときどきこう聞かれることがある。「バン・タープはこんなに優れたトレードコーチなのに、どうして自分でトレードしないのか？」。それは、トレードやトレードの成功から得るお金は人生で最も大切なものという大前提があるが、これは私には当てはまらないからだ。私の使命は人々がもっとよくなるように変革させることである。私はこれをトレードメタファーを通してやっているだけである。私は、人々の生活がどう変わったかについて人々から寄せられるコメントに生きがいを感じる。例えば、私が最近いただいたコメントには次のようなものがある。

　「あなたのプログラムは私のトレードに役立っただけでなく、ビジネスのうえでも役立った。あなたとプログラムをやり始めてからというもの、これほど平和で心の解放感を感じたことはない。これは私が日々の生活で行うことのすべてに役立っている」
　── H・T（ジョージア州アトランタ）

　「あなたのワークショップに参加する前は、私は欲望の塊だった。でもワークショップを終えた今、これまでよりももっと内なる自分と整合性を持ち、なりたい自分になれたような気がしている。また、ワークショップに参加する前は、幸福テストで20点だったが、2回クラスを受けたあとは63ポイントも上がって、ほぼ完璧な83点に達した。本当にありがとう」── T・H（バージニア州フランクリン）

「あなたが私の人生に及ぼした影響は計り知れない。あなたは私の人生をがらりと変えてくれた。今では何もかもが変わった。これはまさに神様からの贈り物だ。本当にありがとう……私はもうひとりじゃない。本当の幸せをつかむ道を見つけることができたから。人生における使命が今でははっきりしている。喜びに従うこと。それが私のやるべきことである。人生をもう一度やり直す。そんな気持ちだ」──D・M（カナダ・ケベック市）

「あなたのワークショップに参加してから、どんな夢もかなうような気が再びするようになった。セールスの仕事にこのテクニックを応用し始めてから、この27年間のキャリアのなかで最高の手数料を手にすることができた。1カ月に20万ドルも稼いだ。これまでの自己最高額の何と3倍だ。新たなトレードキャリアでもこれを実現する。そのときが待ちきれない思いでいっぱいだ」
──E・M（ワシントンDC）

「バン・タープという物腰の柔らかいテディーベアに偶然出会ったときから私の人生は変わった。私の人生はいきなり、金銭的に恐怖の人生から喜びと冒険の人生へと変わった。私が変わったことで、結婚生活も考え方も大きく改善された」──J・G（バージニア州）

　自己変革に関するこうしたコメントこそがバン・タープ・インスティチュート（VTI）という車を走らせるエンジンなのだ。なぜなら、前にも言ったように、私たちの使命は**人々にトレードを通して自己変革させること**だからである。だから私はこうしたコメントに生きがいを感じるし、私のスタッフも同じだ。
　最近気づいたのは、人々は3つの変革段階を通して変化させること

ができるという事実である――①トレードゲームの変革、②信念、凝り固まった感情、葛藤にまつわる心理的な変革、③十分な変革を経て、意識レベルが大きく変わるレベル３の変革。

これら３つの変革段階がはっきりしたとき、人々が成功するのに何が最も必要なのかを私はこれまで以上によく理解できた。本書ではこれからこれら３つの変革段階を解説していく。

しかし、その前に本書のタイトルについて少し話をしておこう。私は初めて『マトリックス』という映画を見たとき、ものすごく気に入った。気にいったのはアクションではない。メタファーである。最近もう一度見直して気づいたのだが、細かい部分はほとんど覚えていないのに、メタファーだけはしっかり記憶していたのだ。

メタファーとは、われわれはみんなプログラミングされていることを示唆するものだ。われわれの住む世界はプログラミングによって形成された幻想の世界だ。そして、ある段階でわれわれはそれに気づき、もっと良いものがあるのではないかと思う。この段階でわれわれには選択肢が与えられる。青いカプセルを飲めば、何も変化しない心地よい眠りに戻ることができる。この場合は、この本を本棚に戻し何もしなくてもよい。一方、赤いカプセルを飲むこともできる。モーフィアスはこう言う。「不思議の国の正体をのぞかせてやろう」。この場合はこの本を読んで、提案されることをやる。そうすればあなたの人生は永遠に変わるだろう。

私たちは自分の信念によってプログラムされている。信念とは、両親から、教会から、学校から、友だちから、そしてメディアから植えつけられるものだ。私たちは自分の信じるものを信じる。そしてそれが私たちの現実を形成する。これについては本書の第７章で詳しく解説する。しかし、赤いカプセルを飲めば（あなたにとっては**本書**を意味する）、これらの信念がマトリックスのなかの高い次元で機能するかどうかの探求が始まる。

映画『マトリックス』では、ネオはコンピューターのように再プログラミングされるが、あなたの信念があなたをどうプログラミングし、そのプログラミングがあなたに合っているかどうかを知ることで、あなたもネオと同じように自分を再プログラミングすることができる。再プログラミングされ始めたとき、あなたはマトリックスのなかの高い次元で機能し始めるのだ。

それでは３つの変革段階をもっと詳しく見てみることにしよう。

レベル１ ── トレードゲームの変革

レベル１はトレードゲームの変革だ ── ビッグマネーが勝つルールから、目先の利くトレーダーに大きなエッジをもたらすルールへの変革。この新しいルールは、スーパートレーダープログラムに参加するみんなにトレーニングの基礎として理解してもらいたいタープ的思考という概念からなる。これらのルールについては本書の第１部の総まとめである第６章で解説する。これらのルールのほとんどは私のルールではなく、偉大なるトレーダーたちと成し遂げたモデリングから得られたものだ。しかし、これらのすべてを重視するプログラムを持つ者は私たち以外にはいない。

私の上級ワークショップの１つでは、われわれの人生は「ゲーム」そのものという概念を教える。ゲームとは、ゲームがどんなときに勝って、どんなときに負けるのかを定義するルールを持つ２人以上のプレーヤーの相互作用と定義することができる。私は「トレードゲーム」という概念を、トレードの大局観を記述するシンボルとして用いる。

金融市場は巨大なゲームの一部であると私は思っている。ルールを設定し、作成し、変更する最高レベルにはビッグマネーがいる。ビッグマネーは自らのルールを作り、あなたを含めた個人トレーダーが何をしているかにかかわらず利益を得る。彼らはあなた方のようなスモ

序文——変革を理解する

われわれの人生はゲームそのもの

ールトレーダーとはけた外れに巨大な存在だ。ビッグマネーは米国政府をコントロールする。財務長官がどこの出身で、任期を終えたあとどこに行くかはご存じのはずだ。財務省の最後の6人の長官のなかにはゴールドマンサックスと太いパイプを持つ2人の要人が含まれていた。それにニューヨーク連銀の元総裁が1人と、世界銀行のチーフエコノミストが1人だ。ほかの2人はいずれも元CEO（最高経営責任者）だ。これらの人物に関しては物議をかもしたが、一般大衆には無視される。

さらに、お金を刷るFRB（連邦準備制度理事会）は政府からは独立しているが、世界の大富豪たちによって非公式に所有されているのが事実だ（FRBの構成に関しては詳しくは、G・エドワード・グリフィンの『マネーを生みだす怪物——連邦準備制度という壮大な詐

欺システム』［草思社］を参照のこと）。米国の所得税導入とFRBの設立がほぼ同時期だったことは興味深い。そして今、FRBはそれを所有する人々、すなわち巨大銀行にお金を与えることで経済を活性化しているのである。

　また、今本当に起こっていることや米国の将来にとって何が重要なのかを除くあらゆることを議論する2大政党制を作ったのもビッグマネーたちだ。これはどの国も同じかもしれない。例えば、今最も重要な問題は財政支出だ。しかし、各政党は金持ちが高額の税金を払うことが公平かどうかについて議論している。

　このゲームは映画『マトリックス』のなかのプログラミングに少し似ている。私たちはみな自分の信念によってプログラミングされており、私たちの信念はこのゲームをやるべきだと私たちに言う。つまり、マトリックスのなかでスーパーヒューマンレベルで役目を果たすには大衆と戦う必要があるということである。だれもがシステムの一部である。なぜなら、彼らはシステムの信念を採用しているからだ。たとえその信念が彼らを支持しなくても、彼らはそのシステムを支持する。

　モーフィアスが言った次の言葉を覚えているだろうか。「みんなシステムに慣らされすぎている。あまりにもシステムに依存しているため、彼らはそれを守るために戦わざるを得ないのさ」

　トレードは簡単ではないが、トレーダーになるのは簡単だ。トレード口座はだれにだって簡単に開くことができるからだ。ちなみに私の妻は今100ドル足らずしか入っていないトレード口座を持っている。

　これは長年にわたって言ってきたことだが、もしトレードが簡単なら、ビッグマネーが独占するはずだ。彼らは参入条件を厳しくして、普通の人がトレードできないようにするはずだ。おそらくは試験を課して大部分の人を締め出すだろう。例えば、今、ブローカーたちはシリーズ7（米国証券外務員資格試験）を受けなければならない。この試験に受かったところで、市場で成功するわけではないにもかかわら

ずにだ。

　ビッグマネーのルールを知りたければ、1週間くらい金融メディアを見るとよい。彼らは次のようなことを言うだろう。

- 正しい投資先を選ぶこと（正しい銘柄選び）がすべて。
- 正しい投資先を見つけたら、それを買って長く保有することだ。
- 市場の分析に時間をかけて、正しい投資先を探せ。
- ニュースレターの発行人やブローカー、テレビの投資の専門家たちの話に耳を傾けよ。

　私の経験から言えば、こうした古いルールはほとんどの人を市場での敗者にするものだ。私はトップトレーダーやトップの投資家たちとのモデリングを通して、彼らが何をし、どう考えるかを見てきた。その結果、新たなルールを発見した。これらのルールをタープ的思考と呼ぶ。これらのルールをタープ的思考と呼ぶのは、私がこれらのルールを考案したからではなく、私たちこそがこれらのすべてを重視する唯一の組織だからである。

　新たなルールは4つの基本的なルールからなるが、私たちはこれらのルールを多くのテクニカルルールや心理的ルールに分解した。レベル1の変革は、おそらくはあなたがトレーダーや投資家としてなすべき最も基本的な変革だ。新たなルールと概念については本書の第2部で詳しく解説する。

レベル2 —— マトリックスを理解し、自分自身を再プログラミングする

　私は映画『マトリックス』の世界観が大好きだ。なぜなら、「マトリックス」は人が思う以上に真実を表しているからだ。例えば、何か

に名前を付け、それに形容詞や言い回しをあてがうと、世界に意味を与えることができる（例えば、犬、小さな犬、非常に活発な犬、良いペットになりそうな犬、しつけ教室に行く必要がある犬）。私たちは私たちの世界を言葉、思考、信念で形成する。これがマトリックスだ。

そして、それを変えるには、赤いカプセルを飲まなければならない。

「青いカプセルを飲めばここで終わり。ベッドで目覚め、あとは好きに。赤いカプセルを飲めば、不思議の国の正体をのぞかせてやろう」

赤いカプセルを飲むということは、つまり世界はあなたがそうであると信じる世界観（信念）によって形成されていることを知り、驚くべき可能性の世界が開かれることを意味する。無意味な信念を捨て、有益な信念だけを採用することで、あなたは自由に自分を変革できるのだ。

私が本書を書いた意図は、本書をトレーダーや投資家にとっての赤いカプセルにすることである。本書を本棚に戻して再び眠りにつき、市場で成功するために必要なことを好きに思いめぐらせるのもよし。本書を読んで、不思議の国の正体を見つけるのもよし。どちらを選ぶかはあなたの自由だ。

不思議の国の正体を見つけるためには、やらなければならないことがいくつかある。まず最初に、あなたの信念をチェックする必要がある。あなたは市場をトレードするのではない。あなたの市場に関する信念をトレードするのだ。だから、あなたの信念が役に立たないものなら、困ったことになる。トレードや投資をしない人も含め、みんな市場に対する信念を持っている。信念を細かくチェックしてみると、そのほとんどが役に立たないものであることが分かってくるはずだ。

あなたの信念をチェックしてみよう。それぞれの信念によって、あ

なたは何をするようになり、何をしなくなっただろうか。例えば、市場で成功するための秘訣は良い銘柄を選択することだと信じているとすると、どういうことになるだろうか。信念を持たなければあなたは何者なのか。あなたの信念は役に立つものなのだろうか。

あなたの信念が役に立たないものだとすると、あなたはいつでもそれを役に立つものと取り替えることができる。その信念に感情が入っていないかぎり、これは簡単だ。感情が入っているとその信念は捨てられない。感情を取り除くまでその信念から解放されることはない。そこで、不思議の国の正体を見つけるために次にやらなければならないことは、役に立たない信念を後生大事に抱え込ませ、それから解放されないようにする感情をチェックすることである。

不思議の国を旅していると、自分のいろいろな側面（部分）が見えてくる。例えば、次のような部分だ。

- **完璧主義者**の部分。完璧だと確信できるまで物事を進めることができない。ここでいう**完璧**とは、すべてのトレードで利益を出すことを意味する。これはまったく役に立たないが、人はこういう一面を必ず持っている。
- **リスクマネジャー**の部分。お金を失うことに我慢がならない。何をやるにしても、これをやればお金を失うのではないかと思って、何もできない。
- **リサーチャー**の部分。いつも何か新しいことをやろうとする。これはトレーダーにとっては有益だが、気を散らすおそれもある。
- **興奮を求める**部分。大きなスリルを味わわせてくれるようなことを市場でやりたがる。良いトレードは大概が退屈だ。したがって、この部分はおそらくはまったく役に立たない。
- **父親**のような間違ったことをすると叱ってくれる部分。こうした部分が顔を出すと、けなされたような気分になって、あなたはお父さ

んの批判からあなたを守るために自分自身を批判することが多い。
●**母親**のような部分。彼女はいつも言う。「ちゃんとした仕事を探しなさい」と。

おそらくあなたはこうした部分を数えきれないくらい持っていることだろう。それぞれの部分は信念を持っており、あなたにとって肯定的な意図を持っている。しかし、これらの部分は矛盾し、何もできない状態にあなたを追いやってしまう可能性がある。スーパートレーダーを目指すあなたの仕事の1つは、これらの部分を一掃し、あなたの心をワンネス（すべての魂がつながった次元。すべてが一体）と平穏へと向かわせることである。

私たちのトレーダー教育にはこういったワークが含まれる。あなたのトレードに関する信念を見て、あなたが勝者になることに貢献しないものはすべて排除することを想像してみよう。あなたを制限するすべての信念を排除することを想像してみよう。そして、宇宙（神）があなたに反対するためにあなたは勝つことができないことを示すような宇宙に関する信念を排除することを想像してみよう。最後に、矛盾が生じないように、あなたの部分をすべて一体化することを想像してみよう。これが強力な自己変革なのである。本書の第2部では、レベル2のさまざまな変革の影響を紹介する。

レベル3 ── マトリックスを超えてトレードする

映画『マトリックス』にはもう1つ面白いシーンが登場する。映画の終盤で、ネオは彼のプログラミングをついに破る。彼はマトリックスのなかでできないようなことができるようになる。これが変革の最終段階だ。つまり、意識レベルを変えることでマトリックスを超えてトレードするということである。意識とはあなたの気づきレベルのこ

とを言う。役に立たない1000の信念を変えたり取り除いたりすることでこれは達成可能だ。あるいは、50個から100個の信念を一体化させることで達成できるかもしれない。

しかし、人によってはもっと簡単に達成できることもある。あなたの人生を支配している5つの重大な問題を変革してみよう。そうすれば、そのプロセスを理解でき、何でも達成することができる。しかしここで、意識レベルを上げるということが何を意味するのかもう少し詳しく見ていくことにしよう。

今は亡きデヴィッド・ホーキンズは世界有数の精神科医の1人だった。彼の意識レベルは非常に高く、患者に対して奇跡的な治療を行っていたが、心理学の博士号を目指すために臨床活動をやめた。彼の博士号のテーマは、人間の意識レベルの測定だった。彼の論文は『パワーか、フォースか』（三五館出版）という本になって出版された。

同書では彼は1から1000までの対数目盛りを使って人間の意識を表現している。1000が人間が達成できる最高の意識レベルだ。ホーキンズはこれまでに意識レベルの1000を達成した者はほんの数人（例えば、イエス・キリスト、ブッダ、クリシュナなど）しかいないと言っている。さらに彼は、過去5000年の間の人類の平均的な意識レベルは200を下回る、とも言っている。意識レベルの200はプラス思考とマイナス思考とを分ける境界線だ。ホーキンズによれば、ガンジー（例えば、ガンジーがハンガーストライキをやるとする。通常、インドの囚人がハンガーストライキをやると、英国は好きにやらせて餓死させる。しかし、ガンジーには英国が彼を餓死させないような何か［彼の意識］があり、それはインド人全体に大きな影響を及ぼした）の意識レベルは700で、この意識レベルによって平均的な意識レベルが175の英国軍を打ち負かしたということだ。これこそがパワー（高い意識）とフォースとの違いを示す力である。

あなたの意識レベルを上げてもガンジーにはなれないが、それはト

レーダーとしてのあなたを助けることになる。もし低い意識レベルでトレードしているとすれば、おそらくあなたは恐怖や強欲や絶望によってトレードしていることになる。もしあなたが受容や静穏レベルでトレードするとすれば、どう変わるだろうか。その違いは絶大だ。

　バン・タープ・インスティチュートの目標の1つは、トレーダーたちに意識レベルを飛躍的に向上させることである。1年に1000から5000の役に立たない信念を取り除くことができたとき、その影響の大きさを想像してみてほしい。これによってあなたの意識レベルは数百ポイントは上がるはずだ。私のスーパートレーダーの候補者の多くは意識レベルを大幅に向上させた。本書の第3部では彼らの話をいくつか紹介する。

本書の応用方法

　本書を、私たちのさまざまなワークショップやプログラムについて書かれているのではないかと期待して読んでいる人もいるだろう。それも当然だ。なぜならこれらのスーパートレーダーへの旅はすべて、この5年の間私たちとともにワークをしてきた人々がたどってきた道だからだ。彼らのほとんどはスーパートレーダーの候補者（つまり、彼らはまだバン・タープ・インスティチュートのスーパートレーダープログラムを受講中ということ）かプログラムの卒業者だ。つまり、彼らは自分たちがやってきたことについて語ることがたくさんあるということである。

　しかし、本書の大部分は心理的な変革についての話である。私たちが使うすべてのテクニックは本書で分かりやすく説明している。したがって、少なくともスーパートレーダープログラムでは、あなた自身が自分でやれないことは何もない。

　本書には重要な情報が欠けているのではないか、本書は私のための

ものではない、本書は私には合わない、と思う人もいるかもしれない。本書はおそらくはあなたのほかの信念も刺激することだろう。本書を読み進めていくうちに、「これは信じられない」と思うものが出てくるかもしれない。そんなときはおそらくはあなたが正しい。なぜなら、その特定の信念があなたの現実を形成するからである。しかし、その信念を信じる前に、本書で提供する信念チェックパラダイムに沿って信念をチェックすることを忘れてはならない。そのほとんどはあなたを制約し、あなたに行動できないようにし、真の幸福からあなたを遠ざけるものであることに気づくはずだ。

　まずは、タープ的思考の基本を学んでもらいたい。これらの原理は本書の第1部の序論で解説している。これらの原理は非常にはっきりしているので、あなたを阻む心理的な問題がなければ、あなたに合う偉大なシステムを設計できるはずだ。これができないと思う人のために、第2部の序論では心理的な原理を提示している。

　次に、第9章ではあなたがどんな部分を持っているのかということや、どうやって決めたらよいのかということを学習する。第9章の練習問題をやることであなたがどんな部分を持っているのかが分かってくるはずだ。あなたの持っているどういった部分があなたのトレードを支配しているのかを理解したら、それぞれの部分が持つ20の信念を見つけるのは簡単だ。これらの信念を信念チェックパラダイムでチェックする。信念チェックパラダイムについては詳しくは第7章を参照してもらいたい。

　200以上の信念をこのパラダイムでチェックしたら、どの信念が役に立ち維持すべきで、どの信念が役立たずで排除すべきかは簡単に分かるはずだ。役に立たない信念は、そのなかに感情が含まれていなければ、役に立つものと簡単に取り替えることができる。

　感情の含まれた信念をたくさん持っている場合、第8章の感情解放メソッドが役立つ。この方法を使って、感情の含まれた信念を取り除

こう。

　内なるガイダンスについての章もまたステップ・バイ・ステップで説明している。強力な内なるガイダンスを構築するには、内なるガイダンスを信じられなくするようなものを排除する必要がある。これは、第11章のTfM（変革瞑想）テクニックを使えば簡単だ。さらに、第10章では内なるガイダンスとの絆を深めるための方法も提示している。

　第３部では私の生徒たちが実際に経験した変革の旅を紹介する。こうした旅がなぜ重要なのかが理解できるとともに、こうした旅のあとではどういったことが起こるかも分かるはずだ。

　各部の最後の章は、実用的な応用について説明している。その部に出てくるテープ的思考、手順、その部に関するQ&Aが含まれているので、総まとめとして利用してもらいたい。チェックリストは私のスーパートレーダーたちに提供するものとまったく同じであるため、含めるかどうか迷った。しかし、私の使命は変革を促すことであり、このチェックリストが読者に何らかの変革の効果をもたらすのではないかと思っている。もしそうなら、私は多くを成し遂げたことになる。

第1部　トレードゲームの変革
——基本を理解しよう

TRANSFORMATION OF THE TRADING GAME –
UNDERSTANDING THE BASICS

バン・K・タープ博士

　レベル1はトレードゲームの変革だ。つまり、ビッグマネーに勝利を確約するルールから、洞察力のあるトレーダーに大きなエッジを与えるルールへの変更である。これらの新しいルールは、私がスーパートレーダープログラムの参加者全員にトレーニングの基礎として知り、理解してもらいたいタープ的思考という概念からなる。

古いルールと新しいルール

　トレードや投資の方法について何冊か本を読み、金融メディアの投資についての番組を長期間にわたって見続けると、どういったことが起こるだろうか。あなたは一定のルールを信じるようになるはずだ。

- 正しい投資先を選ぶこと（正しい銘柄選択）がすべて。正しい投資先を見つけたら、買って長く保有するのがベスト。
- 正しい投資先を選ぶための聖杯メソッドがある。例えば、正しい投資先を見つけるために市場の分析に多大な時間を割くといったことがこれに相当する。例えば、ウォーレン・バフェットは、まるでそれが市場で成功するための鍵であるかのように、「すべての上場銘柄について詳細に知る必要がある」と言った。これには多くの労力

を必要とする。しかし、心配はいらない。それは市場で成功するための鍵ではないからだ。

このほかのルールは……、

- あなたがお金を儲けられるかどうかは市場が決める。あなたは短期的には市場に翻弄されるが、歯を食いしばって頑張れば、やがてはあなたが勝利する。市場は最終的には上昇するからだ。
- たとえあなたがお金を失っても、それはあなたのせいではない。だれかのせいにしてしまえ。そして、良い弁護士を雇って訴えを起こせ。
- 市場は効率的。
- アセットアロケーションはとても大事（ほとんどの人はこの本当の意味さえ知らない）。

　私の経験から言えば、これらのルールは人々を市場での敗者にするものだ。トップトレーダーやトップの投資家たちとのモデリングを通して、彼らが何をし、どう考えるかを観察してきた結果、私は新たなルールを発見した。これがタープ的思考である。
　それでは新たなルールを見てみることにしよう。まず認識しなければならないことは、トレードで常に利益を出すことは容易なことではないということである。もちろん、ブローカーに行って口座を開くことは簡単だ。eトレードベイビーが言うように、「見てよ、株を買っちゃったよ」ってな具合だ。そして、トレード業界はこれが本当に簡単であるとあなたに思わせたいのだ。正しいトレードプラットフォームさえあれば、赤ん坊でもできると思わせたいのだ。
　手術室に行って、心臓切開手術をやりたいと言えば、やらせてもらえるだろうか。もちろん、ノーだ。これはそんなに簡単なものではな

い。同じように、本を読んで、建設チームの責任者になれば、橋を作れるだろうか。建設チームに指令を出せば、あなたの好きな方法で橋を作ってくれるだろうか。これももちろん、ノーである。

　ビッグマネーはあなたに別の考え方を求める。ビッグマネーはあなたに、金融番組を見て、銘柄選択を聞くだけでよいと信じ込ませたいのである。しかし、何の準備もなくトレードすることは、未熟な外科医が手術するように、あるいはエンジニアリングの知識のない人が橋を作るように、命取りになる。

　新しいルールその1は、トレードは職業である、というものである。トレーダーとして成功するには、多くの時間（数年）を割き、本気で取り組むことが必要なのだ。マルコム・グラッドウェルは、さまざまな分野の成功者たちの多くは、その分野に精通するまでに1万時間以上練習を繰り返した、と言ったが、私はこの言葉に賛同する。トレードに関しては1万時間では不十分だ。1万時間を費やしても何も学ばなかった人々を見てきたからだ。おそらくは1万時間うまくやることが必要だと思っている。

> ルールその1 —— トレードは職業である。

　2番目のルールは、トレードはトップアスリートと同じように、努力しただけのことしか返ってこない、というものである。あなたが得る結果はあなたがやったことを反映するということを理解する必要がある。したがって、成功するには、自分自身を磨くことに多大な時間をかけなければならないのである。

> ルールその2 —— トレードはトップアスリートと同じように、努力しただけのことしか返ってこない。あなたが得る結果はあなたがやったことを反映する。

3番目のルールは、目標が重要、というものだ。さらに言えば、あなたが目標を達成するのは、ポジションサイジング戦略を通してである。ポジションサイジング戦略を使ってあなたの目標を達成するには、あなたのシステムの質が物を言う。ほとんどの人は目標については考えもしない。ただ、大金を稼ぎたい、損はしたくないと思うだけだ。だから、ポジションサイジング戦略なんてものについてはさっぱり分からない。アセットアロケーションが重要であることは学ぶが、なぜそれが重要なのかは分からない。それが重要なのは、「いくら」という要素が絡んでくるからである。この「いくら」という要素こそがポジションサイジング戦略なのである。

> **ルールその3** ── 目標が重要。さらに言えば、あなたが目標を達成するのは、ポジションサイジング戦略を通してである。

　4番目のルールは、トレードや投資は、確率と特定の市場状態におけるリワード・リスク・レシオがすべてである。これらのルールと任意の時点における市場状態を理解すれば、統計学を使ってあなたのパフォーマンスを予測することができる。未来は予測不可能だが、統計学と異なる市場状態における正しいサンプリングを使えば、あなたのおおよそのパフォーマンスを知ることができるのだ。これを理解できたとき、起こる変化に驚くはずだ。

> **ルールその4** ── トレードや投資は、確率と特定の市場状態におけるリワード・リスク・レシオがすべて。これらのルールと市場状態を理解すれば、統計学を使って、将来的に同じような市場状態におけるあなたのパフォーマンスを予測することができる。

第1部　トレードゲームの変革──基本を理解しよう

どれくらいリスクにさらせばいいのかなぁ？

　これら4つのルールは、多くの部分と、これらのルールを実行するのに必要となるそのほかのルールからなる。これらをすべて合わせてタープ的思考と呼ぶ。トレーダーが私のスーパートレーダープログラムに参加するとき、私が彼らに要求する最初のことは、タープ的思考のルールをすべて完璧に理解することである。これらのチェックリストは第6章と第12章に提示している。

　各ルールに共通するのは、①市場への統計学的アプローチ、②正しいかどうかというよりも、リワード・リスク・レシオの重視──である。また、偉大なパフォーマンスは、図の3つの円が重なる部分で示されるように、市場があなたに与えてくれるもの、あなたのシステム、そしてあなたの関数である。パフォーマンスはこれら3つによって決まる。

　「古いルール」は破滅へとつながるが、新しいルールはトレードゲームの変革を意味し、成功へとつながる。

第1部の内容

　本書の第1部には、私のスーパートレーダーの候補者たちが書いた

パフォーマンスはこれら3つによって決まる

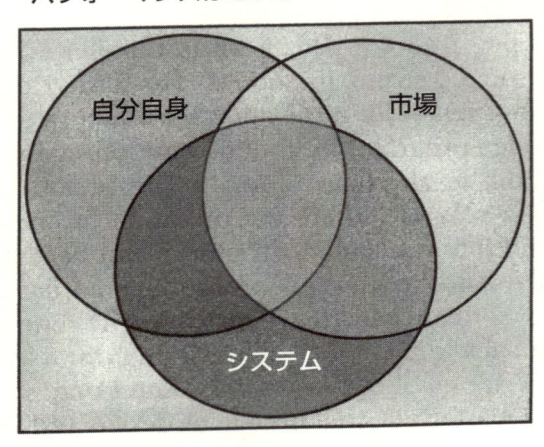

（図：自分自身、市場、システムの3つの円からなるベン図）

3つの章が含まれている。そこでは彼らのトレードに対するレベル1の変革の効果が示されている。

　第1章は、新たな候補者が書いたものだ。タープ的思考を取り入れた結果としての成長と、それによって130％のリターンを上げたことについて話してくれる。彼は自分のトレードが効率的ではないと思っていた。彼がスーパートレーダープログラムに参加したのはこのためだった。130％のリターンを上げたが、過ちによって50％のコストを強いられた。つまり、過ちを犯さなければ、180％のリターンが可能だったということになる。今彼はスーパートレーダープログラムでレベル2の変革を目指して頑張っている。

　第2章はタープ的思考を応用した人の話だ。まず彼はタープ的思考の重要さを認識した。次に、自動化トレードプラットフォームで開発したさまざまなシステムのプログラミングを手助けしてくれる人を見つけた。最後に、そのシステムでトレードしてくれる人を見つけた。この人はトレードに対して心理的な思い入れがなく、過ちのないパフォーマンスのために雇われた人なので、ほぼ100％の効率性でトレー

ドすることができた。

　第3章はスーパートレーダープログラムの最初の卒業生によって書かれたものだ。彼は成功への旅について語ってくれる。彼は銀行の貸付係をしていたが、トレードしたくてたまらなかった。スーパートレーダープログラムに参加して、彼はタープ的思考を不動産といった代替投資に応用する独自の方法を見いだした。プログラムに参加して1年もしないうちに、給料の良い銀行の貸付係の仕事を辞めてフルタイムの投資家兼トレーダーに転身した。受動的所得が出費を上回るようになったため、彼は経済的に自由になった。生計のために「働いて」いれば、けっして実現することはできなかっただろう。

　第4章では私たちのインストラクターの1人、ケン・ロングが自らの旅について語ってくれる。彼はシステム設計の修士号を持ち、不確実な状況下における意思決定の博士号も持っている。彼はいつも偉大なシステムを開発し、それを彼のコースで教えている。これらのシステムの月々のパフォーマンスを定期的に発表するとともに、ライブトレードクラスの生徒たちのパフォーマンスも定期的に発表している。

　最後の第5章は元機関ブローカーによって書かれたものだ。彼の仕事は機関トレーダーの注文を執行することで、6桁のサラリーを得ていた人物だ。彼はロンドンを拠点とする機関投資家をたくさん知っている。自分が何をやっているか分かっているトレーダーはほとんどいない、と彼は言う。もちろん、トレーダーたちの振る舞いを20年にわたって観察してきた彼は、自分が何をやっているのか分かった気でいた。しかし、本当は何も分かっていなかった。それで自分のトレードを変革するためにタープ的思考の旅に出ることにしたのである。

第1章

130%を超えるリターン —— でもそれはほんの始まりにすぎなかった

I Just Made 130 Percent – and That Was Just the Beginning

デビッド・ウィトキン

　デビッド・ウィトキンは非常勤でマネジメントとITのコンサルタントをしている。彼は15年間、断続的にトレードを続けてきた。彼のトレードへの情熱が芽生えたのは、1990年代のなかごろ、『株で富を築くバフェットの法則——世界最強の投資家に学ぶ12の銘柄選択法』（ダイヤモンド社）を読んだのがきっかけだ。ファンダメンタル分析を勉強したあと、彼のトレードへの関心はテクニカル分析やオプションへと広がっていった。市場が方向転換した2000年、主にオプションをトレードしていた彼の口座はゼロ近くまで下落した。これが重大な警鐘となって、彼はリスクを考えることの重要性に気づいた。そこで彼は、世界で最良のトレーダーたちの手法を理解し、自分もその１人になれるように旅に出ることを決意する。そして2010年、タープ博士の推奨する多くの手法を使って大きな成果を上げた彼は、フルタイムでトレードすることを決意する。彼は現在タープ博士のスーパートレーダープログラムの修了に向けて頑張っている。プログラムの心理の部を終えた彼は、2013年からフルタイムに移行するつもりだ。

以前　直感にだけ頼り、リスクマネジメント手法を持たない一貫性のないトレーダーだった。来る年も来る年も負けが続いた。
現在　リスクをコントロールして、明確なポジションサイジングアプ

ローチを開発。タープ的思考の原理を適用した最初の年は、資産は130％も増加し、ドローダウンはわずか20％に抑えられた。

「これもまた1Rの負けだ」（リスクにさらした額と同じ額の損失を出したという意味。1Rはリスクの1単位）と、タープ博士は袋から最後のビー玉を取り出しながら生徒たちに言った。私以外の生徒からはうめき声が漏れた。「平静を保て。何があろうと笑うんじゃない。笑ってはいけない。死んだ猫のことを考えるんだ」と私は思った。

クラスには25人もいただろうか。その全員が私と同じだった。賢くて、世界レベルのトレーダーを目指して自分を変えようとしている礼儀正しい人々だ。だれもがスーパーボウルの前の土曜日も犠牲にして懸命にプログラムに取り組んだ。仲間はずれにはなりたくないが、タープ博士の言葉を聞いたとき、私は勝ったと思った。そのゲームは重大なトレード概念を示すものだった。賭け金は少ないが、その勝利は私のトレードに対する考え方が大きく変わったことを証明するものだった。賢明で強い目的意識を持つクラスのなかで、そしてトップトレードコーチの前で、私はその日の勝者になったのである。

それは2011年2月のことだった。私はノースカロライナ州ローリー郊外の小さな町のカリーで「タープ的思考」のセミナーを受けていた。私にとってこのセミナーは、これまでのなかで最高のトレードイヤー——130％を超えるリターンを得た年——を締めくくるにふさわしいものであり、私をここに至らしめた概念に対する認識を強める機会を与えてくれるものでもあった。

トレードを学ぶ

私のトレードへの道は紆余曲折に満ちたものだった。高校卒業後

「何があろうと笑うんじゃない。死んだ猫のことを考えるんだ」

　IT業界で少しだけ働いたあと、大学に入り、リベラルアートの学位を修得した。大学を卒業後、5本の指に入る会計コンサルティング会社でITおよびマネジメントのコンサルタントとして働くようになるまでITの職を転々とした。
　1998年ごろから、市場でお金を稼ぐことに魅力を感じるようになっていた。何百万人という人々が企業の「正しい」価格を決める。そして、それにたけた人々はウォーレン・バフェットのように大金持ちになれる。すごい世界だ。私は会社に7カ月のドイツ行きを命じられた。これは小さなアパートに自分を閉じ込め、手当たり次第にトレードの本を読み、ちょっとばかり自分でトレードする絶好の機会だった。
　ドイツは私にとってトレードを学ぶうえで完璧な場所だった。ドイツ語は話せず、知っている人は仕事関係の人だけ。だから、空いている時間は読書に没頭した。最初に読んだのはファンダメンタルズ分析の本だ。ウォーレン・バフェット(『**バフェットからの手紙**』)、ウィリアム・オニール(『**オニールの成長株発掘法**』)、オーショネシー(『**ウ**

ォール街で勝つ法則』)、デビッド・ドレマン(『株式投資は心理戦争』)といった人々がどういった投資をし、買う価値のある銘柄をどのようにして見つけるのかについて書かれた本を読んだ。次に、マーティン・プリング、スタン・ウエンスタイン(『テクニカル投資の基礎講座』)、トレーダー・ビックであるビクター・スペランデオ(『スペランデオのトレード実践講座』)からテクニカル分析を学んだ。次に興味を持ったのがオプションだ。ラリー・マクミランの『オプションズ・アズ・ア・ストラテジック・インベストメント(Options as a Strategic Investment)』や、ジョージ・フォンタニルズなどの本を読んだ。私はリスクの限定やオプションを使った複雑なトレードに興味を持つようになった。**ワオ！　なんて素晴らしいんだ。あらゆる状況でオプション戦略が使えるじゃないか。それにレバレッジも大きい！**

　私は貯金が大好きだ。それで２万ドル貯金して、トレードを始めた。ファンダメンタルズスクリーニングで銘柄を選ぶこともあれば、モメンタム株を見つけて、数カ月以内に満期を迎えるオプションを買うこともあった。ニュースレターもいくつか購読し、良いと思える投資、つまり大きなリターンが期待できると思える投資を選んだ。今にして思えば、トレード戦略のかけらもなかった。仕掛けるときの基準もなかった。原始人のように、見て気に入ったら買っていたにすぎない。間違っていることが分かったら退散する手仕舞いポイントを事前に決めることもしなかった。各ポジションにいくら配分するかは直感で決めていた。

　当然ながら、勝ちトレードよりも負けトレードのほうが多く、私は困惑した。それで私は偉大なトレーダーが市場でどうやって勝っているのかについて懸命に勉強した。それぞれのトレードには仕掛ける理由がちゃんとあった。**もっと儲かってもいいはずだ**、と私は思った。職場の人に話したら、**彼らのほうが**稼いでいるようだった。しかもたくさん。でも、なぜなんだ？　私は彼らよりもたくさん勉強した。そ

れに彼らはファンダメンタルズやウォーレン・バフェットのことは知らないし、テクニカル分析や、デルタ、シータ、ガンマといったかっこいいオプション用語も知らない。私はもちろんガンマは知っていた。何てかっこいいんだ。だから、私はお金を儲けられるように運命づけられていると思っていた。

　トレードシステムはなかったが、市場はすこぶる良かった。予想以上のお金を失ったが、まだ儲けのほうが多かった。本業からたくさん貯金し、今にして思えば最高の市場の恩恵を受けることで、私の元手は７万5000ドルにまで増えた。私の家は裕福とは縁遠かった。服はいつもバーゲン品だし、家族の「バケーション」と言えば、親戚を訪問することくらいしかなかった。だから、７万5000ドルはまだ20代の私のような人間にとってはかなりの大金だった。でももっと儲けられるはずだ。そう思った私は、本を読み、学習を続けた。しかし、儲けたちょっとした大金に私は慢心してしまった。これは自分自身で成し遂げたことだ。だから、より一層意味深かった。

「危険だ！　ウィル・ロビンソン、危険だ！」（ウィル・ロビンソンとは「宇宙家族ロビンソン」に出てくるロビンソン家の９歳の長男）

　2000年の終わりごろのことだ。トレードで勝つには正しい心理を持つ必要があるといったようなことをインターネットで読んだ。良いトレーダーになるには正しい心理が必要？　これは私にとってはまったく新しい概念だった。本当なのだろうか。私はちょっと疑問に思った。職場の連中は心理学のことなんて気にしている様子は全然なかった。でも、お金は稼いでいた。私も稼いでいた。だから心理学なんて特に気にする必要はないと思った。とはいえ、とにかく調べてみることにした。

　トレード心理について初めて知ったのは、バン・タープ博士の書い

た『**新版　魔術師たちの心理学――トレードで生計を立てる秘訣と心構え**』（パンローリング）という本だった。これがトレード心理についての本とはそのときは知らなかったが、私がこの本を注文した日（2000年）は、アメリカ市場最長の上昇相場が終わる数週間前だった。私は当時30歳で、自己資金のほとんどを失いかけていた。だから、私は本を本棚に戻して、お金儲けに集中した。

　下げ相場が始まっても、私は前の数年と同じようにトレードし続けた。書いてある戦略を実際に使うことはなかったが、書物は死ぬほど読み、自分は十分理解しているのでお金儲けができると思っていた。ときには売ることもあったが、主として行ったのは買いだ。過去20年間にわたって上昇してきたのだから、2000年終盤の下落は何かで読んだことがある「通りが流血しているとき」に買う絶好の機会であるように思えた。ワールドコム、グローバル・クロッシング、アースリンク、ピューマ・テクノロジーズといった良い株が割安だったのだ。私はこれらをすべて買った。

　しかし、そのときの市場状態に適切なことわざを当てはめることの重要性がすぐに分かった。「通りは流血していた」が、そのときに当てはめるべき適切なことわざは、「落下しているナイフはつかむな」や「価格の安い株はどんどん下がる可能性がある」や「テープと戦うな」といったようなものだった。トレードのことわざで面白いのは、そういったことわざを引き合いに出す「市場専門家」のほとんどは、どれをいつ適用すればよいのか本当に役立つアドバイスは与えてくれないということだ。でも、ことわざはだれかがそれを言えば、ありがたく聞こえるものだ。

　このあとの２年にわたって、S&P500は40％以上下落し、それに連動するかのように、私のお金のほとんどが消えた。私は自分の失敗に怒りを感じ、ムカついた。そして、私はビー玉を金輪際失うまいと決意した。

落下しているナイフはつかむな！

　でも、どうやって前に進んだらいいのだろう。自分のやっていることをやめればいいことは分かっているが、でもどうやって？　良い本は全部読んだ。どの専門家を信じればよいのだろう。何か別の方法はあるのだろうか。採用すべき別のトレードのことわざはあるのだろうか。伝説の「専門家」とやらに対する信頼は、私の口座資産の枯渇とともに消えていった。おそらくはタープ博士の本が今読むべき最も適切な本かもしれない。

タープ的思考の基礎

　私は学ぶのが大好きだ。本を読めば必ず何らかの知識が得られる。感動すら覚えるほどだ。そこで私はタープ博士の『**新版　魔術師たち**

の心理学』をむさぼり読んだ。これには心理学以上の何かがあるような気がしたからだ。心理学の部分は、そのときは少し漠然として、トレードとは無関係のように思えた。私はお金を稼ぎたかった。心理学が市場でお金を儲ける鍵になるとは、そのときはまだ思ってもみなかった。

　タープ博士は私がトレードをどう考えているかをお見通しのようだった。だから、この本は私をすぐにわしづかみにした。タープ博士の言う「聖杯」システムのところを読んだ。これは正しい銘柄を選び（これは他人の定義。聖杯システムに対する私の定義は、特定の市場状態のときにSQN［システム・クオリティー・ナンバー］スコアが7を上回るシステムのこと）、いつ市場に参入するかを教えてくれる「完璧」なシステムだ。市場が、上昇相場であっても、下落相場であっても、ニュートラルであっても機能するシステムだ。気がつくと、私は聖杯システム探しに懸命になっていた。私が欲しかったのは、市場が上昇相場のときも、下落相場のときも、ニュートラルのときも使える1つのシステムだ。別々のシステムで仕掛ければややこしくなるだけだ。別々のシステムで仕掛けるよりも、1つのシステムを使ったほうが簡単ではないだろうか。それだけじゃない。市場ごとにシステムを持つということは、今がどの市場なのか決めなければならないことを意味する。つまり、より多くの労力が必要になるということである。

　でもタープ博士は言った。すべての市場で機能するシステムを期待するのは愚かだと。うわっ〜。**どうも彼のアイデアを実行するのは時間と努力が必要なようだ**。私の脳はすでに彼が要求する作業から抜け出す方法を探していた。今にして思えば、彼のアイデアを実行するのに必要な作業の量をまったく分かっていなかったのだ。**何てことだ**。

　市場で大金を稼ぐのは簡単なことではないとも彼は言った。**何て嫌なやつなんだ**。彼のアイデアは納得のいくものばかりだったが、だからと言って、トレードがいかに大変なものかなんて人に言われたくは

ない。結局、私は大量の本を読み、人並み以上に努力した。この作業は私ほど努力していない人には大変だったはずだ。でも、私にとってはそれほど大変ではなかった。まだ第1章も読み終えていないというのに、私はイライラした。お願いだから、お金の儲け方を箇条書きにしてくれよ〜。

　でも私は読み続けた。タープ博士は私の心理ボタンを押し続けた。彼は言った。私が市場で大金を儲けられるようなシステムをだれかが与えてくれることはないと。そういったシステムは構築できないわけではない。ただ、だれかが与えてくれるシステムは私にとってはおそらくはうまくいかないだろうと彼は言った。彼は狂っている。もしだれかが私に完璧なシステムを与えてくれたとしても、私がそれを台無しにするとでも言いたげだった。どうしてこうも大胆なことが言えるのだ？　私は賢くて、規律もあり、トレード以外の仕事ではうまくいっている。これは私ではなく、ほかの連中のことを言っているに違いない（彼が正しいことが分かるまでには10年ほどかかった。私は自分にとって常に機能するシステムを探すことができなかったために、**完璧な**システムを求めて人を頼り続けた）。

　では、私はなぜこの本を読み続けたのだろうか。それは、共感するアイデアが多かったからだ。例えば、タープ博士は、勝っているトレーダーでも負けトレードのほうが多い、と言った。おそらくは勝ちトレードはわずか35％程度にすぎない。勝率が50％に満たないのに儲けているという状況は1990年後半に私が経験したことだ。タープ博士はこの現象をよく理解していた。彼は正の期待値、つまり数学的に利益を得られる期待値について議論し、それを計算する簡単な公式を提示していた。負けることもゲームの一部だ。だから負けもトレードの一部として受け入れ、間違っているのにそれを認めないことで負けを拡大させることの愚かさを学ぶ。このことの重要性について彼は語っていた。私はこのアイデアに共感した。

タープ博士は、自分の結果に責任を持つことの重要性についても語っていた。つまり、私がやったように、ニュースレターの推奨に基づいてトレードすると決め、負けたら、それはあなたの落ち度であって、ニュースレターが悪いのではないということである。そのニュースレターを選んだのはほかならぬあなたであって、その推奨に基づいて投資することを決めたのもあなただ。勝率75％というニュースレターの公表結果を信じたのもあなただ。実際のお金を使ってトレードする前に、その結果を確かめるために6カ月間その推奨に基づいて机上の売買検証をしなかったのはあなただ。そのニュースレターの実績を確認する独立した情報を探すことをやめたのはあなただ。すべてあなたのせいなのである。

　自分の損失に対して全責任を負うことにはストレスを感じたが、それは状況を見るうえでは正しいことであることが分かってきた。あなたのトレード結果が思わしくなかったとき、だれかを責めたことがあるだろうか。もしそうなら、あなたがトレードをするときのアドバイスとして当てにした外部情報源を使って、上に述べた責任を取る練習をやってみよう。彼らの責任にした災難を自分がどうやって引き起こしたかが分かるはずだ。その株を買えとブローカーに言われた。だからあなたは言われたとおりに買った。それはあなたが選んでやったことだ。あなたのマネーマネジャーがあなたの全財産である100万ドルを持って雲隠れした。まさかお金を持ち逃げするなんて想像すらしなかった。だから、彼の十分な身元調査をあなたはやらなかった。それに、資産を3つに分けて、それぞれを別々のマネーマネジャーに管理させることも怠った。次に損をしたとき**もそれはわたしのせいじゃない**と言い続ければよい。得られた結果があなたのせいではないと思ったときは、ほかの人に容赦なく判断してもらおう。

　思いもよらないことが起こることは多く、すべての意思決定に対するすべての選択肢を調べている時間はないことは確かだ。そんなこと

を調べていては、何も成し遂げられない。しかし、例えばあなたの全財産をどこに投資するかとか、つもり売買したことのないシステムで本物のお金を使ってトレードすべきかといった大きな意思決定についてはどうだろう。これらの意思決定は緊急対策を立てるのに十分な大きさではないだろうか。

　ちょっと立ち止まって考えてみてほしい。それが起こったのは自分の責任だと考えなかったとすると、何かが解決するだろうか。だれに話すべきか分からなかったからと言って、そのニュースレターに対してやるべきチェックを怠るなんてことがあるだろうか。結果を確認する方法が分からないからと言って、結果を確認しなかったなんてことがあるだろうか。大学生に500ドル払えばやってくれたはずだ。でも、500ドルは高すぎるからといって、それさえもやらなかった。私はたぶんお金をすぐにでも稼ぎたくてたまらなかったのだろう。私はそのシステムを6カ月間観察して稼ぎ損ねることになるお金について考えていただろう。

　あなたもたぶん私と同じようなものだ。大金を失わなくてもすむ賢明な行動を取ることを回避（そう、回避！）したのだ。ここで自分をチェックしてみよう。別の方法でやれたことを5個から10個思いつかないのであれば、あなたはまだまだ努力不足だ。もっと重要なのは、あなたは将来的にもトレードで苦悩し続ける可能性が高いということである。

　本をさらに読み進めていくと、人々に市場で間違ったことをさせる心理的バイアスのことが書いてあった。例えば、私たちには市場が与えてくれるすべての情報を受け入れる知性がないため、情報を一般化し、削除したり歪曲したりする。その結果、例えばトレンドフォローシステムが機能しないと思えば、そのシステムを使ってトレードする方法についての情報はおそらくは無視してしまうだろう。アラカザム（呪文）！　これが判断バイアスである。情報を一般化（トレンドフ

ォローシステムは役に立たない）し、その結果、注目すべきトレード関連の情報を大幅に削減したわけである。でも、あなたが行った一般化は正しかったのだろうか。

　もうひとつのバイアスはいわゆるロトバイアスと呼ばれるものだ。これは、勝つために必要な情報をコントロールしているとき、成功することに絶対的な自信を持つことを言う。例えば、多くのトレーダーは、いつ仕掛ければよいかを教えてくれる移動平均線やオシレーターといったインディケーターを使っていると、勝つことに根拠のない自信を持つようになる。あるいは、私のようにニュースレターの買い推奨を選ぶことで、訳もなくコントロールできたような気になり、成功すると思い込む人もいる。

　このほかにもいろいろなバイアスのことが書かれてあった。バイアスがトレーダーにどんな影響を与えるのかについて読んでいるうちに、私は夢中になってしまった。タープ博士の挙げる例は説得力のあるものばかりだった。私の行動は彼が話す振る舞いの多くに一致した。ほとんどの人はトレードシステムは、いつ仕掛けるべきか、という問題に対する解であると思うらしい。まるで自分のことを言われているような気がした。私が重点を置いているのが仕掛けだったからだ。しかし、いつ仕掛けるべきかは、トレードシステムのなかで最も重要ではない部分だ。タープ博士と、また別のマーケットの魔術師であるリンダ・ラシュキは、でたらめに仕掛けるトレードシステムを検証したことがあると言っていた。実行するのは難しいが、最終的には利益になるシステムだ。これらのシステムはコイン投げで仕掛ける。そして、良い手仕舞いを使って、受け入れるべき損失は受け入れ、利益があれば利食いする。これらのシステムは、仕掛けよりも手仕舞いのほうが重要であることを再確認させてくれるものだ。

　タープ博士の本には共感する部分もあったが、少なくともすぐには共感できない部分もたくさんあった。例えば、良いトレードシステム

は10の部分からなり、そのうちで最も重要なのが目標だと書いてあった。目標だって？　マジィ〜？　私はできるかぎりのお金を稼ぎたい。それが私の目標だ。これ以下の目標値は私のポテンシャルを限定することになる。そうではないだろうか？　いくら稼げるかを制限するようなクレイジーな人間などいないはずだ。しかし残念ながら、これは私のうぬぼれにすぎなかった。本を読み進めていくうちに、システムを設計したりそれでトレードする前に目標を決めることの重要性をこの本は証明していることに気づいたのだ。何ていまいましいんだ。このタープって野郎は本当にイライラさせるやつだ！

どの教訓も同じではない

　この本にはイライラさせられる概念がてんこ盛りだった。しかし、ポジションサイジング戦略の威力は私を最も感慨させた。ポジションサイジング戦略はトレードシステムの一部で、「このトレードでいくらリスクにさらせばよいのか」に対する疑問の答えを与えてくれるものだった。簡単に聞こえるかもしれないが、実は簡単そうで簡単ではない。

　ところで、次の特徴を持つ完全自動化トレードシステムを私があなたに与えると言ったらどうだろう。そのシステムの勝率は35％で、勝ちトレードは平均で負けトレードの大きさの３倍。また、私は過去10年にわたって、25人の人々のためにそれぞれに別々の口座でそのシステムでトレードしてきた。良い年もあったが、悪い年もあった。そのシステムは、毎年マイナスになる期間がある。しかし、この10年はどの口座も儲かった。どの口座も同じブローカーで開設しており、元手は10万ドル。手数料体系はまったく同じだ。このシステムでトレードするのは流動性のある市場だけ。興味深くないだろうか？

　おかしなことに、このシステムは毎年利益を出しているが、25の口

座のそれぞれの利益率は異なる。昨年の利益率は４％から95％までで、その前年の利益率は２％から72％だった。その前の８年も各口座のパフォーマンスは違った。パフォーマンスは信頼のおける会計会社が確認しているため、極めて正確だ。

でも、どうしてこうなるのだろうか。これは完全自動化システムだ。仕掛けも手仕舞いも自動的に行い、同じ資金からスタートし、同じトレードを行い、同じときに手仕舞った。利益率が少し異なるくらいならスリッページで説明がつくが、こんなに大きな差はスッリッページでは説明がつかない。一体どうなっているのだろう。

答えは**ポジションサイジング戦略**である。どのトレードも各口座でまったく同じものだった。ただし、それぞれのトレードでリスクにさらす**金額**が違った。口座１は各トレードに口座資産の0.5％をリスクにさらした。ドローダウンは最も小さかったが、利益率も最低だった。この口座の目標はドローダウンの最小化だった。一方、口座25はもっと複雑なポジションサイジング戦略を使った。口座資産が増えるほど、リスクにさらす金額を増やしていったのだ。口座25は大きなドローダウンを被った。最大のドローダウンは65％にも及んだ。この口座の目標は、たとえドローダウンが75％になろうと、年に最低50％儲けることだった。ドローダウンを潔く受け入れる気持ちがあったため、ほとんどの年で最低50％の利益を上げた。

これらの仮想的な口座は目標を達成するためのポジションサイジング戦略（『ザ・ディフィニティブ・ガイド・トゥー・ポジション・サイジング・ストラテジー（The Definitive Guide to Position Sizing Strategies）』［ノースカロライナ州カリー、バン・タープ・インスティチュート、2009年。http://www.vantharp.com/］を参照）の２つの可能な使い方を示すものだ。このほかにも数多くのポジションサイジング戦略があり、組み合わせれば何千という戦略を構築することができる。例えば、トレーダーの多くはボラティリティの重要性を認識

している。全員というわけではないが、トレーダーの多くはボラティリティが高いとリスクも高いと思っている。ボラティリティが通常よりもはるかに高いときに小さなポジションサイズを取ったらどうなるだろうか（例えば、過去90日のATR［アベレージトゥルーレンジ。真の値幅の平均］の２倍のポジションサイズ）。あるいは、ボラティリティが事前に決めた閾値を上回るときを除いて、口座資産の１％をリスクにさらすというポジションサイジング戦略を組み合わせたら？

たとえ行うトレードがまったく同じでも、ポジションサイジングによって最終的な資産水準は違ってくるのである。

結果がこれほど違ってくることは、にわかには信じられないのではないだろうか。これについてちょっとばかり調べてみた。調査結果は、ポジションサイジングがこうしたリターンの違いを生むという事実を裏づけるものだった。また、ソフトウエアを使ってポジションサイジング戦略の影響を自分なりに調べてみたが、これもまた先の結果をより一層強固にするものだった。

でも、私の言葉を額面どおりに受け取らないでもらいたい。自分で検証してもらいたい。20ドルもあればできるはずだ。この章の最初に述べたビー玉ゲームを覚えているだろうか。ビー玉ゲームはあなたの目標を達成するためにポジションサイジングを使う例以外の何物でもない（例えば、たとえ破産してもゲームには何が何でも勝つという目標）。ビー玉ゲームのやり方を示しておこう。

- 最後の項目に示したビー玉を100個黒い袋に入れる。
- 各人が順番に１つずつビー玉を取り出す。60回取り出したらゲームは終了。
- プレーヤー（家族にプレーさせると面白い）の元手はそれぞれ10万ドルで、ビー玉を取り出す前に賭け金を決める。
- 最低の賭け金は0.5％（１％の半分）で、最高の賭け金は資産の100％。

これはビー玉を取り出す前に決めなければならない。
- ビー玉を取り出すたびに結果（どのビー玉を取り出したか）を記録し、ビー玉を袋に戻す。
- 袋には色の異なるビー玉が入っている。それぞれのビー玉はそれぞれに異なる結果を持つ。
  - 黒いビー玉は65個。いくら賭けても負け。
  - 青いビー玉は15個。賭け金の額だけもらえる。
  - 緑のビー玉は7個。賭け金の2倍もらえる。
  - 黄のビー玉は6個。賭け金の3倍もらえる。
  - 銀のビー玉は3個。賭け金の5倍もらえる。
  - 金のビー玉は2個。賭け金の10倍もらえる。
  - ピンクのビー玉は2個。賭け金の20倍もらえる（計算すると、このシステムは65Rの負けトレードと、122Rの勝ちトレードを生みだす。しかし、袋のなかには65個の負けビー玉と35個の勝ちビー玉が入っている。つまり、1回取り出すと負ける確率が65%で、勝つ確率は35%ということである。しかし、勝ちと負けを合わせると、＋57R＝122R－65Rになる。期待値は平均R値であり、この場合は57R÷100＝0.57Rということになる。したがって、このシステムでは1トレード当たり平均して0.57R儲かるということになる）

このゲームは、ポジションサイジング戦略の重要性を理解させることにあることを思い出そう。どのプレーヤーもまったく同じトレードを行う（同じビー玉を取り出す）。唯一の違いは賭け金の額である。とはいえ、上の最後の項目にあるビー玉の分布は良いトレンドフォローシステムのトレード分布に似ている（つまり、敗率は65%ということ。しかし、適切なポジションサイジング戦略を用いれば、勝ちトレードのサイズによってシステムは非常に大きな利益を得る）。

タープ博士の本は私にとってまさに目からウロコだった。そこで私は本書から学んだことをさっそく使ってみることにした。次の数年は、トレードはするにはしたが、ごく軽くするにとどめた。前に被った損失のショックからまだ抜け切れていなかったからだ。私はシステムを学び、検証し続けたが、実際のお金を使ってトレードするところまではいかなかった。私はタープ博士のいろいろな本を読み続けた。その結果、前は受け入れがたかった概念――例えば、目標の重要性――を受け入れることができるようになった。それと同時に、ニュースレターの推奨するトレードも続けた。勝つものもあれば、負けるものもあった。全体的にはトントンといったところだった。しかし、私のトレードはサイズが小さすぎて、収支に影響を及ぼすようなものではなかった。

2004年まではトレードサイズは小さかった。その年の終わりごろ、「実証された」メカニカルなシステムを使ってみようと決心した。インターネットで相補的な2つのブラックボックスシステム――根底にあるロジックは隠されていて、それが生成するトレードしか見ることができないシステム――をおよそ3000ドルで売ってくれるシステム設計者を見つけた。バックテストの結果は素晴らしいものだった。各トレードのポジションサイズは資産の1.5％で、その2つのシステムのリターンは年50％を上回り、最悪のドローダウンは25年で35％を下回り、結果は年間を通じて安定していた。そのシステムで私の代わりにトレードしてくれるCTA（商品投資顧問業者）を見つけることで私はトレード方程式から完全に解放された。あとはお金が転がり込むのを待つだけだった。

2年後、全資産の50％を失い、私は口座を閉鎖した。またか。良い決定をしたと思っていたのに。システムを買う前に入念に調べて、私の代わりにメカニカルにトレードしてくれる人も見つけた。どうも、システム設計者はシステムをカーブフィットしていたようだ。カーブ

フィットとは、素晴らしい結果が出るまでヒストリカルデータでシステムをこじつけることを言う。カーブフィットしたシステムの問題は、将来的にはうまくいかない傾向があることである。これを通して、私は貴重な教訓を学んだ。システムがどう検証されたか分からない場合、効果的に実証されていない可能性があり、結果は公表されたものとは異なる場合もあるということである。

次の数年はほとんどトレードしなかった。市場を見るだけで、読書と学習に精を出した。

最終的には勝ちビー玉が出るようになった

『新版　魔術師たちの心理学』を買ってからおよそ10年後の2010年の初め、そろそろトレードを再び始めるときが来たと思った。負けることは依然として怖かったが、ポジションサイズを比較的小さくすれば、いつでもトレードを中断でき、損失も限定できると思った。規律を高めるために、私はいくつか簡単なルールを作った。

1. どのトレードでも、口座資産の2％を超えるリスクはとらない。
2. 仕掛けたら必ず損切り注文を入れる（私のブローカーでは両方を連結注文として同時に発注できる。とても助かる）。
3. 不安になったらポジションサイズを減らすか、手仕舞う。
4. トレーリングストップを使う。
5. 2つのローリスクのアイデアに集中する ―― ①チャネルブレイクアウト、②支持線からの反発。
6. リスク・リワード・レシオが良い ―― 最低でも3：1 ―― と思えるときだけ仕掛ける。
7. 口座資産が35％のドローダウンを喫したら、最低でも2週間は市場を離れる。

8. ポジションが逆行したり、思っている方向になかなか進まず、これ以上待っても良くならないと感じたとき（トレードのことをよく分かっているのなら、そのシステムがどういった市場で機能するように設計されているのかは明らかなはず）は、損切りに達する前に手仕舞う。

　このルールはタープ博士の言う包括的トレードプランとはほど遠いものだったが、大きくて利益の出るトレンドをつかむのには役立った。
　5月になってこの年初めてのトレードを行った。天然ガスが支持線まで押して、そこから順行したら買う戦略だ。トレンドは強く、天然ガスが上昇するとポジションを増し玉し、トレードの順行に合わせてストップを移動させることで利益も確保した。このトレードは最終的には5Rの勝ちトレードになった。つまり、リスクにさらした額の5倍儲けたわけである。もしこのトレードに失敗していたら、もしかするとトレードはやめていたかもしれない。この年の私のパフォーマンスを考えればこれは重大なことだ。
　勝ちトレードよりも負けトレードのほうが依然として多かった。勝率は30％といったところか。でも、勝ちトレードの利益は大きく、うまくいっていた。12月31日には口座は130％を上回る伸びを見せ、ドローダウンは20％を下回っていた。私は興奮して、口座資産が高値を更新するたびに証拠を取っておきたくてプリントスクリーンを取ったほどだ。100％以上にしたいとは思っていたが、まさかそれ以上を実現できるとは思ってもいなかった
　成功はしたものの、間違いも山ほど犯し、コストは高くついた。間違いを犯さなければリターンは少なくとも180％、あるいはそれ以上になったはずだ。例えば、12月に妻が第一子を出産したのだが、病院で彼女につきっきりだったため、ポジションはそれほど綿密にチェックしなかった。損切りは入れていたのだが、市場が逆行しているとき

に行うように、直感で手仕舞いすることができなかった。

　それに、ポジションを抱えすぎていた。ときには一度に15も持っていたときがある。そのうちのいくつかは相関性があった。相関性があったためにドローダウンを喫したあと、相関サービスを利用するようになった。そのサービスは相関マトリックスを提供してくれるもので、直近の1年、5年、10年にわたって相関性が低いか相関性がまったくないときにのみポジションを取るように注意した。しかし、任意の日の相関は直近の1年、5年、10年の相関とはほとんど関係のないことが分かった。これは高いコストを払って学習した教訓だ。本当に手痛い教訓だった。

　トレードを続けるうちに、私の仕掛け基準は甘すぎることが分かってきた。依然としてブレイクアウトと支持線まで押したあとの順行に注目していたが、最も強そうに見えるトレードだけを厳選することにかけては少し甘かったようだ。私は衝動に駆られるようになっていった。今仕掛けなければ大きな動きを逃すかもしれないという恐れでトレードしていたように思う。その結果、その年の終わりには負けトレードが極端に増え、利益は消えた。

　またそれほど几帳面ではなかったため、トレード記録を付けてそれを見直すことで自分の間違いを探すといったこともしなかった。行ったトレードをザッと見て、間違いのいくつかには気づいたが、そのまま放置した。もし間違いを修正していれば、損失のいくつかは避けられたはずだ。

　その年の初め、各ポジションでとるリスクが大きすぎた。数カ月間、各トレードにつき口座資産のおよそ2％のリスクをとっていた。すると口座は大きく変動した。つまり、とるリスクが大きすぎたわけである。それ以降、とるリスクは1.5％にし、のちには1.25％にまで減らした。リスクを減らしても依然として大きな利益は手にすることができた。しかし、もっと重要なのは、日々の口座の変動が少なくなり、心

ポジションを抱えすぎていた

の平静を保つことができたことである。2010年以前は、「1トレードに付き口座資産のわずか2％のリスクで本当にお金儲けができるのか？」と思っていた。この話が胸に響いたのであれば、1トレードに付き口座資産の2％のリスクでビー玉ゲームをやり、次に今度は1トレードに付き口座資産の10％のリスクでビー玉ゲームをやってみるとよい。きっと悟りを開けるはずだ（http://www.vantharp.com/ で無料のトレードゲームをダウンロードしよう）。

　私のパフォーマンスは、良いリスク・リワード・レシオのトレード

と適切なポジションサイジング戦略によるものだと私は確信している。もちろん運もあるだろう。でも、7カ月にわたって100以上のトレードが運だけによるものだとはとても思えない。間違いもいっぱいしでかしたが、私が予想以上の成果を達成できたのは、ひとえにタープ博士の原理のおかげだ。

さて今はと言えば、とりあえずトレードは中断して、最低1年は休暇を取るつもりだ。もっと効率的なトレーダーになるために。タープ博士は**効率**を次のように定義している —— 効率とは、間違いの数をそれが結果にほとんど影響を及ぼさないところまで減らすことである。

改善プランについてはいろいろ話してきたが、心理についてはまだ話していない。トレード心理の価値について私がどう思っていたか思い返してみよう。最初、私は心理が重要だとは思わなかった。ましてやトレードで成功するために心理が必要なんてちょっと妙な話だった。タープ博士はトレーダーの心理の重要性について『**新版　魔術師たちの心理学**』やほかの本でも書いていたが、私には共感できなかった。良いプランがあって、それに従っているのにどうして心理が重要なんだ、良いプランがあれば心理なんて必要ないんじゃないか、と私は思っていた。

10年かかってようやく答えに到達した。私が2010年に間違いを犯したのは心理によるものだ。フルタイムのトレーダーになるという夢を追求するのに時間を費やさなかったのも心理によるものだ。私は実入りの良い仕事を捨てるのが怖かったし、家族がどう思うかも心配だった。トレードしているときに心のささやきが聞こえてくるのも、不安に感じるのも心理によるものであり、それがリターンの低下となって現れたことも分かっている。タープ博士の概念で私が最初に否定していたもののなかでもとりわけ、心理が成功するトレーダーになるために大きな要素である、という概念は今は信じられるようになった。これからの数年は、この概念について私なりの理解を得るように努めた

いと思っている。

第2章

タープ的思考の自動化

The Automation of Tharp Think

ローレンス・ベンスドープ

　ローレンス・ベンスドープは40歳のドイツ人ビジネスマンだ。以前は急流下りのガイドをしていた。2000年のハイテクバブルの絶頂期にトレーダーに転身した。彼はこの困難な時期に、規律とリスクマネジメントについての貴重な教訓を学んだ。2008年以降、彼は独自の自動化トレードシステムを使って家族のお金で2桁のリターンを上げた。ローレンスは他人がトレードで最大の利益を稼げるように手助けすることに興味を持っている。トレードを始めた最初のころ損ばかりしていた彼は、トレーダーとしていかにしたら稼げるようになるのか、彼が通ってきた道のりを他人と共有したいと思っている。彼の人生における使命は、ハッピーになって他人の成長を助けることであると実感した彼は、「トレードマスタリースクール」を立ち上げ、人々にトレードコーチとして教えている（ウェブサイトは、http://www.tradingmasteryschool.com/）。ローレンスは今、妻と3人の子供たちとアルゼンチンに住んでいる。

以前　ブローカーの下で彼らのアドバイスに従って投資したがために大金を失った。
現在　タープ的思考に基づいて自動化システムを開発し、年間平均で50％の利益を上げている。ドローダウンは17％を下回る。

2000年にトレードを始めた当初は、特に目標はなかった。目標の重要性すら知らなかった。当時、メディアがもてはやしていた言葉は、「だれでも株で稼げる。株の投資は簡単」だった。この言葉に乗っかった私は、ただお金を稼ぎたいがためにトレードを始めたのだった。

　そんな折、両親の退職金口座の運用を手助けすることになった。彼らのお金は世間の注目を浴びるオランダの投資銀行の1つに預けることになった。投資銀行は素晴らしい。大きくて豪華なビルに派手なスーツを身にまとった従業員。みんなフレンドリーな対応をしてくれる。知識も豊富だ。素晴らしいオフィスビルや高価な装飾品を見れば、彼らは非常に金持ちで、聡明に違いないと思った。思えば私はあまりにも無知だった。これらはすべて顧客が払う莫大な手数料によって賄われていることを私は知らなかった。

　銀行の従業員はどういった種類の投資についても豊富な知識を持っているように思えた。私は彼らの使う用語に圧倒された。彼らについていくために、毎晩何時間も勉強し、金融番組もすべて見て、手に入る金融雑誌も片っ端から読んだ。それは2000年で、株式市場でお金儲けするのは簡単だとだれもが言っていた時期だ。

　2000年の初め、私の家族のポートフォリオは恐ろしいほどの利益を上げた。株式市場でお金儲けするのは簡単だとだれもが言っていたが、それは本当のように思えた。投資銀行の戦略は健全で、簡単に従うことができるように思えた。それは基本的にバイ・アンド・ホールド戦略だった。株が下落し始めると、平均購入価格を下げるためにナンピンするように言われた。これは論理的に思えた。なぜなら、株は長期的には年間最低でも12％の平均リターンになると言われたからだ。平均購入価格が下がれば、ブレークイーブンに持っていくには株価は少しだけ上がればよいので、ナンピンは完璧に数学的にも理にかなって

いた。

　2000年4月、株価が急に下落し始めた。瞬く間に急落する株もあった。数カ月もしないうちに、ポートフォリオはおよそ30％も下落した。私たちはありとあらゆるアドバイザーと長いこと話し合った。「心配いりません。そのうちにまた上昇しますから」。彼らは全員こう言った。

　しかし、私は独学していた。読んだものすべてがムダというわけではなかった。私は株が過大評価されていたことに気づいた。だったら、ポートフォリオの価値はもっと下がるはずだ。ポートフォリオマネジャーと議論したところ、彼は「今は売り時ではありません。売れば損をしますよ。せめてブレークイーブンになるまで待ってください」と言った。不幸なことに私たちのポートフォリオにはあの「ワールドコム」が含まれていた。ご存じのとおり、ワールドコムは経営破綻して、株は紙切れ同然になった。

　私のスタイルは、私自身の方法で物事をやることである。だから、一般大衆には逆行する傾向がある。私のこの性格は、投資家やトレーダーとして意思決定するときに極めて重要だ。株式市場はさらなる修正に向かっているという自分の信念にゆらぎはなかったため、全ポートフォリオは解約するのがベストだと父を説得した。もちろん損は承知だ。しかし、少なくとも損失の拡大は防ぐことができる。私の判断をいつも信じてくれた父はポートフォリオを解約することを承諾してくれた。

　銀行にポートフォリオを解約するように電話すると、彼らは売らないほうが良いとするありとあらゆる言い訳を並べ立てた。

●今は含み損にすぎません。今売れば本当に損をしますよ。
●全部売るのですか？　上昇するまで待ってはどうでしょうか。もうすぐ上げますよ。
●今は売るときではありません。**もっと**買うときです。

●今買ってポジションを２倍にすれば、平均購入価格は下がりますから、ブレークイーブンに持っていくにはそのほうが簡単ですよ。

何てバカげた言い訳ばかりするのだろうか。損は損だ。含み損であろうと、実損であろうと、損に違いはない。

私のトップアドバイザーとやらに対する信頼は地に落ちた。結局、全ポートフォリオを解約した。これが賢明な判断だったことはあとになって分かった。ポートフォリオの全損失は30％にとどめられた。これは貴重な教訓になった。底に達するまで保有していれば、75％を超える損失を被っていただろう。

トレードは人に頼らず自分でやる

この教訓のあと、素晴らしいトレード成果を得ようとするならば、自分でさらに学習する必要があると思った。私はトレードシステムに関する本も含め、トレード関連の本を読みあさった。ジャック・シュワッガーの**『マーケットの魔術師』**（パンローリング）は最も大きな影響を受けた本だが、トレード心理について書かれた最後の章は飛ばした。この本はジャックによる世界のトップトレーダーたちへのインタビューを掲載したものだが、戦略は違えども、彼ら全員に共通点があることには驚かされた。

●マネーマネジメント、今で言うポジションサイジング戦略の重視。
●リワード・リスク・レシオの重要性をよく認識している。
●個人的な心理を重視。

次の数年、まったく儲からなかったが、大した損失も出さなかった。これには満足しなかったが、依然としてトレードは行っていた。ある

日、仲間のトレーダーと話をしていると、彼はバン・タープの名前を挙げた。興味があったので、『**マーケットの魔術師**』の最後の章を読んでみた。それが言わんとしていることに胸が高鳴った。そこで『**新版　魔術師たちの心理学**』（パンローリング）も買い、2日で読み上げた。感動した私は、バン・タープ・インスティチュートの2つのコースを購入し、システムのワークショップにも参加した。

いろいろやった結果、トレードで成功することがどういうことなのかがようやく分かり始めた。また、タートルズ（リチャード・デニスが教えた先物をトレードするトレーダー集団。彼らの多くはトレードで華々しい成功を収めた）の実際のトレードルールについて書かれたカーティス・フェイスの無料記事も読んだ。カーティスはトレードに対する統計学的アプローチについて説明していたが、これは私がバン・タープ・インスティチュートで学んだことと完璧に一致した。このとき私の頭の中で何かがひらめいた。

そうか、ローリスクのアイデアか！　統計学的アプローチに従えば市場でお金を稼げることを突然理解できた瞬間だ。私が学んだことをいくつか挙げておこう。

まず第一に、仕掛ける前に、ポジションが間違っていたら撤退する位置を事前に定義する必要があるということである。つまり、最初のリスクを定義するということである。最初のリスクは略してRと呼ぶ。私の目標は損失を1R以下に抑え、利益は1Rをはるかに上回ることである。これはトレードの黄金律だ。例えば、1Rの負けトレードが7回、3Rの負けトレードが1回、10Rの勝ちトレードが2回発生した場合、純利益は10Rになる。したがって、10トレードの平均利益は1トレード当たり1Rということになる（タープ博士はこれを期待値と呼んでいる）。これをわずか20％の勝率で達成したわけである。うーん、なるほど。

第二に、トレードによって生じる損益を最初のリスクで見ることが

頭の中で何かがひらめいた

できるということである。したがって、私のトレードシステムはR倍数分布によって表すことができる。十分な数のトレードを行えば、R倍数のサンプリングによってそのシステムのおおよそのパフォーマンスが分かる。

　世論調査が選挙結果を予想するとき、人々がだれに投票したかを調べる出口調査を行う。これは、異なる政治理念を持つ人々を代表する異なる地域の人々を十分な数だけ調べれば、得票数を予測することができるという考えが根底にある。同じことがトレードシステムでもできるのではないかと私は突然思いついた。十分な数のR倍数を収集すれば、将来的なパフォーマンスが分かるのではないかと思ったわけである。

しかし、異なる政治理念を持つ人々のサンプリングはどんな意味を持つのだろう。タープ博士に言わせれば、これはそのシステムの異なる市場でのパフォーマンスを見ることを意味する。静かな上げ相場から十分なサンプルを収集すれば、そのシステムの静かな上げ相場でのパフォーマンスがすぐに分かる。ボラティリティの高い下げ相場から十分なサンプルを収集すれば、そのシステムがボラティリティの高い下げ相場でどう機能するかを知ることができる。そして、すべての異なる市場——静かな上げ相場、ボラティリティの高い上げ相場、静かな横ばい相場、ボラティリティの高い横ばい相場、静かな下げ相場、ボラティリティの高い下げ相場——から十分なサンプルを収集すれば、そのシステムがそれぞれの状況下でどんなパフォーマンスを上げるのかを知ることができる。したがって、今がボラティリティの高い下げ相場なら、どういったことが期待できるかが分かる。R倍数の十分に大きなサンプルを収集すれば、きっと良いアイデアを思いつくはずだ。

これはタープ博士がよく持ちだすまた別のアイデアへとつながる。1つの特定の市場でうまく機能するシステムを設計するのは簡単だが、それがすべての市場で機能することを期待するのは愚かだと彼は言う。成長株のバイ・アンド・ホールドは1999年はうまくいったが、2000年と2001年はまったく機能しなかった。私のシステムがどういった市場状態のときに機能するのかを知ることができれば、今がその市場状態でないときにはトレードを中断し、その市場状態で機能する別のシステムを設計すればよい。何と鋭い洞察力だろう。

特定の目標を持つことが大事であることも理解していた。タープ博士の教え、特に彼がワークショップで行うゲームや、彼の偉大な本『ディフィニティブ・ガイド・トゥー・ポジション・サイジング』を通じて、実際に目標を達成する（あるいは達成できない）のはポジションサイジング戦略を通してであることを学んだ。

最後に、私がトレードできるのは私に合ったシステムだけであるということである。どんなに偉大なシステムを見つけたとしても、それが私の性格、信念、必要性に合っていなければ、おそらくはそのシステムではトレードできないだろう。

　でも、私の信念に極めて近いシステムを見つけて、それを私の信念に合わせたら、おそらくはうまくトレードできるはずだ。私のシステムは次の基準を満たす必要がある。

- 私の性格に合ったセットアップやトレードスタイルを持っている。このシステムをどうやって見つけたかについてはこのあとお話ししよう。
- 1Rの手仕舞い戦略。これを発見するまで1年以上かかった。このためにはできるだけ多くの銘柄を数多くバックテストすることが必要。
- その戦略はすべての米国株で機能する必要がある。私の概念が正しければ、同じ戦略は他国の株式市場でも利益を出すはず。これは正しいことが分かった。
- 私の目標を満たす正しいポジションサイジング戦略を持っている。これには多大な労力を必要とすることが分かった。
  - まず最初に、このシステムの潜在的なドローダウンをRで完璧に理解する必要がある。例えば、10Rのドローダウンを被る可能性はどれくらいあるのか、20Rのドローダウンを被る可能性はどれくらいあるのか、40Rのドローダウンを被る可能性はどれくらいあるのかを調べる。
  - 私が代わりにトレードしている人々(このケースの場合、私の家族)のリスク許容度はどれくらいあるか。経験によれば、人々は自分たちのリスク許容度を過大評価している傾向がある。彼らは30%のドローダウンに耐えられると思っているかもしれないが、

実際には15％のドローダウンを被れば不安になる。ポジションサイジング戦略を使えば、ドローダウンは私の家族が耐えられる最大ドローダウンには達しないことを確信した。例えば、１ポジション当たりポートフォリオの１％をリスクにさらすポジションサイジング戦略を取り、20Rのドローダウンが発生する確率が１％だとすると、１トレード当たり0.75％をリスクにさらすことで、15％のドローダウンが発生する確率はわずか１％しかない。

　では、私の性格に合ったセットアップをどうやって発見したのかをお話ししよう。ある日、私はローレンス・コナーズの本に偶然出くわした。コナーズは平均回帰の熱烈な支持者だ。平均回帰とは、何かが平均から大きく乖離すると、平均に戻る傾向があることを言う。コナーズは平均回帰という考え方に基づいて多くのトレードセットアップを開発した。この原理を理解できれば、大きなトレードエッジが得られる。

　この概念と私が自分で学んだことから発展させた多くの信念を基に、私はあるシステムを思いついた。私は今、同じ信念に沿って機能するさまざまなシステムを持っている。

●長期トレンドの方向にのみトレードせよ。
●下落しているときは戻りを待て。つまり、売る場合は上昇を待て。
●日中、その株が完全に底を突き、もう売り手が残っていないとき、昨日の安値よりも安い価格で買い注文を入れよ（これは非常に難しい。なぜなら大衆とは逆方向に行くことになり、下落している株を買うことになるからだ）。
●その株が平均に回帰したら売れ。

　最後に、私は本当に感動的なことを学んだ。トレードの「過ち」と

は、自分のルールに従わないことを意味するということである。トレードで過ちを犯さなければそのシステムは期待値どおりの働きをするが、多くの過ちを犯せばそのシステムは期待値以下の働きしかしない。これについて考えれば考えるほど、正しいことの意味についての私の考え方を再定義させられることになった。ほとんどの人は正しいということをどのトレードでも利益を出すことと思いがちだ。しかし、正しいということが、どのトレードでも**あなたのルールに従うこと**であるとしたらどうだろう。どのトレードでも利益を出すことはおそらくは不可能だが、過ちを犯さないでトレードすることは可能だ。そこで思い至ったのが、「過ちを犯さないでトレードするにはどうすればよいのか」ということである。

カーティス・フェイスのタートルズのルールの説明は私の心にドシリときた。彼がトレードブロックスというソフトウエアを使っていたことを知った私は、もし私が自分のアイデアを自動化することができたら、過ちを犯さずに済むのではないかと思い、そのソフトウエアを購入した。

トレードブロックスのプログラミングに詳しいプログラマーを探し、私のシステムをプログラムしてもらうために彼を雇った。自分の欲することを彼に伝えると、すぐに私のシステムは完全に自動化された。結果は私の予想どおりで、システムの検証結果は非常に素晴らしいものだった。私がトレードしようとしている戦略が本物のエッジを持っていることを、これで統計学的に証明できたわけである。

バン・タープ・インスティチュートのワークショップの1つに参加したとき、私は2人の素晴らしいプログラマーに出会った。だれにも漏らさないという紳士協定の下、私は自分のルールを2人と共有することにした。彼らの仕事は、私のコードが正しいかどうか検証して、それを改善することだった。こうして素晴らしい協力体制の下、私のアイデアと彼らのプログラミングを合体させることに成功した。彼ら

は異なるプラットフォームを使っていたが、結果はほとんど一致した。これによって強い確信を持つことができた。

　想像できうるかぎりの市場をバックテストすることで、そのシステムが機能することを確信した。私が検証したのは大きな株式ポートフォリオ（7000を超える米国株と、2500のカナダ株のポートフォリオ）で、私はこれをあらゆる種類の市場状態と市場で検証した。

　私はシステムのエッジを反証する考えつくかぎりのあらゆることをやった。これはきつい作業だった。紙面上で素晴らしく見えるシステムを検証で破壊しようとすることは人間の本質に逆らうことだからだ。しかし、これをやることでこのシステムの堅牢性についてより一層確かな手ごたえを感じることができた。すべてが予想どおりにうまくいったため、自分の目標を達成するのに使える最大のポジションサイズでこのシステムをトレードする自信を持つことができた。

　最後に、私は考えうるかぎりの市場状態においてこのシステムの１つひとつの要素を理解できるようにあらゆることをやった。最悪の結果は分かっている。これはバックテストと常識を使っていろいろなシナリオを想定することから知り得たことだ。例えば、１日で市場が50％も下落したらどうなるか。私のシステムは破綻するだろうか。

他人をトレーニングする

　この時点で、私は自分にフィットする完璧なシステムを手に入れた。実は、いろいろな市場状態で機能するシステムをいくつか手に入れていた。これらのシステムは私の信念に完全にフィットするものだったし、完全に理解していた。システムに従いさえすれば長期的にはお金を稼ぎ出せることも分かっていた。しかし、問題が１つあった。

　第一に、私にはほかにやっていることがあり、頻繁に遠方に出かける必要があった。これらのシステムは過去にうまくいったといっても、

毎日見ている必要があった。これらのシステムは注文管理をアクティブに行う必要のある短期システムだった。市場に参入するときには、市場が開くまえに多くの作業が必要だった。アクティブなモニタリングも必要だった。

私がタープ博士から学んだトレードで成功するためのもうひとつの秘訣は、自分の強みと弱みを知ることだった。注文管理とシステムのモニタリングは私の強みとは言えない。しかし、解決策はあった。私のためにトレードしてくれる人、私とは異なる性格を持っただれかを雇うことである。細かいことに集中できて、1日中自分ひとりで仕事をするのが好きな人を見つけることができて、この件は解決した。

彼にソフトウエアのことを教え、仕事のやり方を教えるのに10日かかった。自分の好きな方法でトレードするのは本当に苦労する。そのとき、良いアイデアが浮かんだ。それは私と私の信念にフィットするものだった。プログラマーを雇い、一貫してエッジを得られるかどうかを検証してもらうのだ。そこで私はルールに厳密に従ってトレードしてくれる人を雇った。もし過ちを犯さなければ彼には毎月ボーナスが支払われる。もし彼が日々の仕事から逸脱したら、クビにすることも彼にはっきり伝えた。たとえどんなに良い成果を上げてもだ。これによって彼は何があってもルールに従うことの重要性を悟った。これによって私のトレードはほぼ百パーセント効率的なものになった。つまり、エラーなし、ということだ。

他人にシステムのことを教えるのは素晴らしいことだ。これで私の知識も増えることになる。さらに、プロセスは記録されているため、必要ならシステムを複製することもできた。最初のトレーニングにはおよそ10日かかった。R倍数、すべてのトレード、すべての報告すべきことを毎日私に報告するためのスプレッドシートを作成した。これで、その日のいつ何時でも何がどうなっているかを正確に知ることができるはずだ。1日の終わりには重要なトレード統計量を彼から得る

ことができる。

　これは完璧にうまくいった。システムを完全に自動化し、雇用した人を通してという間接的なものではあったが、私は2009年からフルタイムでトレードした。別の仕事を持つことだって可能だ。（トレーニングのあとは）トレードにかかる時間は１日たった15分だからだ。この間に私は雇用した人から送られてくる３つの日々のレポートをチェックするだけだ。

なぜこういったことが可能なのか

　タープ的思考を習得するまでは、私は一体何者なのか、そして私の目標は何なのだろう、という問題に悩まされ続けてきた。私には信念もなければ、方向性もはっきりしなかった。これは私には大問題だった。自分には大きな潜在能力があると思いながら、それを十分に活用できていなかったからだ。私は自分を無益に感じ、それが自尊心に影響を及ぼしていた。

　今は自分の弱みが分かっている。前にも述べたように、私は細かいことが好きではない。でも、細かいことが得意な人を雇うことができる。

　自分の強みも分かっている。それに自信を持つことで、それを最大限に使うことができるようになった。例えば、私は物を作ることが好きだ。特にトレード戦略を作るのが大好きだ。私の脳はいつもアイデアでいっぱいだ。これはすごいことだと思う。なぜならこれは私に機会と柔軟性を与えてくれるからだ。

　しかし、私の最大の問題は、これらのアイデアをやり抜くことができないことだった。なぜ？　それは、仕事が嫌いだったからだ。プログラミングはやりたくない。トレードの記録を付けるのも嫌い。R倍数を見ることも、トレード統計量を見ることも面倒くさい。だから、

私の脳はいつもアイデアでいっぱい

　自分はトレードアイデアを書くだけで、あとはプログラマーを雇ってアイデアをコード化し、これらのアイデアに本当にエッジがあるのかどうかを調べさせる。これが私にとっての最高の戦略なのだ。これで私のレバレッジは2倍に上がる。99％を上回る効率性でシステムをトレードできるのだ。100回のトレードにつきエラーは1回を下回る。こんなことを言えるトレーダーはほとんどいないはずだ。

　こうすることで年間リターンは平均でおよそ50％になった。しかも厄介な市場でこれだ。17％を上回るドローダウンを喫したことはなく、ドローダウンが3カ月以上続いたこともない。タープ博士、すべてはあなたのおかげだ。

補足

　このインタビューを受けている間、雇用した人がさぼっていること

に気づいた。エラーが発生したわけではないが、レポートが遅れ、取り決めどおりの手順に従っていなかったのだ。私の頭の中で警戒のベルが鳴り始めた。

こうしたことが起こると、すぐにエラーが発生する。そこで私はアクションを起こさざるを得ない羽目に陥った。彼には２週間、私の家の近くで働いてもらった。彼を見張り、彼の問題点を洗い出し、再び集中させるのだ。しかし、これをやり始めた途端、彼は完全に意欲を失ったようだった。この２年の間に示してくれた献身的な態度は見られず、彼はやめていった。彼がやめると、私はすぐに次のことを実行した。

● トレードは一時停止。
● プログラマーの友人に依頼して、私のバックテストソフトウエアとトレードブロックスとブローカーのソフトウエアを結ぶ自動化インターフェースを構築してもらった。かつては大変だった作業も、クリック３回で、１分以内に行えるようになった。
● すぐに代わりの人は雇わないことに決めた。家族全員でコロンビアからアルゼンチンへの引っ越しの最中だったからだ。
● 作業の一部はすでに新しいソフトウエアで自動化していたため、新たなトレーニングはわずか数日しかかからなかった。自動化が強化されたため、システムのトレードは簡単になった。エラーの出る余地も減った。
● トレードを中断している間、私はそれぞれの市場で機能するいろいろなシステムを開発した。今では５つの異なるシステムを同時にトレードしている。それぞれのシステムは上げ相場、下げ相場、横ばい相場で機能するシステムだ。これは市場ごとに異なるシステムを使えと教えてくれたタープ博士のおかげだ。成果は素晴らしいものだった。異なる市場ごとに設計された５つの平均的なシステムに、

いつトレードすべきかを教えてくれる適切なトリガーを加えたところ、パフォーマンスは大幅に向上した。

第3章

銀行の貸付係から経済的に自由なトレーダー兼投資家へ
From Commercial Loan Officer to Financially Free Trader Investor

リック・フリーマン

　リック・フリーマンは、マネーマネジメント会社であるウェルス・マネジメント・ソリューションズの社長だ。1982年にアイオワ大学をファイナンスの学士号を修得して卒業したあと、商業銀行で24年働き、2006年、ウェルス・ファーゴの商業銀行業務の地域マネジャーを最後に退職した。その当時彼はサンフランシスコのベイエリアで10億ドルのローンポートフォリオを担当していた。彼がトレードに真剣に取り組み始めたのは1997年のことで、その後、バン・タープ・インスティチュートの数々のトレードコースを受講した。2005年、スーパートレーダープログラムに参加し、フルタイムトレーダーを目指した。これを達成したのは2006年だ。2006年、彼は商業銀行業務担当として働いてきた銀行を退職し、カリフォルニアからフロリダに移り住み、トレードと自己勘定投資運用の夢を追究することになる。彼はバン・タープ・インスティチュートのスーパートレーダープログラムの最初の卒業生だ。今は妻および子供たちとパームハーバーに住み、受動的所得の長期投資の自己勘定ポートフォリオと原油、ガス、不動産、貴金属の資産保護を管理している。彼は高勝率のスイングをとらえ、トレンド市場とカウンタートレンド市場の両方で最大の資本効率を図るため、通貨と先物を中心にトレードしている。リックはファイナンシャルプランナーの有資格者でもある。資格は1998年、カリフォルニア大学バ

ークレー校で修得した。

以前 銀行の貸付係として長時間働く毎日。何とか市場でお金を稼ぎたいともがいていた。
現在 経済的に自立したトレーダーになり、5年で純資産を2倍にした。2008年に市場が崩壊したときが最高の年になった。

　トレードを始めたとき、私はちょうど転機にあった。アメリカの大手銀行で貸付係として10年以上も務めてきたが、仕事に進歩がなくなったのだ。この業界に長年いて、新たに学ぶものがなくなってしまったのである。仕事にやりがいも感じられず、刺激もなかった。どんなに成果を出そうと、賃金もほとんど変わらなかった。何かしっくりこないものを感じた。私には変化が必要だった。それは1990年代の終わりで、市場がブームになっているときだった。そこで私は長年の夢だったトレードを追究しようと思った。

　トレードは私にぴったりのように思えた。トレードは私の今の仕事で欠けているものを提供してくれた。私の創造力を刺激し、常に学び成長しようとする私の願望を満たしてくれた。自分の所得能力もしっかり管理できる。当時の私はトレードの経験はあまりなかったが、今の仕事を続けながらトレードを学べば、そのうちにフルタイムでトレードできるようになると私は確信していた。

　数年後、会社が中間管理職のポジションを提示してきたので、私はそれを受け入れた。トレードは依然として追究していたが、そのときは今の仕事を辞めて、トレードをフルタイムでやる自信がなかったからだ。トレードの旅を始めてから、バン・タープ・インスティテュートでトレーニングを受けたり、自分でトレードしたりしたが、フルタイムでトレードをやるにはまだまだ技能が不足していた。物事を正し

く見ることができず、良いトレードシステムもなく、しっかりとしたビジネスプランもなかった。一方、中間管理職のポジションによって今までよりも責任のある仕事を任せられるようになった。もしかすると報酬も上がるかもしれない。

　しかし、そううまくはいかなかった。仕事は確かに魅力的で、報酬も前よりは良くなったが、管理職という仕事を甘く見ていたことにすぐに気づかされた。社内政治にさらされ、自分がいかに無力で非生産的なのかを実感させられた。ちっとも楽しくなかった。

　さらに悪いことに、新しい仕事に慣れてくると、貸付係をやっているときに感じていたことが再び私を襲った。やりがいを感じられなくなってしまったのだ。ある程度までいくと成長は頭打ちになった。会社の平坦な管理職構造を考えるとそれは当然だろう。そして報酬も頭打ちになった。どんなに頑張っても、私の報酬は私の努力とは無関係だった。これは私の内部で葛藤を生んだ。懸命に働けば、それだけ報酬も増えると思っていたからだ。人は努力に見合った報酬を支払われるべきであり、良い成果を出せなければ報酬は減る。このまま商業銀行にいることが良いことなのか、そして、フルタイムのトレーダーやマネーマネジャーになることが天職なのかどうか、迷い始めた。

　しかし、今、管理職のポジションにつく前に感じていた苦悩が私を再び襲った。銀行の仕事はちっとも面白くなかったが、会社をやめる決心もつかなかった。トレードはパートタイムでやってもきつかった。いつも損ばかりしていた。私は自分に言い聞かせ続けた。技能を身につける時間は十分にある。フルタイムの仕事があるので損をしても大丈夫。しかし、これでは二股をかけていることになりはしないか。生き生きと生きていることにはならないのではないか。私は自分にウソをついていた。

　2005年2月、私はバン・タープのスーパートレーダープログラムに参加を申し込むことを決めた。私にとってこれは一大決心だった。私

新しいポジションに移ってから、自分がいかに
無力で非生産的なのかを実感させられた

は人生をもっと充実させて、フルタイムのプロトレーダー兼マネーマネジャーになることを決心したのである。つまり、自分の夢に生きる準備ができたということである。こうして私の変革の旅は始まった。

最初の心理的な変化

　自分自身の人生を制御し、フルタイムのトレーダーになることを決心した以上、**そうすることを公約する必要があった**。自分の強い意思を宣言すると、肯定的なことが起こり始めた。この宇宙があなたを支援してくれるのだ。なぜなら宇宙が答えてくれるように、あなたは自分の強い意思を表明したからだ。自分の意思を宣言することは、人生において、そしてトレードにおいて達成したいことを達成するのに役立った。これはおそらくはスーパートレーダープログラムから教わった最も重要な教訓だ。

次にこのプログラムから教わったことは、**自分の信念が現実にフィルターをかける**、ということである。自分の信念を変えれば、現実も変わる。実際にこれが起こったとき、私は衝撃を受けた。必ずトレーダーになれると信じれば、実際になれるのだ。

　信念というものはこういうものなのかということを理解したとき、信念に対する態度が変わってきた。信念を「正しい」かどうかではなく、**自分にとって役に立つものか**どうかという気持ちで見るようになったのだ。役に立たないものは捨て、役に立つものと取り換える。実に論理的だ。一歩下がって信念を見直し、客観的に分析すれば、これはいとも簡単にできることを人々は分かっていないようだ。これをやれば、変化はもう目の前だ。

変化はもう目の前！

　この概念を受け入れると、**私がトレードするのは自分の信念**であることがおのずと分かってきた。簡単な概念のように思えるが、そもそも自分のトレードに対する信念というものが分かっていなかったため、最初は理解に苦しんだ。トレードに対して私が信じていることをしばらく考え、ほかにどんな考えを尊重しているかを考え、それらの信念を受け入れることができるかどうかを決めて初めて、私は自分のトレードに対する信念体系というものを構築できるようになった。

　トレードはおそらくは百パーセント心理的なものだ。システムもポジションサイジング戦略も、本質的には心理的なものだ。『魔術師たちの心理学』（パンローリング）の第１版でタープ博士は、トレードはおそらくは60％が心理的なもので、30％がポジションサイジングで、残りの10％がシステムだ、と言っているが、のちに、トレードで成功を収めるのは心理的な要素が大半を占めると言ったほうがよいだろう、と言い直している。この信念は私のトレードの考え方に対して大きな

影響を与えた。これは市場を動かしているものは何かを真剣に考えるきっかけとなった。人々は毎日、恐怖と貪欲とで意思決定をする。これが需要と供給を生み、トレード可能な動きを発生させるのだ。自分の心理を理解できなければ、市場で敗者となることは確実だ。なぜなら、市場はあなたの弱みに付け込むように設計されているからだ。

　これを最も顕著に表しているのは、ポジションを立てるとき、あるいは管理するときに損切りを使わないトレーダーだ。ギャップが生じたあと、彼らと逆行する方向に株価が大きく動いたとき、ポジションをすぐに手仕舞うという冷静な意思決定を行う代わりに、彼らは怒りにかられた行動に出る。この怒りは彼らをワナにはめる。もうこれ以上ポジションを保持することはできないと思ったときには、大金を失っている。こうした心理的なワナにはまるのを避けるためには、損切りを入れなければならないのだ。

　タープ博士がワークショップで生徒によくプレーさせるビー玉ゲームも、心理がトレードで支配的な役割を果たすことを示すものだ。タープ博士がこのゲームを思いついたのは、生徒たちを数多くの心理的なバイアスにさらし、それらがトレーダーの意思決定プロセスにどんな影響を及ぼすかを示すためだ。このゲームでは、40個から60個の「トレード」の入った袋からビー玉を取り出させる。ビー玉の色はさまざまで、それぞれはトレードシステムが生成し得る異なるR倍数を表す。教室のだれもが各トレードに対して同じR倍数を得たとしても、ゲームの最後にはそれぞれのプレーヤーの資産額はそれぞれに異なる。結果にこれだけの違いが出るのを説明できるのは、心理的な意思決定の影響を受けるポジションサイジングだけである。まだ信じられない人は、ロジャー・ローウェンスタインの『天才たちの誤算――ドキュメントLTCM破綻』（日本経済新聞社）を読むとよい。これは崩壊する前のロング・ターム・キャピタル・マネジメント（LTCM）によるポジションサイジングの意思決定とその背後にある心理について書か

れたものだ。

　トレードの成功が心理的なものに大きく左右されるならば、**常に自分を高めることが重要だ**。つまり、規律を保ち、自分のトレードに集中できるように、心を明確にし、バランスの取れた状態でいよということである。私にとってこれは、トレードの最中に心理的な問題が発生したらそれをすぐに認識せよ、と言われているのと同じである。例えば、手仕舞いルールをいじりたくなったり、損切りを不必要に動かしたくなったりしたときがそうだ。そして、その問題がどこから来ているのかを掘り下げて考える。常に自分を高めているとき、こういったたぐいの状況にはほとんど遭遇しないはずだ。でも、自分を高めることを怠り、自分の弱さにも気づかなければ、こうした弱さがトレードに影響を及ぼすことは明らかだ。

　人は自分のなかの悪魔と対峙するのはなかなか難しい。しかし、自分のなかの悪魔と対峙すれば、経済的にも精神的にも大きな見返りがある。銀行でどんな仕事をしていても、同じ問題に苦しめられたことは以前に述べたとおりだ。こうした問題を生みだすネガティブなパターンを認識するのに必要なツール（このツールについては本書の第2部で詳しく説明する）を与えてくれ、私の日々の生活からこれらを永遠に追放してくれたのがスーパートレーダープログラムなのである。

　これらのことを理解し始めると、**自分の人生で起こるすべての責任は自分にある**ことが分かってくるはずだ。あなたの考え方を、そして拡大解釈すれば、あなたの行動を支配しているのはほかならぬあなたなのである。そしてあなたの人生はあなたの行動によって形成されるのだ。

　スーパートレーダープログラムを始めてから、私が自分の人生に責任を持っていなかったことがはっきりと分かるようになった。これを知ってからは、私の人生は180度変わった。何もかもが大きく変わり始めたのだ。しかも良い方向に（こんなこと信じられない、と思って

も、それはもっともなことだ。でも、これこそが私の言いたいことなのだ)。

　私は自分の仕事を周囲の環境のせいにし、自分にできることはないと自分で思いこんでいたにすぎない。得られる結果に対する全責任は自分にあることを理解すると、自分のトレードのどこが悪かったのかを誤診することがなくなった。自分のパフォーマンスの悪さを、マーケットメーカーやブローカー、友人、伴侶、政府など、思いつくあらゆることのせいにしていては、「あなた」という本当の問題を見過ごすことになる。トレードで犯した自分の過ちは自分に責任があることを認めれば、次のトレードに対して何か生産的なことが学べるはずだ。否定的な状態でいるよりも、こちらのほうがはるかに役立つ。

　次に学んだ概念は、**われわれはみな自分の人生で役割を果たす感情的な「部分」を持っている**、というものだ。これらの部分は、否定的な部分に見えることがあるかもしれないが、すべて肯定的な意図を持っている。これらの部分については、第9章の「あなたは対立する部分の集合体」で詳しく説明する。あえて言うならば、これらの部分を見つけだして効果的に交渉し、プラスの結果を生みだすことは、特にトレードでは不可欠だ。

　例えば、恐怖はだれもが持つ部分で、特にトレーダーには害となるものだ。恐怖を感じるとき、この感情の肯定的な意図が私を守ってくれ、トレードしているシステムに対して自信があるのかどうか理解していないことを気づかせてくれる。そして、トレードを始める前にその原因を徹底的に究明する必要があることを教えてくれる。恐怖という感情は不安をかきたてるが、それがあなたに何をしようとしているのか理解すれば有益な感情になる。

　しかし、おそらくこれまでに分かったことで最も重要なことは、**私はハイアーパワーとつながっており、それを生みだす源と常につながっている必要がある**、ということである。私はこれまで長い間、私の

恐怖はだれもが持つ部分

ハイアーパワーとつながっていなかった。いろいろなことがうまくいかなかったのはこのためだ。こうしたハイアーパワーが何なのかを見つけだすことが必要だ。そして、われわれがどこにいて、どこへ行こうとしているのか、そしてどうなりたいのかを理解するためには、そのハイアーパワーと常につながっている必要があるのだ。

　本書ではこのあと、TfM（変革瞑想）というプロセスについて説明する。スーパートレーダープログラムには28日間のTfMコースが含まれているが、これは極めて実践的なものだった。私はこのコースを受けて初めて自分の人生における目標というものが定義できた。私は何のためにここにいるのか、私の前には何があるのか――無限の機会――を理解することができたのだ。

トレードゲームについて私が学んだこと

　バン・タープ博士の下でトレーニングを続けるうちに、日々の活動

と相互作用についてまったく異なる方法で見ることができるようになった。私たちの現実が私たちの信念によって形成され、トレードが百パーセント心理的なものなら、トレードは一種のゲームではないかと思うようになった。ほかのゲーム同様に、トレードも人々によって作られたルールを持つ。これを理解し受け入れれば、あなたが自分のルールを持つ自分のゲームを作ることは何物にも止められない。そう、あなたが勝てるようなルールを持つゲームを作るのだ。私はこれをバン・タープ・インスティチュートのピークパフォーマンス上級編ワークショップで学び、心底感動した。これについて考えるほど、その真実を裏づける実例が次から次へと浮かんだ。あなたは自由にあなたのトレードシステムを、そしてあなたの人生を、あなたがプレーしたいゲーム、あなたが常に勝つゲームで設計できるのだ（本書の最初のほうでトレードゲームの概念については話したのですでに知っているはずだ。ビッグマネーが、彼らが常に勝つようなルールで作ったゲームだ。本章のこの部分であなたが学ぶべきことは、それらのルールをあなたが勝てるようなルールに変える方法である）。

　トレードゲームを理解するには、そのゲームが発生する全体的な領域、つまりマネーゲームを表す大きな背景を理解することが必要だ。金融制度と政府が食物連鎖の最も上に鎮座し、私たちのお金を制御している。所得税を課すことができる権利を得るために、1913年に憲法まで改正した。このレベルのルールに関しては、私たちは何の力もないが、これらのルールが私たちに有利になるようにする力はある。タープ博士は彼の書いた最初の3冊の本のタイトルに「経済的自由（Financial Freedom）」という言葉を入れているが、これには理由がある。これは非常に重要な概念なのだ。経済的自由とは本質的にはマネーゲームをプレーする異なる方法だ。つまり、ほとんどの人がやっているようにお金のために働くのではなく、お金に私たちのために働いてもらうのだ。受動的所得が出費を上回れば、あなたは勝者になれ

るのだ。

　これを学んだことは大きかった。なぜなら私は経済的自由がこういった意味だと思ったことがなかったからだ。私は、最もお金を儲ける人や、おもちゃを最もたくさん持っている人が勝者だと思っていた。この「システム」は私の考え方にしっかりと植えつけられていた。成功とは学校に行って、良い仕事に就いて、車や家のローンを組み、40年間コツコツと働き、退職して金の時計を買い、老後を支えてくれるとはとても思えない年金基金にお金を預けることだと私は教わってきた。

　銀行の貸出係や管理職をやっていたときの状況はまさにこれに当たる。稼ぐ収入は月給だけで、ボーナスには州と国から高い税金を課せられる。ストックオプションをもらっても、数年間は執行できない。それに自分で管理することができないため、市場価格の影響をもろに受ける。

　しかし、受動的所得という概念を理解してからは、自分のマネーゲームに勝つのに何が必要なのかが分かるようになった。投資やトレードは、古いルールでプレーするよりも、受動的所得を生み、経済的自由を得るはるかによい機会を与えてくれる。これを知ることで、何に重点的に取り組めばよいのかが見えてきた。

　経済的に自由な段階に達したマネーゲームは私のトレードビジネスでは大きな役割を担っている。私は今、常に受動的所得の新たな収入源を探している。例えば、2008年の終わりから2010年にかけて、地方債に大きな投資をしたあと、その利益の一部を不動産のパッシブ運用と原油およびガスに再投資した。これは私の経済に対する大局観にフィットするだけでなく、収入の分散化も図ることができた。受動的所得によってトレード利益は平均化され、ポートフォリオ曲線のボラティリティも減少し、トレードリスクも減らすことができた。最終目標は無限の富を得ることである。これは自分の信念を変え、経済的自由

を達成するのに必要な段階を踏むことができる人なら、だれにでも可能だ。

　フルタイムのトレードを行うために仕事をやめた直後、スーパートレーダープログラムに参加しているときに見つけたローリスクで利益率の高い不動産投資を通して私は経済的自由を手に入れた。まだスーパートレーダープログラムは修了していなかったが、経済的に自由になるという私の計画は実現した。この時期に不動産パートナーと突然決裂したあと、全体的なビジネスプランの見直しを迫られたことがあったため、この計画は無理かとも思われた。しかし、それは小さく軌道を外れた以外の何物でもなく、結局は私は今の道をたどることになる。私はこのプロセスを尊重し、これをすべての責任を自分で取り、一貫して良い結果を目指すための道しるべとした。

トレードゲームを理解する

　いかなる形の受動的所得を得るにも若干の労力が必要になる。通常の仕事に投じる週40時間から60時間もの時間とは比べるべくもないが、受動的所得を継続して得るにはやらなければならないことがある。例えば、家賃の場合は家賃収入が正のキャッシュフローになるように良い取引を探す必要があり、そのキャッシュフローを維持しなければならない。また、ロイヤルティーの場合はまずはそのロイヤルティーが得られるようなことをしなければならない。私が受動的所得を得るのに働く時間は今のところ週10時間から12時間といったところだろうか。労働時間が週にわずか数時間のトレードは、いったんシステムが動き始めれば、そういった「受動的所得」にはならないだろうか。もちろんなる。タープ的思考が役立つのはまさにこんなときである。

　タープ的思考によれば、多くの本のタイトルで言われているのとは違って、**トレードは「正しい銘柄を選ぶ」ことではない**。トレードと

は、**ローリスクのアイデアを創造すること**なのである。ローリスクのアイデアとは、そのアイデアの長期的な期待値が実現できるように、最悪のシナリオを乗り越えてトレードできるようなアイデアのことを言う。『魔術師たちの心理学』でこの信念のことを読んだとき、目からウロコが落ちる思いがした。それからというもの、銘柄が「正しい」かどうかではなく、確率というものを考えるようになった。

　それまでの私は一般大衆と同じく、正しい銘柄選びこそがトレードのすべてだと思っていた。だから、トレードゲームのこの新しい見方に初めて遭遇したとき、これを自分で証明する必要があった。大学でファイナンスを専攻し、銀行業界で長年働いてきた私は、計算機を捨てて、さまざまな信頼性、期待値、ポジションサイジングモデルを使ったシナリオを考えなければならないと直感した。これをやってみると、結果はタープ博士の言うとおりだった。バン・タープ・インスティチュートで高品質のシステムを使ったいくつかのテクニカルコースを受講すると、この信念の正しさはより一層深まった。システムがいかに優れているかをインストラクターのために計算までしてあげた。システムは本当に素晴らしいものだった。

　この信念を拡大解釈すると、**仕掛けはそれほど重要ではない**、という信念に行き着く。トレードで成功するためには、市場がどこに行こうとしているのかなんて知る必要はないのである。事実、ランダムな仕掛けシステムでもおそらくは儲かるだろう。ランダムな仕掛けシステムでも成功する確率は50％あるのだ。この概念はこれまで植え付けられてきた価値とはまったく矛盾するため、私は度肝を抜かれた。これまでは、成功するためには少なくとも70％「正しく」なければならないと教えられてきたのだから。

　最初はこのタープ的思考の原理を使えるかどうか不安だった。成功するためにはすべてを制御しなければならないと信じてきたからだ。しかし、『トム・バッソの禅トレード』（パンローリング）の著者のト

ム・バッソがランダムな仕掛けシステムでも儲かることを証明している調査結果を読んでからは、仕掛けは重要ではないと信じられるようになった。1980年代のタートルズのサクセスストーリーを読んで、この考えはより一層強まった。彼らがトレードしていたのはルールが定義されたシステムだが、その信頼性は50％を下回った。今ではトレード結果を評価するときは、信頼性よりも、期待値や機会や分散、それにそのアイデアが私にとって機能するかどうかを重視している。

　ここで重要なことは、大局観を理解せずにシステムをトレードすることは本末転倒だということである。**まず大局観を分析し、次にあなたの理解に合ったシステムを開発することが重要なのである**。私は商業銀行のアナリストだったため、こんなことは分かっていると思っていたが、実はちっとも分かっていなかったのである。私はミクロアナリストだったため、最初は大局観をどうやって理解すればよいのか迷った。ミクロレベルで知っていることを、市場やトレード戦略に対する理解を明らかにする大きな文脈に置き換えるにはどうすればよいのか。いろいろな調査研究を行った結果、私はようやく全体的にどういったことが起こっているのかを判断する自分の能力に自信を持つことができるようになった。それによって私のトレードはがらりと変わった。

　いったん大局観をつかめるようになると、トレードの重点をどこにおけばよいのかは簡単に分かるようになる。トレード戦略も簡単に構築できるようになるし、システム設計からあいまいな部分がなくなる。しかし、システム設計は市場の大局観についてあなたが理解していることにフィットするだけでなく、あなたとあなたの心理、そしてあなたが自分自身をどう理解しているのかにもフィットしなければならない。これもまた別の簡単な概念のように思えるが、私にとってこれを定義するのは実際にやってみると難しかった。フルタイムのトレーダー兼マネーマネジャーに移行してからは、私にとって何が機能するの

かは思考錯誤で学ぶしかなかった。そして思考錯誤と経験を積んで、私はようやく自分のトレードアプローチにたどり着いたのだ。

あなたの心理にフィットする効果的なシステムを作るには、**まずは目標を設定**しなければならない。目標はおそらくはトレーダーの数と同じくらいあるだろう。目標を理解したら、聖杯システムはあなたの目標を達成する手助けはしてくれないことが分かってくるはずだ。**目標はポジションサイジング戦略によって達成する**のである。ポジションサイジング戦略は各トレードに「いくら」賭ければよいかを教えてくれるものだ。

私にとってこれはトレードのなかで本当に楽しい部分だ。私の目標と私のシステムのトレードの特徴に基づくポジションサイジングアルゴリズムによって、いかにすれば私の目標に達することができるかを教えてくれるのがこの部分だ。ポジションサイジング戦略を使ってできることには際限がないため、これは私の分析能力がフル稼働するときだ。あなたの目標とリスク許容量とに基づいて、あなたが設計したいものは何でも設計できるクリエイティブなライセンスを与えてくれるのがこの部分なのである。

ポジションサイジング戦略について学び、それが私の目標を達成するのにいかに重要かが分かると、ポジションサイジング戦略こそが成功への鍵を握っているのだと確信するようになった。これ以降、いろいろなインディケーターを使うこととはおさらばして、システム設計に集中するようになった。本当に重要なこと、つまり良いポジションサイジング戦略にもっと時間を使うことができるようにするためだ。私が参加したあるワークショップでは、異なるポジションサイジングアルゴリズムを使って多くのトレードにまったく同じシステムを適用したが、結果はそれぞれに違っていた。ポジションサイジング戦略が利益の出るトレードへの鍵であることを示すこれ以上の証拠があるだろうか。

人々は聖杯システムはただ１つしかないと思いがちだ。つまり、市場で多くのお金を稼がせてくれるシステムは１つしかないということである。しかし、そうではない。市場が変われば、あなたのシステムもそれに応じて変わらなければならない。万能のアプローチなどないのだ。大局観をまず理解することが重要なのはこのためだ。もちろんこれは、状況が変わろうとしている時を知ることができるように、市場状態を追跡する方法を持たなければならないことを意味する。

　これはあなたのシステムの結果を見れば分かるかもしれないが、早期に警告してくれるシステムのほうがよい。１つの市場──例えば、1990年代終わりの急成長の時期──で機能する素晴らしいシステムを見つけるのは簡単だ。しかし、すべての市場で同じシステムが機能すると思うのは間違いだ。市場が変化したら、あなたもそれに応じて変化できるように、それぞれの市場状態に合ったシステムを持つことが重要だ。

　どういった市場であれ、**あなたのシステムがトレーダブルであるには正の期待値を持つ必要がある**。これは『**魔術師たちの心理学**』を読んでいる最初のころに見つけたアイデアの１つだ。トレードでお金を稼ぐ方法は山ほどあるが、「いずれ」も正の期待値を持たなければ**ならない**。多くのトレードにわたり、平均的に、リスクにさらした１ドルに対して利益を出さなければならないということである。そうでなければ、それは負けるアイデアだ。

　期待値は成功するトレードの中核をなす原理の１つである。期待値を理解せず、それに注目しなければ、盲目的にトレードすることになるだけである。そして、あなたの口座は破産する。

　トレードで成功するにはあなたの心理が重要だ。だから、あなたに「フィット」するシステムだけをトレードすべきなのである。これもまた簡単な概念のように思えるが、実際に定義するとなるとかなり難しかった。何が自分にフィットするのかを見極めるまでにはしばらく

時間がかかった。さらに、最初は自分にフィットすると思っていたものが今はフィットしない場合もある。何が私にとって機能するのかは、フルタイムのトレーダー兼マネーマネジャーに転身したあと試行錯誤で学んだ。われながら、うまく定義できたのではないかと思っている。そして、自分のトレードとマネーマネジメントビジネスの設計方法にも私はとても満足している。

　ある意味では、あなたにフィットするトレードは非常に重要だ。まだ雇われの身であったときに機能すると思っていたものが、実際にはそれほどうまく機能しなかった。フルタイムのトレーダーに転身したあとでも、物事はそれほどうまくはいかなかった。何が私に「フィット」するのかがはっきり分かったのは、自分はトレーダーやマネーマネジャーとしてどういう人間になりたいのか、そして自分の大局観に対する分析を満たすにはどういったトレードシステムが欲しいのかが分かってからである。もちろん、自分に「フィット」するものを定義できるまでには時間がかかる。しかし、定義できるまで考え抜くことが重要だ。でなければ、不必要なフラストレーションや頭痛を抱え込むことになるだけだ。

　ほとんどの人は考えないのだが、もうひとつ重要なことがある。それは、目標を設定することだ。目標はおそらくはトレーダーと同じ数だけ存在する。自分の目標を理解したら、聖杯システムはその目標を達成するのには役に立たないことが分かるはずだ。助けにはなるかもしれない。でも目標はポジションサイジング戦略によって達成するのである。ポジションサイジング戦略は各トレードに「いくら」賭ければよいかを教えてくれるものだ。ポジションサイジング戦略について学び、目標を達成するのにそれがいかに重要かが分かると、ポジションサイジング戦略こそが成功への鍵になることを確信するようになった。まずは正の期待値を持つシステムを構築することである。そうすれば、ポジションサイジング戦略を適切に使ってあなたの目標を達成

できるはずだ。

では、正の期待値を持つシステムはどうやれば手に入るのか

　正の期待値を持つシステムはトレードの黄金律からもたらされる。トレードの黄金律とは、損失を減らし、利を伸ばすことである。最初の鍵は、**1Rで定義される最初のリスクを知れ**だ。平均的な損失は1Rより小さくなければならず、利益はそれよりもはるかに大きくなければならない。これが正の期待値を持つシステムへの鍵である。つまり、リワード・リスク・レシオが重要ということである。

　最初のリスクは、R、または仕掛けと損切りとの間の距離にポジションサイズを掛けたドル価によって表される、リスクにさらした額によって定義する必要がある。これを怠れば、あなたのシステムのパフォーマンスを知ることは不可能だ。なぜなら、ポジションを閉じたとき、あなたのトレードのパフォーマンスを計算するための基準点がないからである。

　正の期待値を持つシステムを構築するための２つ目の鍵は、**潜在的利益が最初のリスクの少なくとも２倍のときのみトレードを仕掛ける**ということである。この基準を満たそうと思えば、それぞれのトレードのリワード・リスク・レシオを考えるようになるはずだ。つまり、損益を最初のリスク、タープ博士の言うＲ倍数で考えるということである。

　３つ目の鍵は、**手仕舞いは仕掛けよりもはるかに重要**ということである。なぜなら、リワード・リスク・レシオをコントロールできるのは手仕舞いだからである。トレーダーの多くは仕掛けを「コントロール」したり、仕掛けで「正しい」ことに重点を置きすぎるため、手仕舞いを軽んじる傾向がある。損失を減らしたり、利を伸ばすうえで手

仕舞いがいかに重要かを認識すると、この信念は問題なく受け入れられるようになった。損切りが執行されたとき、計画どおりの損失に抑えるためにはこれがいかに重要かを改めて感じた。なぜなら、手仕舞いは勝ちポジションと同じかそれ以上に負けポジションにとって重要だからである。

　しかし、良い手仕舞いを実行することは口で言うほど簡単ではない。これもこの信念から改めて考えさせられたことだ。資産を保護するために損切りを設定することは簡単だが、利益が出るように手仕舞いを設定するとなると難しい。

　４つ目の鍵は、**システムを平均期待値と標準偏差を持つＲ倍数の分布として理解する**ことである。Ｒ倍数で表される統計的に意味のあるトレードのサンプルサイズを定量化できなければ、システムからどういったことが期待できるのかは分からない。まず最初にＲ倍数のトレード分布を考えないトレードアイデアは受け入れることはできない。Ｒ倍数のトレード分布を考えなければ、そのトレードアイデアのメリットは分からないからだ。

　５つ目の鍵は、**高度に最適化されたシステムよりも、論理的で堅牢な変数を少数持つ単純なシステムのほうがよい**ということである。前にも述べたように、私は地方債のトレードで大きな利益を得ることができたが、それは派手なテクニックによるものではなく、基本的な需要と供給の関係によるものだった。複雑なものを作りたいのなら、ポジションサイジング戦略に時間と労力をつぎ込むのが最もよい。トレードアプローチは過度に複雑にする必要はないという事実は、信じられないくらい気持をリフレッシュさせてくれるものだ。システムを複雑にしても有害になるだけである。

機能するシステムを手に入れる

　トレードを続けていくうちに、私のトレードはインディケーターを使ったアプローチから、インディケーターを使わない簡単なアプローチへと変わっていった。主として価格と出来高を重視する手法へと変わった。だから、システムを最適化したいとは思わない。これは失敗するだけである。こうすることで、システムは将来的にも堅牢性を維持できる可能性は高まる。なぜなら、変えなければならない設定がないからだ。物事を単純にすることはとても良いことだと思う。特にトレードに関してはそうだ。

　トム・バッソがタープ博士のワークショップで教えていたとき、**システムを本当に理解していればバックテストはそれほど必要ではない**と彼は言った。この考えは最初は受け入れがたかったが、システムを検証する必要があると感じたとき、それは私がシステムを理解していないか、理解していてもそれをトレードする自信がないことにすぐに気づいた。バックテストに依存するということは、自分のシステムを信用していないことになり、それが過去に機能したことを証明する必要があると言っているようなものである。でも、それが過去に機能したからと言って、将来的にも機能するとは言えないのである。

　それに、システムのバックテストを徹底して行わなければならないとすると、そのシステムに対する自分の信念を疑問視することになる。今はシステムに対して最初にチェックすることは、ロジックの根底にある信念である。

　少なくとも30回のトレードサンプルが集まるまでは、小さなサイズでトレードすることをお勧めする。しかし、トレードサンプルは50～100回あったほうがもっとよい。十分に大きなトレードサンプルが集まれば、R倍数分布を計算することができ、その分布を使ってモンテカルロシミュレーションを行うことができる。これによって将来的に

どういったことが期待できるのかが分かる。システムをこの方法で検証すれば、あなたの心理をシステムに反映させることができるため、そもそもそのアイデアをトレードすることができるのかどうか、より現実的に判断することが可能になる。また、将来的な結果を把握することができ、それに基づいて適切な目標を設定することもできる。モンテカルロシミュレーションには限界もあるが、小さな窓とはいっても将来を垣間見ることができることは、バックミラーで過去を振り返るよりはましだ。

「トレードシステムの質とその結果」を評価する良い方法がある。それは「SQN（システム・クオリティー・ナンバー）」を使った方法だ。SQNの概念を初めて知ったのは『ディフィニティブ・ガイド・トゥー・ポジション・サイジング・ストラテジー』のなかでだが、これはトレーダーにとって大きなブレイクスルーになると感じた。SQNは、ポジションサイジング戦略を使えば目標を達成することがどれくらい簡単に行えるかを測定するものだ。SQNスコアが高いほど、目標はより簡単に達成できる。SQNの素晴らしさは、たった１つの数字でどういったタイプのシステムも評価することができ、そのシステムが追究に値するかどうかを判断できることである。

さらに、SQNスコアが意味するものを理解すれば、システム設計や管理にも役立つ。どうすれば高いSQNスコアを獲得できるのか理解することで、どういったシステムを構築すればよいのかについての指針が見えてきた。

トレード心理

システムの概念を理解し、それを目標達成にどう利用すればよいのかが分かると、トレード心理というものをもう一度考え直してみようという気になった。トレーダーの多くは、トレードの**過ち**＝損失と考

えがちだが、これらは違う。**トレードの過ちとは自分のトレードルールに従わない**ことを意味する。

　トレードシステムのルールに従うという規律を身につけることの重要性を理解することで、**正しくなければならない**、ということを克服するうえで大きな助けになった。トレーダーの多くはこれで行き詰まるのである。損失を受け入れることはトレードゲームの一部であるということを、彼らはどうしても受け入れることができないのである。**正しく**あろうとするがために、彼らは自分のルールを破ってしまい、ルールに従っていれば抑えられたであろう損失を大きく上回ってしまうのである。

　自分のルールに従えば、トレードのプロセスに集中でき、いつも正しくあろうとすることで生じる緊張もなくなる。私は自分のルールに集中することで、価格に対する感情的な反応をなくすことができた。市場が混沌としているときでも、心は平静でいられた。十分に大きなトレードサンプルを集めれば、損失の問題は希釈される。システムのパフォーマンスを期待値、SQN、今の市場であなたのシステムが機能するのかどうかといったより大きな分析的視点で見ることができる。

　これらから導かれる結論は、高いパフォーマンスを維持するための鍵は、「正しさ」ではなく、トレーダーの「効率」ということである。第1章では、テープ的思考の原理に従ったトレーダーが130%のリターンを上げた話について紹介されているが、彼は過ちを犯したために59Rがテーブルの上に残された。つまり、過ちを犯さなければもう59％利益が上乗せされたということである。

　スーパートレーダーはこのプログラムを卒業するには95％、あるいはそれ以上の効率でトレードしなければならない。私はスーパートレーダープログラムに参加していたとき、それほどの効率性はなかったが、それは目標とすべき数字であることは間違いなかった。したがって、それ以降はその数字を目指した。効率性とは、私の理解によれば、

どれくらい過ちを犯したかを測定するものである。このスコアは全トレード数を過ちを犯さなかったトレード数で割って計算する。したがって、95％の効率性を達成するには、100回のトレードのうち過ちは5回しか犯せないことになる。

　自分のルールに従わなければ効率性は下がるので、自分のルールに集中した。自分の犯した過ちに正直になれば、この効率性スコアはエラーを防ぎ、良いパフォーマンスを達成するのに役立つ。トレードには過ちは付き物だ。過ちはあなたのトレード結果に必ず現れるものである。正しくあることは過ちを犯さないことではない。だから、常に正しくあることは可能だ。

　タープ博士は成功するトレーダーがやっていることを調べた。これらのことは一貫して良いトレード結果を得るための鍵となる。タープ博士の「ピークパフォーマンスコース」の第1巻に書かれているトレードの12のタスクは以下のとおりだ。

1．トレードする準備ができているかどうかを自己分析する
2．過ちを防ぐために心のなかでリハーサルする
3．自分の目標を毎日確認する
4．ローリスクのアイデアを考える（トレードを始める前にやる）
5．リスクをさらに低減するために短い時間枠のチャートで確認する
6．考えすぎるのではなく、責任ある行動を取る
7．リスクを低く抑えるためにしっかりとモニタリングする
8．トレードが逆行したらすぐに中止する
9．そのトレードを持続する理由がなくなったら利食いする
10．将来的な過ちを避けるために毎日結果を確認する
11．うまくいったことに対しては感謝する
12．すべてのことが首尾よく進んでいるかチェックするために定期的に見直す

私はこれらの12のタスクが非常に気に入った。これらのタスクは、自分と自分のトレード結果を管理するうえでの枠組みとなるものだからだ。これらのタスクは、トレードシステムを正しく設計、実行、管理するための構造を提供してくれるばかりでなく、自分のやることに責任と説明責任を持つことの重要性を教えてくれるものだ。トレードで過ちを犯したとき、私はまず自分に、「12のタスクに従ったか？」と聞き正す。すると大概はタスクのいくつかを抜かしていたことが判明する。私の過ちは、そのやり損ねたいくつかのタスクが原因だったわけである。これら12のタスクは、個人トレーダーであれ、トレード会社の社員であれ、トレードで規律を保つうえで非常に役立つものであると思っている。

私の人生はどう変わったか

　私は今、念願だったプロトレーダー兼マネーマネジャーになることができて、とても幸せだ。2006年6月、私と妻は仕事を辞めて、カリフォルニアからフロリダへと移り住んだ。私は2つの会社を立ち上げ、自己勘定でトレードと投資の運用をやっている。
　好きなことをやっているので、仕事をしているという感覚はあまりない。私は自分が毎日やっていることが大好きだ。つまずいたときには、会社に戻ることがどういったことなのかを思い浮かべ、そこで私をがんじがらめにしていたあらゆる限界をすぐに思い出すことにしている。すると、今いる環境以外では生きられないことを再確認できるのだ。自分のやったことを知る満足感以上のものがあるだろうか。自分の夢を実現し、毎日その夢を生きているという充実感ほど素晴らしいものはない。
　この5年間は、資本主義国アメリカの企業で働いていた24年間の倍

未知のものも怖くない

　以上の儲けが出た。金融界が崩壊の危機に瀕した2008年は私にとってそれまでで最高の年だった。この1年だけで、前の10年を合わせたパフォーマンスを上回るパフォーマンスを上げた。これはひとえに、テープ的思考の原理を通して得たパラダイムシフトと新しい信念によるものであると思っている。

　これまでのように未知のものに対する恐怖を感じることはなくなった。もちろんときには恐怖を感じることもあるが、それは私を圧倒するほどの力は持たず、肯定的な意図を見つけようとするとそれはすぐに消える。また、私の人生ではハイアーパワーが働き、私のためのプランを持っていると信じている。これが私に平和と安心感を与えてくれる。私はA型の人間だ。だから、人生にとってあまり重要ではない

ことにとらわれる傾向がある。しかし、今ではそんな自分を阻止し、源とのつながりに戻って物事を冷静に見ることができるようになった。

それに、新しいアイデアも受け入れやすくなった。商業銀行にいたときのように型どおりに考える必要がなくなったからだ。常識にとらわれた考え方から抜け出すことは、エキサイティングで、心が解放された気分になるものだ。特にトレードについてはそうである。今の私の最大の悩みは、やりたいことをやる時間がないことだ。何という贅沢な悩みだろう。

私は他に依存することなく自分自身で考えることができるようにもなった。これは、スーパートレーダープログラムの内観訓練によるところが大きいが、私が管理しているものが他人のものではなく自分自身のものであることも1つの要因だと思っている。商業銀行で働いていたころを思い返すと、他人のために働き、他人のお金を運用していたわけだから、自分がいかに傍観者だったかをひしひしと感じる。今は自分のやっていることに以前よりもはるかに集中して取り組むことができる。なぜなら、「それ」は自分そのものだからである。自分の資産をどう管理するかの自分の意思決定が成否を決めるわけである。この究極の説明責任をこれほどエンジョイできるとは思ってもみなかったが、今ではほかの方法では無理だとはっきり言える。

タープ的思考の原理で興味深いのは、これらはトレードメタファーを通して教えられるが、トレーダーであろうとなかろうと、その人の人生に適用できるという点である。プロのトレーダーになるための教育に授業料を払ったつもりが、まったく新しい人生が無料で手に入った気分だ。

> プロのトレーダーになるための教育に授業料を払ったつもりが、まったく新しい人生が無料で手に入った気分だ。

例えば、私は自分の人生におけるあらゆるものに感謝するようになった。感謝することは人を謙虚にさせる。これは私をトレーダーとして地に足をつかせるだけでなく、人間としても地に足をつかせてくれるものだ。市場が自分のために働いてくれるのを要求するのではなく、市場が私に成功を与えてくれたらそれに感謝するようになった。

さらに、今の自分の生活に感謝するようになり、ほかのことはあまり気にしなくなった。これまでは自分の目の前で起こっていることを見逃していた。過去の痛みにとらわれすぎたり、将来を予測することに忙しすぎたからだ。しかし、未来はまだここにはない、だからそれをコントロールすることは不可能だ。また、過去は終わってしまったことである。だから、もがいても得るものは何もない。なぜ「今」を見つめないのか。そのほうがトレードにとってはよっぽど生産的だ。

また、自分に対して起こることはすべて自分の責任であることも受け入れられるようになった。私は自分の経験の旅の船長というわけだ。どういう結果になっても、その原因はすべて自分にある。人生で何かがうまくいかなければ、故意かどうかは別として、注意を怠った私の責任だ。自分の失敗をだれかほかの人のせいにすれば、自分の落ち度から一時的には解放されるが、意気消沈して前進できなくする感情的な重荷を背負うことになる。その重荷を持ち運ばなければ解放感はあるが、それから本当に解放されたのは、自分の人生は自分で責任を持たなければならないことを認めてからのことだった。これは難しいことだが、**自分にたった今起こったことを私はどうやって引き起こしたのか**と自問自答できるようになれば、素晴らしいものを発見できるはずだ。

私がどうやって大きな成功を手にしたかというと、自分の人生で自分が何を求めているのかを自分に問い、宇宙に答えさせただけである。引力の法則は健在なのだ。私はそれを信じて疑わない。スーパートレーダープログラムのTfMで私が気に入った教訓の1つは、「あなたは

あなたが集中したことを得ることができる。だから、欲しいものに集中せよ」という考えである。私はこの原理をよく応用したが、その都度素晴らしい結果が得られた。これはあなたが成功するうえでも基本的な原理になるはずだ。

第4章
陸軍少佐からシステム専門家へ
From Army Major to Systems Expert

ケネス・ロング(数学博士)

　ケネス・ロングは元陸軍将校で、戦闘経験者としてアメリカ陸軍指揮幕僚大学で戦略、戦術、兵站業務を教えてきた。2011年、マネジメント(組織開発)の博士過程を修了した。博士課程では、不確実性の下での意思決定を改善するための行動学習の使用法を研究した。彼がトレードを始めたのは1982年で、最近では適応型トレードシステムで使う統計学をベースとしたマーケットインディケーターの研究にいそしんできた。彼は今、国際的企業を顧客に持つ金融調査会社であるトータス・キャピタル・マネジメントの研究部長だ。彼はバン・タープ・インスティチュートのワークショップのプレゼンターの常連で、テクニカルワークショップの大部分を担当している。子供は3人おり、妻のリンダと結婚して26年たつ。柔道と柔術の黒帯保持者でもあり、年間を通じて若者にサッカーも教えている。

以前　ストレスに苦しむトレーダーで、成功しないことに常にイライラしていた。
現在　システムを開発する統計志向のトレーダー。開発した長期システムは常に市場をアウトパフォームし、短期システムでは1日に5Rも稼ぐ。

私が貯金と投資を始めたのは陸軍の新兵だったころで、もう何年も前になる。私は聖杯探しに夢中で、短期ベースのいろいろなトレード手法に手を出した。ウィリアム・オニールの**『オニールの成長株発掘法』**（パンローリング）で発表されたCANSLIMから、**『私は株で200万ドル儲けた』**（パンローリング）のニコラス・ダーバスのボックス売買法、ポイント＆フィギュアを使ったさまざまなテクニック、ベクター・ベストのソフトウエア、さまざまなニュースレターで提唱される推奨、人気の投資本が進める方法まで、ありとあらゆるものを試した。1980年から1993年まで、いろいろなアイデアを渡り歩いた。どのアイデアを使っても結果はパッとしなかったため、焦燥感とイライラがつのり、それぞれのアイデアに費やす時間は次第に減っていった。そんなとき、いろいろな投資信託でお金を回転させる実に素晴らしいテクニックを開発した。投機はポートフォリオのごく一部にとどめ、人生を変えてしまうような大きな損失から自分を守った。しかし、パフォーマンスを見直すことはなかった。なぜなら、聖杯探しに夢中だったからだ。

　私にはトレーダーとして成功するための知識、習慣、経験はあったと思う。陸軍での仕事を通じて、近代経営とリーダーシップについては原理も実務も学んだ。学生時代は優秀な学生だったし、プロとしても成功した。大学ではシステム管理の修士号も修得した。

　しかし、投資家として私が求める成功はまだ達成できずにいた。ほかの分野で成功を収めるのには役立った資質や習慣はトレードでは役に立たなかった。うまくいくものとうまくいかないものを分けるのは難しく、フラストレーションを感じることもあった。何か価値あるものを学んだと思った瞬間、「真実」は変化し、私はまた振り出しに戻らざるを得なかった。その結果、私のトレードは無計画で、不安定なものになっていった。市場について知るべき何かがあることは分かっ

アイデア

アイデア

いろいろなアイデアを渡り歩いた

ていた。トレードに応用して結果が改善できるような何かがあることは分かっていた。でも、それをどうやって見つけたらいいのかは分からなかった。この悩みは私の人生に重くのしかかってきた。

1990年代の終わり、タープ博士の『魔術師たちの心理学』（パンローリング）に出合えたことは私にとって幸運だった。私がタープ的思考という概念を知ったのがこの本だった。そして、この本によって私の研究と応用の生涯にわたる旅が始まることになる。自分と自分の目標に合ったトレードと投資戦略の開発の旅はこうして始まった。それからというもの、私はタープ博士の原理を勉強して応用した。その結果、ローリスクのアイデア、正の期待値を持つシステム、ポジションサイジング、リスク管理によって、私は個人的な目標と経済的な目標も達成しつつある。

自分が学んだことを人に伝える機会を得ることは喜ばしいことだ。前にも述べたように、私は１人の読者にすぎなかったが、1999年にシ

ステムのワークショップに参加し、それ以降もVTIのいろいろなワークショップに参加しているうちに、VTIとのかかわりが急速に深まった。「システム」の修士号を持つ人物は私だけだったとタープ博士はいつも言っている。そして2000年、私はワークショップの1つにゲストスピーカーとして招かれた。それから間もなく私は補助教師になり、今では自分自身のセミナーを設計するまでになり、私がこれまでに学んだことを多くの人に教えている。ここではそのいくつかを紹介したいと思う。私のトレードに大きな影響を与えた戦略と原理を紹介することにしよう。

素晴らしい人生ゲームをプレーする一方で、別の分野で数学博士号を修得した。不確かな状況下での意思決定という分野だ。タープ博士はちょっと変わった分野だと言う。これはタープ的思考という概念がなければ達成は難しかっただろう。タープ的思考は、信念、感覚、価値、真実に対する私の内なる探求の重要な案内役となり、行動と結果を私が価値を置くものと合致させるという私の目標を達成する手助けをしてくれた。

私は何を学び、どう変わったか

信念の力

タープ博士が、トレードは百パーセント心理的なもので、信念しかトレードできない、と言うのを最初に聞いたとき、私は話半分にしか聞かなかった。私の経験からすれば、これは本当とは思えなかった。私の信念が結果にとってそれほど重要であるはずがないじゃないか、トレードパフォーマンスに影響を及ぼす外的変数がたくさんあるじゃないか、と私は思った。でも、彼のアイデアにはとても興味があり、彼の高い評判に関心したので、私はローリスクの状況の下で彼の提示

することを試してみようと思った。結果が彼の言うことと一致し始めるのにそれほど時間はかからなかった。トレードシステムを掘り下げて考えるようになると、すべてのことが深いレベルで心理に結びついていることが分かるようになった。特に、実際のお金を使ってトレードするときはそうである。

　私の言いたいことは以下のとおりである。例えば、ある専門家から特定の市場を特定の方法でトレードするように勧められたとしよう。このアドバイスに従って私がやることに対して、私の心理はどう影響を及ぼすのだろうか。

1. **その専門家は私に父を良い意味で思い出させる**　結果を客観的に分析すると、彼の勧めたことをやってもシステムの期待されるリターンを達成することはできない。彼の勧めることは疑問の余地はあるものの、私は好意的に解釈するだろう。
2. **その専門家は私に父を悪い意味で思い出させる**　私は彼の勧めることを批判する方法を模索し、そのトレードの反対サイドを取るだろう。たとえそれが間違ったサイドだとしても。
3. **頑固になる**　この心理状態は私に悪い振る舞いを行うことに固執させてしまうかもしれない。もっと良いルールを導き出せる証拠を拒絶してしまうかもしれない。悪いシステムに長くとどまるかもしれないし、リスクレベルの低すぎる良いシステムでトレードするかもしれないし、私の信念に合わない良いシステムを拒否するかもしれない。
4. **リワード・リスク・レシオを測定するよりも、安心感を重視する**　極端な市場状態でのシグナルを拒絶するかもしれないし、システムの測定された結果によって保証されるよりも低いリスクレベルでトレードするかもしれない。オーバーナイトポジションのリスクを低減した途端にトレードがうまくいき始め、オーバーナイト

の大きな動きを見逃すかもしれない。これによって、逆張りポジションに依存するシステムの有利なシグナルを見逃すことになる。

5. **自分の経験を重視しすぎる（自信過剰）** 別のシステムでの経験に基づく変更をほかのシステムに対して行うかもしれない。これによって、そのシステムはアンダーパフォームすることになる。

6. **自分の経験を軽視しすぎる（自信喪失）** 良いシステムを改善する機会を無視するかもしれない。なぜなら、私は自分には自分自身の専門知識を磨く技能や知覚能力があるとは思わないし、分析経験も不足していると思っているからだ。

7. **忍耐力に欠ける** システムによって確認される前にシグナルを時期尚早に受け入れてしまうかもしれない。システムの勝率を考えると連敗などごく当たり前のことなのに、システムが連敗を喫したあとそのシステムを放棄してしまうかもしれない。連勝すると、それはそのシステムにとってごく当り前であるにもかかわらず自信過剰になり、1トレード当たりのリスクサイズを連勝に基づく限界を超えて増やしてしまうかもしれない。

8. **アグレッシブになりすぎる** リスクの高いトレードをしてしまうかもしれない。そのため恐怖心によって、あるいは損失を出してしまったために、仕掛けや手仕舞い基準を疑うようになる。

9. **被害妄想に陥る（人によって苦しめられそうになったことに起因する）** システムのルールを自分の心理的なニーズに合わせようとするかもしれない。そして、結果が公表された結果と違っていると、自分をごまかすために、その違いをシステムが故意にそうしたとか、システム開発者のせいにしてしまうかもしれない。

10. **トレードが勝ったり負けたりしたわけをはっきりさせたい欲望にかられる** 完璧に説明をしてくれる答えを求め、市場モデルを過度に複雑化する。これによってシステムをさらにいじり、3つのルールを持つ単純なシステムだったものを、リアルタイムで計

算できない40ページの条件付きルールを持つものに変えてしまう。

　著者やシステム設計者に専門家の地位を与えてしまうような基本的な決定も私の心理状態に結びつく。つまり、専門家の地位とはどういうものなのかや、特定分野の専門知識には敬意を払わなければならないという自分の信念に結びつくということである。
　前に挙げた10の例は、個人的な心理がシステムを選び、実行し、改良し、分析する方法に影響を及ぼすことを示すほんの一例にすぎない。人間の心には何百年にもわたって形成された何百というバイアスが元々備わっていることが認知神経科学の研究によって明らかになった。これは石器時代の生活に順応するのには役立ったかもしれないが、今日の高速なデジタル市場ではわれわれに訳の分からない行動を取らせてしまうのだ。つまり、私たちは生まれながらにして、近代市場では失敗する運命にあると思い込んでしまっているということである。
　こういった話をすると気持ちがくじかれてしまうかもしれないが、われわれはまったく無力というわけではない。思い込みと行動との関係、信念と振る舞いとの関係を理解すれば、そういった振る舞いを変えるパワーを得ることができるのだ。テープ的思考を発見したあと、自分のトレードに対する意思決定を検証し、私の信念が振る舞いに影響を及ぼすかどうか調べてみた。私の下した意思決定の根拠を追跡し、それぞれが有効かどうか調べてみた。役に立つものは残し、役に立たないものは監視する。目標は、単純で堅牢なトレードシステムを構築するのに有効な信念を十分に集めることである。最近、市場に関する自分の信念を最小限にまで減らすことを試みた。私の信念は、私の視野を狭め、世界に対する私の理解をゆがめるものだということが分かってきたからだ。
　こう考えるようになると、次のような疑問が浮かんだ。

1. システムでトレードするためにはシステムを信じなければならないのか。
2. 信念の目的は？　自信をもって行動できるようにするためか。
3. 信念が役立つものであるためには、それは真実でなければならないのか。
4. 私の信念はどこから来ているのか。信念をどれくらい選ぶことができるのか。
5. 信念と価値との違いは？
6. 私は自分の信念と価値を選ぶことができるのか。
7. もし選ぶことができるのなら、どんな信念や価値を選ぶだろうか。
8. 信念や価値を選ぶことを阻止し、それらに基づいて行動できなくしてしまうものは何だろう。
9. 私が選んだ信念や価値に沿って生きるよりも重要なことは何だろう。そして、その理由は？
10. 私は何の役に立つのだろうか。
11. 人生の目的に合った行動をし、できるだけ意図を持って生きるにはどうすればよいのだろうか。

統計学に基づくトレード

　タープ的思考は統計志向であるように思える。それはなぜだろう。私が思うに、統計学は複雑な状況における行動パターンを理解するのに役立つからではないだろうか。物によっては非常に複雑なものもあるため、明確なルールに還元されず、数学のように解くことができないものもある。しかし、複雑なものでも確率や可能な結果の範囲内で考えることができる。ここで役立つのが統計学だ。
　簡単な例として、6面のサイコロを振ることを考えてみよう。前の結果をどんなにたくさん記録していても、通常は次に振ったときの結

果は分からない。どんなに勉強しても、次に振ったときの結果を予測する私の能力を改善することはできない。しかし、サイコロを何回も振ることができるとすると、確率を考えるようになる。こうすることで、2つのサイコロの目の合計がほかの合計よりも頻繁に発生するトレード（賭け）を組み立てることができる。例えば、2つのサイコロの目の合計のなかで最もよく発生するのは7であることに賭けることができるといった具合だ。クラップス（2個のサイコロの出目を競うゲーム）は結局はハウスが勝つように仕組まれたシステムだ。これはあなたのシステムが結果を保証してくれるのと同じだ。そのためには、このシステムはあなたがこれまで見てきたものに一致する安定したものであると信じる必要がある。システムが2つのサイコロを公正に振るものであれば、こう信じることは理にかなっている。

　統計学は、個々の結果は予測できないが、一連の広範な出来事は効果的に記述できる複雑な状況を考えるための学問だ。市場の多くは長期間一定の振る舞いをするため、統計学に基づくトレードアプローチは、システムが安定したままでいることを期待できる程度まで好ましい状況を見つけだすのに役立つ。ある意味、統計学は確率の確実性を自信をもってトレードするのに役立つ。いくつか例を挙げよう。

- 通常のボラティリティとはどういうものか。また、極端（極端に静か、または極端にボラティリティが高い）とはどういった状況を言うのか。
- 株の日々の平均的な動きとはどれくらいの動きをいうのか。その標準偏差は？
- 株がギャップアップで寄り付く頻度は？　また、平均的なギャップの大きさは？
- いろいろな市場状態でシステムは私にどれくらいトレード機会を与えてくれるだろうか。また、そういった状況下での期待値は？　つ

まり、私はいつトレードし、いつトレードを避けるべきなのか。
- S&P500はその200日移動平均線からどれくらい離れる可能性があるか。市場状態を記述するのにそれは使えるか。
- いくつの大型株が一定の状態に適合するか（200日以上平均線の下にある、インディケーターによれば買われ過ぎているなど）。

　さらに、統計学は潜在的機会を評価するのに使えるだけでなく、結果を分析し、バックテストから予想される結果から、システムと市場が同期しているかどうかを判断するのにも使える。サンプリングとサンプリング条件を理解すれば、将来的に正の結果が出る可能性も判断できる。

　私のトレードシステムのなかで最良のもののいくつかは、統計学を使って、結果のパターンを分析するというものだ。通常、私はまず市場を見て、小さなポジションサイズを使って、市場について感じることをトレードする。次に結果と、それらの結果に影響を及ぼした振る舞いを調べる。これによって定義、測定、実行が可能なルールを導き出すことができる。こうしたトレードを私は、「構え、狙え、撃て！」と呼んでいる。このプロセスがうまくいくためには、感覚を測定可能な事実に変換する必要がある。これを行うには統計学が欠かせない。なぜなら、統計学は、私が見る機会について私が感じる感じ方を引き起こす市場状態を記述するのに役立つから。市場状態を記述したら、これらをルールに鑑みて検証し、これらの市場状態がトレード機会を提供してくれるものかどうかを調べることができる。このためのステップは以下のとおりである。

- その市場をトレードしたほうがよいと思う自分の直感に気づく。
- 統計学を使ってその市場状態を記述する。これはすでに継続的にやっているため、私がすべきことは、私がその市場をトレードしよう

と駆り立てられたときに、その市場状態がどういう状態になっているのかを見るだけである。
- 過去（および将来）の状況を見て、その市場状態が私に本当に良い機会を与えてくれるのかどうかを調べる。

　統計学に基づく市場の見方と、思考と感覚との絶妙なバランスを生みだす意思決定プロセスとの間には深い関係がある。短期トレードシステムは統計学的に記述できる多くの機会を与えてくれるだけでなく、意思決定の練習機会もたくさん与えてくれる。短期トレードで高いパフォーマンスを上げるためにはどちらも必要だと思っている（信念）。
　私の**有用な感覚**は一定の市場とシンボルを一貫して満足のいく方法でトレードしてきた長年の経験によるもののような気がするが、**有用ではない感覚**は私のあまりにも人間的な認知バイアスによるもののような気がする。しかし、有用ではない感覚も実は有用なのだ。トレードでは、本当に役に立たない感覚はトレードエッジを与えてくれない感覚だ。感覚を抱き、それをありのままに受け入れることは良いことだ。これは私の人生の重要な部分だ。しかし、それは私の意思決定を意のままに操ることはできない。
　感覚を抑えようとすれば、あるいは自分の感じることを理性で形づくろうとすれば、それはつまり、私の感覚は私が意のままに操ることができるものであると言っているようなものである。私の感覚は私が意のままに操ることができるものではなく、無意識的な心の働きである。私がそれを感覚として認識するころには、それはすでに起こっており、私の心のなかを通り抜けている。すでに起こってしまったことを防ぐことはできないが、強力な感覚がやってきそうだというシグナルは察知することができ、意思決定を感覚に逆らわない方法で行うことができるが、その意思決定はトレードアクションを引き起こすことなくそれの自然な経路を通り抜けてしまう。この別名を衝動コントロ

ールと言う。何か衝動的なこと(作用)が起こると、それを阻止しようとする力(反作用)が働く。この阻止しようとする力が衝動コントロールである。これについては第2部の「感覚と身動きできない感情の驚くべき世界」を参照してもらいたい。

タープ的思考のこの要素は私のストレス管理戦略の重要な部分でもある。短期トレードシステムを使っているとき、ストレス管理戦略は極めて重要だ。なぜなら短期トレードシステムは、私が毎日遭遇するストレスのたまる出来事を最大化するからだ。

極端な状態をトレードする

私の最も有用な信念の1つは、極端な状態からはどちらかの方向の極端な動きが生まれるというものだ。極端な市場状態は群れの行動を引き起こすことが多い。そういった状態が市場を支配すると、合理的に設計されたルールに対する各トレーダーの信頼は揺らぎ、感情的な反応が取って代わる。

> 極端な状態からはどちらかの方向の極端な動きが生まれる。

市場は理性から恐怖や強欲へと急速にシフトすることがあり、その結果、両方向に大きな動きが発生し、トレーダーたちを驚かせる。私たちは心の底では市場は基本的に説明可能で、秩序正しく、はっきりしていると信じている。だから、市場がこれと逆の振る舞いをすると、心の準備ができていないのでパニックに陥る。

極端な動きは統計学とさまざまな時間枠を使えば明確に定義することができる。極端とは、ルックバック期間と比べて一定の時間にわたって市場が異常に大きな動きをするか、動きがないと定義することができる。それに続く動きの大きさは、平均への回帰、あるいはパニッ

市場は理性から恐怖や強欲へと急激にシフトすることがある

クの継続に基づいて定義することができる。極端な動きがその余波としてそれに続いて異常に大きな動きを生みだすことがあるように、異常に静かな期間は驚くほど大きな動きを生みだすことがある。

　私はそれをこう考えてみた。非常に静かな池にしぶきが立つと、それは重要な出来事を意味することがあり、突然大きな波が立つと、もっと大きな波が発生する可能性がある。

リワード・リスク・レシオの評価

　タープ的思考の重要な特徴は、常に正しくあろうとすることよりも、リワード・リスク・レシオを重視することである。例えば、リワードがリスクの3倍だとすると、勝率が50％でも、多くのお金を稼ぐことができる。私はどのトレードもリワード・リスク・レシオで考えることの重要性を学んだ。つまり、与えられた時間枠のなかで達成できると考えるリワードを、スリッページ、流動性、その日の時間帯、そのほかの環境変数を含む管理可能なリスクと比較するわけである。この

リワード・リスクという考え方によってトレードの反対側を見ることができる。人がその意思決定をするのはなぜなのかを理解することの重要性も学んだ。流動性やフォロースルーに比べて方向性があまり重要ではないボラティリティの高い横ばい相場では、この考え方は特に有用だった。

　また、新しいトレード機会をリワード・リスク・レシオでとらえる能力は、その日、その週、その月のなかの絶好のタイミングでトレードを手仕舞ったり、仕掛け直したりすることができることも発見した。これは一貫した意思決定を行ううえでの枠組みを与えてくれるものだ。これによって、個々のトレードで正しくなければならないという考えからくる心理的なプレッシャーは消えた。

　良い例を挙げよう。3分足のローソク足チャートでトレードしているとき、勝ちトレードが発生したが、30分後に逆行し始めたとする。私の手仕舞いルールは、市場に多くを戻す前に利食いせよと言っている。ときには、ある程度まで行くと下げ止まり、3本から5本の足で横ばいが続いたあと、上昇し始めることもある。これは、手仕舞い価格の近くでの仕掛け直しを誘発することが多い。リスク・リワードの状態や市場心理は10分で大きく変わることがあることが分かるまで、こうした利食いは「間違い」であり「ムダ」だと思ってきた。しかし今ではこういった手仕舞いは「正しい」ことが分かるようになった。なぜなら、それはそのときに手に入る情報に基づくものだからである。最初のトレードは最初の仕掛け価格までいとも簡単に逆行することもある。だから、利食いは、すでに手に入れている利益を市場に返すことなく勝ちトレードをものにすることを意味する。しかし、**下げ止まる**ことは、手仕舞いの時点では知り得なかった新たな情報だ。価格が支持水準で下げ止まり上昇することが分かると、リスク・リワード分析を使って、新たなトレードが有利なのかどうかを判断し、そう判断したら仕掛け直すことができるわけである。

R倍数

　タープ的思考ではトレード結果を最初のリスクの倍数として表す。これもまたリワード・リスク・レシオが重視されていることを表すものだ。例えば、最初のリスク水準で損切りに引っかかったとすると1Rの損失を被ったことになり、最初のリスクの3倍儲かったとすると、3Rの利益を手に入れたことになる、といった具合だ。

　トレードシステムはそれが生成するR倍数分布で表すことができる。R倍数をいろいろな市場状態やいろいろな時間枠で使うのは、ポートフォリオのアセットアロケーションについての意思決定を下すのに役立つことを発見した。私はシステムをリワード・リスクに基づいて比較する。それぞれのシステムにいくらお金を投じればよいかを決めるためだ。これはR倍数分布を使ってもできる。例を示そう。

　私は、市場がどちらかの方向にスイングでトレンドを形成し、それぞれのスイングが1～2週間続くとき高いパフォーマンスを見せるスイングトレードシステムをいくつか持っている。こうしたシステムはこういった動きをつかむのに便利だ。R倍数をヒストグラムにしたものからは、それぞれのトレードがその期間にどういったパフォーマンスを上げたかが一目で分かる。市場状態が変わり始めると、ヒストグラムの形状も変わる。その変化を分析すると、市場に方向性がなくなりつつあるのか、トレンドがまだ続くのかが分かる。市場に方向性がない場合、短期システムを使って素早く利食いし、利食いしたらドテンする。トレンドが長く続いている場合、どんどん増し玉し、レラティブストレングスの高いシステムを使う。

ポジションサイジング戦略とビュレット

　タープ的思考の要となる原理は、ポジションサイジング戦略を使っ

てトレード目標を達成することである。ポジションサイジング戦略は、いつ仕掛けたり手仕舞ったりすればよいかといったシステム内部の判断基準ではなく、現在の相場でそのシステムに対する適切なリスクイクスポージャーを決定するためのものだ。いろいろな時間枠およびいろいろな市場状態でうまく機能する堅牢なシステムをたくさん開発した場合、それぞれのシステムに合ったポジションサイジング戦略を使う。ポジションサイジング戦略を使えば、標準化されたリスク配分を決定できるので、短期トレーダーとして日々のそして週ごとのパフォーマンスを標準化することができる。

歩兵隊の陸軍将校をしていた関係上、リスク単位を表すのに私は「ビュレット」という言葉を使う。リスク単位はドル価で表すもので、それぞれのトレードを感情を排して処理するのに役立つ。1つのポジションに対して1リスク単位を超えるリスクがあると、それは感情的になっていることを意味するので、ルールを変更する。「ビュレット」という概念を自分のなかに取り込んで、それぞれのトレードを標準的なリスク単位で所定どおりの方法で実行できるようにした。ときには月次パフォーマンスや四半期ごとのパフォーマンス、年次パフォーマンスを見直したあと、リスク単位を上げることもある。パフォーマンスがよくなっていれば、私が良いトレーダーになったという証拠であり、リスクレベルもそれに応じて上げていくというわけだ。

ビュレット数を限定しているため、短期システムでトレードするときには最良のターゲットのみ選ぶことにしている。貴重な砲弾は賢く使わなければならない。このメタファーは私が長年勤めてきた陸軍での仕事に直結するため非常に役立つ。陸軍にいたときの自分の規律をトレードへの情熱に当てはめるのだ。市場が急速に動いたため、長い連勝や連敗があったとき、私は勘に頼り、次のアイデアを追いかける傾向がある。長い連勝や連敗はよく知られた認知バイアスを誘発し、私の判断に影響を及ぼし、トレーダーとしての心の平静を乱すことも

ある。自分のポジションサイジング戦略、日々のリスク許容量、１トレード当たりのリスク許容量をビュレットで定義することは、タープ的思考による私の短期トレードで重要なエッジとなってきた。

システム、ターゲット、市場を評価するためのSQNパフォーマンス

タープ的思考で最近使われ始めた概念の１つに、システムを評価するためのSQN（システム・クオリティー・ナンバー）スコアというものがある。これは時間枠ごとに、そして市場ごとにシステムを区分するのに役立つ。タープ博士は、Ｒ倍数を抽出した市場状態でそのシステムがどれくらい機能するのかを判断するのに、システムの平均Ｒ倍数、標準偏差、トレード数を使う。

バン・タープ・インスティチュートのワークショップで後ろのほうに座っていたとき、SQNスコアが各銘柄やETF（上場投資信託）をはじめとするトレードターゲットの相対的な質と信頼度を比較するのにも使えるのではないかと、ひらめいた日のことを今でもはっきりと覚えている。そこで私はSQNスコアを使って市場分類戦略を開発した。これは異なるルックバック期間におけるさまざまな市場のSQNスコアを分析し、その瞬間瞬間のSQNスコアを算出するというものだ。SQNスコアを時系列で見て、記述統計学を使って通常の状態と異常な状態の違いを見つけることで、システムを最もうまく機能する市場状態に合わせることができる。さらにこれらの洞察は、最もパフォーマンスの高い銘柄を見つけるのにも使える。

例えば、モメンタムについての学術書によれば、過去12カ月間アウトパフォームした銘柄は翌年もこのパフォーマンスが持続するとのことだ。過去12カ月間アウトパフォームした銘柄に過去３カ月から６カ月のSQNスコアを適用すれば、あなたの欲しい利益とボラティリテ

ィを持つターゲットを見つけることができる。さらに、ボラティリティに対して利益が向上している銘柄も特定することができる。

ここからはまだまだ貴重な発見があるように思える。つい最近、異なるルックバック期間におけるSQNスコアの変化率を調べ、市場状態の変化や各銘柄の質の変化をいち早くつかむためのインディケーターを作成した。こういった状態の変化は変数が大量にあるため、チャートを見ただけでは判断できず、私の感覚から察知することも不可能だ。われわれの記憶も当てにはならない。

市場分類戦略

タープ的思考の基本的な原理の1つは、システムが1つのタイプの市場（例えば、ボラティリティの高い下降相場）でうまくいくからと言って、ほかのタイプの市場（例えば、静かな上昇相場）でもうまくいくとは限らないということである。これは基本的なサンプリング理論だ。標本を注意深く定義するほど、大きな洞察が得られるが、それは母集団が標本に似ているときだけである。いろいろな市場から標本を選べば、それぞれのタイプの市場で機能するものを発見できるはずだ。

私はこの概念は非常に有用なものだと思っている。市場が複数の市場の複雑な混合物であったとしても、特定のスタイルのトレードに有利な状態を見つけることは可能だと思う。例えば、静かな上昇相場では、その仲間集団の銘柄に比べ、レラティブストレングスが高く、基準点からブレイクアウトする銘柄を探す。また、ボラティリティの高い下降相場では、オーバーナイトはしないが、昨日の安値を下回り、その日の安値を更新した銘柄を売る。これら2つのルールがすべての銘柄で、すべての市場で、すべての時間枠で機能するはずなどない。それぞれのルールは特定の市場に対してのみ機能するのである。ゴル

ファーだってコースの異なる部分に対してはそれぞれに合ったクラブを使うではないか。だから私もこの考えをトレードに応用したまでだ。５番アイアンは平均的な汎用クラブだが、パターのようにはパットできないし、１番ウッドのようにはドライバーショットはできないし、サンドウェッジのようにはバンカーから打球することはできない。

　長い時間枠で見ると、市場は天候に似ていると思う。多かれ少なかれ短期的なボラティリティを伴って、長くゆっくりとトレンドを形成する。おそらくこれらのサイクルはビジネスサイクルに一致する。その場合、天候が変わるまで一定の価値を持つ戦略を明確に区別することができる。私が今やっていることは、長期の市場分類戦略を使って長期ポジションを保持することだ。短期ノイズやボラティリティを排除するために、十分に広い損切りを使う。そのため私の市場分類戦略は気候の変化を敏感に感じとれるほど敏感で、天候が悪いときでも良いポジションを保持できるほど滑らかだ。

　デイトレードシステムの場合、過去10日の市場状態を見る。また、スイングトレードシステムの場合、６カ月のルックバック期間を使って市場の文脈を見る。こうした時間枠を使うのは、市場がそのトレードスタイルに対して何をやっているのかを理解するためだ。こうしたルックバック期間を使えば、将来の同じルックバック期間にどういったことが期待できるのかを予測することができる。これはリワード・リスク・レシオを予測するときに有利に働くと思っている。

　興味深いのは、タープ博士と私とでは市場を判断する方法がまったく異なることだ。しかし、どちらも機能し、得られる数値はほぼ同じだ。

変革

　タープ的思考の原理に取り組んで15年たつが、これによって私のト

レードは大きく変わった。最も重要な変化は5つある。

システムのパフォーマンスが向上

　タープ的思考を取り入れる前は、パフォーマンスは不安定だった。パフォーマンスを分析して、何が機能し、機能しないのかを調べる方法さえ持っていなかった。信頼性と一貫性を達成するための正式なルールもなかったし、どういった間違いを犯したのかを判断することもできなかった。これは大きな問題であり、そのために市場をアンダーパフォームすることが多かった。大きな勝ちトレードもいくつかあったが、それらは大きな損失によって一掃された。しかし、タープ的思考を取り入れてからは、私は以前よりもはるかにシステマティックになった。リアルタイムで実行できるルールを作り、感情は排除してこれらのルールに従えるように規律も身につけた。トレードは記録し、パフォーマンス向上のための分析に役立てた。こうして、長期目標も短期目標も達成できるようになった。

市場状態ごとに異なるシステム

　タープ的思考を取り入れる前は、複数の戦略は持っていなかった。市場状態に対する概念もなく、それらがシステムパフォーマンスにどんな影響を与えるのかも知らずに、いろいろな時間枠のアイデアを追いかけてばかりいた。しかし、タープ的思考を取り入れてからは、意思決定の枠組みを使ってトレード資産を3つの時間枠に分けた。そして、月ごとのリバランスシステムを使って長期的な目標を達成し、トレンド相場のときはスイングトレードシステムを使って数日間の動きをとらえ、日中のシステムを使って平均に回帰し始めた統計学的に極端な動きに便乗した。それぞれのシステムやそれぞれの時間枠にとっ

て有用な信念やテクニックに集中することで、信念やテクニックをそれぞれのシステムごとに分類したわけである。それぞれの時間枠における結果は着実に向上し、短期目標も長期目標も達成することができた。

詳細な記録とトレード分析

　タープ的思考を取り入れる前は、私が見る唯一のものは口座残高だった。意思決定を下す拠り所となる詳細な証拠などなかった。トレードの意思決定を詳細に記録していなかったので、うまくいくものといかないものを区分けすることができなかった。タープ的思考を取り入れてからは、軍の仕事からトレードに至るまで規律に従って行動できるようになり、細かい部分にも注意するようになった。そして、生涯にわたる規律あるトレードの基礎を築くことができた。また、トレード記録、ケーススタディー、トレードの12のタスクを使うことで、人生を通してそして軍での勤務を通して学んだ技能を利用しつつ、荒れ狂う市場でしっかりと舵取りをするための習慣も身につけた。

根拠に基づく管理

　タープ的思考を取り入れる前は、直近のトレードで私が感じたことを頼りに次のトレードの意思決定を行っていた。ランダムに起こる出来事やそのときどきのムードで意思決定をしていた。しかし、タープ的思考を取り入れてからは、慎重な意思決定を行う前に、システムの結果から十分なデータを収集できるまで待つようになった。これによって、自分自身とシステムをしっかり区別し、私が自分をトレーダーとしてどう見ているかを持ち込むことなく、システムをパフォーマンスによって評価できるようになった。今ではシステムのパフォーマン

スを私のアイデンティティーにとって不可欠な部分として見ることなくシステムを評価できるようになった。そして、正しくある必要などないと感じるようになった。

ストレスの軽減

　タープ的思考を取り入れる前は、トレードは私にとって極度のストレスの源だった。戦闘も経験しているし、陸軍将校として長年勤めてきたこともあって、ストレスを感じているときにはそれが分かる。私のこれまでのトレードは、リスクをとりすぎ、逆行し始めるとトレードする理由を変えていた。1ティックごとに死んだり、生き返ったりと忙しかった。どれくらいリスクをとったのかを考えると夜も眠れず、それが私の健康にも人間関係にも悪影響を及ぼした。しかし、タープ的思考を取り入れてからは、私のトレードに対するストレスは大幅に減少した。1トレード当たりのリスクを減らし、より管理可能なトレード機会を見つけ、市場状態に合ったシステムを使い、リスクを機会に合わせることをポジションサイジング戦略を通じて学んだ。こうしてトレードは強制的な強迫観念から、私の価値と人生の目標を支持してくれるプロ活動へと変わった。

パフォーマンス

　過去15年間で学んだアイデアをいくつか紹介しよう。これらのアイデアを私自身と他人のために実践することで得られた結果を示していきたいと思う。

タープ的思考を取り入れる前は、トレードは
私にとって極度のストレスの源だった

毎月リバランスする長期システム

　1999年以降、私はタープ的思考の原理に基づく長期の中核となる投資システムを発表してきた。このシステムはインターネットバブルでは非常にうまくいった。1999年の例外的なパフォーマンスを除き、年間パフォーマンスは**図4.1**に示したとおりだ。この結果はこの間、定期的に発表してきた。

　12年間で、S&P500は14.32％下げたが、長期システムは211.37％のリターンを上げた。

週に１回ポートフォリオを調整する週次スイングトレード

　私がタープ的思考の原理を使って個人投資家のために設計した週次の買いのみのトレード戦略は、週末のデータを使い、週に１回ポートフォリオを見直すというものだ。このパフォーマンスは**図4.2**に示したとおりだ。この数年間には、過去最悪の弱気相場が含まれている。

図4.1　長期システム（10万ポートフォリオ）

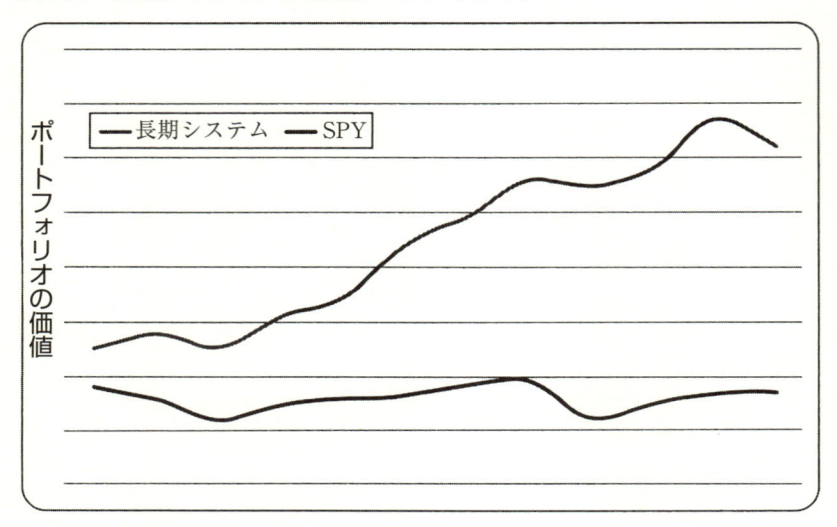

開始年	長期システム	SPY
2000	100,000	100,000
2001	126,600	90,200
2002	139,108	79,268
2003	127,117	60,759
2004	155,973	74,241
2005	172,225	79,980
2006	219,931	82,779
2007	246,301	92,572
2008	279,305	96,451
2009	273,915	61,864
2010	289,528	75,282
2011	334,810	84,835
2012	311,373	85,683
合計	+211.37%	-14.32%

　5年間で、S&P500は7.44％下げたが、スイングトレードシステムは25.76％のリターンを上げた。

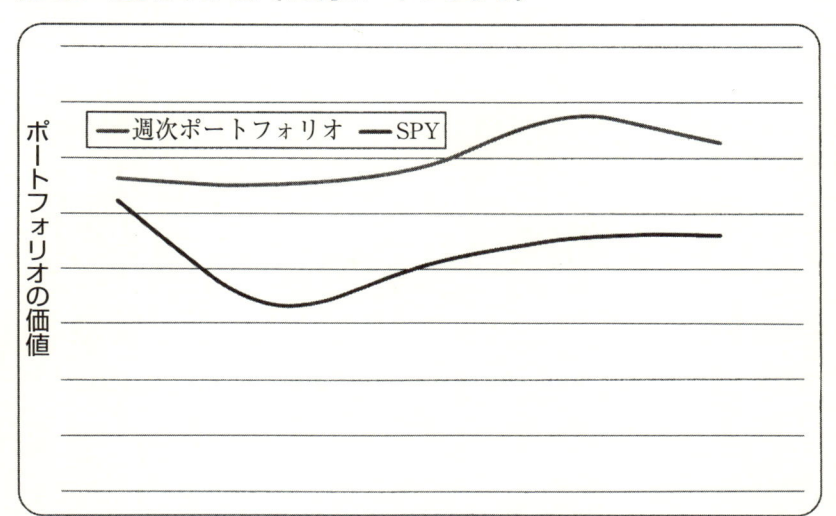

図4.2 週次システム（10万ポートフォリオ）

[週次ポートフォリオとSPYの推移を示すグラフ]

開始年	週次システム	SPY
2007	100,000.0	100,000.00
2008	112,810.0	104,190.00
2009	110,632.8	66,827.47
2010	116,938.8	81,322.34
2011	135,228.1	91,642.15
2012	125,762.1	92,558.57
合計	**25.76%**	**−7.44%**

日々の引け後のデータを使ったパターンスイングトレード

　毎日の終わりのデータのみを用い、タープ的思考の原理を使って個人投資家のために設計したパターンベースのスイングトレードシステムのパフォーマンスは**図4.3**に示したとおりである。

　6年間で、S&P500はわずか3.5％上げただけだが、スイングトレードシステムは54.16％のリターンを上げた。

図4.3　スイングシステム（10万ポートフォリオ）

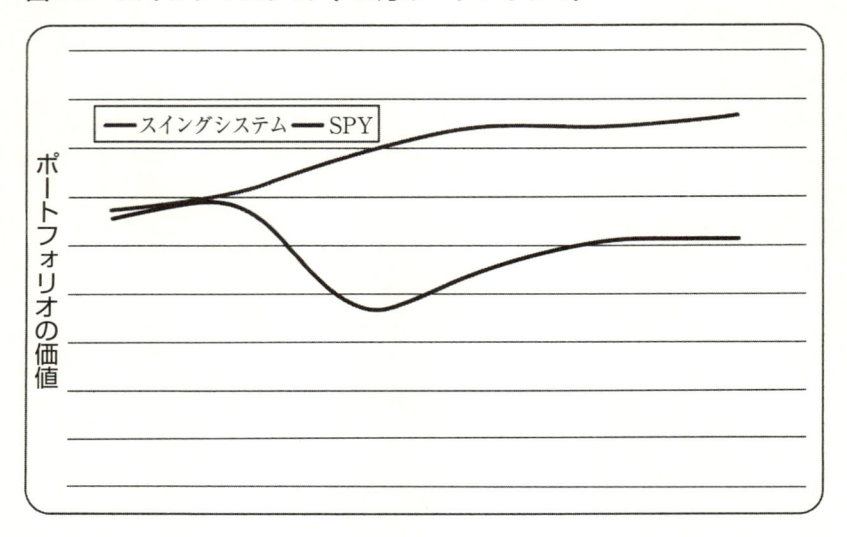

スイングシステムとS&P500との比較

開始年	スイングシステム	SPY
2006	$100,000	$100,000
2007	$114,970	$111,830
2008	$122,765	$116,516
2009	$139,142	$74,733
2010	$148,784	$90,943
2011	$149,231	$102,483
2012	$154,155	$103,508
合計	**54.16%**	**3.51%**

ライブのトレードワークショップの結果

　これを書いている時点では、私はそれまでに４つのライブのトレードワークショップを開講してきた。最初は2011年５月で、このときは通常の上昇相場だった（VTIモデル）。２回目は2011年10月で、このときはボラティリティの高い下降相場だった。そして、３回目と４回

表4.1 これらのシステムのライブのトレード結果(2011年5月)――通常の上昇相場

	総トレード数	正味R(損益)	平均R	全体に占める割合
勝ちトレード	187	209.44R	1.12R	46%
トントン	27	0R	0R	6.7%
負けトレード	193	-122.88R	-0.64R	47.3%
合計	407	86.56R		

目はそれぞれ2012年の3月と9月で、いずれも静かな上昇相場だった。参加したトレーダーのほとんどはスーパートレーダーの候補者で、みんなうまくやっていた。

2011年5月(通常の上昇相場)

　10人のグループの半数はスーパートレーダープログラムの参加者で、タープ的思考の原理を使って短期システムをトレードした。彼らにとってこのシステムでトレードするのは初めてだったが、ワークショップでの彼らの結果はどれも同じようなものだった。最も最近のワークショップの結果は**表4.1**に示したとおりである。

- 5日間の総トレード数は407
- 勝ちトレードは187、トントンが27、負けトレードが193
- 勝率は46%、トントンが6.7%、敗率が47.3%
- 平均勝ちトレードは1.12R
- 平均負けトレードは-0.64R
- 1週間の正味損益は86.56R

　教室にはトレーダーが13人いたが、彼らの全員が5日間ずっと参加

表4.2 これらのシステムのライブのトレード結果（2011年10月）――
ボラティリティーの高い下降相場

	総トレード数	正味R（損益）	平均R	全体に占める割合
勝ちトレード	123	156.06R	1.27R	50.8%
トントン	36	-0.74R	-0.02R	14.9%
負けトレード	83	-49.7R	-0.60R	34.3%
合計	242	105.62R		

していたわけではない。１週間の１トレーダー当たりの平均は7Rで、各トレーダーの１日当たりの利益はおよそ1.45Rだった。

2011年10月（ボラティリティの高い下降相場）

2011年10月、11人のトレーダー（ほとんどがスーパートレーダープログラムの参加者）はタープ的思考の原理を使って短期システムをトレードした。彼らにとってこのシステムでトレードするのは初めてだったが、ワークショップでの彼らの結果はどれも同じようなものだった。このワークショップの結果は**表4.2**に示したとおりである。

- ５日間の総トレード数は242
- 勝ちトレードは123、トントンは36、負けトレードは83
- 勝率は50.8％、トントンは14.9％、敗率は34.3％
- 平均勝ちトレードは1.27R
- 平均負けトレードは-0.6R
- １週間の正味損益は105.6R

教室にはトレーダーが11人いたが、彼らの全員が５日間ずっと参加していたわけではない。１週間の１トレーダー当たりの平均は9.6Rで、

表4.3　これらのシステムのライブのトレード結果（2012年3月）――静かな上昇相場

	総トレード数	正味R（損益）	平均R	全体に占める割合
勝ちトレード	136	168.66R	1.24R	44.7%
トントン	55	0R	0R	18.1%
負けトレード	113	-88.14R	-0.78R	37.2%
合計	304	80.52R		

　各トレーダーの1日当たりの利益はおよそ2Rだった。

3月26日～3月30日（静かな上昇相場）

　2012年3月26日から3月30日まで、10人のトレーダー（半数がスーパートレーダープログラムの参加者）はタープ的思考の原理を使って短期システムをトレードした。彼らにとってこのシステムでトレードするのは初めてだったが、ワークショップでの彼らの結果はどれも同じようなものだった。最も最近のワークショップの結果は**表4.3**に示したとおりである。

- 5日間の総トレード数は304
- 勝ちトレードは136、トントンは55、負けトレードは113
- 勝率は44.7%、トントンは18.1%、敗率は37.2%
- 平均勝ちトレードは1.24R
- 平均負けトレードは-0.78R
- 1週間の正味損益は80.52R

　教室にはトレーダーが10人いたが、彼らの全員が5日間ずっと参加していたわけではない。1週間の1トレーダー当たりの平均は8Rで、

表4.4 これらのシステムのライブのトレード結果（2012年9月）──
静かな上昇相場

	総トレード数	正味R（損益）	平均R	全体に占める割合
勝ちトレード	175	191.49	1.09R	47.3%
トントン	35	0R	0R	9.5%
負けトレード	160	−109.05	−0.68R	43.2%
合計	370	82.44R		

各トレーダーの1日当たりの利益はおよそ1.6Rだった。

2012年9月24日～9月28日（横ばい～静かな上昇相場）

2012年9月24日から9月28日まで、16人のトレーダー（3分の1がスーパートレーダープログラムの参加者）はテープ的思考の原理を使って短期システムをトレードした。最も最近のワークショップの結果は**表4.4**に示したとおりである。

● 5日間の総トレード数は370
● 勝ちトレードは175、トントンは35、負けトレードは160
● 勝率は47.3%、トントンは9.5%、敗率は43.2%
● 平均勝ちトレードは1.09R
● 平均負けトレードは−0.68R
● 1週間の正味利益は82.44R

16人のトレーダーのうち、5日間ずっとトレードしたのは10人だった。1日平均12人のトレーダーがトレードしたことになる。1トレーダー当たりの平均は6.87Rで、各トレーダーの1日当たりの利益はおよそ1.37Rだった。

４つのライブのトレードセッションの結果はどれも同じようなものであることに注目しよう。また、だれもが利益を出したわけではないが、なかには平均以上の利益を上げた者もいた（ロングのトレード結果はこのデータには含まれていないが、彼は５日間で50Rもの利益を上げた）。

　時間枠が違っても、スイングトレードでも、デイトレードでも、タープ的思考は目標や目的を達成できるようにシステムを設計することに重点を置き、規律をもって実行できるルールを作成し、結果を分析することでプロの規律を醸成する。システムのルールにはリスク管理とポジションサイジング戦略が組み込まれている。トレーダーたちは結果とパフォーマンスに満足した。

　繰り返すが、タープ博士の原理とテクニックに基づくトレードシステムは驚くべき結果を生みだす。結果を見れば、タープ博士の原理とテクニックの素晴らしさは一目瞭然だ。この15年間、自分がどう考え、さまざまな市場状態にどう反応するかに対する理解が深まるにつれ、私のトレードは向上してきた。市場はボラティリティが高く、予測不可能だ。市場をコントロールすることはできないが、自分自身はコントロールすることができる。そのためには自分自身のことをよく知ることが重要だ。そして何よりも大切なことは、タープ的思考をよく理解することである。

第5章

タープ的思考を使ってブローカーからフルタイムのトレーダーへ

Using Tharp Think to Go from Full-Time Broker to Full-Time Trader

マーティン・ホーシー

　マーティン・ホーシーは1985年から先物取引の世界で働いてきた。彼が働いていたのはスカンジナビアの銀行で、そこで彼はオフィスや、フロアでもトレードしていた。そのあと、大手ブローカーで先物ブローカーとして18年働いた。2005年、彼は妻とカバロ・トレードを設立し、自分のお金をトレードしてきた。彼は今ほぼフルタイムのデイトレーダーで、さまざまな金融商品をトレードしている。

以前　トップブローカーで、顧客のなかには良いトレーダーはほとんどいなかった。
現在　常に利益を出すトレーダーになり、イライラすることなく前の会社で得ていた手数料収入と同じくらい稼いでいる。

　2005年2月、職業もライフスタイルもガラリと変わった。それまでの20年間、ロンドンで先物ブローカーをやってきた。LIFFE（ロンドン国際金融先物取引所）のフロアで注文をさばき、オフィスでもブローカーチームを率いていた。しかし、保証されたリッチなサラリー生活とおさらばし、金融先物を取引するために自分の会社を設立した。これはブローカー時代からの私の夢だった。私は手回しオルガン奏者

手回しオルガン奏者が連れているサルのように指示されたことだけを
する人間ではなく、手回しオルガン奏者そのものになりたかった

が連れているサルのように指示されたことだけをする人間ではなく、手回しオルガン奏者そのものになりたかったのだ。いずれはトレーダーになるつもりであることを私の顧客たちに説明してきたが、顧客たちは私がやりたかったことが今ようやく分かったようだ。

　振り返ると、長年付き合ってきた200を超える機関トレーダーのうち、私が自分のお金の管理を任せたいと思うような人物はほとんどいなかった（サラリーをもらってトレードしている人は自分たちが何をやっているのかさえ分かっていない人がほとんどだ。本書ではこの例がいくつか挙げられている）。ほとんどが良いサラリーをもらって銀行のために働いている人たちばかりで、自分たちがどれくらいの資産を運用しているかさえ知らない人が多かった。目的も目標もない。そう、彼らが得意なのは顧客ビジネスで、顧客に提供するスプレッドで金儲けをしていたのだ。しかし、トレードとなると、経済指標やアナリストが提供するリサーチ（少なくとも24時間前のアイデア）を基に

トレードしていただけだった。プランも関心もほとんどないように見えた。これらのトレーダーを観察することは私にとって貴重な教訓となった。先物市場でお金を失う方法はいくらでもあることを毎日嫌というほど教え込まれた。こうして私は、成功しない大衆としてトレードしてはならない、勝者になる数少ないトレーダーとして正しくトレードしなければならないという貴重な教訓を得たのである。この経験は私の新たな冒険に取り入れられることになった。

私の新たな冒険

　自分自身でトレードを初めてからの8日間は計画どおりにはいかなかった。8日のうち勝ったのは1日だけで、あとは負け日だった。自分の資金を運用していたが、ドローダウンなど許されるわけがない。しかし、資金はすでに4％減っていた。私はデイトレーダーとして、自分の経験、ギャップトレード、チャートパターンなどに基づいてトレードしていた。それと同時に、直感にも頼っていた。過去20年間市場を正しく予測してきたと思ってきた。そう、私は勝ちトレードのことしか覚えていなかったのだ。

　トレードを始めてまだ間もないころ、私をゲームにとどめさせてくれたことがひとつあった。常に損切りを置いていたのだ。これはオッズが一定のスポーツくじから学んだことだ。スポーツくじでは、失うお金は賭けた分だけである。タープ的思考用語で言えば、これはリスク、つまりR値である。そして得られるものがR倍数だ。オッズが3対1の馬に賭けて勝ったら、あなたは3Rの利益を得ることになる。スポーツくじの問題点は、1Rの負けが多すぎるため、何回も賭ければ、勝ちが相殺されてしまうことである。さらにあなたの好みの馬やチームやプレーヤーに肩入れしてしまうことも問題だ。そのうちに、市場では意見はそれほど重要ではないことが分かってくる。意見は有害に

なることもあるのだ。ほとんどのニュースやリサーチはすでに知られており、価格に織り込み済みなのだ。これから起ころうとしている動きを感じ取るには価格（株式用語ではテープ）を見るしかない。このアイデアは私のトレードの基礎になった。

　2007年３月、私は最悪の状態に陥った。「もうダメだ」と私は妻に弱音を吐いた。トレードの旅を始めて２カ月をちょっと過ぎたところだったが、私はまたトレードをしすぎていた。普段は10枚から20枚なのだが、100枚もトレードしていたのだ。最悪。その週は負け続きだった。金曜日の午前７時40分、損失を１発で取り戻そうとした。ところが、その１回のトレードで損失は２倍に膨らんだ。これはリベンジトレードにほかならず、私の犯した過ちのなかで最大の過ちだった。「だからあなたはプログラムに参加する。そうでしょ？」と妻は言った。

ノースカロライナへ

　その日、ロンドンを離れ、ノースカロライナ州カリーへと旅立った。バン・タープのピークパフォーマンス初級編のワークショップに参加するためだ。私が初めてバン・タープのことを聞いたのは何年も前の1988年のことだ。私の以前の雇用者が『**マーケットの魔術師**』（パンローリング）が出版されたあと彼の講座に参加したのだ。『**マーケットの魔術師**』には、バン・タープと彼のトレード心理に関するアイデアについて書かれていた。全米代表のテニスプレーヤーである12歳の娘とテニスの心理学講座に参加していた2006年の終わり、そのとき書かれてあったことを思い出した。スポーツ心理学者のロベルト・フォルゾーニが娘にテニスが上達する案をいろいろと話していた。それを聞いているうちに、これは私のトレードにも使えるかもしれない、と思った。日々の練習、規律、プラン、準備、リリースポイントはすべ

てトレードに当てはめることができた。このときに思い出したのが**『マーケットの魔術師』**のバン・タープのことが書いてあった章だ。インターネットでバン・タープ・インスティチュートのウェブサイトを探した。そこには初心者とスーパートレーダー向けのいろいろな講座や本が紹介されていた。私はピークパフォーマンスワークショップに参加することに決めた。なぜならこのワークショップはそのときの私の状態に一番合っているように思えたからだ。

その前の２年は望む結果は出せなかった。この２年は比較的うまくはいったものの、市場には方向感がなく、リターンはおよそ15％だった。15％というとよく聞こえるかもしれないが、これはブローカーをやっていたときの数分の１で、スクリーンコスト、インターネット代金、ニュースの購読料を差し引けば、生活費は大して残らなかった。2007年２月、私が以前勤めていた会社が上場した。その会社にいれば、トレードよりもはるかに多くのお金を稼ぐことができただろう。このことが、これよりももっと稼ぎたい、素早く稼ぎたいという気持ちに拍車をかけた。結果はというと、2007年２月には14％のマイナスになった。これで振り出しに戻ったわけである。私は自信を失い、楽観主義も鳴りを潜めた。

ピークパフォーマンス初級編は３日間にわたって行われ、講師は最初から最後までバン・タープ博士だった。数カ月前に**『魔術師たちの心理学』**（パンローリング）を読んでいたのだが、これは本当に私を開眼させてくれた。トレードはビジネスとしてとらえなければならない。なぜならそれはビジネスだから。これを教えてくれたのがこの本だった。それまでの私は、無計画で、目標もルールも持たずにトレードしていた。唯一の目標は、できるだけ短期間でできるだけ多くのお金を儲けることだった。成功するためには、十分な準備をし、プランを持ち、そのプランに従うことが重要なのだ。下落したときと上昇したときの目標も必要だ。そして最も重要なのは、自分自身を鍛え、自

分がどうトレードしているのかを観察し、自分に合ったシステムを見つけることだった。ドローダウンを受け入れることはできるのか。勝ちトレードを多く生みだすシステムが必要なのか。こういったことを自問自答することで、自分に合ったトレード方法を見つけるのだ。

ワークショップでは、本で読んだ準備という概念をどう実践するかについて学んだ。家に帰ると、2007年の残りはトレードだけではなく、自分自身を磨き、成功するトレーダーになるために自分自身について改善すべきことに取り組んだ。2007年の最後の9カ月間は負け月になったが、トレード量は減った。トレードよりも準備に時間をかけるようになったからだ。

タープ博士から学んだ概念のなかで最も重要なもののひとつは、過ちがいかに高くつくかということと、過ちを防ぐことの重要さである。過ちとは自分のルールに従わないことを意味する。つまり、自分のプランに従わなかったトレードはすべて過ちということである。リベンジトレード、退屈なトレード、よく知らない金融商品。これらは私がこれまでやってきたことであり、排除する必要があった。

また、自分自身に気を配り、トレードするのにふさわしい状態かどうかをチェックすることも重要だと知った。私は初めてジムに通った。ジムでの運動は私の心を鋭敏にするばかりでなく、12キロも減量できた。これで身も心も軽くなった。

2007年11月、ノースカロライナを再び訪れた。そこで私はタープ博士から短いコンサルティングを受けた。これが私のトレードに大きな影響を与えた。私は「あなたにフィットする勝つトレードシステムの構築方法」というワークショップに参加していたのだが、最後の日にタープ博士は今『ディフィニティブ・ガイド・トゥー・ポジション・サイジング・ストラテジー』という新しい本を書いていると言った。そして、トレードシステムの構築で最も重要なのがポジションサイジングであると言った。ビー玉ゲームとRの重要性を思い出したのはこ

のときである。また、『**マーケットの魔術師**』のなかで紹介された伝説のデイトレーダーであるマーティー・シュワルツについて書かれた章を思い出した。トレードで最も重要なのは、「１にマネーマネジメント、２にマネーマネジメント、３にマネーマネジメント」であると言っていた彼の言葉を思い出したのだ。シュワルツは私のヒーローの１人であり、ブローカーからマーケットの魔術師になった偉大なトレーダーだ。そして、ポジションサイジングはすなわちマネーマネジメントのことであることにそのとき初めて気づいたのである。私はこれを神からのお告げと受け止めた。準備の最終段階がポジションサイジングであり、マネーマネジメントなのである。今ではポジションサイジング、すなわちマネーマネジメントは私のトレードにとって不可欠なものになった。

「目標を達成するのはポジションサイジング戦略によってである」とタープ博士は言う。「システムが優れているほど、ポジションサイジング戦略を使って目標を達成することは容易だ。しかし、目標を達成するのはあくまでポジションサイジング戦略によってであることを忘れてはならない」。この概念が私にとっていかに重要であったかは口では言い表せないほどだ。**私の目標は、ドローダウンを５％以内に抑えながら年間20％のリターンを上げること**である。

トレードの再開

2007年の終わりにはプランを作成し、2008年１月にはフルタイムのトレードを再開した。トレードだけではなく、自分自身について知り得た知識を総動員してトレードに挑んだ。素晴らしいスタートだった。また、1990年代にタープ博士が書いたマネーマネジメントのレポートを読み、その一部もトレードに取り入れた。先物にはレバレッジをかけ始めた。つまり、日々や週ごと、月ごとの結果が純資産に大きく影

響を及ぼすわけである。

　タープ博士に仕込まれた教えがようやく実を結び始めた。2007年初めには日々の記録を付け始めたが、これは非常に有益だった。各トレードのリスク（つまり、R）を追跡・記録し、すべての結果をR倍数で表した。例えば、5000ドルのリスクをとり、4000ドル損をしたとすると、結果は－0.8Rになるといった具合だ。トレードを頻繁に行ったため、それぞれのセットアップのサンプルは十分に集まり、システム全体に対する確信は強まった。

　タープ博士の『ディフィニティブ・ガイド・トゥー・ポジション・サイジング・ストラテジー』は夏まで届かなかった。そんなとき起こったのが2008年の金融危機である。ボラティリティは天井知らずに上昇した。しかし、自分で開発した健全なポジションサイジング戦略を使うことで、ダウンサイドリスクを限定するとともに、そういった市場がデイトレーダーに提供してくれる機会を利用することができた。

　『ディフィニティブ・ガイド・トゥー・ポジション・サイジング・ストラテジー』ではタープ博士はSQN（システム・クオリティー・ナンバー）という新しい測度を紹介していた。これはシステムの質を測定するものだ。私はおよそ20のシステムセットアップのSQNを測定してみた。SQNの高いシステムのリスクは増やし、SQNの低いシステムのリスクは減らすか、使うのをやめた。2008年には素晴らしい成果を上げた。ボラティリティを味方に付けたのだ。先物をトレードしていたので、売りや買いに対するバイアスはなく、2008年秋の下落を利用することにも成功した。タープ博士の本に書かれてあったマネーマネジメントの原理を使って、勝ちトレードに対してはアグレッシブになり、ドローダウンのときはトレードを控えた。結果はというと、リターンは50%以上上昇した。レバレッジをかけていたため、2008年は初めて100万ドルを超えた年になった。

　2009年の第1四半期になってもボラティリティは依然として高かっ

利益が出たり感情が噴き出したり、私のトレードは
まるでジェットコースターのように変化した

た。そして、9カ月間、お金の儲からない時期が続いた。しかし、私にとって重要なのは、この間損をしなかったということである。私は新たなプランに従い、ルールを守った。このフラストレーションの時期を乗り越えることができたのは、バン・タープ・インスティチュートの心理に関する教えのおかげだ。

そのとき、新たなデータサンプルによって各セットアップのSQNが変化し始めたことに気づいた。それは市場が変わったことを意味していた。タープ博士は、特定の市場（例えば、静かな上昇相場）でうまくいくシステムを設計するのは簡単だが、同じシステムがすべての市場でうまくいくと思うな、ということを強調する。市場状態が変われば、違ったシステムが必要になるのだ。

市場は静かな上昇相場に入った。2008年のボラティリティの高い下降相場とは好対照だ。私はボラティリティエクスパンションセットアップのリスク量は減らし、平均回帰戦略のリスク量は増やした。この市場の変化がもたらしたR倍数の変化は、市場を認識することの重要性と、その変化に合わせてポジションサイジング戦略を調整することの重要性を私に教えてくれた。2008年には4を超えるSQNスコアをマークしていた戦略は2009年には期待値がマイナスになり、2008年に

はSQNスコアの低かった戦略は2009年には期待値がプラスに変わった。ブローカーとして長年やってきた私は一度に異なる多くの市場を見るのは得意であり、さまざまなセットアップをそれが合う市場へと移行させた。商品などいくつかの市場は依然としてボラティリティが高かったので、これらの市場はボラティリティエクスパンションセットアップでトレードし始め、株価指数や債券は平均への回帰戦略に変えた。重要なのは市場に合わせることである。市場が変わったら、ATR（真の値幅の平均）やチャートなどを使って、それを即座に察知し、その市場に合ったトレードを行うのである。

今の自分

　トレードを始めて8年目に入るが、今振り返ると、この間は利益が出たり感情が噴き出したり、私のトレードはまるでジェットコースターに乗っているかのようだった。2008年の金融危機は、私にとって金融の歴史を目の当たりにし、参加する絶好の機会になった。それからの4年間、最大ドローダウン（月末の数字）はわずか4.13％で、成長率は年平均で27.58％だったことは、誇れる数字だと思っている。市場は時間ごとにいろいろな表情を見せ、高頻度トレードやアルゴリズムトレードは市場に大きな影響を及ぼす。こうした変化に常に合わせることの重要性を実感している。

　私は毎年ノースカロライナ州カリーを訪れ、教えられた手法の補強に努めることにしている。これは、いろいろなトレーダーに会い、彼らの考え方を知り、彼らから学ぶ非常に良い機会だと思っている。これは絶えず変化する市場に合う新しいアイデアを思いつく刺激にもなる。このおかげで、正の期待値を持つ新たなシステムを一度ならず思いついた。これは今も使っている。

　これを書いている時点で最後に出席したバン・タープ・インスティ

第5章　タープ的思考を使ってブローカーからフルタイムのトレーダーへ

チュートの講座は2011年11月に開かれた。講師はケン・ロングで、本書の第4章の著者だ。話のテーマはシステムアイデアについてだった。これは私の今のトレードにとってまさに理想的なテーマだった。ロングのトレードに対する情熱とエネルギーはわれわれ受講者にひしひしと伝わってきた。彼の市場力学に対する知識は驚異的だった。タープ博士のトレード心理とマネーマネジメントの概念にこれを合わせれば、まさに鬼に金棒だ。

　表5.1はタープ的思考を取り入れる前と後の年ごとと月ごとのパフォーマンスを示したものだ。

　タープ的思考を取り入れる前の35カ月間で儲かったのはわずか20カ月で、リターンは57.14％だった。これは月づきに換算すればわずか0.22％ということになる。最良の月でも5.8％で、最悪の月は－14.8％だった。年間平均はわずか2.6％だった。

　しかし、タープ的思考を取り入れてからは、パフォーマンスは劇的に変化した。2008年1月から2011年12月までの48カ月間で、利益が出たのは36カ月（75％）だった。月づきの平均は2.3％で、最良の月は10.30％、最悪の月はわずか－3.65％だった。年間平均は27.58％にも上昇した。

表5.1 月づきのパフォーマンス (2005年2月～2011年12月)

	1月	2月	3月	4月	5月	6月	7月	8月	9月	10月	11月	12月	1年の合計
2005		-0.70%	3.20%	5.80%	-1.70%	5.20%	3.50%	-0.70%	-3.20%	1.30%	3.80%	-2.90%	13.60%
2006	1.90%	-4.00%	3.90%	2.60%	0.70%	1.30%	2.50%	-0.10%	1.40%	5.40%	2.10%	-2.10%	15.60%
2007	-7.90%	5.40%	-14.80%	-3.00%	0.70%	0.90%	-1.70%	-4.00%	1.50%	-0.20%	1.80%	-0.10%	-21.40%
													2.60%*
2008	9.70%	4.10%	1.80%	10.30%	2.70%	4.20%	0.44%	1.93%	10.17%	5.60%	-0.74%	0.53%	50.73%
2009	5.33%	9.38%	9.13%	-1.92%	2.77%	1.00%	-0.85%	-0.30%	-2.98%	4.06%	-2.62%	0.12%	23.12%
2010	2.12%	1.29%	4.00%	-3.65%	1.81%	1.96%	1.76%	1.84%	3.34%	0.82%	-1.69%	6.55%	20.15%
2011	2.75%	-2.21%	4.36%	1.38%	0.65%	1.98%	0.61%	5.14%	-2.47%	5.48%	-0.35%	-1.02%	16.30%
													27.58%*

グレーの部分はテープ的思考を取り入れる前
＊は年間平均

第6章

タープ的思考をあなたのトレードに取り入れよう
Adapting Tharp Think to Your Trading

バン・K・タープ博士

以前 初めてトレードしたのは1964年で、それ以来20年以上にわたって過ちばかり犯してきた。

現在 バン・タープ・インスティチュートの年金基金を運用し、負け年を作らないという目標を維持しながら、常に市場をアウトパフォームしている。

　1990年代初期は、私のコーチングのおよそ90％は心理的なものだった。週末の2日間を利用したコーチングでは人々が飛躍的な進歩ができるように手助けした。当時の私の目標は、もっと効果的にトレードができるように、そして二度と私に会わなくても済むように、2日間で彼らが必要とするすべてのものを教えることだった。顧客の多くにとって、これはうまくいっているように思えた。

　ロンドンの大きなヘッジファンドで働いていた顧客のことはよく覚えている。ファンドの名前を言えば、ほとんどの読者は知っているはずだ。これはともかくとして、そのファンドにはお抱えのコーチがいた。そのコーチが使っていたのは**トレーダーの刑務所**という概念だ。10％を超えるドローダウンを喫したら、運用資産を半分に減らし、やることを厳しく制限するのだ。彼はトレーダーの刑務所に入るほど大

トレーダーの刑務所に入る可能性が彼を恐怖で震え上がらせた

きなドローダウンは出していなかったが、いつそうなるか分からないため、その恐怖で震え上がっていた。私たちはその問題だけでなく、ほかのさまざまな問題にも取り組んだ。彼は気分良くこの講座をあとにしたが、それ以来彼から連絡はない。だから、彼がその後どうなったのかは知らない。

　4年ほどたって、ロンドンから別の顧客がやってきた。彼は前述のトレーダーからの紹介だった。「良かった！　彼が紹介してくれたということは、彼はうまくいったということなんだ」。彼は今やそのファンドのロンドンオフィスを任されるまでになっていたのだ。

　私はなぜこの話をしたのだろうか。良いトレーダーになるにはプロ

（より多くとは言わないまでも）と同じくらいの努力が必要だと私はいつも言っている。医者になるには、医学部に入り、インターンをやって研修医をやらなければならないが、ほとんどの医者は余分なお金をブローカーのところへ持っていき、口座を開き、何かの本で銘柄の選び方を読む以外にトレーニングも受けずにトレードを始める傾向がある。もちろん、口座を開くのに本など読む必要はないが。つまり、ｅトレードベイビーがトレードできるのなら、あなただってできるということである。

　エンジニアにしろ、会計士、弁護士、建築家、どこかの会社のマネジャーにしろ、どのプロも同じである。彼らは懸命に勉強してトレーニングを受けてその仕事に必要な技能を学ぶ。しかし、トレードとなると、口座を開いてトレードすればすぐに何百万ドルも儲かると思っているのだ。これは間違いだ。トレーダーとして成功するのにも大変な努力が必要なのだ。最良のトレーダーのなかには、成功してそれを維持するためにはどんな苦労もいとわない人だっている。10億ドル口座で15％から20％稼ぎ続けるのは容易なことではないのである。

　私がこの話をしたのは、本章で私が述べることは多くの作業を必要とするということを言いたかったからである。でもこれはどんなことにも言えることではないだろうか。でも、良いニュースもある。成功するトレードはモデル化して他人に教えることができるのである。

　トレードの旅であなたが取り組まなければならない分野は5つある。最初の分野はタープ的思考の原理を取り入れることであり、これは本章で解説する。2番目の分野は第2部の応用編で解説し、残りの3つは最終章で解説する。

分野1 ── 成功するトレードの原理を完璧に理解する

　これらの原理は本書の第1部を通じてタープ的思考と呼んできたものだ。その詳細はグループ分けしてこのあとの表で提示する。これらのルールを読んだとき、ははぁーん、と思えば、あなたはルールのことをよく理解している。もし理解していなければ、単純化しすぎだ。あるいはあなたは単に何を買い、売ればよいのかを知りたいだけであり、まだまだ先は長い。

　まずは、前にも紹介した**タープ的思考の主な前提について取り上げ**、それらが意味するものを考えてみることにしよう。

　最初の鍵となる前提は、トレードはほかの職業と同じようにひとつの職業であるということである。成功するトレーダーになるためには多大な時間（数年かかることもある）が必要で、深くかかわることが必要だ。マルコム・グラッドウェルは、どんなことでもマスターするには1万時間の特別な練習が必要だと言っている。良いトレーダーになるためには、1万時間の普通の練習ではなく、1万時間の**良い練習**が必要なのである。

　私はシミュレーションは大変良いものだと思っている。なぜなら、シミュレーションはいつでもできるからだ。良いシミュレーターを使えば、3日で100回ものトレードをシミュレートすることができる。ライブトレードは数カ月かかる。これを続ければ、1年か2年で1万時間の良い練習を達成することができるはずだ。

　私たちは模擬トレードゲームというものを用意している。最初の3つのレベルについては私たちのウェブサイトから無料でダウンロードできるので、ぜひやってみてもらいたい。このシミュレーターは、

●R倍数の理解に役立つ。

- 目標を明確化するのに役立つ。
- お金を稼ぐのに勝率が50％である必要はないことを教えてくれる。
- 大きなＲ倍数の威力を教えてくれる。
- ポジションサイジングの威力を教えてくれる。

　２番目の鍵となる前提は、運動選手が練習量に見合った成果しか得られないように、トレードもやった努力の分しか返ってこないということである。つまり、結果には責任を持たなければならないわけである。したがって、成功するトレーダーになるためには、自分自身を鍛えることに十分な時間を割かなければならない。
　次の言葉を見てみよう。これはトレードにも運動にも当てはまることが分かるはずだ。

- 内部で葛藤があれば、トレードをしくじってしまう。
- 損をすることを気にすれば、必ず損をする。
- 無益な信念を多く持っていれば、市場にうまくアプローチできない。
- 負の感情に支配されていれば、それはトレードに影響を及ぼす。
- 気分が落ち込んでいれば、パフォーマンスは悪くなる。

　これらの言葉が示唆するものはいろいろある。詳しくは本書第２部のレベル２の変革のところで説明する。しかし、前にも言ったように、成功するトレードはモデル化して他人に教えることができるのだ。
　それでは、タープ的思考の６つの鍵となる部分を見ていくことにしよう。各部分における有益な信念を簡単に述べた後、出てくると思われる質問に答えていく。

タープ的思考の原理	チェック
1. 成功するトレードはモデル化して他人に教えることができる。	☐
2. トレードを学ぶことはほかの職業と同じように多くの努力と教育を必要とする。	☐

パート1 ── トレードを学ぶことは骨が折れるが、それは教えることができる

これに関しては次のような質問が出てくるだろう。

これをやるのに教師は必要なのですか。それとも、自分1人でできるのですか。

この本は読めば1人でやれるように書かれています。とは言っても、だれもが自分でできるとは限りません。手助けを必要とする人もいるでしょう。本書を読めば1人でできることは分かると思いますが、これに関する質問は絶えません。そこで、1人でやれる人が増えるように質問に答えていこうと思います。

成功はどうやって測定するのですか。何か統計量はあるのですか。

この質問を聞いて、ファイナンスの教授が私のポジションサイジング戦略の概念や、『新版　魔術師たちの心理学』（パンローリング）のそのほかの概念が正しいのかどうか判断しようとしたときに、分析において心理的な要素を考慮しなかったときのことを思い出します。ほとんどの人はトレードに心理的な要素を取り入れないため、結果は惨憺たるものになります。タープ的思考と心理的要素は切っても切れないものなのです。心理的要素はいわばタープ的思考の要とも言えるも

タープ的思考の原理	チェック
3. あなたに合ったトレードシステムを見つけることが必要。	☐
4. そのためには、自分自身をよく知る必要がある。	☐
（a）あなたの価値	☐
（b）あなたの強み	☐
（c）あなたの弱み	☐
（d）あなたが持っている部分（第2部を参照）	☐
（e）信念（スピリチュアルな信念、自分自身に関する信念、市場に関する信念、システムに関する信念）	☐
（f）トレードエッジ	☐
（g）トレードの弱み	☐
5. あなたがトレードできるのは市場ではなく、市場についての信念のみ。したがって、あなたの信念をよく知り、理解し、それらが役に立つのか立たないのかを知ることが重要。	☐
6. システム開発は、①信念、②心理的な状態、③心理的な戦略――で百パーセントになる。つまり、システム開発は百パーセント心理的なものである。	☐
7. システムを自信を持ってトレードするためには自分自身の判断基準を持つ必要がある。	☐

のなのです。

　スーパートレーダープログラムで心理の部を修了した人は非常にうまくいっています。スーパートレーダープログラムの卒業生はみんなうまくいっており、私のために働いている1人を除いて、全員がトレードで生計を立て、それに満足しています。

きつい作業によって信念が揺らいでしまうことはないのですか。

　前にも言いましたが、偉大なトレーダーになるためには多くの努力

を必要とします。およそ１万時間の**効率的な**練習が必要です。無益な信念に基づいて１万時間練習を繰り返し、その過程でお金を失ったとすると、努力は水の泡になります。レベル１の変革を効率的にやり遂げるためには、自分自身を変える必要があるのはこのためです。

パート２ ── 自分自身を知る

　成功するトレードの鍵は、自分自身をよく知ることである。あなたに合った目標を設定し、あなたに合ったトレードシステムを構築するには、自分自身をよく知る以外に方法はない。

　自分の弱みを克服することに集中的に取り組むべきなのですか。それともそれを認識するだけでよいのですか。
　弱みは過ちを犯す原因になります。したがって、弱みは克服しなければなりません。あなたの意識を高めるレベル３の変革を成し遂げたとき、弱みの多くは克服できているはずです。

　信念をトレードするとはどういう意味なのですか。
　市場は無数の買いと売りの注文が実行されることで成り立っています。しかし、それを概念化する方法はないため、価格を表す足やローソク足のようなものが考案されるわけです。足が価格を表すというのはひとつの信念です。緑のローソク足が続いたときにだけ買ったり、価格が平均を表す何らかのラインを上回ったり下回ったりしたときに行動を起こすのもまた信念です。あなたの意識レベルが非常に高くないかぎり、これらの信念から離れることはできませんが、それらの信念が役に立つものかどうかは判断することができます。

トレードエッジの例としてはどんなものがありますか。

いくつか例を示しましょう。

- 毎日トレードする必要はないことを理解する。大きな機会が現れるまで待てばよいのだ。機関投資家のなかには、大きな機会がなくても毎日トレードを強いられる者もいる。
- ポジションサイジング戦略を理解し、目標を達成するためにそれをどう使えばよいのかを理解する。これをやれば上位10％に食い込める。
- 自分の思考や感情を意識し、それらがあなたを妨害する前にそれらに対処する。
- トレードのリワード・リスク・レシオを知る。ひとつのトレードの初めではリワード・リスク・レシオは３：１以上であることが望ましく、終わりにかけては少なくとも１：１でなければならない。リワード・リスク・レシオを知ることで、手仕舞いをうまく管理できる。

ほかにもエッジはたくさんあります。これらのエッジに気づくにはどうすればよいかを知ることが重要です。

システムを自信を持ってトレードするための自分自身の判断基準を持つとはどういう意味ですか。

たとえ素晴らしいシステムがあっても、それをトレードできないときがあります。理由はいろいろあります。

- システムの基礎となる前提や信念があなた自身の信念と対立する。
- システムを信じることができない。
- 時間枠が自分に合わない。例えば、私はフルタイムのコーチで会社の社長だが、私は会社の年金口座も運用している。良い短期トレー

ドシステムはたくさんあるが、それをトレードする時間がない。
- 市場を念入りに観察していたのに、バカなことをしてしまったときには胸がドキドキするはずだ。こんなことなら、その日の終わりに市場がその日にやったことを見るだけのシステムのほうがまだマシで、損切りを調整したほうがよい。
- 戦略によってはあなたには複雑すぎるものもあり、そのためトレードしようとするときに実行上の過ちを頻繁に起こす。

いろいろなタイプのトレードが合うといったことはあるのですか。また、いろいろなシステムをトレードすることはできるのですか。

　どんなことでも可能ですが、おそらくはそういったことはあり得ません。私たちのテクニカルワークショップでは良いシステムをいろいろ教えますが、スーパートレーダーの候補者たちは自分の使いたいシステムをひとつだけ見つけて、自分に合うように**改良**するのが普通です。

パート3 ── 過ち

　トレードを始めたら、おそらく過ちを犯すはずだ。私の定義する過ちとは、自分のルールに従わないことである。過ちを理解すれば、新たな道が切り開け、トレード効率は向上（つまり、犯す過ちが減る）し、利益も増加するはずだ。これを示すものが次のルールである。
　トレーダーたちとのモデリングを通じて、私は過ちを防ぐためのトレードタスクを数多く開発した。これらのタスクは、過ちを繰り返す原因となる心理的な問題をすでに見つけて解決済みであることが前提となる。過ちの防ぎ方については第18章で解説する。

タープ的思考の原理	チェック
8. 過ちとは自分のルールに従わないことを言う。ルールを持っていない場合、あなたのやることはすべてが過ちということになる。	☐
9. あなたに合わない高いSQNスコアのシステムをトレードするよりも、あなたに合った低いSQNスコアのシステムをトレードしたほうがはるかに良い。	☐
10. あなたに起こったことはすべてあなたの責任。これを理解すれば、過ちも修正できるはず。私たちはこれを**反応力**と呼んでいる。	☐
11. 同じ過ちを繰り返すことは自己破壊行為である。	☐
12. 10トレードでひとつの過ちを犯す人は効率性は90％だ。負けトレーダーになるには効率性が10％も減少すれば十分である。	☐

心理的な問題を解決できていないのであれば、予測されるシステムのパフォーマンスと過ちが与える影響の違いを知ることなどできないはずだ。過ちを認識するには一定水準の目覚めが必要だ。

　自分が自分のトレードルールに従ったかどうかを知ることは難しいことではない。ルールに従わなかったときは、過ちを犯す。自分のルールに従わないことが過ちなのだ。これほど単純なことはないだろう。

　このガイドラインを念頭に置けば、あなたの過ちがあなたのトレードに及ぼす影響はRで表すことができる。この例については第18章で紹介する。この方法を使えば、例えば、自分は今75％の効率（4回のトレードに付き1回の過ち）でトレードしているのだということが分かり、1回の過ちにかかるコストが3Rにもなることが理解できるはずだ。4回のトレードに付き3Rも損をして、利益を出すことができるだろうか。ほとんどの人は無理である。

タープ的思考の原理	チェック
13. システム開発の50％はよく考え抜き、目標を明確に定義することである。これらの目標にはあなたの望む利益、許容できる最大ドローダウン、それぞれの相対的重要性が含まれる。	☐
14. あなたに合った目標を設定する必要がある。	☐
15. 目標はトレーダーの数と同じくらい存在する。	☐
16. 目標はポジションサイジング戦略を通して達成する。	☐
17. パフォーマンスの大部分はポジションサイジング戦略とあなたのトレーダーとしての効率性によって決まる。	☐
18. 人生における使命や目的を知り、それをトレードに取り入れなければならない。	☐
19. 自分の経済的自由度（１カ月の受動的所得から１カ月の出費を差し引いたもの）を知る必要がある。これがプラスのときは経済的に自由ということになる。	☐

パート４ ── 目標とポジションサイジング戦略

　重要なのは、①目標は思っている以上に重要、②目標はポジションサイジング戦略を通して達成できる ── ということである。ポジションサイジング戦略を通して目標をいかに楽に達成できるかは、あなたのシステムの質に依存する。ほとんどの人は目標について考えようともしない。彼らは大金を稼ぐことしか考えない。プロトレーダーでさえポジションサイジング戦略のことを知らない人がほとんどだ。アセットアロケーションの重要性は認識しているものの、**いくら**ということの重要性を認識している者はいない。この**いくら**こそがポジションサイジング戦略なのである。

　これに関連するタープ的思考の原理を見てみよう。

　目標やポジションサイジングについてよく聞かれる質問は以下のとおりだ。

良いシステムを設計するのになぜ目標がそれほど大事なのですか。

では、こう質問するとどうでしょう。自分の欲しいものを知らずして、どうして自分の欲しいものを得ることができますか。何が欲しいのかを知らない人が多すぎるのです。

中核となる目標とはどんな目標をいうのですか。例を挙げていただけますか。

あなたは自分の欲しいものを知る必要があります。例えば、私はバン・タープ・インスティチュートで年金基金を運用しています。私の中核となる目標は、年末にお金を減らさないことです。しかし、私はその年に稼いだ利益のほとんどを、もっと大きな利益を得るために市場に返すのもやぶさかではありません。そして私はこの目標を達成するための戦略を持っています。

もし私が自分だけのために投機口座をデイトレードしているのなら、私の目標は毎月の損失を２％に限定し、25％の利益を目指すことになるでしょう。この場合も、もっと大きな利益を得るために、得た利益を喜んで市場に返すでしょう。これが私の毎月の目標です。

できるだけ小さなドローダウンでできるだけ多くのお金を稼ぐことも目標になるのでしょうか。こういった目標を持つことのマイナス面は？

自分のマイナス面を知らなければ、「できるだけ多くのお金を稼ぐ」ことは目標としては弱すぎ、漠然としすぎているので、ポジションサイジング戦略を効果的に使うことはできません。

各トレードに対して口座資産の２％のリスクをとるのは、リスクのとりすぎだと聞いたことがありますが、本当にそうなのですか。私としては２％はそれほど大きなリスクとは思えません。各トレードのリスクがわずか２％では儲からないのではないかと心配なのですが。

　２％のリスクはけっして小さいものではありません。大きすぎるほどです。ケン・ロング博士の章では彼はライブのデイトレードワークショップで５日間で50R儲けた人々の例を挙げています。２％のリスクをとれば、１週間で100％のリターンを上げられることになります。しかし、１株当たりのリスクが小さすぎるので、１トレード当たり２％のリスクをとれば、ほとんどの口座では証拠金を上回ることになります。損切りを狭くすることで証拠金を上回ってしまい、２％のリスクで週に100％のリターンを上げられるときに、儲けの心配などする必要はないはずです。私が心配なのは、１トレード当たり２％のリスクをとることで、負けたときに被る損失の大きさなのです。

　ポジションサイジング戦略の小さな変更がシステムに与える影響（金額やリターン）を示す具体的な例はありますか。

　年間に50R稼ぎ、その年のどこかの時点におけるドローダウンが22Rのシステムでトレードしているとしましょう。また、あなたの口座の当初資産は10万ドルとします。**表6.1**はさまざまなポジションサイジング戦略の影響を示したものです。これらの数字はおおよその数字であることに注意しましょう。リスクを賭けるのは当初資産ではなく現在の資産なので、実際の数字はR倍数の実際の順序に依存します。ここでは簡単にするために、計算はすべて当初資産に基づいて行っています。見て分かるように、リスクが当初資産に基づく場合、５％のリスクをとっていれば22Rのドローダウンで口座は破産します。

表6.1　リスクサイズがドローダウンと資産に与える影響

リスク	年末の リターン	年間利益	ドローダウン	ドローダウン による損失額
0.25%	12.5%	$12,500	5.5%	$5,000
0.50%	25%	$25,000	11%	$11,000
1.0%	50%	$50,000	22%	$22,000
2.0%	100%	$100,000	44%	$44,000
3.0%	150%	$150,000	66%	$66,000
4.0%	200%	$200,000	88%	$88,000
5.0%	250%	$250,000	破産	破産

パート５──確率とリワード・リスク・レシオの評価

　トレードや投資は、特定の市場状態における確率とリワード・リスク・レシオがすべてである。これらのルールと市場状態を常に理解していれば、統計量を使ってパフォーマンスの限界値を予測することができる。未来を予測することはできないが、さまざまな市場状態における統計量と適切なサンプリングとによっておおよそのパフォーマンスは予測することができる。このことを理解し始めると、起こる変化に驚くだろう。

　このルールが示唆するものはたくさんある。まずはリワード・リスク・レシオとＲ倍数に注目し、それらがシステムにとって何を意味するのかを見ることだ。

予測がトレードをうまくやることと無関係なら、ポジションを建てたとき何を目指せばよいのですか。予測されたものを目指すのではないのですか。

　市場が何をするのかを予測することが重要なのではなく、リスク・

タープ的思考の原理	チェック
20. 最初のリスクが分からなければ、ポジションは建てるな。	☐
21. 利益と損失を最初のリスクの倍数（R倍数）で表せ。	☐
22. 損失は1R以下に抑えよ。	☐
23. 平均利益は1Rより大きくせよ。	☐
24. そのトレードのリワード・リスク・レシオが少なくとも2：1、理想的には3：1になるまでトレードは控えよ。	☐
25. あなたのトレードシステムはR倍数分布で表すことができる。	☐
26. 25番目の項目を理解すれば、システムとはどういうものなのか、そしてそれが生み出すR倍数分布というものも理解できる。	☐
27. R倍数分布の平均は期待値である。期待値は平均的なトレードでいくら稼げるかを教えてくれるものである。これは正の値でなければならない。	☐
28. あなたのシステムのSQNスコアはR倍数分布の平均と標準偏差、そしてトレード数によって決まる。	☐
29. SQNスコアは、ポジションサイジング戦略によってどれくらい容易にあなたの目標が達成できるかを示す数値である。	☐
30. システムは、将来価格を予測しようとする試みであるセットアップにちなんで名づけられることが多い。予測はトレードをうまくやることとは無関係。	☐
31. システムパフォーマンスはリスク管理と手仕舞いによるポジション管理と関係がある。	☐

リワード・レシオが少なくとも2：1になるトレードを見つけることが重要なのです。もしリスク・リワード・レシオが2：1になれば、あなたは少なくとも50％の確率で正しいことになり、正の期待値を持つシステムを手に入れたことになります。

R倍数でリスクを計算するのはなぜほかの方法よりも優れているのですか。

リスクを計算する方法は2通りあります。ひとつは、トレードが間違っていたことが分かり、その条件が満たされたときに手仕舞うことに基づくものです。この場合のリスクは1Rになります。

もうひとつは、ウォール街でのリスクの考え方によるものです。つまり、ボラティリティです。しかし、私の考えではこれはリスクの無意味な定義にほかなりません。例えば、先物は投資信託よりもリスクが高い。先物はレバレッジを効かせて取引しますが、資産の1％のリスクをとる場合、レバレッジの効かない株式に投資するか、レバレッジの高い先物に投資するかは問題ではありません。プロが先物に投資するよりも、経験のない人が投信に投資するほうがリスクは高いのです。

R倍数はリスクの計算とは無関係です。これは損益をどう測定するかを示すものです。損益を最初のリスク（つまり、R倍数）で測定すると、トレードをリスク・リワード・レシオで考えていることになり、これはあなたにとって大きなエッジになります。

システムのR倍数分布を収集するとき、バックテストの結果を使えばよいのですか、それともフォワードテストの結果でしょうか。

バックテストを使うのがよいのですが、非常に小さなポジションサイズ（つまり、1株）であればフォワードテストを使ってもよいでしょう。

リワード・リスク・レシオが2：1より悪いトレードはなぜ行ってはならないのですか。勝率が敗率よりも高いため利益が出る超短期（スキャルピング）のシステムを開発することもで

175

きるのではないですか。

　何でも可能です。しかし、正しくあろうとすれば、心理的な問題が絡んでくるため確実に大失敗への道をたどることになります。将来を予測することも大失敗へとつながります。なぜなら、私に言わせれば、そんなことができる人などいないからです。一方、リワード・リスク・レシオに注目すれば、トレードをたくさん行えばトータル的に見れば利益になる確率ははるかに高いのです。

　勝率は高く（80％以上）ても、平均利益が平均損失よりも少ないシステムはどうですか。これは、大きなリスク・リワード・レシオというタープ的思考の原理には反しますが、期待値とSQN（システム・クオリティー・ナンバー）スコアは悪くないかもしれません。オプションを売るシステムの多くはこれに属します。

　これらのシステムで見逃されがちなのは、R倍数が大きな負数になることもあるということです。あなたは小さな損失だけを見ているわけだから、大きな負のR倍数が発生すると驚くでしょう。こうしたシステムのほとんどは長い目で見れば失敗します。

　ダウンサイドリスクが限定的だとしても、大きな正のRはSQNスコアに悪影響を及ぼすことはありませんか。もしそうなら、これにはどう対処すればよいのですか。

　SQNスコアは、ポジションサイジングであなたの目標がどれくらい楽に達成できるかを測定したものです。もし少数の大きなR倍数から利益を得ようと思っているのなら、1トレード当たりのリスクはそれほど大きくすることはできません。なぜなら、多くの連敗を喫する可能性があるからです。20連敗したときに大きなリスクをとっていれば、大きなR倍数が現れたときにはお金はほとんど残っていないこと

になります。

　例えば、10万ドル口座で１トレード当たり１％のリスクをとり、20連敗したとしましょう。その１％は資産の残高に対するものなので、20連敗を喫したあとの残高は８万1790.60ドルになります。ここで30Rの勝ちトレードが発生したとする（残高の８万1790.60ドルに対して１％のリスクをとる）と、資産額は10万6327.90ドルに増えます。20連敗しても１回の大きな勝ちトレードで10Rのプラスになり、資産は6.3％増えたわけです。

　しかし、残高に対して１トレード当たり５％のリスクをとったとしたらどうなるでしょうか。20連敗を喫したあと、資産は３万5772.89ドルに減少します。つまり、64％の減少ということになります。そこで30Rの勝ちトレードが発生したとすると、資産は８万9621.48ドルに増えます。前と同じく10Rのプラスではあるが、ポジションサイジングのまずさによって、資産は10％以上も減少しました。

　しかし、21回のトレードごとに20個の1Rの負けトレードと１個の30Rの勝ちトレードが発生するシステムのSQNスコアはわずか0.65です。SQNスコアが7.0のシステムであれば、安心して５％のリスクをとることができ、21回のトレードのあとには資産は大幅に増えているはずです。そもそもSQNスコアが7.0のシステムで20連敗することなどほとんどあり得ませんが。

**　システム開発では仕掛けよりも手仕舞いとポジションサイジング戦略を重視していますが、ローリスクのアイデアというのは仕掛けが重要という意味ではないのですか。私は良い仕掛けを、正しい方向に進む確率が高く、リスクは最小で、リワード・リスク・レシオが良い（２：１、好ましくは３：１）仕掛けと定義しています。仕掛けるタイミングを向上させることもリスクの低減につながるのではないのですか。**

1Rは仕掛けと最初に置くストップの位置によって決まります。1Rが決まったら、目標とリワード・リスク・レシオを見積もることができます。でも、重要なのは仕掛けに対する手仕舞いを決めることです。仕掛けそのものはそれほど重要ではありません。ただし1Rを決めるときは、仕掛けと最初に置くストップは非常に重要です。

パート6 ── システムと市場

確率とリワード・リスク・レシオを考えるとき、次に重要なのが、市場はいつも同じではないということである。トレードシステムを買ったり、ファンドを買ったりするとき、過去のパフォーマンスは必ずしも将来のパフォーマンスを保証するものではないことを理解したといった書面に対する署名が求められるのが普通だ。これは統計学に対する理解が欠如している証拠だ。書類には本当は次のようなことが書かれていなければならない。

- 私たちはこのシステムをある市場状態でトレードしたので、このシステムのその市場状態でのパフォーマンスは知っている。しかし、サンプルがそういった市場状態でのパフォーマンスをどれくらいよく表しているかは知らない。
- サンプルが正確でも、その市場状態で将来的にどういったことが起こるかを予測できるほどそのサンプルから十分なパフォーマンスはシミュレートしていない。
- まだトレードしたことのない市場状態でシステムがどんなパフォーマンスを上げるのかは分からない。こんなことは考えたこともないので、市場の何かが変わったら存在しなくなるような仮定を設けたかどうかは分からない。
- このシステムのトレードで将来的に過ちを犯すかもしれない。もし

タープ的思考の原理	チェック
32. 市場には少なくとも次の6つのタイプが存在する。あなたのシステムがそれぞれの市場でどんなパフォーマンスを上げるかを理解する必要がある。	☐
1．ボラティリティの高い上昇相場	☐
2．静かな上昇相場	☐
3．ボラティリティの高い横ばい相場	☐
4．静かな横ばい相場	☐
5．静かな下降相場（ほどんど存在しない）	☐
6．ボラティリティの高い下降相場	☐
33. 上記のそれぞれの市場で機能する聖杯システム（高いSQNスコアを持つシステム）を設計するのは簡単。	☐
34. ひとつのシステムがすべての市場で機能することを期待するのは愚かなことだ。	☐
35. 人々が犯す最大の過ちは、すべての市場で機能するシステムを設計しようとすることである。	☐
36. システムはそれが機能するように設計された市場でのみトレードすべきである。	☐
37. 良いトレーダーは大局をとらえ、それを測定する方法を知り、状況が変わったらすぐに察知することができる。	☐
38. メディアや学術界はこのことを知らない。だから、彼らはそのことをあなたに教えることはできない。	☐
39. 各市場に対して大きなサンプルを収集して、そこから母集団を推定する必要がある。	☐
40. システムのR倍数を使ってモンテカルロシミュレーションを行い、将来的にどういったことが期待できるかを予測する必要がある。これは、母集団から取りだしたサンプルが母集団に似ているときにはうまくいく。	☐

過ちを犯せば、このシステムはその市場状態ではアンダーパフォーマンスすることは必至だ。

「過去のパフォーマンスは必ずしも将来のパフォーマンスを保証す

るものではない」とはこういうことなのである。この原理を述べたものが次の概念である。

市場の変化によってシステムが機能したり、しなくなったりするときを知るにはどうすればよいのですか。市場が変わったら、そのシステムからは一気に資金を引き揚げるべきなのですか、それとも配分する資金を徐々に減らしたり増やしたりすべきなのですか。

　市場は徐々に変化していきます。例えば、今強い上昇相場にあるとしましょう。市場は、2週間高いボラティリティが続き、価格に方向性がなくなったあと、再び上昇相場になり、そのあと3週間にわたって下落し、ニュートラルになるといった具合に変化します。もしあなたのシステムが上昇相場でしか機能しないシステムなら、今はそのシステムは使うべきではありません。

　しかし、良いトレーダーのなかには資産曲線でトレードする人もいます。システムの資産曲線が下落し始めたら、システムから資金を引き揚げるのです。資産曲線で資産が10％減少したら、そのシステムから90％の資産を引き揚げます。しかし、10％の資産はまだそのシステムでトレードしています。そして資産曲線が上昇し始めたら、システムに配分する資産を増やします。

デイトレードに向く市場はありますか。

　市場を知る方法はたくさんあります。とにかく、あなたに合った市場を見つけることが重要です。100日間分もマーケットを観察するようなことはデイトレーダーにとってはあまり意味がありませんが、ボラティリティは重要です。それに、その日がトレンド日なのか値動きがあまりない日なのかも重要です。これは1日の最初の30分ほどで予測がつきます。

これらのルールのいくつかは私特有のものですが、大部分は偉大なトレーダーとのモデリングから導き出されたものです。これらのルールをタープ的思考と呼ぶのは、私たちのプログラムがこれらを独特の方法で組み合わせるからです。

　これらのルールの共通点は、正しいことよりもリワード・リスク・レシオに重点を置く統計学的アプローチです。また、これらのルールは、偉大なパフォーマンスが市場とシステムとあなたの関数であることも強調しています。

タープ的思考を学ぶためのステップ

　まずは、これまで述べてきたタープ的思考の原理のすべてを理解することが重要だ。読んだだけで、なるほど、と思える明白なものもあっただろう。理解できたものから右側のチェックボタンをチェックしていこう。理解できないものは、本書の第1部を読み返してもらいたい。

　なかには理解しづらいものもあるかもしれない。その場合は、本書を何度も読み返そう。例えば、R倍数は重要だ。なぜならトレードを常にリワード・リスク・レシオで考えるようになるからだ。しかし、ブログに「なぜすべてをR倍数にしなければならないのか。私は損益だけで十分だと思う」といったコメントが書かれているのを見たことがある。もしこのコメントを書いたのがあなたなら、あるいは理解できない原理があるのなら、もっと勉強する必要がある。いくつかアドバイスしよう。

● ウェブサイト（http://www.vantharp.com/）にある用語集を勉強する。これらの用語集を読んだあと、いくつの概念を理解できたかチェックしよう。

- 私たちのeメールによる無料ニュースレター『Tharp's Thoughts』を購読しよう。購読の申し込みは上記のウェブサイトから可能だ。ニュースレターではここに述べた概念を頻繁に議論している。
- 私の本に出てくる概念のほとんどは『Tharp's Thoughts』のバックナンバーで議論している。バックナンバーはウェブサイトから無料で入手可能だ。

これでも概念がまったく理解できないのであれば、次のことを試してみてもらいたい。

- 『新版　魔術師たちの心理学』を読む。これを読むときは、あなたが理解できないアイデアを念頭に置きながら読むとよい。
- 『タープ博士のトレード学校　ポジションサイジング入門――スーパートレーダーになるための自己改造計画』(パンローリング)を読む。このときも理解できないアイデアを念頭に置きながら読む。
- 『ディフィニティブ・ガイド・トゥー・ポジション・サイジング・ストラテジー』を読む。
- 私たちはタープ的思考について1日のワークショップや6部からなるオンラインセミナーを定期的に開催している。詳しくはウェブサイト(http://www.vantharp.com/matrix.asp)を見てもらいたい。本書で読んだ旨を伝えてもらえば、15％引きで参加できる。
- 前にも言ったように、私たちのトレードシミュレーションゲームをダウンロードする。このゲームはこれらの概念を実際の応用で学べるようになっている。ゲームの最初の3つのレベルは無料だ。

ゲームはhttp://www.vantharp.com/からダウンロードできる。

第2部　心理的変革 —— マトリックス内の最高レベルで機能する自分を作る

PSYCHOLOGICAL TRANSFORMATIONS TO HELP YOU FUNCTION AT A SUPERIOR LEVEL WITHIN THE MATRIX

バン・K・タープ博士

　第1部では、レベル1の変革について述べた。これには私たちがタープ的思考とよぶ中核となる信念を受け入れることが含まれる。第1部では5章を使って、タープ的思考の原理をトレードに取り入れて成功した人々のストーリーを紹介した。

　しかし、タープ的思考の原理を取り入れる前に、あなたの人生において取り除かなければならない、あるいは「変革」しなければならない重大な問題があることが多い。これらの変革をレベル2の変革と言う。第2部ではレベル2の変革を通じて大きな変革を遂げた多くの人々を紹介する。これはタープ的思考の心理的な部分を使ったものだ。これらの原理については第12章でまとめる。

　私のスーパートレーダーの候補者たちは1000時間から1500時間を変革に費やす。彼らが受講するのは4つの心理的ワークショップだ。それぞれのワークショップは数回にわたって行われる。彼らはピークパフォーマンスコースで20の心理的レッスンを受ける。また、28日間の変革コースも受ける。このコースは1日におよそ3時間のワークが求められる。また私は彼らには外でのワークも求める。例えば、『奇跡の講座（A Course Miracles）』に書かれた365日の日々のレッスンやセドナメソッドコース（Sedona Method Course）だ。このプロセスで極度に変革が進むと、彼らはワンネス・ブレッシング・ギバー（祝

福を与える者)になる。

　第2部では彼らの心理的(スピリチュアル)な旅について紹介するが、人によって旅のどこが重要かは違うため、第2部の各章は変革の異なる分野を紹介する。

　第7章は信念について説明する。信念は現実を形成するフィルターの役目を果たすことについてはすでに理解しているはずだ。これはあなたの信念によって行われるプログラミングの世界のみが真実に見える、映画『マトリックス』のようなものだ。これを認識すれば、それぞれの信念をシステマティックに分析し、どれがあなたにとって役に立つ信念であるかを判断することができるようになる。マトリックスのなかでトレーダーとして動作するあなたにとって有益な信念はどの信念だろうか。

　突き詰めていくと、どの信念もある意味であなたを制限する。なぜなら、信念はワンネスからあなたを引き離してしまうからだ。しかし、マトリックスのなかで動作しなければならないかぎり、あなたがどのようにプログラミングされているかを理解したとき、それはあなたにとって非常に有利になる。ネオのように、無益な信念は排除し、有益な信念を取り入れることによって自分自身を再プログラミングすることができるからだ。再プログラミングが始まれば、あなたの人生はガラリと変わり、成功を手に入れることができる。

　信念が役に立たないと分かったとき、それは簡単に変えられる。役に立たない信念を見つけ、それをもっと役に立つものと置き換えるだけである。ただし、これが可能なのは、その役に立たない信念が感情と結びついていないときだけである。感情の入った信念は、あなたがそれを考えるとき強い負の感情が湧き上がる。役に立たない信念が感情と結びついているときは、まずはその感情を感情解放プロセスを通して取り除かなければならない。

　第8章は、私のスーパートレーダーの候補者の1人が経験した感情

役に立たない信念は取り除け

　解放プロセスについての話だ。感情を解放するのにはさまざまな方法がある。少なくともその５つはセドナメソッドコースで教え、ほかの３つはピークパフォーマンスコースとピークパフォーマンス基礎編ワークショップで教えている。第８章を書いた人は、特に強い感情解放を経験した人で、その作業は数カ月にも及んだ。彼は何をし、何が起こったのだろうか。

　第９章はあなたの内部にある部分について解説し、それらが一致団結して機能するようになるにはどうすればよいかについて説明する。あなたはさまざまな部分の寄り集まりだ。あなたが人生のなかで演じる役割はいろいろある。そのいろいろな「部分」のそれぞれが、自分こそはあなただと思っている。例えば、あなたがエンジニアだとする

と、あなたはエンジニアの部分を持っている。あなたはエンジニアの部分を通して、「自分は何者なのか」というアイデンティティーを持つことになる。ここでは1987年にCBOE（シカゴ・オプション取引所）のフロアトレーダーと行ったパーツネゴシエーション（部分間の交渉）訓練を紹介する。それは1987年10月19日の株価大暴落の数日前のことだった。このフロアトレーダーは毎年10万ドルを稼いでいたが、その10万ドルの壁を越えられないでいた。彼の部分がそれ以上稼ぐことには**値しない**と思っていたからだ。彼とパーツネゴシエーション訓練を行ったあと、彼は1987年の大暴落で損失を防ぐことができた。この大暴落でCBOEのオプショントレーダーたちはほかの分野のトレーダーよりも破産した者が多かったことを考えると、これは非常に重要だ。大暴落のあと、彼は数週間で70万ドル稼ぐことができた。気がつけば、彼は10万ドルの壁を楽々超えていた。この章は私の「トレーダーと投資家たちのためのピークパフォーマンスコース」からの実話だ。

　本章で出てきたそのフロアトレーダーはのちに人道的活動家になった。彼はシカゴの高校で子供たちに講義をしたり、トレーダーたちのための避難所を開設して講師を務めたりした。彼はタフガイから精神的に成熟した人物へと変わった。それからおよそ14年後に彼は亡くなったが、死が訪れたときも平和に包まれていた。偉大な友人であった彼の死が残念でならない。

　あなたがトレードの旅でできる最も重要なことのひとつは、**ハイアーセルフ（自分をより高み）** に導かせることである。これの最も良い例は、退職したエンジニアの教授とのワークだ。1990年代中ごろ、問題を解決するためにワークを始めて2日たったときのことだ。2日目の終わりに、彼はハイアーセルフとつながるための練習を行った。それがすこぶるうまくいったのだ。彼はそのつながりを通じてトレードする方法を体得し、次の14年にわたって純資産を大幅に増やすことができた。2008年の大暴落の直前、神にトレードをやめろと言われたと

きには、彼の年金口座には人生を数回生きられるほど十分なお金が貯まっていた。

　第10章は、私の内なるガイダンスに沿った旅について解説する。これは非常に力強いストーリーであり、当然ながら私はよく知っている。何かをしなければならないと感じながらも、「願望」と直感を区別できるかどうか分からないことに悩んでいたころをよく思い出す。のちに、内なる声が私にガイダンスを与えてくれるのだが、それはときには本物の「ハイアーセルフ」からのものである場合もあれば、ハイアーセルフを**まねる**別の部分からのものである場合もあった。これを判別するのは難しかったため、本当に信用できるのかどうか分からなくなった。

　2008年、世界的なワンネス活動に参加した。これは人生のなかで最も力強い変革への旅だった。ワンネスを知るようになり、すべてが変わった。私の内なる声との関係も変わった。私のスピリチュアルな旅に終わりはない。第10章ではこれまで起こったことについてお話しする。

　最後は私の仲間の1人が開発した「TfM（変革瞑想）」と呼ばれる、一種のパーツワークについて解説する。TfMをやっているとき、あなたはまだ部分間で交渉しているが、その部分のひとつがあなたの「ハイアーセルフ」である。ハイアーセルフは内なる群衆を排除し、内なるおしゃべりを減らし、あなたをワンネスへと導いてくれるものだ。第11章では私のスーパートレーダーの候補者の1人が彼のTfM体験記を語ってくれる。

第7章

信念 ── マトリックスの基本
Belief ─ THE BASICS FOR THE MATRIX

バン・K・タープ博士

以前 信念に気づくことなく、無意識に行動していた。
現在 信念が及ぼす影響を知り、信念を自由自在に変更できるようになった。

　信念とは何だろう。あなたや私が言うことは信念を反映している。この文もそうだ。例えば、「私はトレーダーである」と私が言う。これは私が何者なのかについての、あるいは少なくとも自分が何者であると自分が思っていることに対する信念だ。私は以前、私の使命は相場を通じて他人が変革することを手助けすることだと述べたが、それも信念だ。ただし、これは私の価値観を反映したものだ。トレードで毎年100％のリターンを上げることができると言えば、それは能力に対する信念であり、そうした信念は「できる」あるいは「できない」という言葉を含むのが普通だ。

　次のストーリーは、およそ20年前の**内なる平和の基礎**というニュースレターからの抜粋だ。これは信念が長期にわたって影響を及ぼすことを示す実話だ。

　ある家族には5歳の子供がいた。妻は新しい命を身ごもっていた。

その5歳の子供は赤ん坊がもうすぐ生まれることを知っており、母親にいつも「赤ちゃんが生まれたら、お話ししたいな」と言っていた。その男の子は妊娠中いつもずっと言い続けていた。赤ん坊が生まれ、家に帰ってきたときも、その子は赤ん坊と話がしたくしてしょうがなかった。「ママ、お願い。赤ちゃんと2人だけで話したいんだ」。その子はいつもそうせがんだ。ついに両親は降参した。しかし、安全と好奇心のため、モニターを取り付けて、会話が聞けるようにした。6歳になったその子は赤ん坊と2人きりになると次のように言った。「ねぇ、お願い、神様について教えて。僕、忘れかかっているんだ」

6歳ともなればうまくしゃべれる。信念に完全に洗脳され、その信念が現実をフィルターにかけ始める前、人生とはどんなものだったのかについて、彼はあいまいな記憶しかなくなっていたのである。

信念はあなたの人生を変えるほどの影響を持つ

このアイデアが初めてという人は、これを完全に理解できないかもしれないが、これを理解したとき、あなたの人生は永遠に変わるだろう。まずは、われわれが信念をどう形成するかについての話から始めよう。

人々は直接的な現実世界の情報に基づいて行動するのではなく、神経学的で社会的な個人のフィルターを通った情報に基づいて行動する（本章のおよそ50％はバン・タープの「投資家とトレーダーのためのピークパフォーマンスコース」の第3巻から許可を得て抜粋したもの）。神経フィルターとは、情報を受け取る知覚機構を限定するものである。例えば、私たちに「見える」ものは可視光のみであり、「聞こえる」ものは可聴音のみである。**私たちは私たちを取り巻くエネル**

「ねぇ、お願い、神様について教えて。僕、忘れかかっているんだ」

ギーの波をほとんど検知できない。指先の皮膚のわずか１ミリくらい離れた２地点の違いは感じることができるが、背中で２センチ離れた２地点の違いは感じることができない。私たちは「現実世界」を知覚することはない。なぜなら、私たちは現実世界のほんの一部を知覚できるようにプログラミングされているからにほかならないからである。宇宙についてあなたが信じていることは、神経フィルターを通って入手できる知覚情報から始まるのである。

　私たちが用いる２番目のフィルターは社会フィルターだ。これは共通のグループによって共有されるフィルターあるいは信念のことを言う。社会フィルターには、言語、共通の認識、道徳的価値観などが含まれる。あなたが信じていることはあなたが持っている社会フィルターに強い影響を受ける。例えば、私があなたにショッピングモールに行って、５人の知らない人にハグしなさいと言ったとする。すると、あなたの社会フィルターが現れて、あなたは次のように思うだろう。

●ハグなんてできないよ。
●面白いじゃないか。ちょっとした冒険だね。
●知らない人に近づくなんて、危険じゃないの。
●知らない人に話をするなんて嫌だね。
●今日、5人の人にハグしたよ。なんて素晴らしい経験なんだ。
●拒絶されたらどうしよう。

　神経フィルターが人間の情報の限界を決定するのに対して、社会フィルターはグループを区別する。英語を話す人は、マイドゥー語を話す人とは違ったフィルターを持っている。例えば、人間の視覚センサーが750万の色を識別できるのに対して、マイドゥー語を話す人は3色しか識別できない（R・バンドラーとJ・グリンドラーの『ザ・ストラクチャー・オブ・マジックI［The Structure of Magic I］』［Palo Alto, CA : Science and Behavior Books, 175］p.10)。マイドゥー語は色の経験を明確にフィルターにかけるので、マイドゥー語を話す人は3色しか存在しないと信じているのだ。あなたはどうだろう。あなたは750万色存在すると信じているだろうか。特殊な言葉で表現する色を知っているだろうか。例えば、「インディゴ」はどんな色を言うのだろうか。
　社会フィルターのもうひとつの例は、未来という概念を持たず、現在が永遠に続くことを信じるナバホ族の例だ。したがって、例えば投資で大金を儲けられるといった将来に対する大きな報酬はナバホ族にとっては無意味なのである（E・ホールの『ザ・ダンス・オブ・ライフ［The Dance of Life : The Other Dimension of Time］』［Garden City, NY : Anchor Press, 1983］p.28。時間についてのさまざまな文化的な解釈について深く議論している)。
　投資家や特定のトレーダーグループが共有するグラフ、チャート、

統計学的手法もまた社会フィルターを構成する。例えば、ギャンのマジックナンバーやギャンアングル（W・D・ギャンの『ハウ・トゥー・メイク・プロフィット・イン・コモディティーズ［How to Make Profits in Commodities］』［Promeroy, WA : Lambert-Gann, 1951］）を使う人々は、使わない人とは市場に対する見方は違う。同様に、ストキャスティックスを使う投資家は、使わない人とは市場から期待することは違う。そして、ストキャスティックスやギャンの概念を知らない人は、それらをいつも使っている人とはこのパラグラフを読んだときの感想は違うはずだ。

　最後に、人にはそれぞれの歴史がある。その歴史が、世界を見るときの独特のフィルターや信念を形成するのだ。つまり、世界を同じように見る人は２人として存在しないということである。あなた独自の経験が世界についてのあなたの信念を形成するのである。下げ相場で最初に成功した投資家は、下げ相場でのみ安心感を感じるだろう。なぜなら、彼女が形成したモデルによって、彼女は下げ相場のときのみ成功することを期待させられるからである。彼女は上げ相場では安心感を感じられないかもしれない。なぜなら、彼女は上げ相場では成功した経験がないからだ。

　信念にはありとあらゆるものが存在する。あなたは何千という信念を持っている。それらの信念は、あなたが言語を学び、あなたを取り囲む人々と交流を始めると同時に形成され始めたものだ。そして、それらの信念があなたの現実を形成するわけである。

　あなたの個人的な歴史は、あなたに投資の世界に（あるいは、あなたの世界のどういった側面においても）多くの可能性を見いださせるかもしれない。それと同時に、あなたの個人的な歴史は選択肢を見つける能力を制限してしまうかもしれない。失敗したトレードにとらわれている人は、今ここにある機会を見たり、聞いたり、感じたりすることができないのである。

再三言うように、あなたは市場そのものをトレードするのではなく、市場に関するあなたの信念をトレードする。市場とは何なのだろうか。無数のティックが売り買いをするためにセンターに入ってくる。注文を支配するものは感情と思考プロセスだ。しかし、あなたは市場をトレードするわけではない。その代わりにあなたが見るものはチャートだ。おそらくは多くのインディケーターを重ね書きしたチャートだ。あなたはおそらくはチャートやインディケーターについて信念を形成する。そして、あなたはその信念をトレードするのだ。

　例えば、私は毎月、市場の100日SQN（システム・クオリティー・ナンバー）スコアを測定する。SQNスコアによって、今が、①強い上げ相場なのか、②上げ相場なのか、③ニュートラルなのか、④下げ相場なのか、⑤強い下げ相場なのか――が分かる。つまり、私は100日SQNスコアは市場を判別するのに役立つという信念を持っているわけであって、私はこの情報を毎月フリーニュースレター「Tharp's Thoughts」で発表する。2011年の9月末は下げ相場にあると書いた。

　図7.1のチャートはS&P500の月足のローソク足チャートを示したものだ。あなたはこれをどう解釈するか。

　グラフにははっきりとした動向が現れている（ケン・ロング［第4章を参照］は連続した5本の足による下落といった極端な動きをトレードするのが好きだ。彼のチャートに対する反応は、「上昇の始まりを見つけたら、買う。下がり続ければ、安値を更新したところで売る。上昇し続ければ、儲けになる。私はおそらくはおよそ50％の確率で正しいはずだ」。そのあと市場は下落したものの、そのあとは月ごとに高値を連続して更新し、足の色は緑になった。そこが新たな上げ相場の始まりだった）。しかし、下げ相場にあるという言葉に対して、次のように言う人もいるだろう。

　私はあなたの市場の最新情報をいつも見ているし、エリオット波

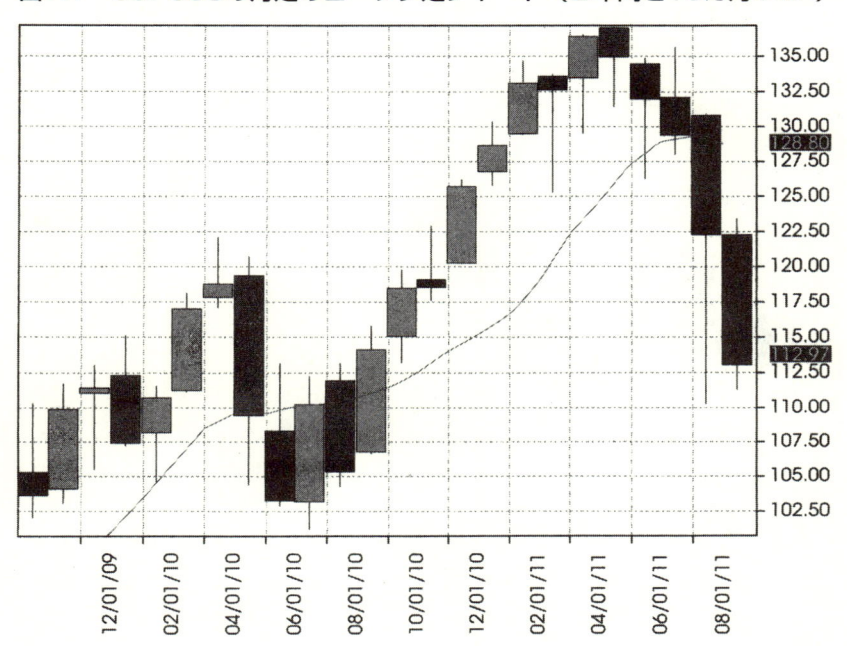

図7.1　S&P500の月足のローソク足チャート（2年間と10カ月SMA）

動の専門家による市場の最新情報も見ている。どちらとも今は下げ相場にあると言っている。しかし、市場は上がり続けているではないか。この10日で少なくとも10％は上昇している。あなたがたはいずれも何十年も経験があり、市場分析の知識も豊富だ。なのにどうしてそんなに間違ってばかりいるんだ？

このコメントに対する私の答えはこうだ。私は市場を予測しているわけではない。レポートした時点で市場がどうなっているのかを人々に伝えているだけである。私のレポートのあとの10日間市場が上昇しているのを見て、彼は、①私が市場を予測する、②私の予測能力は最悪だ——と結論づけたわけである。

図7.2 S&P500の月足のローソク足に次の足を追加したチャート（2年間と20カ月SMA）

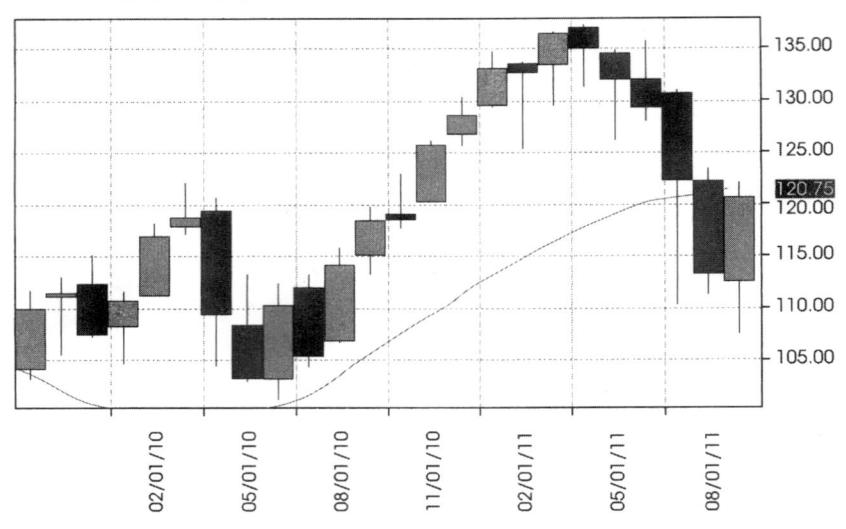

それでは、10月の最初の12日分を追加したチャートを見てみよう（**図7.2**）。市場は上昇しているか、それとも下落しているか。

市場は新たな安値を更新し、前の月の高値を上回らなかった。市場は上昇しているか、それとも下落しているか。重要なのは、予測することではなく、今起こっていることを観察することなのである。月次ベースでは市場は少なくとも下げ止まったと言えるだろう。それだけだ。価格がどこに行くのかを予測する必要などない。

しかし、前述のように書いてきた人がデイトレーダーもしくはスイングトレーダーだったら、市場は短期的には上昇していると言えるだろう。私が信念というのはこのことなのである。あなたが見ているものはあなたが何者かということに依存する。一口に**下げ相場**といっても、人によって取り方は違うのである。

では、別のチャートを見てみよう。**図7.3**のチャートは、私が彼の

図7.3　S&P500の１時間足のローソク足チャート（１週間と20時間SMA）

コメントを受け取った日の終わりにおける、過去１週間にわたる１時間足のローソク足チャートを示したものだ。市場は上昇しているか、それとも下落しているか。明日はどうなるだろうか。ローリスクのトレードは買いだろうか、それとも売りだろうか。それはすべてあなたの信念によって違ってくる。何らかのイベントにあなたが与える意味を決めるものはあなたの信念なのである。

　私が信念について気にいっているのは、アバターの生みの親であるハリー・パルマーが言った次の言葉だ。

　　人は自分が信じていることを経験する。自分はそんなことは体験しない、と信じている場合は例外だが。もしもその信じていることを体験しない場合は、すでにもうそれを体験済みということである（ハリー・パルマーの『リサーフィス［ReSurfacing：

Techniques for Exploring Consciousness]』[Altamonte Springs, FL: Star's Edge International, 1997] p.104）。

　パルマーが言わんとしていることは、あなたの信念がどういったものであろうと、あなたの信念があなたの人生を形成するということなのである。
　予測が間違っていたと読者に言われたので、チャートをケン・ロング博士（第4章の著者）に見せた。ロングは極端な下降の動きをトレードするのが好きだ。彼は**図7.1**は将来的な上昇に向けての完璧なセットアップだと言った。もし次の足が安値を更新せず、高値近くで引けたら、それは将来的な上昇に向けての完璧なセットアップだった。
　皮肉なことに、次の足は前の足の安値を下回った（かなりの量下回った）が、高値近くで引けた。それはリワード・リスク・レシオ（損切りを安値のすぐ下に入れたと仮定）が1：1を下回る以外は、完璧なセットアップだった。**図7.4**はこのセットアップを示したものだ。次の足はどうなったのだろうか。そして、そのあとどんなことが起こったのか。
　私が、今は下げ相場にある、と言ったとき、私はそのとき市場が下げていることを観察していたわけである。市場が上昇し始めたため、その読者は私は間違っていると言った。しかし、それは私がレポートした数日後に起こったことであり、彼は私が予測をしたと思ったわけである。ケン・ロングは極端な下落の動きをトレード機会だとみなしたが、彼は正しかった。しかし、そのトレードのリワード・リスク・レシオは（少なくとも月ベースでは）ひどいものだった。
　これらの言葉のなかにある信念の威力というものに注目してほしい。
　つい先ごろ、私はスーパートレーダーの候補者の1人に、彼が経験をどう作りだすのか簡単に説明してくれるように頼んだ。彼はとても丁寧に説明してくれたので、それを一緒に見てみることにしよう（彼

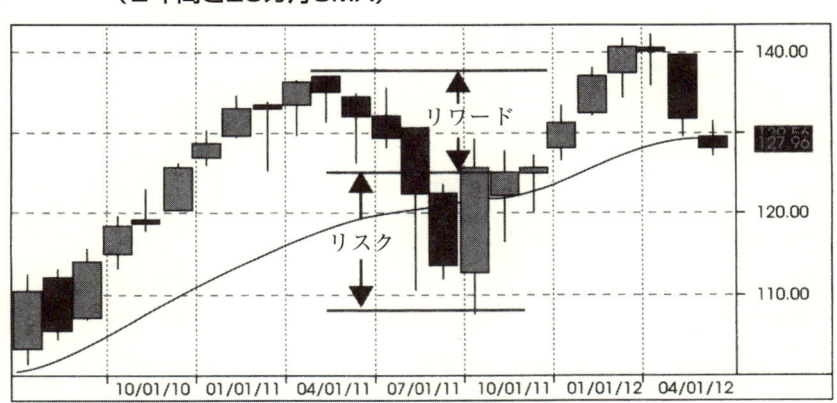

図7.4　連続して5本の足の下落でトレードしたときのリスクとリワード（2年間と20カ月SMA）

の許可は得ている）。

私は経験をどう作りだすのか

　ピークパフォーマンス上級編のワークショップでは宿題が出された。私は経験を作りだすということについて真剣に考えさせられた。私は今スーパートレーダープログラムに参加している。プログラムでは多くの時間を費やし、私たちの内部に眠っていた信念を引き出し、検証するという作業を行った。そのなかに、私たちの信念は私たちにどういったことをするようにし、どういったことをやらないようにするか、そして信念は私たちをどのように制約するかを見いだす作業があった。これは私にとって非常に魅力的だった。エンジニアとして、私は信念を作りだすプロセスというものを知りたかったし、それが現実にどう影響を及ぼすのかも知りたかったからだ。**図7.5**の流れ図は、私がそのプロセスをどう理解したかを示すものだ。

図7.5　信念と経験

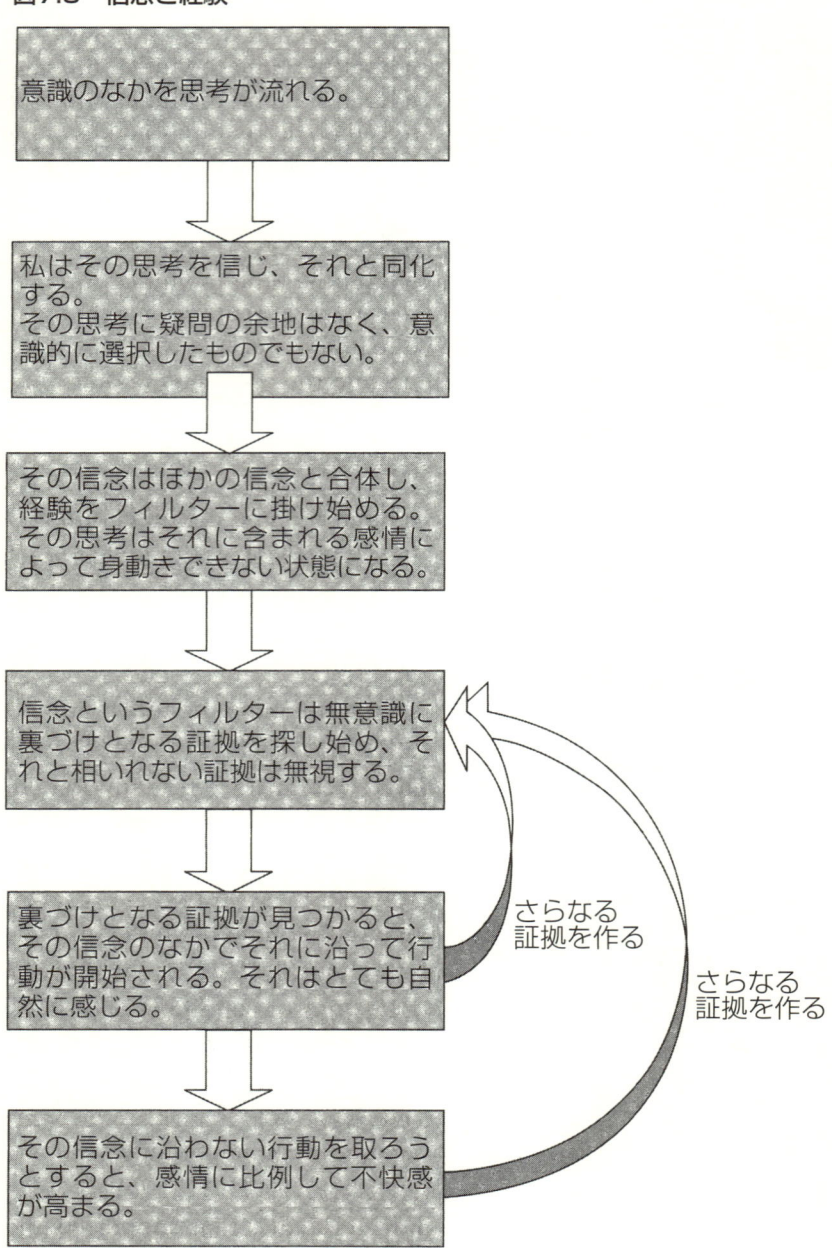

意識のなかを思考が流れる。

↓

私はその思考を信じ、それと同化する。
その思考に疑問の余地はなく、意識的に選択したものでもない。

↓

その信念はほかの信念と合体し、経験をフィルターに掛け始める。その思考はそれに含まれる感情によって身動きできない状態になる。

↓

信念というフィルターは無意識に裏づけとなる証拠を探し始め、それと相いれない証拠は無視する。

↓

裏づけとなる証拠が見つかると、その信念のなかでそれに沿って行動が開始される。それはとても自然に感じる。

↓

その信念に沿わない行動を取ろうとすると、感情に比例して不快感が高まる。

さらなる証拠を作る
さらなる証拠を作る

このプロセスには興味深い観察がたくさんある。第一に、これはいったんスタートすると自己強化プロセスになる。第二に、このプロセスを最も中断させやすいときは、最初の考えが意識のなかを流れるときである。考えが意識のなかを流れてしまったあとは、その信念を中断させたり取り除くのには大きなエネルギーを必要とする。特に、その信念が感情を含んでいるときはなおさらだ。第三に、信念は経験をフィルターにかけるという役割をするため、信念は信念に合った経験を作りだす。これは自己達成的予言のようなものである。これは複数のレベルで発生する。

最も単純なレベルでは、信念に合った証拠のみを観察し、信念に合わないものはすべて無視する。これは第三者であれば簡単に観察できる。なぜなら、第三者は同じフィルターを持っていないため、観察された者が観察した現実に基づいて削除したものを見ることができるからだ（第三者は自分自身のフィルターを持っており、削除に加担することになるため、これは主観的でもある）。例えば、何かを声を出して読むように言われ、感じたものに合う言葉を削除もしくは挿入するように言われたときなどがこの良い例だ。「人は見たいものしか見えない」という諺はこのプロセスから派生する。このレベルでは、人は心のなかで経験したことを作りだしている。しかし、物理的現実世界では、彼らは観察したことの一部を削除することを無意識的に選択しているだけである。

しかし、人々は信念に基づいて行動するため、信念を通して経験を作りだすというプロセスはもっと複雑だ。例えば、あなたは制御不可能な思考によって経験を作りだしている可能性がある。例えば、私は最近ピークパフォーマンス基礎編のワークショップに参加するためにカリーにいた。ワークショップの初日はかなり遅くに終わり、まだホテルにチェックインしていなかった。まだ個人的にやらなければならないことがあり、それには2時間ほどかかる。チェックインして、食

ハンドルをたたいて、ひわいな言葉を叫んだ

事をして、宿題もやらなければならない。気はせくばかりだった。ワークショップをあとにしたとき、遅れるかもしれないという考えが脳裏をよぎった。その考えは制御不可能だったが、状況を考えるとそれは当然だったので、私はそれを（無意識のうちに）信じていた。この時点でネガティブな感情が湧いてきた。なぜなら、「時間に遅れないことは重要なことだ」とか「やるべきことをすべて終わらせることが重要だ」といったほかの価値を持つ信念を持っていたからだ。私の価値と私の行動は対立し、私は遅れるかもしれないという信念の創造を経験することを拒んだわけである。

　その葛藤とネガティブな感情と戦っていたので、曲がり角を曲がり損なった。これで、私は遅れるかもしれないという信念を支持するさらなる裏づけができたわけである。そして、次の曲がり角も、その次の曲がり角も曲がり損ない、結局意図しないハイウエーに乗ってしまったのである。これが起こっているとき、怒りがどんどん高まっていった。そして、ハイウエーで2回目に方向転換しなければならないと

き、ハンドルをたたいて、ひわいな言葉を叫んだのである。そして次の瞬間分かったことは、もう30分ムダにするかもしれないということだった。結局、私は遅れた。気分は最悪だった。これはすべて制御不可能な思考から作りだされた経験だった。

この一連の出来事は実際に起こり、そして私は遅れた。これは単なる観察と削除ではない。私は間違った曲がり角を曲がることで、信念を支持する行動を無意識のうちに取っていたのだ。今では被害者の視点からこの話を説明できる（辺りは暗く、その界隈はよく知らず、標識は混乱を招くものばかり……）が、それは私が経験したくないことの創造を強化する以外の何物でもなく、自己破壊へとつながるものだった。私にとっては、①欲さないことを繰り返さない、②欲することを作ることができるように経験を作りだす方法を見つける──ことのほうがはるかに役立つ。それで何が起こったのか分析すると、欲することを意識的に作りだすというポジティブな経験を探し始めるようになり、今の人生に大きな影響を及ぼすものを考えるようになった。

数年前、メキシコに住むことを決意した。私の妻がメキシコ人で、私も何回かメキシコを訪れたことがあったため、私は絶対にメキシコに行きたいと思った。そこに住むことがどんな感じなのか、そして自分の目標をどう達成していくのかを想像してみた。私には強い意志があり、創造的な意識に取り組んでいた。私はその考え（意志）を信じ、（イメージを通じて）それと一体化した。エンジニアとしてのキャリアを離れたあと、将来のいつの日かメキシコに移住することをいつも考えていた。というのは、私には「退職」する時期と、それに必要な資金についての別の信念があったからだ。必要な資金がまだ準備できていなかったため、メキシコへの移住は常に将来的なことだった。ところが、メキシコに移住するという信念と私の別の信念が思わぬ方法で合体してしまったのだ。

信念の合体はすぐに経験を創造し始めた。メキシコにバケーション

に行く前、私は会社の上層部の意思決定者に偶然出くわした。彼は、どこに行くのか、と聞いてきた。メキシコに行くと言うと、メキシコの支店には行ったことはあるかと彼は聞いてきた。私が「いいえ」と答えると、実は彼の部署がメキシコで幹部を探しているという。「だれかを送る予定があるのなら、ぜひ私のことも頭に入れておいてください」と私は言った。8カ月後、思いがけないメールが彼から届いた。もう1人マネジャーを雇う予定があり、その仕事にはメキシコへの旅が含まれる、という内容だった。彼はその仕事がメキシコへの転勤を含むものであるなどただの一度も言わなかったが、私のフィルターはそれを都合良く排除した。

　私は彼に連絡し、私だったらお役に立てるかもしれない、メキシコへの転勤も大歓迎だと伝えた。彼は、メキシコにだれかを派遣したいと思っているが、まだ要望は出しておらず、このことはだれにも言っていないと言った。彼は、彼の探している人物像に私のキャリア経験はぴったりだとも言った。さらに彼は今まったく新しい部署を作っている最中だった。その部署には、私が以前一緒にうまく働いていた同僚たちの多くを異動させる計画だった。それは、私が最初に想像していたものとは異なるもっと良い方法でメキシコに移住する機会をこの宇宙が私に授けてくれたかのようだった。つまり、私の意志が具現化されたということである。

　このケースの場合、私の思考は創造的な意識を通して制御されていた。私はその思考を信じ、それと一体化した。その信念が新たな信念と合体すると、私のフィルターが働き始めた。私はそのフィルターを通して現実を観察し、それに従って行動を起こし、自分の経験を作りだした。しかし、起こったことのなかには、私の直接的な行動が関与しない部分がいくつかあった。例えば、新たな部署ができることで私のメキシコへの移住機会を生みだした組織の再編成を発生させたのは私ではなく、それは私がメキシコに移住したいと以前話した上層の意

思決定者のいる部署で起こったことである。つまり、私の言いたいことは、信念には創造的な力があるということである。その力は、物理的世界で感じたことを通して経験をフィルターにかけることを超越するものである。それ以上に強力なのである。しかし、私の言ったことはすべて信念からなるものであり、その信念がほかのだれかの信念体系とうまく合体しなければ、それにもっと合う説明が必ずある。ここで述べた信念は私にとって役立つものだったということである。

あなたはあなたのなかを流れる思考に気づく人

　エックハート・テレは、①自分の呼吸を観察しながら、②静寂に集中して、③体内の活動を感じながら、あるいは④今を意識しながら——瞑想せよと言う。（上の４つの方法のいずれかで）瞑想をしばらく続けると、いくつかのことに気づくはずだ。

　まず、思考が心のなかを流れているのに気づくはずだ。もしそれに気づけば、それは実際に起こっているということだ。つまり、思考が流れているのである。それらはあなたがそれらと一体化するまで、意識のなかの物体にすぎない。その時点で、あなたは思考そのものだと思うかもしれない。つまり、アクティブにそれらを思っているということだ。しかし、本当にそうなのだろうか。あなたの心のなかを流れる最後の思考を考える意識的な努力はしただろうか、それともその思考はただ浮かんできただけなのか。もしただ浮かんできただけなら、それはどこから来たものだろうか。あなたは思考を考える人なのか、それとも単なる観察者なのか。

　瞑想を十分にやれば、あなたは思考そのものなんかではないことに気づくはずだ。あなたは、思考に気づく人なのである。考えがただ浮かび、あなたはその浮かんだ考えに気づいている人以外の何物でもない。これは非常に強力な考え方だ。

しかし、私たちのほとんどはそうは考えない。私たちは思考の創造者、つまり思考そのものであると考えてしまうのだ。例えば、今あなたはものすごく気分が良いとする。しかし、トイレに行くと出血している。あなたは医者に行く。かなり経ってから、第四期の大腸ガンであることが判明する。余命はあと6週間だと告げられる。

　するとあなたは突然その考えを信じてしまう。あなたはガンを患った人で、あと6週間で死んでしまう運命にある。それが真実であることをあなたは本当に知ることができるだろうか。その信念を持ったときに何が起こるのだろうか。その信念を持たなければどうなるのだろうか。それは役に立つ信念なのだろうか。

　あなたはそれが真実であることを信じる可能性が高い。結局は医者がそう言ったのだから。そして、その信念と一体化した結果、あなたの行動は劇的に変化する。あなたは気分が悪くなり、髪が抜ける治療を受ける。これはあなたの体調が悪いことを示すさらなる証拠になる。しかし、出血を見て診察を受ける前は、あなたはハッピーで元気いっぱいだったことを思い出そう。それを変えてしまったのは何なのか。それは、その考えに気づくのではなく、その考えを信じてしまったからなのである。

　おそらくはこの前の2つのパラグラフを読んで、あなたはゾッとするような恐怖を感じたはずだ。私はどうしてそんなことが言えるのだろうか。ガンを患って、余命わずかだとどうして信じることができるのだろうか。もっとよく調べなければ、あなたは本当に自分が死んでしまうのだと信じてしまうだろう。しかもより早く。でも、これは本当なのだろうか。本当に真実だと確信できるだろうか。

　しかし、自分が何者かということについて別の解釈もある。あなたが自分の信念に気づいているだけの人だとしたらどうだろう。あなたの体はあなたのものでないとしたらどうだろう。これ以降は本章から逸脱するのでここでやめておこう。この話を持ち出したのは、信念の

力というものを示したかったからである。

信念の階層

　グレゴリー・ベイトソン（『精神の生態学』［新思索社］）は、人間の思考は6つの論理レベルに分けられることを見いだした。各レベルの組織はその下層の構造によって支持されなければならない。事実、各レベルの目的はその下のレベルの情報を組織化することにある。したがって、レベルXの組織はその次に深いレベルであるレベルYによって支持されなければならない。同様に、レベルYの組織はさらに深いレベルZによって支持されなければならない。したがって、深いレベルの構造が周辺レベルで支持されるものを決定するということになる。

　深いレベルの組織が周辺レベルの組織をどのように支持するのかを考えてみよう。例えば、スーパーマーケットで缶詰が山積みになっているとする。缶詰を一番底（組織の最も深いレベル）の内側の列から取り出すとする。これは非常に難しい。一番上にある缶詰が重いからだ。一番底の列の缶詰を取り出せたとしても、山積みの缶詰は崩れ落ちるだろう。特に、取りだした缶詰によって支持されていた部分は大きく崩れ落ちるだろう。

　では、「信念がそういった階層を形成するとしたらどうだろう」。そういった信念の階層と人間の思考を変える手順との間にはどういった関係があるのだろうか。最も深いレベルでの変化はシステム全体を永遠に変えるかもしれない。深いレベルの変化によって支持されない表面的なレベルにあるものは不安定で存続は難しいだろう。人々が信念の変化のワークを通して劇的な変化を遂げることを私たちが手助けできるのはそのためだ。

　信念の階層的構造のもうひとつの意味は、表面的レベルで変化を起

こすことは簡単だが、そういった変化はあまり大きな影響は及ぼさないということである。さらに、変化はすべてのレベルで支持されなければ長続きしない。したがって、表面的な変化は簡単に起こせるが、安定しない。先ほど出てきた山積みになった缶詰を例にとって説明しよう。一番上の缶詰を取り、それをほかの缶詰と交換するとしよう。これは比較的簡単な作業だ。しかし、新しい缶詰はその下の構造によって支持されるような方法で取り替えなければそこにとどまることはできない。積み上げられた缶詰の端で不安定に積めば、その缶詰は落っこちてしまうだろう。

　こうした組織の論理レベルが信念レベルによって構成されているとすると、信念レベルは何によって構成されているのだろうか。ロバート・ディルツ（『ビリーフ・システムズ・ヘルス・アンド・ロンゲビティ［Belief Systems, Health, and Longevity］』。1989年1月26日から30日かけてカリフォルニア州のサンタクルスで行われたセミナーで配られたパンフレット。詳しくは、Dynamic Learning Publicationsへ問い合わせていただきたい）は信念には次のような階層があると言う。

1. 環境に関する信念──「何が」についての信念であり、世界に関する観察を組織化しようとするもの（市場はトレンドを形成する傾向がある）。
2. 行動に関する信念──あなたの振る舞いに関する信念（私はトレンド相場を「トレードする」）。
3. 能力に関する信念──あなたができること、できないことに関する信念（トレンドをトレードすれば年に100％のリターンを達成することが「できる」）。
4. 価値に関する信念──あなたにとって最も重要なものに関する信念（「トレンドをとらえることは「重要だ」）。

図7.6 信念の階層

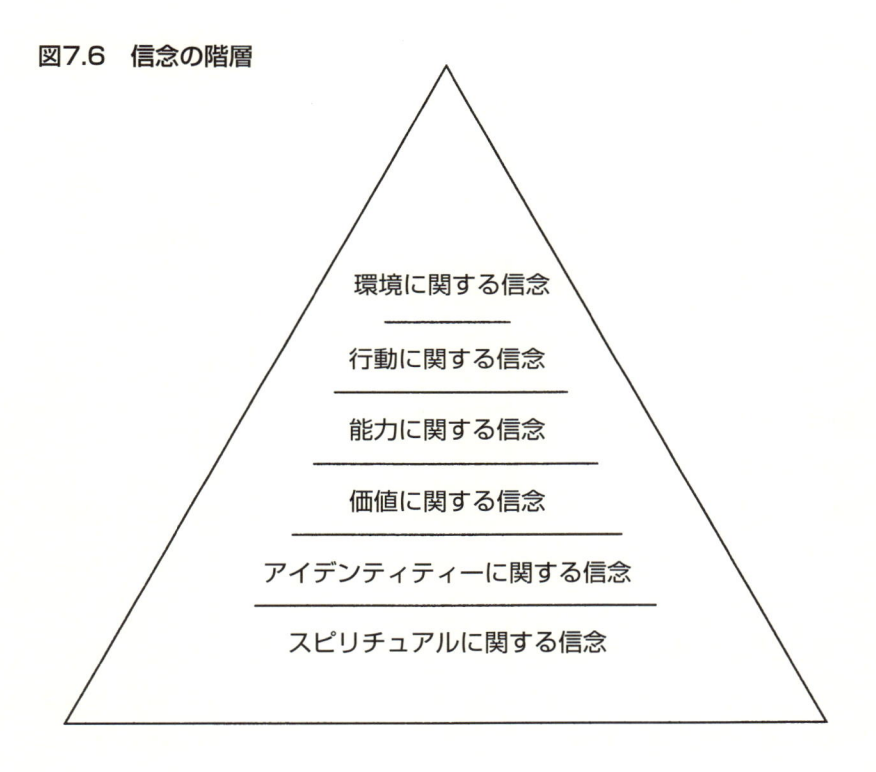

```
         環境に関する信念
         ──────────
         行動に関する信念
         ──────────
         能力に関する信念
         ──────────
         価値に関する信念
         ──────────
       アイデンティティーに関する信念
       ──────────────
       スピリチュアルに関する信念
```

5. アイデンティティーに関する —— あなたは何者なのかに関する信念のことを言い、通常「私は〜」という言葉から始まる（「私は」トレンドフォロワーだ）。
6. スピリチュアルに関する信念 —— あなたを超越し、この宇宙がどう成り立っているかを示唆するような信念（「神は」トレンドフォロワーを「愛する」）。

　図7.6はこれら6つの信念の階層を示したものだ。ピラミッド構造は、各レベルの信念がそれよりも深く、強いレベルの信念によって支持されていることを示しているだけであって、各レベルの信念の数を表すものではない。実際には、環境に関する信念のほうが、スピリチ

ュアルに関する信念よりも多い。

　底のレベルをもっと詳しく見ていくことにしよう。なぜなら、あなたはこれら2つのレベルで「生きて」いるからだ。まず、**アイデンティティーレベル**は人が彼や彼女のことをどんな人物だと思っているかを決めるものだ。人にはそれぞれ人生の使命というものがある。このレベルの信念は通常「私は〜」とか「私は〜感じる」という言葉で始まる。例としては以下のようなものが挙げられる。

- 私はトレードとなるとまったく能なしだ。
- 私は腕の立つトレーダーだ。
- もっとお金があれば、幸せに感じるのになぁ（つまり、この人物は実際には幸せではないと言っているわけである）。

　個人的な問題と私が呼ぶ問題はこのレベルで発生する。もしトレードをしている最中にある感情が繰り返し現れるようだったら、それはおそらくは個人的な問題がある証拠だ。そんなときは、子供時代にあなたにとって重要だった人物を思い出してみよう。あなたのお母さん、お父さん、継母、継父、兄弟、姉妹、叔母、叔父。心のなかで彼らにハグしている自分を想像してみよう。あなたの子供時代に重要な影響を与えているが、もしハグできないような人物が見つかったら、その人物に対して問題がある。「そうだな、彼にはハグできないな。なぜならハグすれば、彼のことを許してあげなければならないから」。あなたはこんな気持ちになるかもしれない。でも、あなたは実際にその人物にハグするわけではない。心のなかでハグするだけである。実は、そのハグできない人物は自分なのである。その人物のイメージはあなたの一部なのである。そして、心のなかで彼を許せるようになるまで、その信念はあなたの負担になる。

　一般に、個人的な問題が解決すれば、人生において大きな変化が訪

れる。心のなかの葛藤が不思議と消えるのだ。ストレスを感じていたものは小さなことに思えてくる。これが、あなたを支持しない高いレベルの信念を解消する威力なのである。

スピリチュアルレベルは人生における哲学を決定するものだ。あなたは宇宙の性質がどんなものであるかについての簡単な選択肢をいくつか持っている。あなたの選んだものが人生がどんなものになるかを決定するのだ。それはまた、あなたが自分を何者だと思っているかも決定する。

いかなる宗教もスピリチュアルな信念を含んでいる。あなたが信じるものはあなたを支持し、安心させてくれる。しかし、信念のなかには強い自尊心を支持し、トレード技術を高めてくれるものもあるが、そうでないものもある。人が成長した結果、持つと思われるスピリチュアルレベルの信念の典型例は以下に示したとおりだ。

- 人は自分に起こることをコントロールできないし、私ももちろんできない。
- 神は報復する。神の望むことをしなければ、あなたは高い代償を支払うことになる。
- 宇宙は完璧であり、あらゆることは何らかの理由があって起こる。
- あなたは死んだら、それで終わりだ。

これらの信念のうち、あなたを支持するものが１つだけある。それはどれだろう。なぜほかの３つの信念はあなたを支持しないのだろうか。

私はワンネスブレッシング（ディクシャとも呼ばれる）のトレーナーになり、人々にワンネス・ブレッシング・ギバーになれるように指導している。ブレッシングは私がこれまでに出会った人々を変えることができるツールのなかで最も強力なものだ。しかし、長年にわたる

指導のなかで、5大宗教に属する人々のなかにはそれを拒否する人もいた。これは主として、それぞれの宗教の恐怖に基づく信念によるものだ。一方、5大宗教に属する人々のなかにもブレッシング・ギバーになる人がいた。これを受け入れた人は、変革が加速度的に進むことに気づくのが普通だ。これを拒否する人は、自分たちの信じることを信じればよい。

あなたの信念を変える

あなたの信念があなたの現実をコントロールしていることに気づいたとき、あなたはあなたの信念を変えることで世界に対するあなたの経験を完璧に変える機会を得たことになる。でも、信念を変えるにはどうすればよいのだろうか。これは実に簡単だ。信念が感情を含んでいないかぎり、次の簡単な手順によって信念を変えることができる。私はこれを、信念チェックパラダイムと呼んでいる。

1. その信念を認識する。
2. **これは慎重に選ばれた信念だろうか、あるいはだれかに与えられた信念だろうか**と自問しよう。もしだれかに与えられたものなら、**だれによって与えられた信念なのか**。
3. **この信念によってどういったことをやるようになったか**と自問しよう。これはバイロン・ケイティ（詳しくは、http://www.thework.com/index.php を参照）の言葉を借りれば、**この信念を持ったとき、何が起こるか**を意味する。この信念によってやるようになったことを、5個から10個思い浮かべてみよう。
4. **その信念によってどんなことをやらなくなったか**と自問しよう。これはちょっと難しい質問かもしれない。なぜなら、あなたはその信念を持っている人——つまり、あなた——の視点でその信

あなたのトレードに関する信念はどこで見つけるのか

念を見ているからだ。これをバイロン・ケイティーの言葉を借りて言い換えると、**この信念を持たなければ私は何者になっていただろうか**ということになる。ちなみに、あなたの思いつくあらゆる信念に対するこの質問に対する答えのひとつは、「隔たりがなくなった」である。

5. **この信念は役に立つのか**と自問しよう。質問4がうまく答えられない人は、信念の大部分を役に立つと思っている可能性が高い。
6. その信念が役に立たないものなら、もっと役に立つ信念を見つけて、それと置き換えることでその信念は変えることができる。ただし、これがうまくいくのは、その信念が感情を含んでいないときのみである。その信念が感情を含んでいるとき、つまり、恐怖や怒りといったネガティブな感情を含んでいるとき、もっと役に立つ信念と置き換える前に、まずはその感情を解放する必要があ

る。

　私は価値のない人間だという信念を考えてみよう。あなたは子供のころに虐待を受け、その結果、愛されるに値しない人間だと思ったのかもしれない。
　この信念に対して先ほどの6つの質問をしてみよう。
　まず、あなたはすでにこの信念を認識している。これは、あなたは無価値だというアイデンティティーに関する信念だ。あなたは自尊心が低い。
　第二に、あなたがされてきたことは悪いことだと思っている。悪いことが、重要であったり価値のある人になされるはずはない。
　第三に、その信念によってあなたはどういうことをするようになったか。つまり、自分は価値のない人間だとあなたが信じるとき、どういうことが起こるか。それを列挙してみよう。例えば次のようなリストになるかもしれない。

1．あなたは欲しいものを求めない。なぜなら、あなたはそれを得るに値しないと信じているからだ。
2．他人があなたを邪険に扱うのは、あなたに価値がないからだ。
3．あなたが自分を他人に対してうまく表現できないのは、あなたが自分のことを価値のない人間だと信じ、そのように振る舞うからである。
4．あなたはいつも自分のことをかわいそうな人間だと感じている。
5．自殺を考えたことがある。
6．あなたがうまくトレードできないのは、あなたは自分が利益を得るに値すると感じていないからだ。あまりにも価値のない人間だと思っているので、良いトレーダーになるようなこともあえてやらない。そんなことをしてもムダだ。なぜなら、あなたはそれに

は値しないから。

　ほかにもいろいろあるが、おおよそは分かってもらえたと思う。では、実際にあなたがこの信念を持っていると想像して、あなたがやると思うことをあと５つ書いてみよう。

_____
_____
_____
_____
_____

　第四に、あなたがやらなくなったことは何だろう。その信念を持っていなかったら、あなたはどういう人間になっただろうか。例としては次のようなものが挙げられる。

１．自分は価値のある人間だと思っているので、これまでよりもうんと幸せになる。
２．あなたは自分の目標を追い求める。なぜなら、あなたはそれに値すると信じているからだ。
３．あなたに喜びを与えてくれるものに気づき始める。それらはあなたの目標が何なのかを追究する鍵になるものだ。今や軌道に乗り、人生はうまくいっているので、目標を見つけられそうだ。
４．あなたを支持してくれる関係を追究する。
５．あなたの目標のひとつが偉大なトレーダーになることであれば、偉大なトレーダーになるための教育や訓練を受けることは何でもないことだ。

　あと５つ自分で書いてみよう。

第五に、**この信念は役に立つのか**である。答えは明らかに「ノー」だ。したがって、「私は価値のある人間だ」という新たな信念と置き換えることができる。

　しかし、この場合、もっと役に立つこの新たな信念とはおそらくは置き換えることはできない。それはなぜだろう。なぜなら、古い信念には恐怖や怒りといったネガティブな感情が含まれているからだ。したがって、次の章で紹介する感情を解放する練習をやる必要がある。

　もうひとつ別の例を見てみよう。これは私が以前持っていた信念で、「私は世界一の心理的トレードのコーチだ」というものだ。一見、これは役に立ちそうな信念だが、10年前、この信念を信念チェックパラダイムに通してみたところ、次のような結果が得られた。

　まず、これはアイデンティティーレベルの信念であることはすでに述べた。

　第二に、「この信念はどこから来ているのか」と考えてみた。この信念は私が選んだものだ。なぜなら、この信念を持つことで効果的に活動することができると思ったからだ。この信念を受け入れてみると、これを裏づけるさまざまな証拠を発見した。

　第三に、「私はこの信念によってどういうことをやるようになったか」と考えてみた。それは以下のとおりである。

1．私は、良い心理学的トレードのコーチとは、顧客と2日間一緒に過ごし（通常は週末）、偉大なトレーダーになることを阻害して

いるものを発見し、それを克服するのを手助けすることだと定義した。その結果、週末には自由な時間を持つことができなくなった。つまり、私は自分自身を週末に忙しくしてしまったのである。
2．私はこれを毎月3回だけやった（週末にある程度は自由な時間が欲しかったから）のだが、6カ月先まで予約でいっぱいになった。
3．顧客の80％は一緒にワークがやりやすく、良いトレーダーになって私の元を去った。
4．私の目標は顧客を私から独立させることだったが、難しい20％の顧客は、「これまで本当にお世話になったが、まだまだ学ぶべきことはある。私を助けてくれるのはあなたしかいない」という信念を持っていることに気づいた。
5．その20％の顧客は私からエネルギーを奪っていった。彼らとワークしたあとは心身ともに疲れた。
6．その20％の顧客は私の元に通い続けた。私は私の時間のおよそ50％を、私からエネルギーを奪う人々と過ごさなければならなかった。
7．彼らとのワークはあまり楽しくはなかった。
8．当時の私の収入源は主に3つだった──ピークパフォーマンスコース、ピークパフォーマンスワークショップ、コンサルタントとしての仕事。これらはみな時間のかかる仕事で、私の収入は時間とエネルギーによって制約された。
9．授業料を値上げしたが、顧客は私の元に依然として通い続けてきた。

　ほかにもまだあるが、この信念によって、私のこの信念に対する解釈の仕方によって、私は自分にとって役に立たないことばかりにのめり込んでいった。
　第四に、この信念を持たなかったらどうなっていたかを考えてみた。この信念を持たなかったら自分は一体何者になっていたのだろうか。

1．もっと視野を広げて、トレードについていろいろなことができただろう。
2．一度にもっと多くのトレーダーと働けるような方法を探すことができただろう。これによって私はもっと効果的に行動できたはずだ。
3．週末にはもっと楽しいと思えることをすることができただろう。でも、今はまだ週末にワークショップを開いているので、それは不可能だ。今のライフスタイルのままでは、木曜日と日曜日の違いなどなく、毎日同じことをしているような気分だ。
4．収入をもっと増やすことができただろう。
5．私のエネルギーを消耗しないようなことができただろう。

　リストはまだまだ続くが、おおよそは理解できたと思う。
　第五に、「この信念は役に立つのか」と考えてみた。自分自身を世界一だと考えるのは役に立つと思うだろう。それを証明するものもたくさんある。人々は私のワークショップが気に入り、6カ月先まで予約でいっぱいだ。しかし、この信念は役に立たない、というのが私の答えだった。これはひとつには私のこの信念に対する解釈の仕方、つまりこの信念に与えた意味、が原因だった。この信念からは役に立たない多くの信念が派生した。

●週末は1対1のコンサルタントをしなければならない。
●私からエネルギーを奪う人々を排除する方法はない。いろいろ試してはみたが、彼らは私の元に通い続けてくる。
●私が人生においてやることをどれくらい変えられるかには限界がある。

これらのすべてが分かると、私はもっと役に立つ信念と置き換えた。新しい信念は、「私は世界一のトレードコーチの1人である。私はトレードのすべてを教えることができる。そして、私は自分に喜びを与えてくれることのみをやればよい」である。

最後に一言言っておくと、古い信念には感情が含まれていなかったため、新しい信念と簡単に置き換えることができた。

さて、ここであなたに宿題だ。アイデンティティーに関する信念を200ほど書きだしてもらいたい。書きだしたら、その1つひとつを信念チェックパラダイムにかけてみる。感情を含まない信念を探し、それらを変える。感情を含む信念は、その感情を取り除く作業を行う。第12章のマルチステッププログラムを使えば、200の信念は簡単に書きだすことができるはずだ。

あらゆるものはあなたが与えた意味を持つ

例えば、株価が下落して、5人の人が損失を出したとする。彼らの損失に対する意味は5人5様に異なる。

- **トレーダーA** 損切りに引っかかったんだ。私は52％の確率で間違う。これはその一部にすぎない。トレードプランは確実に実行したから、満足だ。
- **トレーダーB** なんであんな推奨に耳を傾けたのだろう。彼はまた間違った。彼の話なんて聞かなければよかった。一体いつになったら賢くなるのだろう。
- **トレーダーC** あの損失のあと口座は70％も下落した。ほとんどすべてを失ったも同然だ。なんてバカなんだろう。
- **トレーダーD** そのポジションには400ドルしか賭けなかったからラッキーだった。とにかくそのポジションには自信がなかったんだ。

●**トレーダーE** この市場での私のシステムの期待値は1.2Rだから、10回トレードしたら12Rの儲けになる。この損失はその10回のトレードまでの１回にすぎない。

たったひとつのことが起こっただけなのに、５人がそれに与える意味はそれぞれに異なる。

木を例にとって考えてみよう。頭の中で木を思い浮かべてほしい。あなたにはどんな木が見えるだろうか。これを100人の人にやらせたら、おそらくは100通りの答えが返ってくるはずだ。マツの木を思い浮かべる人もいれば、大きなシダレヤナギを思い浮かべる人もいるだろうし、実をいっぱいにつけたリンゴの木を思い浮かべる人もいるだろう。ドングリのなったカシの木、枯れ木、ジャイアントセコイアを思い浮かべる人もいるだろう。木を詳細にイメージする人もいれば、木を個人的なイメージで考える人もいるだろう。例えば、妻にプロポーズした木、最後のピクニックのときに使った木陰の木、おじいさんの山小屋の大好きな木と言った具合に、記憶のなかにある木を思い浮かべる人もいるだろう。**木**という言葉ひとつを取ってみても、このように人によって意味は異なるのだ。

それぞれの言葉は人によって意味が異なるため、２人の人は例えば「私はタフだ」という同じ信念を持つことができるが、それが意味するものに関しては意見がまったく異なる。したがって、「私はタフだ」という信念を信念チェックパラダイムに通してみると、人によってその結果は異なるのである。

「私はタフだ」という信念は最近のクラスで実際に出てきたものだ。その信念を持っていた人は、その信念は彼を制約し、彼の行動を自制させるものだと思っていた。なぜなら、それは彼にとって頑固であることを意味したからだ。つまり、いろいろな意味で彼を制約するものであることを意味したのである。一方、クラスのほかの５人も同じ信

念を持っていたが、彼らはその信念は自分たちにとって役に立つと感じていた。彼らにとって、「私はタフだ」というのは、良いときも悪いときも耐えることができ、立ち直りが早いことを意味していたのだ。もし、私がその5人に、「その信念によってあなたはどんなことをするようになったか」とか「その信念を持ったときどういったことが起こるか」と聞いたら、きっとそれぞれに異なる答えが返ってくるはずだ。

　これを別の言葉で言い換えるならば、それぞれの信念は人によって異なる現実を生みだす、と言うことができる。なぜなら、人それぞれによってそれに与える意味が違うからである。

　最後に、私が信念について話すとき、人々から返ってくるよくある反応を見てみることにしよう。彼らがよく言う言葉は、「でも、事実と信念は違う」だ。

　このよくある反応に答えるために、代表的な事実を列挙してみよう。

●市場はトレンドを形成する傾向がある

反応──トレンドって何？　5本連続して足が上昇したり下落したりすること？　5カ月続けて上昇したり下落したりすること？　トレンドの定義によっても異なるが、85％の時間帯ではトレンドはないけど、そのときはどうなるの？

●重力というのは実際に存在する。高いところから何かを落としたら、それは地面に落下する。

反応──十分に高いところから何かを落としたら、浮くだけだよ。重力っていうのは相対的なものなのだ。

●私の父は私を虐待していた。それは紛れもない事実だ。

反応──あなたのお父さんは子供のときに虐待されていたのかもね。

だから、あなたのお父さんはあなたを育てるときに、彼の経験のなかからあなたにとってベストと思うことをやっただけなのかもしれないよ。本当はあなたのことを愛し、誇りに思っていたんだと思う。それに、あなたはお父さんの振る舞いの一部を見てそれが虐待だと決めつけて、その振る舞いがあなたのお父さんのすべてであるような言い方をしているだけじゃないのかな。

●私が座っている椅子は硬い。
反応 —— あなたが座っている椅子は、微視的に見ると隙間だらけだ。触った感じが硬いだけだ。

●地球は丸い。これは明らかな事実。
反応 —— 地球って本当は梨のような形をしているんだ。でも、大昔の人は地球は平らだって思っていたんだ。私たちが常識で考えることには限界がある。あなたの常識から限界を取り除いたらどうなるだろう。地球は本当に丸いのだろうか。**丸い**という言葉は意味のある概念なのだろうか。言葉というものは、私たちが見るものに意味と構造を与えるだけのものなのだ。

●私はエンジニアだ。これは事実だ。
反応 —— あなたが何者であるかはあなたのやることによって定義されるのだろうか。確かにあなたはエンジニアの学位を持っているかもしれない。あなたの今の仕事はエンジニアリングの範囲内にあるかもしれない。しかし、あなたは自分のことを問題解決者と呼ぶこともできるはずだ。そして、それもまたあなたのやっていることを定義するが、必ずしもあなたが何者であるかを定義するものではない。私はエンジニアだとあなたが言うとき、あなたは今あなたがやっていることよりも、過去にあなたがやっていたことで自分を定義しているのでは

ないのか。

　私の言いたいことは分かってもらえただろうか。信念とは、私たちが物に意味をどう与えるかということなのである。信念とは私たちの現実を形成するものである。しかし、その信念は私たちの神経フィルターによって形成される。信念はすべて相対的なものなのである。信念は言語に依存する。そして、信念はあなたが何者かを定義するものではなく、あなたの経験を作るものなのである。
　あなたは自分が正しいことを証明したいと思うか。しかし、そんなことをわざわざ証明する必要などない。なぜならあなたは正しいのだから。人々は自分の信念に対しては常に「正しい」。一方、あなたは自分が正しいかどうか分からないと思うこともできる。なぜなら、あなたがあなたの現実をどう形成しているかをあなたは理解したいと思っており、おそらくあなた自身をもっと役に立つ方法で行動できるようにプログラミングするからだ。後者が当てはまる場合、感情を取り除く方法を次章で学ぶことにしよう。

第8章

感覚と身動きできない感情の驚くべき世界

A Journey through the Stunning World of Feelings and Trapped Emotions

匿名

この章の著者は匿名を希望している。本章で彼が記述することは、驚くべき変革を成し遂げるのに大いに役立った。この変革によって彼は人生においても仕事においても、それまで想像もしなかったような成功を手に入れた。

以前 自分は無価値で能力不足という気持ちに押しつぶされ、そのため人生においても、仕事においてもうまくいかなかった。
現在 自信に満ちあふれ、人間関係も仕事もうまくいっている。

　私は自分のことを安定した人間だと思ってきた。安定した家庭に生まれ、素晴らしい友だちもいる。素晴らしい機会も与えられた。私はどこから見ても、仕事にも人生にも成功した人間だった。しかし、私たちはだれしも問題を抱えているものだ。私の問題は、「私は能力不足で、価値のない人間だ」という観念に付きまとわれていたことだ。この観念はずっと昔からあるもので、私の人生における地位というものを考えると、なぜこんな観念を持つのか訳が分からない。でも、私は私のなかの8歳の子供にこれを言い続けているのだ。
　私が能力不足だという気持ちに気づいたのはつい最近のことだ。1

年半前、私はセラピーに通い始めた。私が自分は価値のない人間ではという観念を持ち、それが私の人生においてどんな影響を及ぼすかに気づくきっかけになったのがこのセラピーだった。それが如実に表れるのは人間関係だった。こういった観念を持って生きることで、自分を自己破壊の道に導いていたのだ。そのため健全な人間関係を築けずに、間違った関係を築いてしまうのだった。

　こうした気持ちに気づいたのはよいが、能力不足と価値のないという根底にある気持ちは消えず、いろいろな面で影響を及ぼし続けた。能力不足であるという観念は感情が絡んでいる。つまり、根底にある感情と深くつながりがあるということだ。感情を含まない信念はもっと役に立つ信念と置き換えることは簡単だが、感情が大きく絡んだ信念は簡単に追い払うことはできない。そこで私は、感情の大きく絡んだ信念を処理する方法を探すことにした。このときはまだバン・タープ・インスティチュートの「感情の解放」については知らなかった。

転機

　2010年5月末、アーワンとアリシア・ダボンによる「Uncovering Your Romantic Blueprint and Changing Your Romantic Fate（ロマンティックな青写真を発見し、ロマンティックな運命を変える）」というセミナーに出席した。このワークショップのキーポイントは感情的な信念に対処する方法だった。

　私たちはネガティブな思考や感情に対しては抵抗するという方法を取るのが普通だ。しかし、抵抗は自己破壊そのものであり、結果的にそういった信念や感情を持続させてしまう。アーワンの手法はこれとはまったく逆のことをやるというものだった。つまり、ネガティブな信念やそれに関連する感情をすべて受け入れて、十分に感じさせるのである。これをやると、それらの信念や感情が間違いであることを非

第8章　感覚と身動きできない感情の驚くべき世界

自分は能力不足で価値がない人間だと感じていた

　常に基本的なレベルで認識できるようになる。認識した瞬間にそういった信念や感情は消えるのだ。彼はこのプロセスを「コアワーク」と呼ぶ。

　私は家に帰るとさっそく試してみた。3日間アパートの床に横たわって「私は能力不足である」といった観念や、私が子供のころから持っていた信念を自分に感じさせた。すると、アーワンが言ったように、その信念が消えたのだ。数日後、それらの信念が再びよみがえってきた。つまり、この手法は1回だけやればよいというものではなく、定期的にやる必要があるということである。

　それ以来、私は文字どおり何百時間もそのことに費やした。それは実に2カ月間にも及んだ。特に最初の数週間は、感情が私の静脈を今まで感じたことがないくらい生々しく、ののしるように駆け巡るのをときどき感じた。おそらくは私がそれらの感情をそれまで自分に十分

に感じさせることがなかったためだ。このプロセスは私が何十年も思い出さなかった思い出をよみがえらせ、それに伴ってさらなる感情が解き放たれた。最初の6週間は、例えば「私は能力不足だ」という観念とともに瞑想を開始し、その信念とそれに伴う感情をそれらが消えうせるまで自分に感じさせた。感情を呼び覚まし、そこにとどまらせるためにこれをできるかぎり続けた結果、その感情は消えて二度と現れることはなくなった。

これによって分かったのは、①「特定の感情」とともに始める必要はないということだった。どんな感情でもその瞬間にそこにある感情に取り組むことができるのである。そして、②思考や信念に関するイメージを意識的に取り除き、感情を体で感じるほうが効率的だということも分かった。これをやることで瞑想は、考えが感情を永続化し、感情が考えを永続化し、また考えが感情を永続化する……といったサイクルにはまったときとは、あるいはそもそもそこにない感情を作りだそうとするときとはまったく別の経験になった。

これらの練習をやることで私の人生は根本的に変わった。これらの練習を通じて、「透明」としか表現できない状態、つまり間違った感情や信念が解消されたあとで残されるもの、に到達することができる。この状態にある私には「自我」はない。これは自我という感覚を構成する間違った観念がなくなるからではないかと思う。残されたものは私の目の前にある世界──つまり、現実──だけである。

> これらの練習をやることで私の人生は根本的に変わった。これらの練習を通じて、「透明」としか表現できない状態に到達することができる。

しかし、「透明」という状態に入ろうと「試みよう」とすると、入ることはできない。秘訣は、現在の経験が何であれそれをただ受け入

れ、十分に感じることである。「幸せが欲しいのなら、あなたが持っているものを求めよ」という言葉の意味を今では真に理解できる。これまで私はネガティブな感情に抵抗してきた。なぜなら、透明という状態にはないにもかかわらず、その状態になりたかったからだ。それ以来、私は自分の感情を受け入れ、いつなんどきでもそこで起こったことを受け入れることが以前よりもはるかにうまくなった。

幸せが欲しいのなら、あなたが持っているものを求めよ。

　でも私は、自分の感情と人生において起こったことはどんなことにでも対処する「方法」をついに見つけた。最も重要な２つの原理とは、①今を生きよ、つまり頭で考えるのではなく、経験を感じよということ、②経験を十分に受け入れよ、つまり抵抗することなく経験を十分に感じよということ――である（よく似た方法に、セドナメソッド［ひとつのコースには５つの異なる感情解放メソッドが含まれている］、ワンネスメソッド［スピリチュアルな要素を統合したもの］、パークベンチメソッド［このメソッドは本章で用いる］、「センド・イット・サムプレイス・メソッド」［これはピークパフォーマンスワークショップで教えている］、スタニスロブ・グロフのホリスティック・ブリージング・テクニックなどがある。このほかにもたくさんあるはずだ）。もし抵抗を感じたら、抵抗を感じているという事実を受け入れ、それも感じてしまうようにしている。

　この時点で読者の多くは懐疑的になると思う。でも、私のことをよく知る人なら、私ほどこの心理的あるいはスピリチュアルなものを小バカにしていた人はいないことを知っているはずだ。これはあなたの人生をまったく違った世界にしてくれるものだが、これが分かるようになるためにはあなた自身で経験するしかない。私もそうやって分か

るようになったのだから。

　私が発見した最も重要なことは、私は自分の思考や感情を経験することをもはや恐れる必要はないということである。なぜなら、思考や感情は思考や感情にすぎないからだ。感情を含んだ信念は永遠に消えることはなかったが、そういった信念はもはや私を所有してはいない。私がそれらの信念を所有しているのだ。頭で考えるのではなく、意識的に経験を感じるとき、その経験がどんなものであれそれを受け入れるとき、これらの感情や思考が私に影響を及ぼさなくなる地点へ瞬時に到達することができる。心のなかでそれをいちいち確認することなく、それを体で感じさせるのだ。これをやることで私の世界とのかかわりは完璧に変わる。

　最も重要なのは、あなたはあなたの思考や感情そのものではないということだと私は思っている。ほとんどの人はそう思っているが、実はそうではない。私たちのだれひとりとしてそうではないのだ。私たちは私たちの思考や感情に気づいているだけなのだ。苦しみは、それらと同化して、思考や感情が**自分自身**だと思い込み、**自分のもの**だと思うことから始まる。これはワークを通して私が学習したことである。

自己破壊モデル

　バン・タープ・インスティチュートの教材でさまざまな感情解放モデルについて読んだとき、モデルの違いよりも共通点のほうに驚いた。

1．感情を経験したくないモデル（これ以降UEFモデルと呼ぶ)
2．創造を経験したくないモデル（UECモデル）
3．ワンネスモデル

　私のこれらのモデルに対する自分なりの理解は以下のとおりである。

UEFモデルは自己破壊を、自分の信念や感情を経験することを避けようとすることから生まれるものであるとしている。UEFモデルによれば、自己破壊を改善するには抵抗と逆のことをやることである。つまり、信念やそれに関連する感情を十分に経験するということである。これをやれば、信念やそれにかかわる感情は消える。

　私の場合、常に能力不足を感じていた。しかし、その感情が湧き起こると、それを無視したり、排除しようとしていた。こうすることで、この信念を検証することから避け、その結果、この信念は私に付きまとって離れることはなかった。しかし、それを感じるようになると、頭だけではなく、深い感情レベルでそれは間違いであることを認識するようになった。

　UECモデルは自己破壊を、信念や感情だけでなく私たちの創造のすべてを経験することから避けようとする結果生まれるものであるとしている。例えば、あなたは第9章で議論する創造する部分を持っているはずだ。しかし、このモデルを学んでいる最中は、議論されるさまざまなタイプの創造は結局は特定の信念や感情になるのではないかと私には思われた。つまり、創造は私たちの信念や感情が生みだすさまざまな重要な具現化（ゲーム、アイデンティティーなど）を特定するものであり、役立つものだと思ったわけである。UECモデルにおける自己破壊への解決法は、UEFモデルと同様、あなたの創造を十分に受け入れ経験することである。

　ワンネスモデルでは、分離感の結果として表れる、つまりあなたを平和、喜び、幸福の状態から引き離してしまうような思考、感情、行動が自己破壊であるとしている。このモデルにおける自己破壊への解決法は、ワンネスの気づきに立ち戻り、あなたにワンネス、平和、喜び、幸福を感じさせるようなことをやることである。ワンネスモデルについて初めて読んだとき、それはUEFモデルやUECモデルとはまったく違うような感じがしたが、ワンネスの状態を得る私の知る最良

で唯一の方法は、経験に対して心を開き、それを受け入れ、十分に感じることであることを思い出したのである。つまり、UEFモデルやUECモデルとまったく同じなのである。「間違った」知覚、つまり、ほかのあらゆるものから引き離された「自我」への気づきからなる知覚が消え、ワンネスの状態になれたのはまさにそのときである。

　感情解放をさらに続けていくうちに、意識には3つの段階があることを発見した。第1段階目は抵抗だ。あなたはあなたの経験のなかであなたが気に入らない部分に抵抗するが、抵抗することで、それを永続させてしまうことになる。第2段階目は受容だ。それは抵抗を本当にやめたときにやってくる。そして、第3段階目は経験の超越だ。ただし、これはそれを受容したときにのみ発生する。UEFモデルとUECモデルは第2段階目の受容にとって役立つ。しかし、ワンネスモデルに描かれたビジョンが具現化されるのは意識の第3段階である経験の超越である。

　ワンネスの最も重要な原理は、考える人は存在しない、存在するのは思考だけであるということである。なぜなら、あなたは思考や感情そのものではないからだ。思考や感情はそこに存在するだけなのである。思考や感情はあなたの頭の中に現れ、あなたはそれに気づくだけである。しかし、あなたはあなたの信念と同化し、あなたを定義するものは信念であると考えてしまう。この概念は私が学んだなかで最も重要な概念のひとつである。

感情を受け入れる

　最初、これをやっているとき、ネガティブな感情が湧きあがるとそれに抵抗しようとした。特に能力不足という感覚につながる感情には徹底的に抵抗した。なぜなら、私は透明でワンネスな状態になることにとらわれていたからだ。能力不足という感情が湧きあがり、私の透

明な部分を破壊してしまうと、この感情を認識してそれに抵抗した。しかし、抵抗することでその感情は持続し、私が目指す透明という状態から私を遠ざけてしまうのだった。私は大きなゲームをやっていたのだが、私はそのことに半分しか気づいていなかった。そこで私は路線を大きく変更した。瞑想の間、そして1日を通じて、湧きあがってくる感情のすべてを受け入れるようにしたのだ。私がこうした理由は、透明を手に入れることから、感情を十分に経験することに、目標を変えたからである。

　私の瞑想ワークの主な目標は、透明に達することではなく（もちろん、透明に達することは喜ばしい副産物ではあるが）、感情に私に影響を及ぼさせることなく感情を十分に感じることだと今ははっきりと認識している。もちろん、取り組み方を変えたわけだから、これまでよりもこの透明というとらえにくい状態にいる時間は大幅に伸びた。感情は感じるが、同化することはやめた。これは私にとっては大きな変化だ。これまでの人生において、私は感情というものに気づいてさえいなかった。ある意味、私は眠っていたようなものだ。これも感情に抵抗するひとつの方法なのだ。感情に抵抗するもうひとつの方法は否定することである。「私は感じていない」と否定するわけである。ある感情に気づくと、それらを感じていることを否定し、それらが存在していないかのように振る舞う。あるいは何かで気を紛らす。例えば、体の一部を動かすこともこれに含まれる。能力不足および無価値という感情に関しては特にそうだった。

　私が経験した苦悩の多くは自分自身を評価することに端を発していた。自分は能力不足だと感じるとき、その感情のおよそ85％は自分が能力不足だと感じているという事実から発生する能力不足という感覚である。「能力不足という感覚はすでに克服したはずではないのか」と私は自問する。「それなのになぜいまだにこれを感じているのか」。しかし、この反応を通して感じ、根底にある能力不足という感覚を経

験することで、その感覚は最初の15%ほどにまで減少する。

　私はこれまでに感じた感情を世界に投影してみるといったことをよくやる。投影の方法にはさまざまな形がある。

- ●**回避**　感情を避けるために、だれかと言い争っているという想像上のドラマを頭の中で作りあげ、それらのイメージに対する強い感情的な反応を加味する。
- ●**否定**　ときとして私は私の過去を否定しようとすることがある。私の周りにいる人のなかにその部分を見ると、彼らに私の感じる侮辱を振り向ける。
- ●**共依存**　価値がないという感覚を避けるために、他人の問題を解決してあげて、自分には価値があるのだという感覚を取り戻そうとする。

　感情の解放を始めたとき、私は公園のベンチ（「投資家とトレーダーのためのピークパフォーマンスコース」にはこれに似たパークベンチ感情解放テクニックが含まれている。同じようなものだと分かるまでしばらくかかった）に行っておよそ50分間、解放したいと思うものをただ感じた。私はこれを毎日行った。棚からひとつの感情を選んで、それを十分に感じ、十分に経験しようと試みるのだ。この練習は信念や感情を一時的に解放するには効果的だったが、定期的にやらなければならないことに気づいた。信念や感情は永久に消えることはないのだ。たとえ、この練習を毎日６週間やっても。しかし、私はこれを続けることは価値があると思った。なぜなら、これを最初にやったとき以来、感情に対する抵抗が大幅に減少してきたからだ。

　まだ抵抗があると思ったので、ある日公園であることをやってみようと思った。これは面白い練習だった。公園のベンチに座ると、携帯電話のアラームを50分に設定した。時計を何回も見ないようにするた

めだ。それから、感情に抵抗したいという感覚を呼び起こし、それをあらゆる側面から経験した。出てきた感情は主として3つあった。

1．これまでやってきたワークにもかかわらず、能力不足といった感情をいまだに経験しているという事実に対するイライラ。
2．ネガティブな感情を感じることからくる不快感。
3．能力不足といったネガティブな感情を感じているときに人に会ったら、人をうんざりさせるような負のエネルギーを出してしまうのではないかという恐怖。この信念が最も強力だった。

　およそ40分後、これらの感情は消えていった。しかし、アラームが鳴り、目を開けて立ち上がると、人々とのかかわりの最中に感じる能力不足という感覚に対する恐怖をすぐに感じた。その恐怖は、翌日デートすることになっていた女性に対して向けられた。能力不足を感じながらデートに行けば、彼女は私を軽蔑して拒絶してしまうのではないかという恐怖である。私は辺りを歩きまわり、しばらくこの感情を感じたが、その感情は消えることはなかった。私はその感情が消えるまで待つしかないと思っていることに気づいた。これは一種の抵抗であり、その抵抗がその感情が消えることを阻止していたのである。

　再びアラームを20分に設定し、能力不足を感じるという恐怖を経験することにした。アラームを設定して、感情を感じる一定の時間を作りだすことで、感情を消すことに対するプレッシャーを減らすことができた。つまり、それは（一時的に）私の抵抗を消滅させたということである。効果は絶大だった。たった2分で、能力不足を感じるという私の恐怖は消えたのだ。その理由ははっきりしている。その感情に抵抗しなかったからである。

　しかし、その感情は再びよみがえってきた。これに対して私はイラ立ちを感じた。イラ立ちは、つまりは抵抗を意味した。私は自分がイ

私は拒絶されるのが怖かった

ラ立ちを感じているという事実にさらにイラ立ちを感じ始めた。言うまでもなく、このイラ立ちと抵抗のカクテルは根底にある感情——能力不足を感じることに対する恐怖——を永続化させることになる。この練習はここで終了した。プロセスはうまくいっていても、取り組んでいる感情は戻ってくることもあることを私は学習した。しかし、この練習からは貴重な教訓を得ることができた。感情が戻ってきたらそれに逆らうことなく辛抱強く繰り返し現れる感情を経験する、ということである。

　もうひとつ例を挙げよう。最近、トレーダーとして利益を上げることに対する恐怖と、それを悲観的に感じるときがあった。過去に利益

を上げていることを考えると、この信念は意味不明だった。しかし、最近新しい戦略を何回かつもり売買してみて、それが成功しないことが分かったのだ。私がこの信念を持ったのはそのときだった。

私はこれらの感情を解放しようとワークをやった。しかし、どんなに頑張ってワークをやっても、これらの感情は消えることはなかった。恐怖と悲観を感じる試みは、過ちから学び、それらを修正するという決意を意味する。これは健全な精神状態である。私は過去にやったことと同じことをやってみようと思った。私は自分をやる気にさせるのに、いつも(無意識に)失敗の恐怖から強い決意を導き出すということをやっていた(これはネガティブなモチベーション)。とにかくこれを1時間ほどやった。すると、私がトレーダーとして成功することに対して、悲観も恐怖も感じなくなっていた。

今の自分

公園のベンチに通い続けて2週間が過ぎた。公園のベンチでは毎回45分から1時間、能力不足および無価値であるという感情を感じた(この間、公園のベンチから私の家の近くにある山の頂上の見晴らしの良いところに場所を移した)。練習は毎日やることはできなかったが、少なくとも1日おきにはやった。ほとんどの場合、1時間もするとその感情は消え、透明感と自信を感じた。この透明という感情は少なくともその日の終わりまで続くようになった。これによって気分はよくなり、人間関係も向上した。

最近、能力不足という感情が湧き起こることは少なくなり、表れても弱く、それが消えるまでの時間も短くなった。これは改善の兆候だ。

この章を書き終えるころには、私は例のデートを心配していた女性と結婚した。私の不安が根拠のないものだった証拠に、彼女は私を最初に見たとき一番魅力を感じたのは私が自信に満ちあふれていたこと

だったと言った。

　私は今2つの練習を定期的にやっている。最初の練習は、今話したメソッドで、家の外のニュートラルな場所に行って、40分から1時間、特定の信念や感情を呼び起こすべくありとあらゆることをやる。この練習を毎日1週間から2週間、あるいは変化が感じられるまでやる。感情を呼び起こすためにあらゆることをやることが重要だ。思考やメンタルイメージなど、できることは何でもやる。すると1時間後にはその感情は消えてしまう。また、練習の最中に経験するあらゆることを受け入れることも重要だ。これは非常に重要なポイントだ。

　このメソッドは私が私自身について持っていたコアとなる信念を消滅させるのに本当に役立った。この効果は劇的で、しかも長続きした。心は澄みわたり、自信もつき、能力不足といった感情や無価値という感情が現れる頻度は減り、しかも弱くなった。

　もうひとつのメソッドは、思考を止め、あなたを現在に連れ戻し、そこにある感情を十分に感じさせるというものだ。最初のメソッドでは、特定の感情を意識的に呼び起こすために、思考も含めありとあらゆることをやった。しかし、この2番目のメソッドは何物も呼び起こさないので最初のメソッドとは違う。このメソッドはそこにあるものに働きかけるだけなのだ。このメソッドの目的は、頭の中を完全にクリアにすることである。つまり、そこにある思考を完全に無視し、現在に戻るのである。現在に戻るとは、あなたの体を認識し、あなたの周りにある音などあなたが経験しているありとあらゆる感覚に注目することを意味する。そして、そこにある感情を見つけるのだ。思考ではなく、感情を見つけるのだ。思考はあなたの頭の中にあるものであり、感情はあなたの体のなかにあり、物理的な感覚や、ときにはイメージからなる。どんな感情でもそれを十分に感じ、それを受け入れるのである。

　この2番目のメソッドは、現在と受容の組み合わせからなる。つま

り、頭の中をクリアにし、感情を見つけ、その瞬間に経験していることを受け入れるということである。例えば、１日に20分間だけこの練習に集中することもできるが、私は今では四六時中これをやるように努めている。車を運転しているとき、人とかかわっているときなど、いつもこれをやっている。練習を続けることで、その瞬間瞬間の感情に気づいて、受け入れることがうまくなり、感情が私のなかをすり抜け、ものの数分で私のなかから出ていくといったことを経験することも多くなった。前にも言ったと思うが、思考のなかで感情と同化することなく体のなかで感情を感じる能力も身についた。これはとても力強い技能だ。

　どちらの練習も実行するのによいタイミングと場所がある。例えば、特定の信念や感情で最初のメソッドを２週間やったあと、信念や感情が現れる頻度や強さは減ったものの、依然として現れる。そんなときは、２つ目のメソッドを使って、その感情があなたの思考のなかに広がることなく、またあなたの行動に影響を及ぼすことなく、ただそれをあなたのなかを通り抜けさせるのだ。

　いずれのメソッドも鍵となるのは受容であることを忘れないようにしよう。あなたが何を感じようと、それを受け入れるのだ。あなたが感じるものに対するあなたの反応がどういったものであっても、それをありのまま受け入れるのだ。気が散って練習を行うことができなかったり、思考の迷路に落ち込んでも、それを受け入れ、自分を現在に引き戻すのだ。受容もほかの技能と同じ技能なのだ。だから、忍耐力と練習を貫き通すことが重要なのである。

　「それって辛くて退屈なんじゃない。ネガティブな感情を何時間も感じられる訳がないよ」と思う読者もいるだろう。それがそういったネガティブな感情をその場所にとどめ、無意識のうちにいつも引き出してしまう抵抗なのである。

　これは私にとっては、「私は歯を磨きたくない」と言っているよう

「私は歯を磨きたくない」と言っているようなもの

なものだ。歯を磨くことに時間を取らなければ、困ったことになる。それと同じように、ネガティブな感情を意識的に経験する時間を取らなければ、困ったことになるのだ。感情に取り組むことは私の日常生活の一部になった。これは私にとっては歯を磨くことと同じくらいに重要なのである。

　これはだれにでもできることだ。私のように床に何時間も横たわる必要はない。私はわざわざ骨の折れることをやって、そのメカニズムについて自分で多くを発見した。しかし、そのおかげで読者はもっと簡単にやれるようになったのではないかと思っている。毎日45分間時間を取って公園に行き、特定の感情に取り組む。そしてこれを２週間やる。これは偉大な効果を生むはずだ。本当に必要性を感じているのなら、ジムを１〜２週間休んで、代わりにこれをやるとよい。この練習のおかげで、運動や薬よりも私は健康になった。公園に行く時間がないのなら、２番目のメソッドを試してはどうだろう。１日のうち数

分だけ自分を現在に引き戻し、感情を感じ、それを受け入れるのである。これならできるのではないだろうか。

あなたは感情を避けようとする。しかし、それではその感情を消すことはできない。それは無意識であっても、あなたの人生に影響し続ける。それよりも、それらを受け入れたほうがよい。そうすることで、感情に支配されるのではなく、感情をコントロールできるようになるのだ。

多くの読者が立証するように、トレードや投資は感情を生みだす。素晴らしいシステムはあるかもしれないが、トレードの最中に感情的な過ちを犯せば、得られる結果は得られなくなる。私はこれまでこの心理的なワークに取り組んできた。だから、今は感情に影響されることなく感情を感じることができる。人々は市場でエッジを得ることの重要性を話すが、私にとってこれがエッジなのである。

これが私のエッジなのだ。

トレードにおけるどんな効果よりも重要なのが、この練習が私の心の状態と人生に及ぼした影響だ。「感情の影響を受けることなく感情を経験できることで、私の世界の歩き方は根本的に変わった」。さらに、これをやったあと得られた透明という感覚は他に比類するものはなく、筆舌には尽くしがたい。それはまるで目の前の世界がその姿をはっきりと見せてくれたような感覚で、その景色を曇らせていた間違った理念が消えうせたような感覚だ。

透明な状態というものは、残念ながらとらえにくいのが玉にきずだ。それは現れるときもあれば、現れないときもある。とはいうものの、私の日々の生活はこれまでとはまったく違う。これまでは、感情を無視し、否定し、抑制しながら思考のなかに生きていた。しかし、今初

めて現実というものを経験している。それは平穏で美しいこともあれば、生々しく激しいこともある。しかし、それは途方もなく素晴らしいものだ。

編集者から一言 ── 目覚めを測る測度としての感情の解放

　ワンネスユニバーシティーは、感情が30分で消えるようになったとき、あなたは目覚めた状態にあると定義している。これは感情について考えることをやめたという意味ではなく、２日後にはその感情は再びよみがえってくる。これは感情はいったんは消え、次に現れるときには同じ状況、あるいは同じ人には現れないことを意味する。このとき、あなたは目覚め始めたということになる。

　感情を解放するのに必要な時間は徐々に短くなり、最終的には感情にとらわれることなく感情があなたのなかを流れていく。それは２秒ほどで終わる。この時点で、「目覚め」は永遠のものになる（バイロン・ケイティは私から見れば覚醒した人だが、彼女は「覚醒とは実際にどんなものなのか」は分からないと言っている。一度に目覚めるのはひとつの信念に対してのみだと彼女は言う）。したがって、本章で勧めた感情解放の練習のいずれかをやれば、感情を抱えている時間をあなたの意識の状態を測る測度として使うことができる。感情の解放に１時間かかり、その感情が翌日再びよみがえってきたら、あなたはまだまだワークが不足していることになる。しかし、毎日１～２時間この練習を重ねれば、数カ月もすれば、あなたの人生に劇的な影響を及ぼすはずだ。

第9章

あなたは対立する部分の集合体

You Are a Crowd of Conflicting Parts Inside

> バン・K・タープ博士

　このCBOE（シカゴ・オプション取引所）のフロアトレーダーは最初匿名を希望した。なぜなら、彼の投資家たちは彼が「メンタルなものをやっていた」ことを知ればパニックに陥るのではないかと心配したからだ。実はこのトレーダーは私（バン・タープ）がよく知る人物で、彼は私のメソッドを使っていたのだ。世間は狭いものだ。彼は、毎年のように顧客のために大きなリターンを上げ続けていた。それと同時に、彼は人生に対するスピリチュアルなアプローチにも取り組み続けた。彼は高校生を前に彼がこれまでに学んだ成功の原理を説いた。のちに彼はスタニスラフ・グロフのメソッドの資格を取り、私たちはホールネスブリージングのワークショップを何度かと、テクニカルコースも1回一緒にやった。彼は2003年に前立腺ガンでこの世を去った。よき友だった彼を失って残念でたまらない。彼は最初匿名を希望したので、彼の意思をくんで匿名にすることにする。

以前　インタビューしたフロアトレーダーは年収10万ドルの壁を越えられないでいた。

現在　対立する部分問題を解決してから数カ月で年収は70万ドルを超えた。

これは「投資家とトレーダーのためのピークパフォーマンスコース」の第4巻から抜粋したものだ。ここでは、パーツネゴシエーション（部分間の交渉）という概念を紹介する。パーツネゴシエーションはあなたがあなたの内部にさまざまな部分を持っているという考えに基づくものだ。本章ではこのアイデアを検証し、部分を一致団結させる方法について解説する。
　あなたの心はいろいろな部分を持っている。これらの部分はあなたの言語に現れることもある。例えば、次のような場合だ。

- そんなことをしてしまった**私自身**を**私**は悔やんでいる。
- そんなことが**私**に起こるなんて信じられない。
- 成功したいと心底思っているけど、**私は**怠け者なの。
- ときどき**私は自分にとって**自己破壊的なことをしてしまうことがあるが、なぜそんなことをしたのか**私自身**で分からない。

　これらの文のなかの「私」や「私自身」は「あなたのすべて」を表すものではない。それらは互いに影響し合うあなたのなかのさまざまな部分を表しているにすぎない。例えば、最初の文では、「私」という部分はそんなことをしてしまった「私自身」という部分を後悔している。
　部分について考えるとき、次のようなことが参考になるはずだ。

1. 人生におけるあなたの果たす役割は何か？　あなたはそういった役割を果たす部分を持っているはずだ。おそらくあなたはトレーダーの部分を持っているだろう。リサーチを行う完全主義者の部分も持っているだろう。興奮を求め、ルールはかなぐり捨てて喜びだけを求める部分を持っているはずだ。お金を失いたくなくて、

リスクをとりたがらない「銀行家」の部分も持っているだろう。そしておそらくは、トレーダーの部分は、いつも興奮のために何かをやる興奮を求める部分とは対立するはずだ。このようにあなたのなかには何千という可能性があるのだ。
2. あなたはまた自分の人生における重要な人々を表す部分も持っている。これはおそらくは、彼らからあなたを守るためだ。あなたの父親が完全主義者だったとする。あなたが95点のテストを持ち帰ると、あなたの父親は「なぜ100点を取らなかったんだ」と責めるだろう。そしてついには、あなたは父親の批判から自分を守るために自分を批判し始める。父親が死んで何年経ったあとでも、あなたはあなたの父親の声で「なぜそのトレードを損切りしたんだ？」と言う部分を持つだろう。
3. 部分にはあなたが感じたくない感情が含まれている。したがって、あなたは「その感情から自分を守るための部分」も持つことになる。それはこのように現れる。感情が現れる状況を察知すると、記憶していた感情がこれらの状況を避けるようにあなたを促すのだ。

どの部分もポジティブな意図を持って形成される。これは何かからあなたを守るためであることが多いが、あなたはその部分が形成されると、その部分もその意図も忘れてしまう傾向がある。その結果、恐怖からあなたを守るための恐怖の部分は恐怖を湧きあがらせ、あなたの人生に恐怖を生みだす。部分の対立を防ぐためにやらなければならないことのひとつは、その部分の最初の意図に立ち返り、それにポジティブなことをやらせることである。これはパーツネゴシエーション（部分間の交渉）では不可欠だ。

これらの部分は生まれつき備わっていたわけではない。成長の過程であなたが生みだしたものだ。これらの部分はあなたの創造物なので

あなたの心は対立する部分でいっぱい

ある。あなたはそれぞれの部分をポジティブな意図を実行するために作りだしたのだ。あなたの無意識な部分が持つポジティブな意図の例を挙げてみよう。

- あなたを失敗から守ったり、あなたのプライドが傷つくのを防ぐ。
- 人に認められたり、少なくとも人から注目されるようにする。
- 特定の価値感をあなたのなかに組み込む。
- 辛い思い出からあなたを守る。
- あなたにやる気を出させる。
- 生き残りを手助けする。

- あなたが自分自身をよりよく感じることができるようにする。
- あなたの将来の幸せを気遣う。

練習 ── パーツパーティー

　あなたの部分を理解するために次の練習をやってみよう。メモ帳とペン（あるいは鉛筆）を持ってベッドに行く。眠りに落ちる前に、あなたにこの本を買わせた部分を思い起こす。それはおそらくはあなたのトレーダーや投資家の部分、あるいは自己啓発に興味のある部分だろう。

　その部分のポジティブな意図は何なのかを問い、それがあなたを助けてくれたことに感謝する。次に、その部分にあなたのなかにほかにどんな部分があるかを問う。これはその部分と常に対立している部分だろう。トレーダーの部分に聞いているとすると、あなたの完全主義者の部分、興奮する部分、保守的な部分、リサーチャーの部分、恐怖の部分、「良い仕事が欲しい」部分など、いろいろな部分が出てくるはずだ。

　次に各部分に、「あなたは私のために何をしてくれるのか。私にとってのポジティブな意図とは何か」を聞いてみよう。

　すぐには答えは得られないかもしれないが、それでも構わない。頭に浮かんで来ることを書きとめる準備をしておこう。

　この練習の目的は、そこにいるのはだれなのかを知り、少なくとも２つの対立する部分を見つけることである。２つの対立する部分を見つけたら、次の練習に進み、その２つの部分間で交渉する。

部分間で交渉する練習

１．対立する２つの部分を見つける　「私はＸしたいが、何かがＸす

ることを妨げようとする」。より具体的には「私はトレーダーになりたいが、トレードする勇気がないように思える」というのがあなたのなかの葛藤だ。これは一例にすぎないが、内なる葛藤を示す例はほかにもたくさんある。

　最もよくある対立する部分の例は以下のとおりである。
- トレードしたい部分と引き金を引けない部分
- トレードしたい部分と興奮を欲しがる部分
- トレードしたい部分と完璧なトレードシステムを見つけたい部分
- トレードしたい部分と損切りしたくない部分
- トレードしたい部分と十分な時間がないという部分
- トレードしたい部分ともっと生産的なことをすべきだと言う部分

　対立する部分がどんなものなのかおおよそは分かったはずだ。まずは２つの対立する部分を見つけよう。

2. **一方の部分を一方の手に乗せ、もう一方の部分をもう一方の手に乗せ、それらが何に見えるかに注目しよう**　それらが何に見えるか（白い霧、カウボーイハットをかぶった私、９歳の少年など）はあなたが作りあげたものかもしれないが、それでも構わない。なぜなら、それはあなたの無意識から生まれたものだからだ。物をイメージできない場合は、それぞれの部分を表す感情を感じ取る。レベル２の変革が十分になされれば、物をイメージする力が戻ってきたり強化されるはずだ。とにかくやってみよう。

3. **対立する２つの部分のうちの１つになり、その部分にもう１つの部分のことを聞いてみる**　たとえその部分はあなたがただ作りあげているだけだと思っても、その部分をイメージしよう。そして、その部分にもう１つの部分をどう思っているか聞いてみる。その部分はどういった部分なのか。なぜ対立しているのか。もう１つ

の部分をどう思っているのか。できるだけ細かく聞くことが大切だ。最後にその部分に、「あなたの私に対するポジティブな意図は何か」と聞いてみよう。この答えは必ず引き出そう。これが交渉の基本になるからだ。ポジティブな意図の例については以前述べたとおりである。

4. **もうひとつの部分に対しても同じことをやってみよう** もうひとつの部分に最初の部分についてどう思っているのかを詳しく聞き、それが自分に対してどういったポジティブな意図を持っているかを聞いてみる。この時点で、あなたは両方の部分のポジティブな意図が分かっている。

　a．それは意図（トレードでお金を稼ぐ）であって、振る舞い（あなたがトレードするのを手助けする）ではないことに注意する。

　b．それぞれの部分の意図はポジティブでなければならない（「私はあなたの人生をめちゃめちゃにしたい」というようなものではなく、「私はあなたを恐怖から守りたい」というようなものでなければならないということ）。どの部分もポジティブな意図のために形成されたものなのである。したがって、すべてのもののなかに恐怖を見る恐怖の部分は、あなたを守るようには見えないかもしれないが、おそらくはあなたをただ守ろうとしているのだ。

5. **再び内部に戻り、あなたのクリエイティブな部分とやりとりする**

　あなたのクリエイティブな部分に両方の部分の意図を満たす３つの方法を見つけさせる。一方の部分が非常にネガティブであれば、そのネガティブな部分がポジティブな意図を満たすためにやれることを見つける。

　a．恐怖の部分はいつもあなたに恐怖を感じさせるよりも、感情の解放に携わることができる。

　b．保守的な部分は健全なビジネスプランを立てたり、リスク管理

を担うことができる。
  c．興奮する部分はあなたのトレードに影響を及ぼすバカなことをするよりも、週末にスカイダイビングをすることができる。
    これでおおよそのことは分かったはずだ。両方の部分がハッピーになるまでいろいろ試してみよう。両方の部分は２週間にわたって解決策を見つけるように努めるが、もし解決策が見つからなければ、交渉をやり直すことができる。
6. **２つの部分が同意したら、同意したことに反対する部分がいないかどうか聞いてみる**　例えば、２つの部分はあなたが覚醒しているときに時間をいっぱいに使うことに同意するが、別の部分がそれに反対するといった具合だ。
7. どの部分も反対しなければ、両手を合わせてそれらを再びあなたの体の中に戻す。これであなたは完全体だ。
8. 反対する部分がある場合、２つの同意した部分を一方の手で合体させ、反対する部分をもう一方の手に乗せる。そして、ステップ２から再び交渉を始める。

この練習で問題が発生するときがひとつだけある。

1. この練習をするだけの自覚が不足している場合。例えば、部分を見つけられなかったり、それがどう見えるか想像できない場合などがそうだ。このような場合、何かを想像してみるのだ。これまで私は多くの顧客にこう言ってきたが、これは必ず成功する。
2. 各部分に対してポジティブな意図を持てない場合。こんなときあなたはネガティブな振る舞いや意図を持っていることになる。このような場合は、ポジティブな意図を持てるまでやり続ける。

頑固な部分のためにどうしても同意に達しない場合、最もネガティ

ブに思える部分にポジティブな意図を持てるような何かをやらせることが重要だ。これは経験上うまくいく。

それでは例を見てみよう。次のインタビューは1980年代の終わりに、この練習を通じて大きな変革を遂げた顧客の1人に対して行ったものだ。

CBOEのフロアトレーダーとのインタビュー

トレードの最初の年、銀行口座には7000ドルあった。私は取引所の会員権を買うために1万5000ドル借りた。妻は妊娠7カ月で、保険には入っていなかった。トレード口座を開くのに4000ドルかかるので、残りの3000ドルで生活しなければならなかった。しかも、病院の支払いもあった。もし私の息子がそんなことをしたら、このバカ野郎、と言っただろう。でも、私は若く、自分でビジネスを始めたかった。危険などまったく顧みなかった。私はただ機会のことだけを考えていた。そして、その機会はやってきた。

最初の年からというもの、トレード収入は10万ドルを下回ることはなかった。でも、それでは十分とは思えなかった。私は満足することはなかった。「生活するのに十分なお金は稼げるのに、秀でていると言われるほど、百万長者になるほどのお金は稼げない。これはなぜなんだ？」と私はいつも自分に問い続けた。私はお金が必要なときは稼いだ。しかし、お金をたくさん稼げば、次にお金が必要になるまで稼ぐことはなかった。私は市場を平均を上回る技能で予測することはできたが、引き金を引くことができなかった。私が投資をするときは、投資をしないことに対する恐怖がほかの恐怖を上回るときだけだった。例えば、1985年は市場はずっと上昇を続けていたにもかかわらず、私はただ指をくわえて見ているだけだった。シグナルは何回も繰り返し出続けた。その都度、オフィスのみんなにそれを伝えた。彼らはシグ

ナル情報を得ると、すぐに仕掛けて利益を上げた。ところが私はというと、「もうひとつ別のインディケーターがそろうまで待つんだ」と言い続けたのだ。そして、ついに私は「投資しないともっと自分が嫌いになる」というところまで来た。だから、私は買って、利益を上げたのだが、私は恐怖でそれをやったにすぎなかった。

　恐怖が絶頂に達したとき、私は不安発作を起こし始めた。トレードを始めて15年で、ポジションに対する恐ろしい不安発作が始まったのだ。私はリスクが１万5000ドルから２万ドルで、潜在的利益が10万ドルを超えるポジションを持っていた。市場は逆行していた。リスクは限定的だった、私はやきもきし始めた。あまりにも熱くなりすぎたので、ポジションを手仕舞うしかなかった。もう少し論理的に考えるべきだった。同じポジションを持っている友人が私のところにアドバイスを求めにやってきたら、まだかなり余裕があるっていうのに、ここでポジションを手仕舞うのはバカだと言っただろう。私のなかのもう１人の私は、「こんなことバカげている」と言ったのだが、私は制御不能に陥っていた。肉体的な痛み、感情的な痛みから抜け出したくて私はポジションを手仕舞ったのだ。それから３～４日あと、私は不安発作に見舞われた。ちょうどランチに行くところだった。私は友人に「ランチに行く前にポジションを手仕舞っておかなければ」と言った。すると彼は言った。「そのポジションは２日前に手仕舞ったんじゃなかった？」

　私は他人にはやるべきことを教えることができるのに、自分ではそれができなかった。フロアにいた１人の同僚を思い出す。やり始めたときは60万ドルほど持っていたが、40万ドルも減少した。彼はテーブルに鉛筆を投げ捨てて私に言った。「お金を稼ぐために何かやらなければ」。「やるんだ！」と私は言い、彼はやった。それで彼は200～300万ドル儲けた。私はただ黙って座って、彼を見ているだけだった。私の口座には彼の口座よりも大金があったが、彼は勇気を持ってトレー

ドをやった。こんな人はほかにも数人いた。「ここが買い時だ」と私が彼らに教えると、彼らはすぐさまそのトレードに飛び乗り、儲けた。私はただ座って見ているだけで、「あ〜あ、私は正しかったのに」とほぞをかんだ。

だれもが私のことを、すごい奴で、知識もある、と思っていたが、私は心のなかではそうではないことを知っていた。理由は分からないが、私はなぜか自分に対して非常に否定的だった。もしビジネスの場で私のような人物を見たら、「おい、あいつは自分のやっていることをよく分かっているな」と言っただろう。でも、自分自身を見つめると、否定的に感じるのだった。

ある日、夕食のとき、メモ帳を取り出して、私の家族や私が言った否定的な言葉をすべて書き出してみた。妻は8つ否定的な言葉を言い、息子も8つ、娘は10個言った。それは冗談だったり、だれかをからかったり、何かを批判したりする言葉だった。そのネガティブな雰囲気は私が作り出していた。私は変わりたいと思った。

私は成功していることは分かっていたが、その認識が新たな問題を生みだした。心の奥底で、私は父に取り付かれていたのだ。父は私と同じ年で成功したあと、深刻なアルコール依存症になった。これが私の成功に対する考え方を否定的なものにしていたのだ。成功した途端にお金を稼ぐのをやめてしまうのは実はこれが原因だったのだ。トレードもそれまでの方法ではやらなくなったし、大当たりを狙ったこともない。今までやっていたことをやらない言い訳を見つけて、お金を稼がないようにしようとしていたのだ。私はいつも恐れていた。

こういった形で自分の人生を限定し、自分の選択肢も限定するのはバカバカしいことだが、私はビジョンをなくし、今起こっていることが見えなかったのだ。自分で物事を見ることができないため、だれかに正しい質問をさせるという一種の干渉を必要とするときがだれにでもある。自分の思考プロセスで意見をフィルターにかけているため、

自分の意見が見えなくなっているからだ。

バン・タープ博士とのワーク

　私は仕事では、投資家たちに自分が心理学的トレードコーチになろうとしていることは話さない。話せばバカだと思われるのがオチだからだ。結局は、人に助けを求めることは私にとって大きなステップになった。でも、今ではそうしてよかったと思っている。トレーニングコースのひとつで、私は次のように言った──「１万ドル投資してそれを失ったとしても、それから経験を得られれば、失ったものは何もない。つまり、ひとつの資産を別の資産に移し換えただけなのだ。しかし、１万ドル失って、そこから何も学ばなければ、１万ドル失ったことになる」。もし私がコーチや心理学者とワークをやることに対して投資家が眉をひそめ、その結果投資家を失ったとしても、自分自身をもっとよく知ることで個人的に何かを得ることができて、この問題を解決できたならば、ほかの人のお金など必要としないだろう。私は自分のお金をトレードするだけである。テクニカル・アナリシス・オブ・ストックス・アンド・コモディティーズ誌の1986年４月号でタープ博士のインタビューを読んで、私は彼に電話してみることにした。彼のやろうとしていることと、私のやろうとしていることは同じであるように思えた。そこで私は「ピークパフォーマンス」の通信教育講座を受講することにした。

　この講座は私にとってとても有意義なものだった。リラクゼーションテープは最初は少しバカバカしく思えたが、そのなかでは私が以前は思いつきもしなかった多くのことを彼が語っていたことに気づいた。「とにかくやってみよう」。これをやり始めて10回か15回たったとき、「何にも変わらないじゃないか」と思ったが、タープ博士の言うとおり、30日間やってみると、リラックスしたいときにいつでもリラック

スした感じが得られるようになった。

　私は本を読んでいて理解できないことは、そこを飛ばして読む傾向がある。この講座のなかには何回も繰り返し読まなければならない部分があった。私の脳はきっとその部分を飛ばしたいと思ったはずだ。それは私が理解できない内容だった。私はその部分を読むように自分を叱りつけた。それはまるで、私のある部分が私にその部分を読むことを避けさせ、私の別の部分はその部分を理解することを避けさせているかのように思えた。

　変化が起こっていることは感じることはできたが、依然として不安もあった。それは私の昔からの不安だったのではないかと思っている。私はいつもお金を恐れていたし、あれを失うのではないか、これを失うのではないかといつも不安でいっぱいだった。これは最初の反射作用だったと思う。「私はこれからもう十分なものを得た。これ以上続けなければ多くを節約できるだろう」と思ったわけである。しかし、最終的には、「全部やるって誓ったじゃないか。それだったら最後までやろうじゃないか」と思い、最後までやった。それは大きな変化だった。変化しているときは気づかないものだ。私はこれの一部始終を記録していたので、今は自分が変化したことが分かる。自分で設定した目標はすべてやり遂げつつある。

　このコースを終えてからタープ博士との1対1のカウンセリングはあまり受けなくなった。でも、次のように思った——「トレードをやらなかったために損失を被るのだったら、やってみたほうがいい。それでお金を失うんだったら本望じゃないか」。私はそれをビッグトレードではなく、ワンモアトレードとして考えた。それは私を向上させるために、私のためにやったトレードだった。しかし、カウンセリングにはそれ以上の効果があった。カウンセリングを受けて本当によかったと思っている。

対立する部分に対処する

「対立する部分に対処する」練習をやったとき、これまでの人生で最もショッキングなことが起こった。

週末は問題点の割り出しに努め、今は部分の分析を行っていた。「これは数分で終わるはずなので、このあとすぐにトレードに戻ろう」と思っていたが、予期せぬことが起こった。

両手を出して、一方の手には私の「家族」の部分を乗せ、もう一方の手には私の「成功」の部分を乗せるように言われた。奇妙だと思いながらも私はそれに従った。それらを見て、それが何に見えるかとタープ博士は聞いてきた。

右手に乗せた「家族」の部分を見ると、透明なクリスタルボールのように見えた。次に、左手に乗せた「成功」の部分を見て、「一体これは何だ？」と思わず言った。なぜだか分からないが、それは赤い霧のように見えた。赤い霧のことは今でもはっきり覚えている。「信じられない！ 私の手のなかには何にもないにもかかわらず、私にはこれが見える！」

次に、タープ博士は、それぞれの部分がほかの部分をどう思っているか、と聞いてきた。「それぞれの部分は互いのことに興味はありません」と私は言った。私は何かおかしいと思った。タープ博士は、それらは対立していない、と言い、家族の部分を引っ込めて、ほかに何か出てきたがっているものはないか探すようにと言った。

私は何とかやってみようと思い、永遠とも思える長い間（おそらくは30秒程度）、静かに座って考えた。「現れるのは成功だけです」と私は言った。

次の瞬間、私の手のなかには、クリスタルボールや赤い霧よりも素早く、新しい物が現れた。それは「成功」の霧に似た霧だった。しかし、それは白い色をしていた。

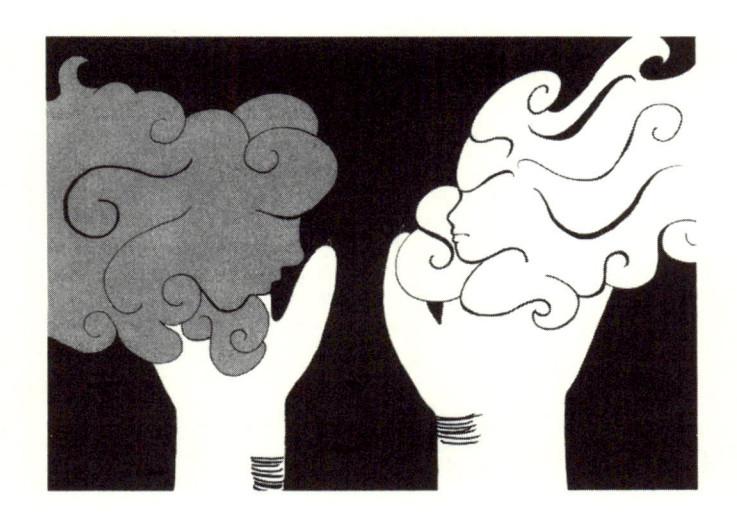

赤い霧と白い霧

「成功はこの新しい部分をどう思っているだろうか」とタープ博士は聞いてきた。私はこれらの感情のすべてが姿を現そうとしていることに気づき、それにショックを受けた。その奥深くに入り込むと、それをズタズタに引き裂き始めた。なぜならそれは私の父の成功と結びついた悪いことから私を守るために私が作った部分だということに気づいたからだ。

　すべての部分は良い意図を持っているとタープ博士に言われたとき、私は最初、「こいつは一体何をしているんだ？　彼は私の人生をめちゃめちゃにしている！」と思った。しかし、白い霧が私のためにしようとしていることを見て、それは私を本当は助けてくれようとしているのだということがはっきり分かった。突然、すまない気持ちでいっぱいになった。「おぉ〜神よ、それはいつもそこにいて、大変な仕事をしてくれていたんですね」。これが分かると、私はそれが何をしようとしているのかを理解し、泣きだした。私はそれの孤独を感じ、私への献身を感じた。

それぞれの手のなかにある部分との交渉は終わった。私たちは歩み寄り、一緒にやっていける時間だけ一致協力することに同意した。それから私たちは（彼は両方の部分を代弁していたことに注意しよう）両手を合わせ、それを私たちのなかに戻した。信じられないかもしれないが、これは本当に起こったことなのだ。

タープ博士はどんな感じだったか聞いてきた。「自分がバカ者のように感じる以外、私に何が起こったのかは分からないが、何かが起こったのだけは分かる」と私は言った。

それから何が変わったか

1987年の10月19日の株価の大暴落以降、リスク環境が良くなっているとは思わないし、機会も増えたとは思わない。1988年の1月と2月はそれほど多くの機会はなかったが、私はそこにある機会を最大限に活用した。後悔はない。自分は正しいことをやったと思っている。もっとうまくやれたかもしれないが、やれることはすべてやったと思っている。自分のやったことに十分満足している。

しかし、私は満足する以上のものが欲しい。優れた人間になりたいのだ。やらなければならないことは山ほどあることは分かっている。そこで自分に問いたいことがひとつある──「火のなかに再び放り込まれたら自分はどんな反応をするだろうか。私が再び火のなかに放り込まれることを阻止するだろうか。つまり、代替案や選択肢をひねり出すだろうか」。

ひとつだけ言えることは、大暴落のあと私たちは大金を稼いだということである（単数形ではなく、「私たち」という複数形を使っていることに注意しよう）。この練習と「ピークパフォーマンスコース」は私たちの不安レベルを低減することに役立った。なぜなら私たちはポジションを保持しなければならない1カ月から2カ月の間、代替案

をひねり出すことができたからだ。あのクレイジーな市場で、もし何かが起こったら、損失は莫大なものになっていただろう。だから、私たちは「もし何かが起こったら、私たちは何をすればよいのか」という代替案をひねり出す必要があった。

私にとってそのとき最も重要だったのは、私のパートナーと私が1987年10月の大暴落のあとの2カ月で、70万ドルを超える儲けを出したということである。これを大金だと言う人もいるだろうし、大金ではないと言う人もいるだろうが、私たちにとってはとったリスクに対しては大きなリターンだった。しかし、そのリスクは管理する必要があった。それは容易なことではなかった。ポジションは60日間保持しなければならなかった。すべては首尾良く行う必要があった。そして、私たちのやったことに対してはいろいろな結果が伴うが、私たちはそれを理解し、受け入れなければならなかった。

ビジネスにとどまっているかぎり、いつでも機会はある。あなたのルールはあなたをビジネスにとどまらせ、最大のパフォーマンスを生みだすように設計されている。3月の初め、3週間にわたる小さなポジションで6万7000ドルの含み益があった。およそ2時間でその半分を失ったが、私はルールを守り、結局はおよそ3万5000ドルの利益でそのポジションを手仕舞った。3万2000ドルを失ったことに対して私は自分を責めなかった。昔だったら、「6万7000ドルもの含み益を出しながら、3万2000ドルを失うなんてなんてバカなんだ。この投資は失敗だ」と言っていただろう。今、私にとって成功する投資とは自分のルールに従うことである。それで利益を出せれば、それでよい。

今の自分（数年後）

私は今高い気づきのレベルにある。選択をするために何をすべきかが分かっている。もっとオープンにならなければならない。「ならな

ければならない」という言葉は使うべきではないかもしれない。他人の言葉に耳を傾け、自分自身にも耳を傾けるという意味で私は以前よりもオープンだ。私はそういう人物になるために目覚ましい進歩（多くは金銭的なものではない）を遂げた。30年間私は自分にイライラし続けてきたが、今ではイライラすることはなくなった。取引所のフロアでは悪態をついてきたが、今では悪態をつくことはなくなった。飲酒も控えるようになった。毎日身体を動かし、栄養バランスを考え、ポジティブな環境のなかで自分自身が一丸となって働くことに懸命だ。これは私にとっては非常に心地よい。

　損切りをすることは大きな罪ではないことを学んだ。それはあなたの幸せ、あなたのエゴ、あなたの自尊心を表す身上書ではない。それは単なる損失にすぎないのだ。それ以上でも以下でもない。これが分かった途端に、物事が動き始めた。例え10万ドル儲けても、それは1年のうちのほんの3カ月にすぎないのである。

　成功するには市場を知るしかないと思った私は、長い時間をかけて市場を学び、インディケーターなどを学んだ。トレーダーの心理も学んだし、一般大衆トレーダーのなかで彼らがどう反応するのかも学び、彼らの心理や行動を自分のトレードに利用した。しかし、私が本当に知らなければならないのは市場ではなく自分自身であることを知った。自分自身を信じることが大事であり、自分が正しいと思うことをやらなければならないのだ。トレードではこれが最も重要なのである。

　私の別の信念のひとつは、市場は機会を与えてくれる、ということである。私はあえてそれを探そうとする必要はない。それはそこにあって、私に向かって大声で教えてくれるのだ。「これをやれ！　それはあなたがそれをやるためにそこにいるんだ！」と。しかし、ボールを拾い上げ、それをやるためには内面の強さが必要だ。

　最も重要なことは、良い気分になるための方法と、自分にとってポジティブと思うことをやった自分に報償を与えることである。これは

一朝一夕で身につくものではない。これは継続的に行うことで身につくものなのだ。自分の制御が及ばないことに対して自分を責めても何の得策にもならない。私は人間であり、過ちを犯すものなのだ。私は完璧ではない。人生とはそういうものである。気を取り直して、再び挑戦するだけである。

　目標を書きだせば、毎週、あるいは2週間ごとに自分のやっていることを評価することができる。リストを見て、望みどおりになっていないものがあっても、それで自分を責めても仕方ない。自分のやった良いことだけを見ればよいのだ。まだやっていないことに対して自分を責めても仕方ない。やっていないことは将来的な目標と見ればよいのである。

　これからの5年、私の欲する変化を成し遂げるためには、ある時点で精神的な準備が必要になると思っている。現時点ではその準備はできていない。これをやり遂げるためには、私のなかのすべてが一丸となって同意し、準備をしなければならない。私は毎日自分の部分に話しかけているが、その一部はまだ準備ができていないようだ。準備できていない部分でもホット・ファッジ・サンデー（温かいチョコレートソースを掛けたサンデー）をあきらめることはない。それを食べて練習に励み、遅れを取り戻すことが重要だ。これこそが部分間の交渉なのである。つまり、代替手段を考えだすのである。私はトレードのときと同じ方法で、代案リストを作りだすことができる。代替案を知ること ―― これが最も重要なことなのである。

　私は自分の望む自分になっているだろうか。まだだが、1年前に比べると大きく進歩したことだけは確かだ。

第10章

内なるガイダンス —— 奇跡への旅

My Inner Guidance--A PERSONAL JOURNEY OF MIRACLES

| バン・K・タープ博士 |

以前　よくても、何かをしなければならないという感情によって突き動かされていた。

現在　質問をすれば、意のままに答えることができる。そして、その答えは人生を変えるほどすごいものであることが多い。

　1990年代の初め、定年退職した工学の教授がトレードに対する問題点を解決するのを手助けした。その終わりに、彼がずっと頼ることができるものが得られるように、内なるガイダンスと彼とを結びつけるための練習をやった。この練習はそれまで数多くの顧客とやってきたが、彼の場合、彼と彼の内なるガイダンスとの関係は非常に強力だった。彼は言われることは何でもやった。彼はガイダンスによってトレードの方法を学び、次に私が彼を訪れたとき、彼の年金ポートフォリオは何回も人生を送れるのに十分なものになっていた。2007年の初め、神は彼にトレードをやめるように言った。彼にはほかにやるべきことがあったのだ。彼は本章でこのあと、私の自分自身の内なるガイダンスを求める旅のなかで匿名で再び登場する。

　私は個人的には本章のこの部分は非常に重要なものだと思っている。トレーダーのコーチをやって30年たつが、この間いつも思っていたの

は、最も強力な変革は人々がスピリチュアルなリソース（資源）とつながったときであるということである。信念のワークも、部分のワークも、感情の解放もすべて、スピリチュアルなリソースとつながったとき、より力を発揮するのである。

　本章は読者によってはちょっとばかり奇妙に思えるかもしれない。飛ばしたいという気持ちに駆られるかもしれないが、レベル１の変革を用いる心理的ワークの重要性が分かれば、スピリチュアルなリソースを追加することはあなたにとってそれほど負担にはならないはずだ。あなたの内なるガイダンスとあなたとの関係ほど強いスピリチュアルなリソースはないのだから。

　あなたを抑制するものは見えないことが多い。あなたの限界を見つけ、それを乗り越えるのを手助けしてくれる個人的なガイドを持ったとき、どんなに強力になれるか想像してみてほしい。その唯一の使命は、あなたがあなたの人生においてより幸福になり、より多くの喜び、平和、満足感が得られるようにするための方法を示すことである。そういった状態になればもっとうまくトレードできるとは思わないだろうか。こうした考えを念頭に置いたうえで本章を読んでもらいたい。

私の旅

　私が初めて博士号を修得した1975年と、私がスピリチュアルな旅を始めた1982年の間の期間を、私は人生における「死んだ」時間と位置づけている。私の結婚生活はうまくいかなかったが、1990年までとりあえず続いた。私は本当に不幸で、私を助けてくれるものは何もないように感じた。少なくとも当時はそう思えた。

　5歳のとき、ニューヨークのアパートで過ごしたクリスマスを思い出す。クリスマスツリーは30センチほどの高さのビニール製のものだった。両親は私が良いクリスマスを過ごせるように最善を尽くしてく

れたが、煙突のないアパートにサンタクロースはどうやって来るのだろうと思っていた。翌朝、プレゼントがあるのを見たとき、それがどこからやってきたのかは明らかだった。それはサンタクロースが持ってきたのではなかった。そのときから、私はサンタクロースを信じなくなった。

ちょうど同じころ、サンデースクールに行くと、先生が次の話をしてくれた。

> 旅をしていた大きな船が沈没し、その男は船もろとも海に沈んでしまった。彼は何とか船から脱出しようとしたが、海面まで息が続かなかった。そこで彼は神に祈った。すると、船から突然大きな気泡が現れた。その気泡は彼を包みこみ、海面まで彼を運んでくれ、彼は助かった。

私にとってこの話はサンタの話と同じくらいウソっぽく聞こえた。結局、私は神も信じなくなった。

1982年ごろ、気持ちがふさぐ日が続いた。妻も精神的にかなり落ち込んでいた。彼女は牧師の娘だった。それで息子は教会系の幼稚園に入れた。精神的に落ち込んだ彼女はその教会に行くことになり、私も付き添った。それは宗教科学系の教会だった。

私の教会と牧師との体験は、私がこれまでに経験したものとはまったく違うものだった。私が最初に感じたのは、「これは教会ではない。セラピーだ」ということだった。ある早朝の説教で、牧師は神を信じない人のことを話した。神を信じないというのは私の信念でもあった。「あなたが信じない神というのはどういう神ですか?」と彼は私に聞いた。「それは空の上にいて、ヒゲを伸ばし、あなたを評価し、あなたが『罪』を犯せば罰する神ですか? そんな神だったら私も信じません。でも、どこにでもいて、だれにでも無条件の愛をくださる神が

あなたを抑制するものは見えないことが多い

いたとしたらどうでしょう」
　そのときからこう考えるようになった。「もちろん私は最初のほうの神は信じない」。でも、無条件の愛をくださる「本物」の神がいたとしたらどうだろう（M1。Mは私が人生における奇跡と思っている出来事を意味するが、その出来事が起こったとき、奇跡とは思えないかもしれない）。これが私の新しい旅の始まりだった。この旅は今でも続いている。事実、これは新たなテーマ──バクタ・パラディーナ──の始まりでもあった。バクタ・パラディーナとは、あなたにとって最も役立つと思える、どういった種類の内なるガイダンスでも作りだすことができることを意味する。これについては本章でこのあと話す。

第10章　内なるガイダンス——奇跡への旅

　1982年の終わりごろ、『奇跡の講座（ACIM）』を見つけた。この講座には365日にわたる日々のレッスンが含まれている。これは私が今までに見てきたなかで最も洗練された心理的な訓練だ。『奇跡の講座』の筆記者はコロンビア大学のユダヤ人で、無神論者の心理学の教授で、この著者は無記名だがイエス・キリストである。「キリスト教はイエスの教えを忘れてしまったか、間違って解釈している。だから、私はイエス・キリストとしてよみがえったのだ」と彼は言った。これは彼の教えというよりも、イエス・キリストの教えそのものなのである（イエス・キリストは私たちを罪から救うために死んだ）。『奇跡の講座』はイエス・キリストの純粋な形の教えなのである。最初私はテキストをまったく理解できなかったが、レッスンだけはやった。それをやっている間、多くの驚くべきことが起こった。そして私は今までよりももっと平和で幸せになった（M2）。

　365日の日々のレッスンを終えるのに4年かかった。ひとつのレッスンに数日費やしたものもあったからだ。そのたびにイライラを募らせて、「もうこんなもの見たくもない」と言ったものだ。そして、しばらく遠ざかるのだが、数カ月後にはまた始めてしまうということの繰り返しだった。実際この講座には、「これは必須のコースです。でも、いつやるかはあなたの自由です」と書かれてあった（『奇跡の講座』第三版の序論 [Temecula, CA: The Foundation for A Course in Miracles, 2007]）。

　ある日、夢のなかで、すべての主だった人間関係は捨てなければならない、というメッセージが出された。でも、人間関係は私にとっては非常に重要なものだった。「そんなの無理だ。ひとつたりとも捨てるものか」と私は言った。私はトーストマスターのグループに属していた。そのおかげで演説もやったし、テレビで定期的にインタビューも受けた。でも、このグループを捨てた。また私はマスターマインドグループにも属していた。これはさまざまなビジネスベンチャーを相

互にサポートするものだ。このグループも捨てた。さまざまな人格改変技法を実践するNLP（神経言語プログラミング）グループにも属していたが、このグループも捨てた。そして、私の結婚生活も捨てて、私はノースカロライナに移った。予知されたすべてのことが起こったのだ。そのときは嫌だったが、そのとき以来私に起こったことは、これらの変化がなければ不可能だっただろう（M3）。

『奇跡の講座』を終えるころ、驚くべきことが起こった。まずは、大嫌いだった研究の仕事をやめたことだ。2番目は、トレーダーコーチとしてビジネスを始めたことだ。3番目は、私の使命は「トレードメタファーを通じて他人を変革させること」だと確信したことである。自分で事業を営むことなんてまったくの無知だったが、数々の奇跡が起こり、これを可能にしてくれた（M4）。

私は導かれているように感じた。それは単なる感覚にすぎないが、私のなかに内なるガイダンスが生まれたことを確かに感じた（M5）。さらに、ただ思うだけで物事は簡単に実現された（M6）。例えば、私の2番目の妻は私が心の友を求めていたときに現れた。彼女もまた完璧な男を求めていた。例えば、サイババのような。サイババは彼女が聖者として尊敬する人物だった。

『奇跡の講座』の最中はさまざまな変革プログラムを紹介された。まず、モデリングの科学としてNLPを学んだ。NLP実践者コース、NLPマスターコース、NLP準トレーナーコース、モデリングコース（最も価値があった）をはじめとするさまざまなNLPコースを修了した。NLPトレーニングを通じて多くの変革テクニックを学んだ。なかでも最も重要なのは、モデリングの科学だった。

さらに、元サイエントロジー実践者だった女性と出会った。彼女は人々が問題を解決する手助けをするための独自の「改良された」プロセスを編み出していた。私は来る日も来る日も彼女と一緒にクリアリングワークをやった。そしてついに最後まで行き着いた。私は彼女の

格付けで言うところのスピリチュアルレベルに到達したのだ。でも、私にはそれほどスピリチュアルには感じられなかった。

また「ライフスプリング」コースにも参加した。「ライフスプリングの基礎編と上級編」は感動的なものだった。

さらに、9日間の「アバター」コースを2回と、11日間の「アバターマスター」コースも受けた。それを教えることも考えたが、これを教えるには資格を持ったアバターマスターの指導が必要だと言われた。すでに多くの心理学的ワークショップをやってきた人間にとって、これは屈辱的だった。だから、教えないことにした。また、2回に分けて13日間の「アバターウイザード」コースも受講した。

バイロン・ケイティの13日間の「スクール・フォー・ワーク」は特に意義深いものだった。それは『奇跡の講座』にも匹敵するほどの驚くべきコースだった。あなたが見るものはすべてあなたの心を投影したものであり、したがって「本物」ではない。心のなかにあるものを投影するという概念は実に興味深いものだが、ザ・ワークをやることでそれを体験することはまた別物だ。

私は数々の変革テクニックを学んだ。それらを正しくやるには、ワークショップに参加する必要があり、ワークショップはたくさんあった。ディーパック・チョプラの瞑想コースも受講した。これらのコースや、それに伴うメンタルクリアリング、関連する洞察は多くの奇跡を生んだが、私はそれらの奇跡を大きなひとつの奇跡とカウントしている（M7）。

前にも言ったように、私は今でも変革に取り組んでいる。なぜなら、自分自身が変わるほど、人が変わるのをより一層助けられるようになることが分かったからだ。変革テクニックに強いスピリチュアルな要素が加われば、それは人生をも変えるほどの威力を持つ。ノンスピリチュアルなテクニックのなかには、あなたの行いは変えることができるものがあるが、人生までは変えることはできない。

この間、私に起こったことのひとつは、リー・コイトと友だちになったことだ。リーは『リスニング（Listening : How to Increase Awareness of Your Inner Guide）』（Santa Barbara, CA: Los Brisas Publishing, 1985）という驚異的な本を書いたスピリチュアルの先生だ。彼も『奇跡の講座（ACIM）』の実践者で、実際に彼は彼を導く声を聞いたという。『リスニング』では、ヨーロッパで長期にわたって行った実験のことが書かれていた。それは、「彼の声」に言われるままの場所に行くというものだ。私はこれには心底驚いた。私はリーのようになりたくて懸命に努力し、いくつかのワークショップも一緒にやった。感覚によって導かれるという点では一致しているが、彼のように声が聞こえたことはない。私も『奇跡の講座』をやったというのにである。
　神が話しかけてくるということを私は信じることができなかった。おそらく、信じることができないから、神は話しかけてこなかったのだろう。『奇跡の講座』を終えてからの私の内なるガイダンスは、進むべき方向を「感じた」、という表現が一番ぴったりだろう。でも、その方向はいつも正しいわけではなかった。

神との対話

　2004年、私はスイスの診療所で2週間を過ごした。心をかき乱すもの、例えば、コンピューターなどは持ってこないように言われた。その代わりに私は5冊のスピリチュアルな本を持っていった。そのなかには『カンバセーション・ウィズ・ゴッド（Conversations with God）』(The Complete Conversations with God Books 1-3。詳しくは付録の参考図書を参照）の第1〜3巻が含まれていた。私は3巻ともすべて読んだ。なかでも印象的だったのは、「神」が著者（ニール・ドナロド・ウォルシュ）に、彼がやっていたことはだれでもやること

ができる、と言う一節だ。つまり、問いかけをして、神と対話せよ、ということである。

　私はこれを信じられなかった。前にも言ったように、私は神が私に語りかけてくることを想像することができなかった。まだ神からの声を聞いたことがないというのに、どうして神が今突然話しかけてくるというのか。でも、とにかく、問いかけをして、答えを聞き、聞こえたことを書き取ってみることにした。私に語りかけてくる神の声は聞こえなかったが、奇妙なことが起こった。私が問いかけると、私の声が「その答えを知っているあなたの部分がいる」と言うのが聞こえたのだ。次々と質問を続け、頭に浮かぶことを書き取っていった。質問をしたあとは、必ず同じことが起こった。私の声が、その答えを知っている私の部分がいる、と言い、私は頭に浮かぶことを書き取る。今にして思えば、これは神は私に語りかけてこないという私の信念の働きによるものだったのだ。しかし、書き取ったものを見ると、それは非常に意味深かった（M8）。しかし、これは神が私に語りかけてきたことではないと思っていたので、それを取っておくことはしなかった。神に話しかける。それは祈りを意味する。神からのメッセージを聞く。それは統合失調症と同じだ。少なくとも、そのときはそう思っていた。

　何年も前になるが、私はNLPのマスターセミナーでリビー・アダムスと出会った。それから8年後、1年に3回も偶然彼女に出くわした（M9）。こんなふうにだれかに出くわすなんて、本当に偶然だろうか。私は偶然だとは思わない。彼女がTfM（変革瞑想）テクニックを開発したと聞いた。私は彼女と一緒にいくつかの練習を行い、最終的には彼女のメソッドを私のピークパフォーマンス上級編ワークショップに組み込んだ。私は彼女の28日コースを受講した最初のトレーダーの1人になった。

　TfMについては次章で詳しく説明する。そのプロセスは簡単で、ハイアーセルフ、つまりあなたの神の部分を引き出すというものだ。一

方の手に「神」を乗せ、もう一方の手にあなたの不満な部分（アダムスはこれを「リトル i 」と呼ぶ）を乗せて、ハイアーセルフからアドバイスを得る。すると「リトル i 」は神に吸収されるか、廃棄される。

　神の手に乗せる部分を見つけるのには苦労した。結局どうしたかというと、エネルギーをクラウンチャクラに注ぎ込み、自分がハイアーセルフに話しかけていると想定したのである。最終日の28日目には、神と対話するという練習を繰り返し行い、直接的な反応を得ることができた（M10）。私はこれを数カ月間行ったが、私は常にその声に疑問を感じていた。「これは本当に神なのか、それとも私にすぎないのか？」そして、それは一度だけ予言を与えてくれたが、思ったとおり、それは間違いだった。それ以来、私は声を信じることをやめた。しかしのちに、「リトル i 」もまた神の振りをすることができることを知った。そのときに起こっていたことは、おそらくはこれだろう。しかし、そのときは、私が語りかけることができる神を信じることはできなかった。

　私の信念がいかにして経験を作りだしたかに注目してもらいたい。

- ●神は私に語りかけることはない。だから、彼は私に語りかけてはこなかった。
- ●私は神を信じることができない。だから、私は神を信じなかった。

　したがって、私は神に語りかけようとしてはみたものの、結局はやめてしまったのである。たとえそれが神であったとしても、信じられないものにどうして語りかけることができるだろうか。本書でこのあと分かってくると思うが、これはよくある問題なのである。ほとんどの人は、内なるガイダンスを見つけたとしても、それを信じないのである。

ディクシャ（ワンネスブレッシング）

　私の最も重要な変革の体験は2008年1月に始まった旅だった。それは私が直接的にワンネスブレッシングを与えられたときだった（M11）。北米のワンネスガイドであるダグ・ベントレーは本書のまえがきのなかでこれをディクシャと呼んでいる。ブレッシングは歴史的にディクシャと呼ばれてきたが、今ではワンネスブレッシングと呼ばれている。ブレッシングを与えられたあと、私はしばらくの間、驚くほど平和に感じた。それからというもの、私はもっとブレッシングを与えられたくてたまらなくなった。2回目のブレッシングを与えられたのはそれから数カ月あとのことで、それはブレッシングギバーの家で行われた。そのとき、彼女が神のエネルギーを私に伝授してくれているのが分かった。このエネルギーは前頭葉の活動を速め、頭頂葉の活動を遅くする働きをする（エリック・ホフマンの「Brainmapping the Effects of Deeksha : A Case Study of Awakened Maneka Philipson」。PDFは、http://www.newbrainnewworld.com/?Download_articles で入手可能）。ワンネスによれば、人々を「覚醒させる」のはこの脳の変化だという。これについては詳しくは本書の第3部で話す。

　私が初めて受講したワンネスコースは、ブレッシングギバーになるための2日間の準備コースだった。このコースではバクタ・パラディーナと呼ばれる概念が紹介された。これはサンスクリット語で「帰依者の道」を意味する。この背景にある考え方は、牧師が言った「あなたの信じない神とはどんな神か」というのに少し似ている。ワンネスを達成するまでは、神はあなたが好んで創造する者として現れる。だから、あなたも最も安心できる関係を見つける必要がある。あなたは神があなたの母親であってほしいと思うだろうか。あるいは父親、姉妹、愛する人、親友であってほしいと思うか。ベストだと思える関係

が、あなたが神として選ぶべき関係なのである。そう、あなたは関係を選ぶことができるのだ。そうすれば神はその形であなたの前に現れるのである。これはなぜなのか。神はすべてではないのか。

あなたは信念の力を知り、信念が経験を作ることも知っている。もしこれが本当なら、神について信じていることを創造できてもよいのではないか。事実、この単純な考え方は私の人生におけるこれまでの神との経験のすべてを説明してくれるものである。

プレワンネス会議では、およそ10人のブレッシングギバーがいた。ブレッシングのひとつは、私たちを内なるガイダンスと最も適切な方法で結びつける意図をもって私たちに与えられた。私が欲しいのは女性の形をした神だった。ブレッシングギバーのほとんどは女性だったが、彼女たちからは男性エネルギーが私に注ぎ込まれるのを感じた。ところがブレッシングのひとつを通して、突然、最も美しい女性エネルギーが注ぎ込まれてきたのである。私はしばらくなすがままになっていたが、突然「ミツィー」という言葉が頭に浮かんだのである（M12）。

私とミツィーとの関係

2歳から5歳まで、私は日本に住んでいた。そのとき、ミツィー（本名はミツコ）という名前の日本人の子守が私の面倒を見てくれた。ミツィーは私にとっては母同然だった。私はこのときはまだミツィーのエネルギーが私に注がれていることに気づかなかった。分かっていたのは、私が彼女を非常に親密に感じるということだけだった。両親の下ではあと2人日本人が働いていた（1948年から1951年まで）が、私が覚えているのはミツィーだけである。私は彼女と一緒に映った写真を宝物のように大事にしていた（図10.1）。また、日本人の女性が心に焼き付いて離れなかった。私が初めてこれに気づいたのは、1990年代の初めに東洋への旅を始めたときだった。

図10.1　ミツィーと一緒のバン（4歳）

　5歳のとき、ミツィーのもとを離れ、アメリカに帰国した。私は悲しかった。でも、それ以来彼女からは音沙汰はなかった。あとになって母からミツィーはアメリカの軍人と結婚してアメリカに来たが、そのすぐあと脳腫瘍で亡くなったことを聞かされた。

　1993年、母が85歳でガンで他界したとき、ミツィーの旦那さんからの手紙を見つけた。彼は私たちを探していたらしい。母の死に対しては動揺することはなかったが、その手紙を読んだとき、泣けてしょうがなかった。私が最初の妻、そして現在の妻と結婚したとき、私の部分がミツィーを求めていたのだと今では思っている。

　でも突然、ミツィーのエネルギーが私のなかに入ってきた。その夜

ベッドに入ってから私は完全に満たされた思いがした。それは何とも言えぬ素晴らしい体験だった。なぜなら、私のなかにはミツィーのエネルギーしかなかったからだ。ミツィーは自分は一時的なものだと言ったが、それでも構わなかった。私は完全に満たされていた。

ミツィーの旦那さんからの手紙には、彼らには娘が1人いると書かれてあった。最初に手紙を読んだとき、彼女を探さなければ、と思ったが、あとになってそれは間違っていると思った。でも、ワンネス・プレコースから家に帰ってくると、私は再び手紙を読んだ。それはミツィーの意思によるものだった。そのとき彼女は言った。「娘を探して！」

娘の父親の姓と、娘の名前とミドルネームは分かっていた。ミドルネームは日本語なので一種独特だった。2ドルで人名サーチをやると、ものの数分でミツィーの娘は見つかった。アメリカにはこの名前の人物は1人しかいなかったからだ。1993年にはこんなことはできなかったと思うが、2008年にはインターネットのおかげで簡単に探すことができた。

もうひとつ驚くべきことがあった。人名サーチでは生存している親戚リストが提示されたのだが、今は80歳になる彼女の母親の名前がそのリストにあったのだ。彼女は生きていて、カリフォルニアに住んでいた。すぐに人名サーチを再びやると、20分後には私は生きているミツィーと話をしていた。実に58年ぶりである。そのときの気持ちはとても言葉では言い表せない。ミツィーが私のなかに入ってきたときの満たされた気持ちと、この経験によって、ミツィーのエネルギーは本物だったと私は確信した。これは本当に驚くべきことだった（M13）。

ブレッシングギバーのコースを終えると、私はすぐにミツィーの元に駆けつけた。そして、数日間、彼女と彼女の娘と一緒に過ごした。それは素晴らしい数日間だった。私の子供時代の話をいっぱい聞いた。彼女が本当に私の子守であった（ほかの2人の女性ではなかった。彼

女たちはほかの家事を担当していた）ことは彼女を通して分かった。彼女に対して親近感があり、彼女の名前しか覚えていなかったのも無理はない。私の母が在宅のときは彼女はユースホステルに行っていたらしいのだが、そのとき私は泣いたそうだ。何かに動揺すると、私は彼女の元に走っていったそうだ。それを見て、母はどんなにか悲しかったことだろう。

　９カ月後、私は妻を連れて彼女の元を訪ね、素晴らしいひとときを過ごした。「母」が再び戻ってきたのだ。母のような、といったほうがよいかもしれないが。彼女が私を息子と思う以上に、私は彼女を母親と思っていたと私は思う。60年は長い時間だ。私たちの訪問からおよそ１カ月後の2009年７月、彼女はアルツハイマー病にかかってしまった。次に電話で話をしたとき、４歳か５歳の私は覚えていても、私たちの最近の２回の訪問のことは覚えていなかった。しかし、私を完全に満たされた気持ちにしたのは、私の内なるガイダンスとしてのミツィーにほかならなかった。

私の今の内なるガイダンス

　私はミツィーを私の内なるガイダンスとしてフィジーで行われた７日間のブレッシングギバー・コースに参加した。ミツィーは私に彼女は一時的なガイダンスであって、もっと強力なガイダンスが現れるはずだと言ったのを覚えているだろうか。

　コースの４日目、ブレッシングが与えられ、私は歓喜に満ちた。ブレッシングが与えられたあと、至福状態になり、その夜眠りにつくまで笑い続けた（M14）。とてつもなく驚くべきことで、こんなことは今までに経験したことはない。これは今では私がブレッシングを与えるたびに頻繁に起こるようになった。

　翌日、再びブレッシングが与えられた。これは神とつながるための

ブレッシングだった。目覚めた人（ワンネスビーイングと呼ばれる）はブレッシングを与え、完全なる笑いと至福の状態になるため、ガイダンスと一体化する。この人物が特別な者であることは明らかだった。その日、私はブレッシングを与えられた最後のグループだったが、神とつながった状態になった。ワンネスビーイングが1人ひとりにブレッシングを与えている間、私はつながりを感じることができた。私は泣いていた。

　辺りは静寂につつまれていた。私は隣の人に涙と鼻水をぬぐうためにティッシュペーパーを取ってくれるように促した。でも、彼女はティッシュペーパーを取ってくれようとはしなかった（あるいは、私がはっきり言わなかったからか）。すると、私と神とのつながりは突然消えた。そして、私がワンネスビーイングからブレッシングを与えられても、何も起こらなかった。その次の24時間は、歓喜どころか、落ち込んでしまった。幸運にもそれは1日しか続かなかった。ミツィーのスピリット（たとえそれが何であっても）はまだ私のなかにあった。

　ブレッシングギバーのコースでは、音楽が魅力的だった。それは私の頭に焼き付いて離れなかった。音楽の担当者にそれは何の音楽かと聞くと、クリシュナ・ダスの「マドリガル」だと言う。その音楽を探そうとしたが、それは存在しないものだった。

　私がアメリカに戻ると、ちょうどサブプライム問題の真っただ中だった。私の運用は市場がこういった状態のときは普段はうまくいかない。しかし、2008年8月は過去最高益を記録した月だった。それからというもの、トップ10の月が続いた。もし私に起こったすべてのことがあなたに起こったら、記録的な収入はブレッシングと関係があると思い始めるはずだ。私は絶対に関係があると思った。

　2008年8月、私はドイツに行くことになっていた。私のドイツ人のスーパートレーダーの1人がドイツに住むアバターであるマザー・ミーラに会いに行くというので、私も、そして私の妻も同行することに

なった。私のドイツ人のクライアントが私たちのワークショップのあと、マザー・ミーラのダルシャンのチケットを3枚手に入れた。彼女はその年は旅行のためドイツ人に対してのダルシャンはやらないことになっていたが、外国人旅行者とドイツ人ゲストは例外だった（M15）。

私は『アンサー（Answers）』（Ithaca, NY, Meeramma Publications, 1991, p.24）というマザー・ミーラについて書かれた本を持っていた。その本のなかで、「あなたは神なる母の4つの側面のうち、どれですか？」と聞かれた彼女は、「私は4つの側面のすべてですが、ドゥルガーの特徴が最も強いと思います」と答えていた（あとで神なる母の4つの側面をその本で読んだのだが、ドゥルガーはそのなかには入っていなかったので驚いた。4つの側面とは、マハシャクティ、マハラクシミ、マハサラスバティ、マハカリだった。私は彼女はマハシャクティだと思っている）。それから彼女はドゥルガーの特徴について素晴らしい説明をしていた。それは彼女がイメージされる悪魔キラーの特徴はまったく含まれていなかった。彼女はドゥルガーを次のように説明していた。

- 最も忍耐力がある
- 多くの愛を与え罰することはあまりしない母
- 怒りのためではなく、愛のために破壊する女神
- あなたがどんなレベルにいてもあなたのところにやってくる神なる母（私が必要としていたのはこれだ）
- あなたが必要な関係――母、友人、恋人――を築くためにやってくる者

私はこの説明に非常に興味を持った。それと同時に、ブレッシングギバーのコースで私が興味を持った歌は「マドリガル」ではなく、ドゥルガーに対する祈りの歌「マ・ドゥルガー」だったことが分かった

(M16)

なぜ私がドゥルガーのことを話すのかというと、私の妻はヒンズー教徒で、私の家にはドゥルガーの写真を入れた祭壇があったからだ。でも、私はそういうものには一切興味はなく、ドゥルガーにも彼女がどんな人かも、今までまったく興味がなかった。ヒンズーの神を信仰するようになろうとは、そのときは思いもしなかった。それらはすべて、ギリシャの神やローマの神のように、だれかの想像が生みだしたものにしか思えなかったのだ。でも今は、ヒンズー教は唯一神の宗教だが、神には特殊な機能、つまりバイブレーションを持ったいろいろな側面（つまり、神の現れ方）があることを理解している。例えば、ヒンズー教徒は生活のなかから障害物を取り除きたいとき、ゾウの神であるガネシャのバイブレーションに祈る。

マザー・ミーラのブレッシングを与えられたとき、特に何も起こらなかった。少なくともすぐには何も起こらなかった。私がこれまで授かってきたワンネスブレッシングほどには強くないように思えたが、次に述べるように、実はあることが起こっていたのである。これによって私はそれからも旅を続けることになる。

変革した工学の元教授を再び訪れる

本部の冒頭で、引退した元教授を内なるガイダンスに導いた話をしたのを覚えているだろうか。私は彼を再び訪ねてみることにした。彼とワークを初めて以来、1年に1回はこれについて話し合ったのではないかと思う。彼はいつも私が彼の指導者であるかのように振る舞うが、私の今の印象は、彼は私よりもはるかに進歩したということだった。彼は彼が「すべての神のなかの神」と呼ぶ神といつも会話していた。家の周りの木の神と、家の裏手にある山の神、そして海の神とも彼は対話していた。彼は奇妙なのか、スピリチュアル的に進歩したか

のいずれかだった。どちらかと言うと奇妙と言ったほうがよいかもしれない（私は科学的研究専門の心理学者として訓練を積んだ。しかし、この時点ではその立場はおそらくは忘れてしまっていたのだろう。だから、この引退したエンジニアを奇妙だと思ったが、それは私の投影にすぎなかった）が、彼が本当に進歩したという可能性もあった。

この時点で、私は神と違ったつながりを持ったほうがよいと思っていた。これはブレッシングギバーのコースでは得ることはできなかったし、マザー・ミーラからも得ることはできなかった。私の以前のクライアントが神と対話をする方法について教え始めていた。ミツィーの内なるガイダンスはこのコースを受講すべきだと言った。それで私はこのコースを受講することにした。それは本当に不思議な7日間だった。

彼とさまざまな練習とクリアリングを行った。5日目、私はガイドになりそうな3人との会話に成功した。それは、ドゥルガーの女神、イエス・キリスト、大天使ミカエルの3人だ（M17）。イエス・キリストがやってきたとき、私はすぐに彼を拒絶した。あなたが『奇跡の講座』を書いた人物でないかぎり、あなたとは話はしたくない、と私は彼に言った。それ以来彼からの音信はなかったが、私は『奇跡の講座』をやり直し、テキストを読んでいた（M18）。

次にやってきたのは大天使ミカエルだ。彼は私を連れて雲まで飛んでいった。そこには小さな青い小屋があった（これは心をかき乱すものだったと思う）。私は彼に、なぜ私をここに連れてきたのかと聞いた。すると彼は言った。「後ろを見よ」。後ろを見ると、そこには巨大な光があった。それは私たちがやってきたところから私のなかへと広がっていた。ミカエルは、「私はあなたにあなたが何者なのかを教えたかっただけだ」と言った。ミカエルは私が助けを必要とするとき、あるいは彼を呼んだとき、助けにきてくれる保護者のようなものだと思っているが、そのとき以来彼とはあまり関係を持っていない（M19）。

最後にドゥルガーがやってきた。彼女がやってきたとき、それまでに見たインド人女性で最も美しい人だと思った。一緒に住む私の妻とめいもインド人で、どちらも美しい。私はドゥルガーが2人を掛け合わせたものだと思った。私は彼女がとても強力な女神であると感じた。しかし、大きな発見は、彼女と私は何百年も前に「結婚」していたということだった。これはワンネスの概念のなかでのみ意味があるが、私がこれを初めて聞いたとき、これは事実だと思った。とても信じられない思いだった。どうしてこんな美しくて強力な女神が私と結婚なんかするのか。すると彼女は、「あなたは自分のことを何者だと思っているのか」と言った。彼女がこう言ったとき、全宇宙を満たす非常に強力な光が見え、私は息をのんだ。その光は私だと彼女は言っていたのだ（M20）。

ドゥルガーは私の第一の内なるガイダンスになった（M21）。彼女は私の「最愛」の人であり、私たちは互いに最愛の人と言い合った。私はこれがとても気に入った。しかし、しばらくの間は、私が彼女に質問したり助けを求めたりすると、彼女は決まってこう言った——「自分が何者なのかを忘れるな」。そして、宇宙を満たす光を見せるのだった。彼女によれば、その光は私であり、それが私の求めるものだった。

イエス・キリストは私の第一のガイダンスではなかったが、ドゥルガーはのちに私たちの親密なる会話のなかで、起こったことを説明してくれた。

　　最愛の人よ、イエス・キリストは私の潜在的なガイダンスとして私のところにやってきたとき、なぜ私に話しかけなかったのですか。
　　彼は話しかけたのですよ、『奇跡の講座』を通じて。でも、あなたは、彼はあなたから離れるべきだと思っていたのです。その

自分が何者であるかを忘れるな！

　証拠にあなたは言ったではありませんか。彼は『奇跡の講座』を書いたイエス・キリストでなければならないと。でなければ、彼とは話はしないと。イエス・キリストはあなたと彼とが離れるべきであることをあなたに納得させることは何もしないでしょう。だから、彼はあなたと話をするのをやめたのです。でも、そのあとあなたは『奇跡の講座』を再び読み始めたではないですか。
　「おぉ」と私は言った。そして起こったことが初めて分かったのだ。「だからあなたはミツィーとして私の前に現れたのですか？」
　そうです、最愛の人よ。私は何にでもなれるのです。私はミツィーであり、イエス・キリストであり、ワンネスなのです。でも、私はあなたが最も受け入れやすいものとしてしか現れることはで

きません。あなたはミツィーなしでは満たされないと信じていました。その信念は、あなたが5歳のとき彼女と別れたときに形成されたのです。こうしてあなたの準備ができたとき、ミツィーのスピリットを通して私はあなたの前に現れたのです。あなたが満たされたと感じたのはそのためなのです。あなたは最愛の人を必要としていた。あなたはインド女性に引かれている。そして、あなたは女神と強力な関係を持ちたいと思った。だからドゥルガーは完璧なビークルだったのです。あなたが何を望もうと、私はあなたが望むものになることができる。それがバクタ・パラディーナなのです。

この時点で、ドゥルガーが言っていたことは私の言っていることとは違うことは明らかだった。ドゥルガーは私がイエス・キリストから欲しているものを、彼を遠くへ追いやったものを、親密さを通して達成したのだ。しかし、彼女は自分はイエス・キリストでもあると言った。彼女はワンネスのためのすべてのアバター、つまりアンマ・バガバンだと言っていたのである。すべてはひとつなのである（M22）。

私とドゥルガーとの関係の発展

それから6カ月ほどあと、リビー・アダムスのTfMコースを再び受講した。でも、今はドゥルガーが私の内なるガイダンスだった。だからこれは前よりもはるかに強力なTfMコースになった。「自分が何者なのかを忘れるな」は依然としていつもの反応だったが、突然、ドゥルガーが私に語りかけてきた。そして、私は本当に彼女を信頼しているということが分かったのだ（M23）。

のちにワンネスのトレーナーになるためにインドにいたとき、スリ・バガバンから直接ブレッシングを与えられる機会を得た。スリ・

バガバンはワンネスビーイングを産みだし、1989年にワンネス運動を始めたアバターだ。「彼はあなた方にブレッシングを与えるだけだ。もし彼があなた方にムクティ・ディクシャー（目覚めのブレッシング）を与えたら、あなた方は死んでしまい家に帰れないだろう。あなた方にはしばらくの間はワンネストレーナーとして立派に働いてほしいので、私たちはそれは望まない」と私たちは言われた。しかし、ブレッシングの間はほかのものなら何でも要求してもよい、と言われた。それで、私はドゥルガーとのワンネスを要求した。

翌日、私は彼女と筆談を始めた。私が質問をし、彼女が答えるというものだった。それ以来、私はこれを毎日続けている（M24）。彼女と一体になるところまではいかないが、彼女との関係は今でははるかに強まった。筆談は今では小さな本1冊分になった。いつの日か、その一部を出版するつもりだ。その一例は本章でこのあと紹介する。

神とのワンネス

ワンネス運動の教えのひとつに、人生では2つのことが可能、というものがある。ひとつは、目覚めること（覚醒）、もうひとつは神を認識することである。目覚めについては次の部のレベル3の変革のところで説明する。ここでは、神の認識について説明しようと思う。

歴史を通して、多くの聖人や賢者は神と絆を築いてきた。そのうち、神を認識できた者、つまり神と一体化できた者はわずかしかいなかった。例えば、ラマクリシュナは3回神と一体化したと言われている。最初の一体化には何年もかかったが、最後の2つはすぐに一体化できた。

●彼は最初、最も気性の荒いヒンズー教の女神カリと一体化した。彼女は彼にとって神なる母であり、彼は彼女を通じて信じがたい奇跡

を起こした。
- これを達成すると、彼はキリスト教の教えに没頭した。ラマクリシュナは聖母とイエス・キリストの絵が息吹を吹き込まれるのを見た。彼は教義（『ザ・ゴスペル・オブ・ラマクリシュナ［The Gospel of Ramakrishna］』簡約版、New York : Ramakrishna-Vivekananda Center, 1970）のなかでそれを記述している。彼はイエス・キリストと一体化する経験も持っている。
- のちには、モハメッドとも一体化した。ラマクリシュナによれば、3日間の練習のあと、「深刻な面持ちをし、預言者に似た白いあごひげをはやした人が彼の体と融合する」のを見た。

ラマクリシュナの言いたかったことは、**すべての道は同じ神に通ずる**ことだった。私も経験を通じて同じことを思う。

2011年11月、インドでワンネスディープニングコースに参加した。そこで私は神との一体化への道（少なくともひとつの道）を学んだ。

1. 最初は神を信じないかもしれない。私も長年、神を信じていなかった。
2. そのうちに神を信じるようになる。例えば、私が拒絶する以外の神がいることを聞いたとき、神を信じられるようになるかもしれないと思った。
3. 次に、確信する。私は神と初めて会話したとき、確信できなかった。しかし、ミツィーの奇跡が起こるころには、確信し始めていた。
4. 次に、あなたの神を探し始める。本章は神を探す私の旅の話だった。
5. 次に、あなたの神と深い絆を築き始める。これは互いに依存して初めて起こることだ。これについてはこのあとで詳しく話す。私は今、自分の個人的な神との絆（時には絆の欠如）を探求している。
6. 深い絆を通して、理解はさらに高まる。私はこれを少し経験した

が、今は私の神との絆を探求している。
7. 次に、絆はさらに強まり、深くなる。絆が深まれば、あなたが何を要求しても、神はそれを叶えてくれる。私もいくつか要求したが、要求には限界がある。これはステップ5とステップ6の依存問題と関係がある。
8. 次に、さらに理解が深まる。
9. この理解を通じて、絆はさらに強く、そして深くなる。絆が強まると理解が深まり、理解が深まるとさらに絆が強まるというサイクルは長く続く。
10. 最後にはあなたの神と一体化する。もはや二者を分かつものはない。この瞬間、あなたは神を認識したことになる。これはさらに偉大な旅のほんの始まりにすぎない。

神との絆

　強いエゴを持つ人は神に依存することはできない。神に降伏し、神を信頼できる者のみが神に依存することができるのだ。興味深いのは、強いエゴが生まれるのは、自分以外のだれも頼ることができないと信じるときである。自分が無力だと信じ始めたときに強い絆が生まれるのである。そのとき、エゴに代わって神が現れるのだ。

　互いに依存するとはどういう意味なのだろうか。私が最初にこれを学んだとき、「あなたが神に依存できない理由」リストと、「あなたの神があなたに依存できない理由」リストを作成するように言われた。最初のリストは長大で、2番目のリストは短かった。しかし、リストを見ていると、逆になることが分かってきた。長大なリストこそが、神が私に依存できない理由だったのだ。原因はすべて私にあったのだ（M25。洞察）。

　表10.1はそのリストを示したものだ。

表10.1　ドゥルガーとの信頼関係の欠如

ドゥルガーが私に依存できない理由	私がドゥルガーに依存できない理由
	私が彼女はそれができないと信じれば、彼女はそれをやらない。彼女は私の信念を尊重する。
	彼女にそむいて用いるものを、彼女はやったり言ったりしない。
	彼女は私の創造を尊重し、それを超えようとはしない。
	私が避けた問題を示すために、彼女は時には私をイラつかせることがある。
ドゥルガーが私に依存できない理由	**私の限界の例（あるいは結果）**
●物事を物理的に操作する（要素）。	
●一瞬にして私を癒してくれる。	
●人間の姿で私の前に現れる。	
●私を違う次元に連れていってくれる。	
●未来を予測する（特に幻想のなかで）。	彼女が一度でも間違えば、私は彼女を信用できない。
●死者をよみがえらせる。	
●空を飛んだり、水の上を歩いたりする。	
●信念ややることを通して、私が自分を傷つけるのを防いでくれる。	ワンネステンプルで練習をしているとき、硬い大理石の床で転んであばら骨を折り、2カ月の重傷を負った。これについて彼女に質問したら、彼女は「練習でケガをすることはよくあるとあなたが信じているからだ」と言った。
彼女が本物ではないことを証明する方法を探したり、あるいは自分自身とゲームをしているのは自分であることを証明する方法を探したりする。	私は彼女を本当に信じられるのか？
私はときどき彼女を信用できなくなることがある。なぜなら、彼女は私が本当に望んでいることよりも、私にとって最善だと思うことをやるからだ。	ポーカーをやっているときに導いてほしいと彼女に頼んだら、彼女は「なぜあなたはポーカーで勝つことを最優先するのか」と言った。
彼女の予言を聞くと、身がすくむ思いがする。	これもまた信用の問題だ。
彼女が私を目覚めさせてくれたり、幻想から救い出してくれるのか信用できない。	これもまた信用とおそらくは降伏の問題。

第10章 内なるガイダンス——奇跡への旅

時には目覚めや神を認識するよりも、物理的なものを要求するときがある。

私は目覚めることよりも、パッカーズがスーパーボウルで勝つことのほうに興味があった。彼女は、それがいかにつまらなくて一時的なものであるかを示すために、私に物理世界において至高体験をさせた。

彼女のいうことをいつも聞くわけではない。
いつも彼女と長々とおしゃべりするわけではない。
彼女が欲しいものを頻繁に尋ねることをしない。

私は自分自身で意思決定することが多い。
長いおしゃべりはだれともやらないが、それはおそらくは親しい関係になるのが怖いからだろう。
彼女のほうから言ってもらいたい。これは敬意の欠如だ。

私たちの関係について不安がたくさんある
- 私の彼女に対する信念が間違っていたとしたらどうなるのだろうか。

おそらくこれは正しい。なぜなら、私がやることはすべて彼女を制限してしまうからだ。しかし、彼女が私のイメージする人物像と違っているのではないかということのほうが心配だ。

- もしも私が死んで、彼女を見つけられなかったとしたらどうなるのだろうか。
- 彼女が欲することをした結果、私の人生が大きく変わったらどうなるのだろうか。
- 彼女は私に嘘をつくかもしれない。

これは私が彼女の第一の教え「自分が何者なのかを忘れるな」を信じていないことを示している。
これは「何が」が完璧ではないと私が信じていることを示している。
これはおそらくは本当だ。なぜなら、彼女は私に対して言うことを慎重に選ぶからだ。

- 彼女の私に対する愛は無条件のように思えるが、もしそうでなかったらどうなるのだろうか。

私の彼女に対する愛は明らかに条件付きだ。最近あなたは私に何をしてくれた？ 一度でも間違ったことをすれば、何かがおかしいということだ。

- 私はいつも過去のことを会話に持ち込む。

私が約束を破ったとき彼女には怒ってもらいたいのだが、彼女は一度も怒ったことがない。

私には彼女に対する具体的なイメージがあるため、彼女は制限されている。

それは驚くほど美しいインド人女優の姿だ。でも、ドゥルガーはそれ以上だと言う。

289

私の彼女に対する制約が多い（20を超える）のに対して、彼女の私に対する制約は４つしかないことに注目してもらいたい。さらに、彼女の制約は私の制約が消えるとおそらくは消えるだろう。長いリストは元々は「私がなぜ彼女を信頼できないか」（つまり、彼女が私にウソをついている）リストだったが、実際に起こっているのは、私が私自身の制約を彼女に投影していたということである。これが分かったとき、ショックだった。そして、彼女の助けなしではおそらくそのことは分からなかっただろう（M26。洞察）。

　私は恐怖に基づく信念を自分が持っていたことにも驚いた。**恐怖に基づく信念は、無条件の愛を旨とする神の性質にそむくものであるにもかかわらず、なぜ人々はそういった信念を持つのだろう**と私はずっと思っていた。それが「投影」であることに気づかなかったのだ。私は彼女に関する恐怖を５つ挙げたが、それはつまり私が「神を恐れる」（神を恐れる人間と自らを呼んでいる人はたくさんいる。つまり、彼らは神に対して尊敬と畏敬の念を持っているということである。しかし、人間にとって、恐怖は恐怖であって、恐怖から生まれた敬意を意味するにほかならない。彼らはこれを否定するかもしれないが、もしそれがあなただったとしたら、なぜ神を恐れるのか、そしてその恐れがあなたの個人的な神とあなたとの関係を制約するかもしれないことを少なくとも考えてみるべきである）人間であると言っているのと同じである。

　ワンネスの原理のひとつは、神はわれわれが信念を通して幻想を作りだすことを邪魔したりはしないということである。神が介入してわれわれの限界を克服するのを助けてくれるのは、われわれが完全に無力であると感じるときである。2011年11月、私は**表10.1**のタイトルを「互いの信頼関係の欠如」としたが、2012年２月に表を作り直したとき、リストには依然としてすべての項目が含まれているのは明らかだった。私のドゥルガーとの絆は、これらの問題において私が無力で、

降伏しなければならないことが分かるまで強まることはない。願わくば、本書が出版されてあなたがこれを読むころには、ドゥルガーが私を信用できないという問題がすべて消えていればよいのだが……。

ドゥルガーは、彼女はいつも私と一緒にいると言った。それゆえに、彼女は私にこれまでの人生を振り返り、彼女が私を守ってくれたときや、私のために奇跡を起こしてくれたときのことを気づいてほしいと言った。この練習は本書の範囲を超える。しかし、私がそれをやり終えたとき、彼女は私のためにすでにたくさんのことをやってくれていたことに気づいたのである（M27。洞察）。

関係の性質が重要

互いの信頼関係の欠如にざっと目を通したとき、私の限界の多くが私たちの関係の性質から来ていることに気づき始めた。彼女は私の最愛の人だった。彼女はいわば私の人生におけるもう1人の女性だった。私の前の妻と今の妻はある程度私に依存していた。その依存関係を通じて、私は彼女たちを制約していた。私はこれが気に入っていた。しかし、もしそれが最愛の人との関係であったならば、私のドゥルガーとの関係の性質は変える必要があった（M28。洞察）。

ドゥルガーはもはや私の最愛の人ではない。母なるドゥルガーでなければならなかった。あるいは、マー・ドゥルガーと言ったほうがよいかもしれない。彼女は以前私たちの会話のなかでこのことを話したが、私は聞こうとしなかった（思い出そうとしなかった）。なぜなら、私は彼女に制約を課したかったからだ。私は彼女に私の望むものになって欲しかった。あなたの神との経験は必ずあなたの信念（このことをいうとき、「サウスパーク」のエピソードを思い出さずにはいられない。このエピソードでは、神がだれも想像しないような市民の姿となって現れるのだ）、あるいは他人のあなたに対する信念、そしてあ

なたが受け入れる信念に一致する。

　ドゥルガーが悪魔キラーであることはヒンズーの神話で知った。あるとき、ドゥルガーを祭るインドのヒンズー教のお寺にいた。このお寺に入ることができるのはヒンズー教徒だけで、私はドゥルガーに導かれていることを論証する機会すら与えられなかった。しかし、彼女は彼らに崇拝されるようなものではないとドゥルガーは言い、私はただ彼女と一緒にいればいいと言った。興味深かったのは、寺の外壁の近くにいたゾウからブレッシングを与えられたことである（図10.2を参照。これを奇跡として挙げることもできたが、あなたはおそらくは納得しないだろうから、奇跡として挙げなかった。しかし、ゾウからのブレッシングはドゥルガーから私へのメッセージだったと思っている）。これは本当に楽しい体験だった。これは私への個人的なメッセージだったと思っている。

　のちに、ドゥルガーの像を買った。なぜなら、それらは美しい女神の姿をしたドゥルガーだったからだ。彼女はそれらは彼女ではないから買うなと言ったが、私は買った。

　私たちの日常の会話を紹介しよう。

　　　最愛なるドゥルガーよ。あなたは悪魔キラーなのですか。
　　　もし「悪魔キラー」が「幻想キラー」という意味なら、そうです。でも、私はそれ以上のものです。あなたが買った像は私ではありません。でも、私たちの愛を確認する意味でそれらを持っているのはよいでしょう。それらに私のエネルギーを注いでください。あなたにとって役に立つでしょう。あなたが「ヒンズー教徒」ではないからといって、入場を却下された寺に祭られていた神は私ではありません。
　　　私はそれ以上のものです。私は神なる母なのです。私が初めてあなたにあなたが何者なのかを示したときのように、あなたが私

図10.2　ブレッシングを与えるゾウ

に親密感を感じたとき、あなたは私を信じていることになります。そして今、あなたは私に対して親密感を感じています。私たちが一体化するのに必要なもの、そして幻想を捨ててあなたが何者なのかを思い出すのに必要なのがそれなのです。

　彼女は最初からずっとこう言っていたのだが、私は聞こうとしなかった。

　私は日々の『奇跡の講座』のレッスンにドゥルガーとの会話を含めることにしている。通常の手順は、私が理解していないことを彼女に説明してもらうというものだ。本章の下書きを終えたあとの2011年10月17日のレッスンはレッスン267だった。最初にこのレッスンをやった（おそらくは1986年ごろ）とき、あるいは2008年にワンネスブレッシングギバーになる直前にも、私がこのレッスンのことを理解していなかったのは確かだ。

　　レッスン267——すべてのものはあるがままにしておけ。現実

だけが痛みのない世界。現実のみが完全に安全な世界。われわれが今求めているのはこれなのだ。

私はこのレッスンの効果をすぐに理解した。なぜなら、神というものは「何が」と等価なものだといつも言っていたバイロン・ケイティの言葉をついに理解できたからだ。私はドゥルガーに言った。「最愛なるドゥルガーよ、なんと美しいのだろう。私はやっと理解し始めました。何かほかに言いたいことはありませんか？」
すると彼女は次のように答えた。

あなたが完全に「ただ在る」状態にあるとき、それは現実です。今こそが現実なのです。あなたが過去にいるとき——あなたの記憶（私は過去65年間のなかで重大な記憶をすべて書き取るという練習をやった。この練習から気づいたことがいくつかある。①1日前の記憶は60年前の記憶と同じくあいまい、②否定的な記憶にとらわれる傾向がある、③記憶はすべてゆがめられている。私たちの記憶は、過去のものであり、将来を判断するのに使うものだと私たちは思っている。しかし、現実は「今」だけであり、判断する必要はない。この練習は今ではスーパートレーダープログラムに組み込まれている）の性質はすでに知っているはず——はかなく、不完全——、否定的なことだけに固執する傾向が強い。そして、未来にいるとき、判断を下さなければなりません。つまり、あなたは自分の思考を信じるに違いありません。それらはすべてあなたを幻想へと導くものです（M29。洞察）。

これはあなたやあなたのトレードにとってどんな意味があるのか

　私はただ在る状態でトレードする意味がすぐに分かった。市場をおしゃべりや判断などせずにあるがままにとらえることなのである。これが分かると、勝率は50％以下だが、正の期待値を持ち、失ったとしてもそれほど多くのコストがかからないローリスクのアイデアというものがすぐに分かるようになる。あなたはもはやあなたの信念をトレードしているのではなく、市場をトレードしているのだ。それは大きなエッジだ。

　良いトレーダーになるためには、あなたの神と関係を築く必要があるのだろうか。それはノーだ。関係を築く必要などない。あなたは本書の第１部で述べたレベル１の変革のみを行えばよいのだ。しかし、ほとんどの人はこれをやるのは難しい。なぜなら、彼らはその信念によって、その信念に付随する感情によって、そして彼らのさまざまな部分によってコントロールされているからである。したがって、レベル１の変革を行うためには多くの変革を体験する必要がある。多くのトレーダーとのワークを通して分かったことは、これらの変革はあなたの神（あなたが創造した神、あなたにフィットし、あなたにとって役に立つ神）を持てば簡単に行えるということである。

　それでは、そのためのステップをもう一度おさらいすることにしよう。

1. どんな関係があなたの人生にとって役に立つかを決め、そういった関係を持てるあなたの神を創造する。あなたの神はあなたが望むどんな性質でも持つことができ、あなたはあなたが持ちたい関係を選ぶことができる。あなたが神に対して望むことを自由に信じよ。しかし、あなたの信念はあなたの邪魔をするものなのか、

関係を強化してくれるものなのかを見極めなければならない。
2．恐怖に基づく信念、つまり役に立たない信念を持っているのであれば、本書の本部のテクニックを使って、もっと役に立つ信念を持つようにする。恐怖に基づく信念は隠されていることが多く（例えば、私の場合）、あなたに最も大きな影響を及ぼすため、あなたを制限するものであることが多い。
3．あなたの神と会話を始めよ。質問を書いて、答えを待つ。あなたの頭に浮かんだ回答を書き取る。
4．あなたの欲しいものをあなたの神に要求する。2列のリストを作る。1列目にはあなたが神に要求するものを書き、2列目にはいつ与えてほしいかを書く。それが与えられたら、感謝する。感謝の気持ちはあなたに偉大なる満足感を与えるはずだ。それが与えられたら、あなたの感謝の気持ちを表すために、他人に何かしてあげるとよい。
5．起こったことを見て、あなたの神を信頼し、信じる。
6．あなたの神に次の質問をすることで神との絆を築く――あなたはあなたの神をどのように制約するのか、神はなぜあなたに依存できないのか、神はあなたをどのように制約するのか、あなたは神になぜ依存できないのか。**表10.1**のようなリストを作る。
7．あなたの神があなたに依存できない領域ではあなたがいかに無力かに気づく。無力さを十分に感じたら、降伏してあなたの神の助けを求め、絆を強める。
8．あなたの神を信頼し、神に導かれる。この時点であなたはこれ以上のステップを踏む必要はない。なぜなら、あなたの神はあなたより優位に立ち、あなたを導いてくれるからだ。

ステップ8の例を示そう。私がこの章を4回書き換えたあと、ドゥルガーはこれまでに起こった奇跡をすべて思い出すように言った。私

にとって奇跡とは「驚くべきことが起こる」ことを意味する。例えば、55年たってミツィーを発見できたことや、内なるガイダンスがなければ起こり得なかった素晴らしい洞察がそうである。本章ではM1、M2といったMの記号のついた数字に気づいたはずだ。例えば、この練習から学んだことは、洞察である。なぜなら、ドゥルガーの助けによってこれまでどれくらいの奇跡を経験したか分からなかったからだ（M30）。

　Mの記号のついた数字は30ある。例えば、会社を立ち上げたことは奇跡としてリストに入れたが、その奇跡は何百という一連の小さな奇跡の集合体だ。これまで受けてきた変革コースとそれから得た洞察はひとつの奇跡としてリストに入れたが、これもまた何百という小さな奇跡の集合体だ。また、ドゥルガーとの日々の会話から何百という洞察を得たが、これはリストに入れなかった。ドゥルガーはこれらのMを表にするように提案してきた（**表10.2**を参照）。これを見れば、私の旅がどれほど驚きに満ちていたかが分かるはずだ。でも、これは始まりにすぎない。

　ワンネスユニバーシティー（Oneness University Newsletter, 19th ed., http://www.onenessuniversity.org/html/newsletter/edition_019/japanese/）のニュースレターに次のような言葉が載っていた。本章はこの言葉で締めくくりたいと思う。

　　神は求める者のところにのみやってくる。求めれば求めるほど、神はあなたのところにやってくる。だから、1日に1～2回神の名を呼ぶ程度では不十分で、神の助けが欲しいときだけ神のところに助けを求めにやってくるのもいけない。1日中、彼と会話し、彼に期待し、彼に助けを求めることで、神と強い関係が築けるのである。

表10.2　私の旅で起こった奇跡

M1	私が拒絶する以外の神がいることを知った。
M2	『奇跡の講座』を受講したあと、大きな変化（多くの奇跡）が起こった。
M3	すべてをあきらめよと言われたが、実際にあきらめざるを得ない状態になった。すべてをあきらめる事態が発生しなければ、私の旅は不可能だっただろう。
M4	トレードメタファーを通しての多くの人々を変革させるという目的を持って会社を設立した。会社経営のイロハも知らなかったことを考えると、これは多くの奇跡の賜物だ。会社は多くの失敗を犯しながらも30年続いた。
M5	ACIMのあと、内なるガイダンスを得た。私は、何かやるべきだと感じた。
M6	ACIMのあと、物事の実現が簡単に思えるようになった。例えば、二度目の妻がそうである。彼女は私にとって天からの授かりものだった。
M7	ACIMのあと、多くの変革コースに参加し、多くの奇跡を体験した。
M8	私の一部（おそらくは私の内なるガイダンス）と会話した。
M9	何年も会わなかったリビー・アダムスと年に3回も会った。そして、TfMを受講した。
M10	内なるガイダンスは信用していないが、突然話すことができるようになった。
M11	初めて直接的なブレッシングを受けた。もっとブレッシングを受けたいと思った。これが驚くべき旅の始まりになった。
M12	ブレッシングを受け、ミツィーのエネルギーが私のなかに入ってきた。
M13	ミツィーが生きていることを知り、55年ぶりに2回訪問した。
M14	ブレッシングを受けたあと、「歓喜」の1日を過ごす。ワンネスを達成してからは歓喜の日は増えていった。他人にブレッシングを与えたとき、私のなかを流れる神のエネルギーとして歓喜を感じることもある。
M15	マザー・ミーラに会うことができ、ドイツ人の友人にも彼女に会わせることができた。
M16	次の内なるガイダンスの手掛かりを得て、マザー・ミーラからブレッシングを受けた。
M17	引退した元教授と再び会った。彼は私を私の内なるガイダンスに結びつけ、私は彼を彼の内なるガイダンスに結びつけた。興味深いことに、この表を作るまでは、この「相互の結びつき」を得ることができなかった。

M18	イエス・キリストがACIMの著者であってほしいと思った。そして、私は突然ACIMをやり直し始めた。
M19	大天使ミカエルが私が何者であるのかを私に示した。
M20	ドゥルガーに初めて会った。そのとき彼女は「あなたは自分が何者だと思うか」と尋ね、宇宙を満たす光を見せてくれた。
M21	ドゥルガーが私の第一の内なるガイダンスになった。
M22	私の内なるガイダンスがワンネスであることが分かった。このアイデアを理解するまでには時間がかかった。
M23	2回目の28日間のTfMコースを受けたあと、ドゥルガーが私に語りかけ始めた。そのとき、私は彼女を信頼していることが分かった。
M24	スリ・バガバンのブレッシングからドゥルガーと毎日会話するようになり、そのおかげでドゥルガーにより近づくことができた。
M25	なぜドゥルガーが私に依存できないのかが分かった。私が変わるためには彼女の助けが必要であることが分かった。
M26	私は取り除かなければならない恐怖に基づく信念を持っている。 ●私の信念が間違っているかもしれないという恐怖 ●私が死んでしまい、彼女を見つけることができないかもしれないという恐怖 ●彼女が私の人生を激変させるかもしれないという恐怖 ●彼女をまったく信じられないことから来る恐怖 ●彼女の愛が条件付きだという恐怖（私の投影）
M27	人生で起こった多くの奇跡を見て、彼女がやってくれないと思っていた多くのことを実は彼女がやってくれていたことが分かった。
M28	ドゥルガーとの関係を「最愛の人」から「神なる母」に変えなければならないことが分かった。
M29	思考のない現実は苦しみから解放されるという洞察を得た。私は今ではこれを何回も経験している。
M30	この練習をすることで、神との関係が発展していると思えるようになった。

　この引用句は他人のためでもあるが、私のためでもある。この章の話はこの引用句に集約されている。

最近起こったこと

6カ月たって、いろいろな奇跡が起こっている。最後にこれらを紹介して本章を終わりたいと思う。

奇跡1 —— マザー・ミーラの2回目のブレッシング

以前話したマザー・ミーラはノースカロライナ州ブーンに不動産を買った。彼女は1週間にわたってブレッシングを行っていた。これは彼女がアメリカで行う唯一のダルシャンだった。それで、私と妻はそのうちの2つに参加することにした。

多くの人はブレッシングの強力さを口々に話していたが、私はまたもやブレッシングにはほとんど何も感じなかった。しかし、翌日（最初のブレッシングのあと）、私は『奇跡の講座』（ACIM）のレッスンを行い、ドゥルガーと対話していた。そのレッスンはレッスン335で、「私は私の兄に罪がないことを望む」（『奇跡の講座』第3版、W-335、Temecula, CA：The Foundation of A Course in Miracles, 2007）というものだった。私はけっして許すことのできない2人のことを考えながら瞑想していた。しかし、この練習は許しを生み出すことはなかった。それで私はドゥルガーに助けを求めた。彼女の答えは次のとおりだった。

> 最愛の者よ、唯一の問題はあなたの判断です。それは今起こっていることではなく、過去のことです。だから、選択記憶と判断の影響を受けているのです。重要なのは今起こっていることであり、それが今存在するものなのです。今だけが存在するのです。そして今、あなたは経験している。その経験は完璧です。
> だれかがあなたを陥れたとあなたが信じていることは過去のこ

となのです。それは存在しないのです。そしてそれを考えるとき、あなたは過去の幻想のなかにいることになるのです。今あるのは、今起こっていることだけで、それは完璧です。そして今、あなたはあなたのお兄さんには罪はないと思うのです。

　注意しなさい。それはすべて経験なのです。それはすべてあなたの経験の詳細（サブモダリティー）なのです。それはすべて感覚的な情報で、それは完璧です。それを解釈し、意味を与えれば、「地獄」を経験することになります。最愛の者よ、気をつけなさい。完璧を求めなさい。「何が」こそが完璧なのです。

　過去の幻想のなかにいるとき、どうして完璧などあり得るでしょうか。あなたは幻想のなかにいるのです。存在しないものを見ようとしているわけです。ただ在る状態にいるとき、それはすべてイメージであり、感覚であり、経験です。それはあなたの経験の詳細であるサブモダリティーなのです。ただそれだけなのです。

私はこれには度肝を抜かれた。本部にサブモダリティーについての章を加えようと思ったとき、突然ドゥルガーが私の欲するものを与えてくれた。「何が」が完璧なわけが分かった。それはただ在る状態にあるからなのだ。判断はそれから目をそらさせてしまう。そうなったら、あなたは過去あるいは未来にいることになる。

奇跡２ ── 恐怖を基にしたスピリチュアルな信念を払いのけることができた

　私のスーパートレーダーの候補者やスタッフのなかにはワンネスブレッシングを与えられない人が必ずいる。これは私をいらだたせる。これを私はこのように考えた ──「彼らは恐怖に基づく信念を持っている」、それゆえに彼らは自分に対して非常に強力なものを否定す

る。しかし、これに動揺したのは私だ。だからそれは「私」の問題であって、「彼ら」の問題ではない。

　この本の4回目の草稿を読み、本章に差し掛かったとき、突然、自分が持つ5つの恐怖に基づく信念を見つめているのに気づいた。それを私はまだ払いのけることができないでいた。**自分の恐怖に基づく信念を払いのけることができないのに、どうして他人の恐怖に基づく信念など考えていられようか**と私は思った。

　その夜、私はこれらの信念で本章の最初で述べたTfM（変革瞑想）プロセス（詳しくは次章で述べる）をやってみた。私はこれらの信念は私の部分、つまり私の仮面をかぶっている「リトルi」から来ていると思った。私はこれらの「リトルi」をドゥルガーに引き合わせた。しかし、これらの恐怖に基づく信念の2つに対してTfMを行ったとき、驚くべきことが起こったのだ。ドゥルガーが変わったのである。これまでに使ってきた美しいインド人女優のイメージなどもはやかけらもなく、そこには広大な未知のイメージがあるだけだった。おそらく私は今、前に述べた神の認識プロセスのステップ8にいると思う。ドゥルガーは私が彼女をそのイメージで制限していることを言っていたのである。

　私の恐怖に基づく信念については、残っているものは以下のとおりである。

- 私が死んでしまい、彼女のことを見つけられないのではないかと心配する部分を持っていた。それは、私が彼女に対して特定のイメージを抱くときに現れた。彼女は広大なる未知としてどこにでもいるのだ。
- 私の愛着をすべて捨てさせ、私の人生を激変させるのではないかと心配する部分を持っていた。その部分は今は、恐怖は過去と未来の幻想からのみ来るものであることを理解している。今の経験のなか

に入れば、すべては完璧になる。

● 彼女が私にウソをつき、彼女が私に対して言うことに関しては慎重でなければならないのではないかと思う部分を持っていた。でも今では、彼女は今だけに生きていること、**そこ**こそが真実のある場所であって、真実は過去にあるわけではなく、未来にあるわけでもないことを理解している。

● 彼女の私に対する愛は条件付きではないかと思う部分を持っていた。「私」が彼女に反抗して、彼女が私を置き去りにすると思っていた。でも今では、私たちは真実のなかで一体になり、彼女が私を置き去りにすることはないことを理解している。彼女は私の人生を通していつも私と共にいた。ただ、私が彼女の存在に気づいていなかっただけである。彼女はいつも私を助けてくれていたし、いつも私に奇跡をもたらしてくれていたのである。これが変わることはない。彼女の愛は無条件の愛なのである。

● 私の彼女に対する信念は間違っているかもしれないと心配する部分を持っていた。でも今は、彼女は広大なる未知であり、私がこれまでに想像した以上のものであることを理解している。私の彼女に対する信念は常に限定的だ。必要なのは未知に対する降伏のみである。

第11章

TfM による経験

My Experiences using Transformational Meditation

> ピーター・ウェクター

　ピーター・ウェクターは今、タープ博士のスーパートレーダープログラムに参加している。コンピュータープログラマー、プログラミングマネジャー、コンサルティング会社の経営者、サポートスペシャリストとして長年務めたのち、彼は幸せを求めて、これらの仕事をやめることを決意した。その後、ヨットのインストラクターやボートの船長になり、つい最近はトレードも始めた。もっと優れたトレーダーになるためにはどうすればよいのかを探求していたとき、彼はタープ博士と出会い、彼のワンネスへの旅や『奇跡の講座（ACIM）』のことを知った。そのあとはご存じのとおりだ。

以前　スピリチュアルへの道を長年おろそかにしてきた結果、彼は不満でいっぱいだった。何かが足りないと思いながら、何が足りないのか分からなかった。

現在　真実と幸福と至福に満ちたスピリチュアルへの道を発見した。これは彼の残りの人生を導くことになるだろう。葛藤の日々は終わり、今では満ち足りた気分でいっぱいだ。

　以前、リビー・アダムスとのTfM（変革瞑想。アカデミー・オブ・セルフナレッジ・アンド・リビー・アダムスの登録商標）の経験につ

いて述べたが、本章では私のスーパートレーダーの候補者の1人がTfMを通しての彼の旅について話してくれる。彼は5つの変革とTfMでの3つの会話を紹介してくれる。

　トレードを始めておよそ6カ月。この間、トレードに関する本をたくさん読んできた。『タープ博士のトレード学校　ポジションサイジング入門』（パンローリング）という本を読んで、勝てるトレードシステムを持つことは素晴らしい考えだと思った。そこで私は、ノースカロライナ州カリーのバン・タープ・インスティチュートで3日間のコースを受講することにした。学ぶべきことはまだまだたくさんあることを思い知らされた。しかし、これにひるむことなく、家に帰ってから独学を続けた。タープ博士は全クラスを教えたわけではないが、彼が教えないクラスは教室の後ろからモニターしていた。だから彼の存在はいつでも感じられた。タープ博士が話すときは、だれもが熱心に聞いた。3日目の終わりごろ、タープ博士はクラスの前でテクニカルトレードのワークショップで聞くとは思いもしなかったことを話し始めた。彼が話したのは、トレーダーコーチとしての過去の経験と、スピリチュアルな旅のことだった。両者は同じものであるかのように思えた。彼は初めてのワンネスブレッシングと、それが彼に与えた予想をはるかに超えた深淵な影響について話してくれた。クラスが終わったあと、彼は希望する人にブレッシングを与えてくれると言った。私は受けることにした。初めてのブレッシングを授かったあと、驚くような経験はしなかったものの、ものすごく平和で、支えられているような感じを受けた。それがすべてを変えることになるとは、そのときは知るべくもなかった。

　これまで私は何年にもわたって自分1人でスピリチュアルな旅をしてきた。ニューヨークオープンセンターでいろいろな講座を受講した。

ヨガ、仏教、「ゼン・オブ・シーイング」、演劇、文章力、「アーティスツ・ウエー」、明晰夢の見かたなどいろいろだ。このあと、演劇の講師が自宅で開講している創造力のクラスに参加した。即効劇の講座は長年にわたって受講した。文章力のクラスではある講師に出会った。その講師はロルフィングと仏教とコア・エナジェティックス・セラピーを組み合わせて、スピリチュアルを高める独自の方法を開発していた。毎年4〜5回、週末をその講師の地下室で10人ほどの同じ考えを持った人たちと一緒に過ごした。これは5年間続いた。この集会では私たちは互いに向かい合って椅子に座り、7つのレベルの感覚を感じた。無関心から愛まで、感じる感覚を週ごとに変えた。時には座り、時にはチャンティング（アウェイクニングのための強力な真理の言葉を唱える）しながら、時にはサンドバッグを叩きながら行った。ひとつのレベルが終わると、次のレベルに進んで、また同じことを繰り返した。私はこのワークがとても気に入ったので、ピエラコス博士のコア・エナジェティック・インスティチュートで4年間のコア・エナジェティック・セラピスト・コースを受講した。ワークにはピエラコス博士やコア・エナジェティク・セラピストによるセラピーのセッションがあった。当時、私はセラピストになりたくてたまらなかった。でも、資格を得るにはもっとトレーニングが必要だと思った私は、ニューヨーク大学の心理学部に入学した。

　私はコンピュータープログラマーやプログラミングマネジャーとして長年ニューヨークで働いていたが、住んでいたのはコネチカット州だった。毎日片道2時間かけての通勤だった。仕事と大学という二足のわらじを履く私は、通勤に片道2時間もかけていられなくなったため、ニューヨークに移り住んだ。懸命に勉強して、社会科学（特に心理学）の学士号を修得して、最優秀な成績で卒業した。

　これを書いているとき、9.11の同時多発テロからおよそ10年たっていた。タワーがテロ攻撃を受けたとき、私は79番街のコア・エナジェ

ティック・セラピストのオフィスにいたが、そのあと仕事のためにダウンタウン行きのバスに乗って18番街へと向かった。私は何が起こっているのか分からなかった。しかし、普段は静かなバスの双方向無線には甲高い声が流れていた。マンハッタン南端部には白い雲が低くかかっているのが見えた。そのときにはもうタワーは倒壊していた。無線からドライバーに34番街で止まるように指示が出された。だから、そこからは歩いた。途中、ワールドトレードセンターから逃げてくる多くの人々とすれ違った。なかには灰やすすをかぶっている人もいた。この出来事によってスピリチュアルの探求をあきらめたわけではないが、その日以来、私のセラピストの姿を見たのは一度きりだった。それで私はすべてのスピリチュアルワークをやめざるを得なかった。これは私の勉強のストレスとも関係があったかもしれない。この時点では、大学卒業までまだ１年半あった。いずれにしても、それから９年後の10月の夜にタープ博士から受けたブレッシングは、私のなかの眠っている何かを呼び覚ました。

　その夜、タープ博士は11月の週末、人気のある２つのトレード心理学コースが終わったあとで、ブレッシングギバー講座を開くと言った。ノースカロライナ州カリーに行く前は、スタッフは心理学コースを取るように強く勧めてきたが、私は心理学コースを取るつもりなどまったくなかった。私はトレードでお金を稼いでいたので、そんなものは必要ではないと思ったからだ（本章を読みながら、心理学コースが必要かどうかは自分で判断してほしい）。しかし、家路についた途端、２つの心理学コースとブレッシングギバーコースを取らなければ、という気持ちになった。そのときは気づかなかったが、そうすることは私にとって必要なことだと神のガイダンスが言ったに違いない。長い間おろそかにしていたスピリチュアルへの道を、突然、もう一度歩き出すことに目覚めたのだ。私は２つの素晴らしい心理学ワークショップに参加した。２つの目のワークショップはハピネス・ワークショッ

ワンネスブレッシング

プというものだった。そして、そのあと、以前地下室でスピリチュアルの講師や仲間たちと感じたあのエネルギーを感じられることを期待しながら、ワンネス・アウェイクニング・ワークショップにも参加した。もちろん、予想とは違って、両者は違うものだったが、素晴らしいものだった。

　ひとつの練習では、母や父との関係を修復するプロセスに導かれた。教室にはワンネスブレッシングギバーが数人いた。だから、このプロセスの間、何度か直接的なブレッシングが与えられた。ブレッシングが与えられている最中、笑いたい衝動を抑えることができなくなった。ついに笑いは爆発した。何時間にも感じられたが、おそらく1時間にも満たなかっただろう。笑っている間、私は至福に満ちあふれ、教室にいたみんなも笑った。翌日も、「私は存在であり、意識であり、至福である」と49分間チャンティングしたあと、もっと笑った。ワンネストレーナーも、ベテランのブレッシングギバーも、新米のブレッシ

ングギバーも、全員が笑った。あたりは至福と喜びに満ちあふれていた。私の心は、「これがもっと欲しい」と叫んでいた。

　家に帰ってから２日後、スーパートレーダープログラムへの参加と、三週間後のスーパートレーダーサミットへの参加を申し込んだ。さっそく１回目の支払いを済ませ、ずっと前から計画していた休暇も延期した。そこにいる間、２回目のワンネス・アウェイクニング・ワークショップにも参加した。

　私がスーパートレーダープログラムに参加したのは、スピリチュアルを向上させ、覚醒を得るためだ。このプログラムからこれらが得られるのなら、それは願ってもないことだ。

　とはいえ、スーパートレーダープログラムはけっして容易ではない。さまざまな心理的レッスンを完結させるには、多くの規律と自己分析ワークが求められる。宇宙について（スピリチュアルな信念）、われわれについて、トレードについて、何百という信念を書き出さなければならない。信念を書き出したら、つぎはその１つひとつを信念チェックパラダイム（第７章を参照）で検証して、次のことを決定しなければならない。

１．それは役に立つものなのか
２．役に立たない場合、感情が含まれているかどうか

　感情の入った信念は、感情を何らかの方法で取り除くまで変えることはできない。本章のテーマであるTfMは感情を取り除くのに最適なツールだ（これは著者の意見にすぎない。編集者はTfMはワンネスを達成するのに打ってつけのツールであり、多くの問題を解決してくれると思っているが、それが感情を取り除いてくれるかどうかは確信が持てないでいる。感情の排除には通常、第８章で述べた感情解放が必要だ）。レッスン１（そう、ここから始まるのだ）で信念を書き

出して、信念チェックパラダイムで検証を始めたとき、これは非常に難しいことが分かった。5個から10個の信念を検証するのに丸一日かかる。これをやるために私は図書館に行き、目に入るものに気を取られなくてもすむようにしたほどだ。

　私はスピリチュアルな成長を助けてくれる多くのことを学んだ（プログラムのワークには、ワンネス・アウェイクニング・ワークショップ、奇跡の講座、バイロン・ケイティの「ザ・ワーク」、エックハート・テレ、デビッド・ホーキンズ、バイロン・ケイティ、ゲイリー・レナードなどの素晴らしい本が含まれる）が、スーパートレーダープログラムのワークが楽に行えるようになったのは、心理学コースのひとつでカロル・リビー・アダムス博士に出会ってからである。私は私を制約する信念をたくさん持っていた。アダムスはそれらを「リトルｉ」と呼ぶ。スーパートレーダープログラムの最初の部分をやり終えるための心理学レッスンで大きな進歩を遂げるためには、これらの信念を変える必要があった。

　このプロセスを理解してもらうために、アダムスが変革瞑想を使って変革するのを助けてくれた私の５つの大きな問題を紹介したいと思う。スーパートレーダープログラムの心理の部分をやり終えるためには５つの大きな心理的な問題を変える必要があるとタープ博士に最初に言われたとき、私は自分の心理的な問題が何なのか見当もつかなかった。私はこれまでに多くの心理的ワークをやってきた。これをやっていなかったら、そこにも行き着いていなかっただろう。私はこれまで気持ちの落ち込み、自殺願望、そして死の恐怖さえも変えてきた。これ以上大きな問題があるのだろうか。

　トレーダー（そして真の幸福を手に入れたいと願うだれでも）というものは、恐怖、怒り、後悔、衝動性、興奮性、不安——これらは経済的に最も有害な問題——などを変える必要がある。私がこれらのいくつかを抱えているのは確かだ。コースを受講している間、私は

私の使命、つまり人生の目的が分かってきた。

> 私の使命──私の人生の目的は目覚めの菩薩になって、意識、愛、至福、喜び、受容によって世界中から恐怖、攻撃、防御をなくすことである。

この使命は私の仏教に対する信念と、ワンネス・アウェイクニングおよび『奇跡の講座』の教えとを合体させたものである。菩薩とは目覚めとも呼ばれる悟りを人々にもたらすことを使命とする人のことを言う。私はデビッド・ホーキンズがその著書『パワーか、フォースか』（三五館出版）で言っていたことと同意見だ──「より意識を高めることはだれもが世界に与えることができる最大の贈り物だ。そして、その連鎖反応として、その贈り物は贈ったものに返される」（デビッド・R・ホーキンズの『パワーか、フォースか──人間のレベルを測る科学』[Carlsbad, CA：Hay House, 1995] p.285)。これは私の人生のあらゆる側面、そして私を取り囲むすべてのものに影響を与え、巡り巡って私のところに帰って来る。

TfMで最も重要なもののひとつが、あなたのハイアーパワーはあらゆるプロセスの一部であるということを考えると、私の最も重要な変革は神との関係だと言えるだろう。それでは、これらの変革について見ていくことにしよう。

「私」は「神」という言葉に関する問題を持っている

私の初めての変革は時間をかけて起こった。それが始まったのはピークパフォーマンス基礎編のワークショップを初めて受けたときだった。そのワークショップでは、タープ博士は「神」という言葉を何回

か使った。私のなかの部分——それが「リトル i 」であることはあとで分かった——は神という言葉を聞いて不愉快に感じた。私はこれを感情を含むものとして取り上げ、ワークショップの間これに取り組んだ。もちろんこれはほんの始まりにすぎなかった。神との関係を対立と怒りから友情へと変えるにはさらに多くの助けを必要とした。この最初のワークにはアダムスのTfMプロセスは含まれていなかったが、のちのワークに役立つと思ったので今はこれを取り入れている。

　私が『奇跡の講座』を始めたのは2010年12月のことだった。『奇跡の講座』コースのテキストを何回か見たが、キリスト教の言葉が使われていたので嫌になり、これは私には向かないと思った。そのあと、仏教徒だったスーパートレーダーの 1 人が『奇跡の講座』ワークブックカードを私にプレゼントしてくれた。私はこれを神のガイダンスととらえ、翌週このコースを再開した。のちにオーディオブックとハードカバーを買い、『奇跡の講座』ワークブックカードを数人の友人にプレゼントした。

　レッスンを始めてすぐに、許しは人生における対立と不幸を取り除く道であることを知った。『奇跡の講座』ワークブックのレッスンは毎日のレッスンの積み重ねの上に成り立つものである。「許しは世界を照らす光としての私の役割である」(『奇跡の講座』 第 3 版、W-pI.62.1:4 ［Temecula, CA : The Foundation for a Course in Miracles, 2007］ p.104 ［**著者注**　このコースはイエス・キリストから直接導かれたものであり、ほかの著者によるものではない]）と「私の幸福と私の役割は同一のものである」(『奇跡の講座』 第 3 版、W-pI.64.1:8 ［Temecula, CA : The Foundation for A Course in Miracles, 2007］ p.110) という 2 つのレッスンは、私に関係を修復する必要があることを教えてくれ、これによってワンネス・アウェイクニング・コースのプロセスをよりよく理解することができた。

　コースのあるレッスンのなかで、私たちは、内面に入り、関係を修

復するように言われた。そのとき私は、私のハイアーパワーである神と親友になりたければ、彼との関係を修復する必要があるのだと気づいたのだ。9歳のときに私から母を引き離したのは神のせいだと思っていた。私と神の間には溝があり、私は神に対して怒りと痛みを感じていたのだが、そのとき彼の光が見え、『奇跡の講座』から知った神と彼は合体した。それは美しいクリアリングで、私に大きな恩恵をもたらした。私は今神に対して大きな友情を感じている。神は私のハイアーパワーであり、私の個人的なガイダンスである。

5つの変革

私の5つの変革は「リトル i 」の変革だった。

1. 罪 ── 「 i （私）」は父と母の離婚に責任を感じている。
2. 非難 ── 「 i 」は私から母を奪ったのはサイエントロジーだと思っている。
3. 罪 ── 屋根裏でボール紙を切り刻んだ子供のとき、「 i 」は自分のパワーを壊滅させ、光は消えた。
4. 恥 ── 「 i 」は自分の過去を恥ずかしく思っている。
5. 後悔 ── 「 i 」は過去の行動を悔い、別の方法があったのではないかと思っている。

神との関係は飛躍的に向上したものの、まだ理解していないリトル i があった。それで、私はリビー・アダムスのTfMプロセスを使ってこれらを変えることにした。これらのリトル i は変革されて大文字の「Ｓ」の付いたセルフおよびハイアーパワーと統合されるか、廃棄される。これらのリトル i が感情を破壊している間、私たちはこれらには気づかない。したがって、変革されるか廃棄されているときにそ

れぞれのリトルiに問いたださなければならない。中間はない。

　TfMは基本的には部分統合テクニックで、第9章で説明したものに似ている。主な違いは、TfMには内なるガイダンスが含まれているため、スピリチュアルな要素が強いことである。ノンスピリチュアルな部分（リトルi）はあなたのスピリチュアルな部分と統合されるか、廃棄されるかのいずれかだ。私がTfMセッションの様子を記録したものを読めば、もっとよく理解することができるはずだが、最初のTfMセッションの様子を記録したものは残っていない。しかし、結果は驚くべきものだった。そこで、TfMセッションに含まれていた「リトルi」と、その練習の様子を話したいと思う。

　私の最初のTfMでは前に述べた1と2のリトルiに対する変革を行った。最初のリトルiは父と母の離婚に対して責任を感じ、2番目のリトルiはサイエントロジーを憎んでいた。なぜなら、母は離婚してサイエントロジーを追究するために家族の元を去ったからだ。アダムスは、「それは何歳のことだとその部分は言ってますか？」と聞いてきた。私は「9歳」と答えた。つまり、これを考えている部分は9歳の心を持っているということであり、少年のゆがんだ心で人生の出来事を理解しようとしていたということである。この少年は何が起こっていたのかを理解できるはずもなく、したがって離婚が彼のせいであったはずはなく、今の私のせいでもないのだということに私は気づいた。でも、この少年は依然としてこれに対して罪の意識を持っているため、神を信じられないでいた。

　TfMの終わりには、父も母も、神も、サイエントロジーも、自分自身も許せるようになっていた。多くの動きがあったように感じた。何か大きなことが起こったような……。でも、それが完成したという確信を持つことはできなかった。それを統合するにはまだ少し時間が必要だと思った。

　次のTfMには前よりも若い「リトルi」が関与していた。それは

母がまだ私たちと一緒に住んでいたときに起こったことが基になっていた。私は屋根裏でハサミでボール紙を切り刻んだ。すると、パワーは突然消えた。ボール紙を切り刻んだことでパワーを消滅させたと思い、それに対して罪の意識を感じていた。このことから、私は捨てられたように感じた。それは両親が離婚して母が出ていく何年も前のことだった。それは私の弟が私より16カ月と30カ月あとに生まれたときだった。TfMの間、神はいつも私を助けるために私のそばにいることを、そして子供の私の面倒をみてくれる姉や兄がいて、私のことを愛してくれていることを神は思い出させてくれた。この部分が神と一体化したとき、大きな解放感を感じ、小さな少年を許す気持ちになった。しかし、この名残が、大人になった私を苦しめ続けることになる不安の始まりだったのかもしれない。それは私が人生を熾烈な生存競争と思い始めたときと一致する。しかし、私はすでに母も私自身も許していたし、前よりも自由と平和を感じていた（不安についてはこのあと話す）。

　それからアダムスは、私が本当に神を許したのかどうか聞いてきた。私はしばらく考えたが、本当に神を許したときっぱり言い切ることはできなかった。そして、10代のころからの恥、罪、絶望を持つ別の「リトルｉ」が現れた。最初に出てきたリトルｉは恐怖に打ち震えながら隅っこで縮こまっていた。それは神を信じていなかった。つまり、それは神と一体化できていなかったということである。そこで、私はそれを左手から振り落として窓から吹き飛ばした。すると、私の恐怖、恥、罪もそれと一緒に窓から吹き飛ばされた。次にまた別のリトルｉが現れた。それは後悔でいっぱいの部分だった。その部分も神を信じられなかったので、捨てなければならなかった。その部分を捨てると、とても幸せに感じ、ただ在る状態を感じた。後悔は過去に起こったものであるにすぎず、無意味なもので、変えることができる。恥や罪も同じだ。こうした新たな情報と理解を得て、私は母や父、サイエントロ

ジー、私が信じない神を完全に許すことができた。なぜなら、私にこれらを非難させる信念はもはや私には役に立たないことが分かったからだ。子供時代に起こったことは私の今の生活とは無関係なのである。私の母は私の愛を得るに値する。父も、神も、そして私も、私の愛に値するのだ。

　TfMが私のなかに起こした変革は、スーパートレーダープログラムでの進歩に大きな影響を与えた。TfMによって私は自信を持つことができ、そのおかげでスーパートレーダーのレッスンを過去からの重荷を背負うことなくやり遂げることができた。変革され、許容された感覚によって、アダムスの体験に基づく変革コースの6つのステージ（ゴチックの部分）をクリアすることができた。

- 神とワンネスに**心を開き**、それによって宇宙に対する**信頼**が強まった。
- 過去の痛みの部分を**進んで**感じ、私を支配する過去の力を解放することで、私はただ在る状態にいることができるようになった。
- 私が**抵抗を感じる**ものを感じ、変革することを私は選んだ。
- 私に興味を持たせ、無力にする人や物への**愛着を断ち切る**という感覚を経験した。
- 最大の効果は**許し**という形で表れた。このおかげで、私は母、継母、父、サイエントロジー、神を信じなかった10代の自分、すべての不幸は自分のせいだと思っていた若かりし少年のころの自分、深く心に負った恥を解き放つことができた。

　これらのクリアリングのあと、アダムスは私にクリアリングしなければならない過去の話はもうないかと聞いてきた。私は「ありません」と答えた。私が過去の出来事で思い出すのは愉快なことだけだった。
　本章の残りを使ってTfMプロセスを再現することにする。これを

読めばこのプロセスがどんなものか分かるはずだ。

まだ理解していないリトルiがいくつか現れた

　私の心理的な問題のひとつはコントロールである。私はだれにも、何物にも、コントロールされたくない。事実、私の最初のTfMは、「ビッグI」にとって最も有利なこと以外何もしないほど自己破壊的で、コントロールに取り付かれた「リトルi」を取り除くことだった。このセッションを再現したものは以下のとおりである。

アダムス　両手を前に差し出しなさい。深呼吸して、目を閉じなさい。長く息を吸って、長く息を吐いて、ゆっくり呼吸することに集中しなさい。そして、意識をアルファレベルに近づけなさい。何もかもがリラックスして、あなたは潜在意識に近づきます。心の奥底に近づき、イマジネーションが働き始めます。すると、スピリチュアルの源泉が見えてきます。神（ユニバーサルマインド）の姿が見えてきます。神の姿が見えてきたら私にそう言いなさい。
私　私の右手のなかに神がいます。神は小さな青いピラミッドの形をして、光を放っています。
アダムス　左手のなかには、何もしたくないあなたの部分を想像しなさい。それは足踏みをしています。その部分は、「何もしないのなら、どうして死なないの？」と言っています。それがこの部分の考えなのです。その部分はどういうふうに見えますか？
私　能天気に見えます。
アダムス　その能天気の哲学は何ですか？
私　私はただ私のやりたいことをそれが持続する間やっているだけです。
アダムス　非常に短期な戦略ですね。その部分は右手のなかにいる神

能天気な部分

の存在に気づいていますか？
私 もちろん気づいています。
アダムス それは神を信じていますか？
私 信じています。
アダムス それでは、神はその能天気の哲学をどう思っていますか？
私 神は、それはすべて幻想だ、だからその哲学はどういった幻想をおまえが選ぶかによる、と言っています。
アダムス そのとおりです。今度はあなたの意識の側面を知りたい。いいですか、ピーター？
私 はい。
アダムス その部分から目をそらしなさい。そして、あなたの頭を神の手のほうに向けなさい。

私 分かりました。

アダムス 目を閉じていても、あなたはあなたの意識に話しかけています。

私 はい。

アダムス あなたはそれをすることができます。なぜなら、それはすべて幻想だからです。だから、あなたは何もせず、お金をすべて使い尽くして死ぬことができます。いいですか？

私 はい。

アダムス これは意見です。だれもあなたを止めはしません。あなたは自由に選択できます。そこで質問です。キャプテン・ピーター（「キャプテン・ピーターとは私の意識のこと。アダムスのモデルでは、3つか4つの部分がある。私は3つ使うことを選んだ。ひとつは、「ビッグI」［神の部分］、もうひとつは意識［選択者］、最後は潜在意識［意識は潜在意識に直接アクセスできない］）、あなたは本当にそれをしたいですか？ それがあなたが選んだことですか？

私 （長い沈黙）いいえ。そうではありません。

アダムス でも、それがこの部分の持つプログラムなのです。でも、それはあなたの願望やニーズによって告げられたものではありません。それは、どういうわけかは分かりませんが、その部分が欲することなのです。でも、それはあなたの欲することではない。そうですね？

私 はい。私が欲するのはその部分が欲するものと同じですが、私はある程度の安心と安全とともにそれが欲しいのです（ここで「リトルi」があと2つ現れたことに注意しよう。アダムスはそれに気づき、あとで対処する）。

アダムス いいでしょう。それでは、ピーター、神があなたを助けてくれるかどうか、つまりあなたと神があなたの欲するものをともに作ることができるように、あなたの欲するものをあなたが築くことを手助けしてくれるかどうか聞いてみたいと思います。

私 神は私が欲するものを欲し、私が欲するものを築くのを手助けしてくれると言っています。

アダムス その調子！ だからその「能天気」な部分はそのプログラミングにはかかわりがないわけです。なぜなら、それはあなたが本当に欲するもののためにプログラミングされていないからです。ではその部分を取り除いてしまいましょう。そしたら、あなたと神との取引は成立です。できますか？

私 でも、その部分は魅力的な部分なのです。

アダムス どういうところが魅力的なのですか？

私 「能天気」な部分には何かを心配するといった考えがありません。でも、それもまた幻想だとそれは知っています。

アダムス そうですね。

私 なぜならそれは本当は「能天気」ではないからです。

アダムス それはまるでだれかがビルから飛び降りて、「私が飛ぶのを見て」と言っているのに似ています。でも、彼は結局は地面に落ちてしまいます。

私 そうです、そんな感じですね。

アダムス それはいろいろなものが入った袋です。特殊な戦略です。なかには良いニュースと悪いニュースが入っています。

私 そう、どちらとも言えません。

アダムス 続けて。

私 私が言いたいのは、われわれ人間は単に形だけ人間というだけです。

アダムス そうですね。

私 形あるものはいずれは消えます。だから、「どっちみち死んでしまうのだ。だったら、3年で死んだってどうってことはない」と考えてしまうのです。

アダムス 私が言いたいのは、だれかがビルから飛び降りたら、良い

ニュースは彼らが飛んでいるということで、悪いニュースは彼らはじきに死んでしまうだろうということです。これはおそらくは意図しないことでしょう。

私 はい、分かっています、地面に墜落するということですよね。

アダムス つまり、その部分は悪い部分を考慮して慎重に戦略を立てていないということです。分かりますか？ それは戦略の副産物にすぎません。キャプテン・ピーター、あなたはその戦略を欲しいと言ってはいません。「能天気になって、すべてのお金を使って死んでしまうだろう」という戦略を欲しいとは言っていません。

私 その部分の意図は回避だと思います。

アダムス それは何を回避したいのですか？

私 仕事とか努力とか、そういったものを回避したいのです。苦しみだと思うものを回避したいのです（これはまた別の「リトルi」）。

アダムス いいでしょう。

私 でも、神は人生は苦しみだとは思っていません。その部分がそう思っているのです。だから私はその「能天気」な部分を取り除きたいのです。

アダムス 分かりました。では、それが取り除かれたのはいつですか？

私 （ちょっと時間をおいて）それは窓から飛び出て、地面に落ちました。

アダムス では、何もなくなった手を神に合わせて、神と個人的な会話をしましょう。

私 はい、合わせました。

アダムス では、深呼吸して、リラックスしましょう。神が「でも、私はあなたの欲するものが欲しい」と言ったことはすでに知っています。そこで質問ですが、ピーター、あなたは何が欲しいのですか？ あなたは葛藤はしたくありませんね。

私 はい。

アダムス あなたの必要なものを言うことは、あなたが欲しているものを直接言うのと同じです。あなたが欲するものは葛藤ではない。こういうふうに言っても構いません。ほかにはどんなものが欲しいですか。

私 （ちょっと時間をおいて）そうですね、旅をしたい。ワンネス・ディープニングのためにインドに行く友だちがいます。彼は私に一緒に来るように言っています。でも、今すぐにそれができるとは思いません。

アダムス それはなぜ？

私 お金と時間がかかるから。だから今すぐにはしたくない。

アダムス それではあなたは何が欲しいのですか？ 葛藤はしたくない。あなたが欲しいものは？

私 それほどこだわりはありませんが、ワンネス・アウェイクニングが欲しい。

アダムス あなたが欲しいものはアウィクニングですね？

私 アウェイク（「アウェイク」とはあなたの「リトルi」から生まれるあなたという感覚がTfMプロセスの間に消えるあるいは吸収されることを意味する。こうしてある時点で、あなたの内なるガイダンスのみが残る。そして、あなたの内なるガイダンスによって導かれて、あらゆるものが自動的に起こる）して、そこからもう一度やり直したい。それが私のやりたいことです。その時点で葛藤はなく、葛藤はやむでしょう。

アダムス いいですよ。では、神はあなたがそれを持つことについてどう言っていますか？

私 神は、それは瞬時に起こり、いつでも起こり得る、と言っています。神は、助ける準備はできている、でもまずは私がアウェイクする準備をしなければならないと言っています。そうすれば、神は最後のステップに行くと言っています。

アダムス　分かりました。では神によれば次のステップは何ですか？
　葛藤ではなく、アウェイクニングに向けての次のステップは何ですか？
私　私は２〜３週間以内に助けになるプロセスを行うつもりです。
アダムス　分かりました。それではそれをやってください。では、神を一方の手に残して、手を離してください。

　アダムスは検証しなければならない別の「リトル i 」があるのに気づいた。つまり、 i （私）はまだ葛藤していたのである。

私　分かりました。
アダムス　では、もう一方の手に、葛藤しているあなたの部分を思い描いてください。
私　分かりました。
アダムス　その部分はどういうふうに見えますか？
私　彼はくるぶしと手首に体重をかけて歩きまわっています。
アダムス　その部分は何と言っていますか？
私　（ちょっと時間をおいて）「負担がとても重い。私はこれ以上重荷を背負いたくない」と言っています。
アダムス　そうですか。その部分はもう神に気づいていますか？
私　はい、気づいています。
アダムス　それは私が尋ねる前に神に気づいていましたか？
私　いいえ。
アダムス　きっと重かったことでしょう。その部分はその重荷を自分１人で背負っていたようですね。その部分が神に気づき、神に注目したとき、それは神を信じていますか。
私　信じようとしています。
アダムス　よいでしょう。では、重荷を背負っているその部分を神は

どう思っていますか？　重荷を背負う必要はあるのでしょうか。

私　重荷は心のなかにあるのであって、くるぶしや手首にあるのではないと神は言っています。

アダムス　そうです。その部分はそれを聞きましたか？

私　聞きました。

アダムス　では、その部分はその重荷を感じるのに何を考えなければなりませんか？　つまり、その部分は何を信じてそれほど葛藤しているのですか？

私　葛藤しなければ必要なものを得られないと信じていると思います。

アダムス　それについて神は何と言っていますか？

私　神は、それはバカげている、と言っています。「あなたは必要なものをいつでも手に入れてきたではないか。どうしてそれができなくなると思うのか」と神は言っています。

アダムス　そのとおりです。その部分はこれを聞きましたか？

私　聞きました。

アダムス　その部分の反応は？

私　「そのとおりだと思います」とそれは言っています。

アダムス　そうですか。もしそれが見方を変えれば、神の助けによって必要なものが手に入るのを見ることができるのです。その部分がそれを実際に見ることができるように両手を合わせてください。

私　その部分はそうしたいと思っているので、手は勝手に合わさります。

アダムス　手は神の助けで合わさってワンネスになるのです。

私　そうです。

アダムス　それを内部に連れ戻してください。

私　分かりました。

アダムス　それでは、あなたのやったことを見直してみましょう。必要なものを得られないと思っていたため葛藤していた部分があった。

今のあなたの考えは？

私 私の今の考えは、それはいつも手に入れていたもの、つまり必要なものを手に入れることができる、ということです。

アダムス そうです。分かりましたか。

私 私はいつも受け取っていたものを手に入れることができる。神は私を助けてくれている。

アダムス 神はいつもあなたを助けてきました。これからもあなたを助けてくれるでしょう。

私 はい。神は私をいつも助けてくれていました。神はこれからも私を助けてくれるでしょう。神はこれがうまくいくように私を導いてくれていたのです。

アダムス そのとおりです。これこそが真実ではありませんか、ピーター？

私 はい、そうです。

アダムス よろしい。今あなたの両手はどこにありますか。

私 私のひざの上にあります。

アダムス それでは、再び両手を差し出して、神を乗せてください。

私 分かりました。

　私が人生で欲しいものについてはまだ言っていなかった。それでアダムスはそれに対する答えを求めてきた。

アダムス では、キャプテン・ピーター、選択者よ、あなたが選びたいものは何か教えてください。

私 分かりました。

アダムス 神はあなたが必要なものは何でも手に入れさせてくれることは分かりましたね。では、あなたが欲しいものを探しましょう。

私 分かりました。

アダムス では、キャプテン・ピーターを呼び起こしてください。あなたに質問します。「ピーター、あなたの欲しいものは何ですか？」

私 （ちょっと時間をおいて）私はワンネス・アウェイクニングが欲しい。私は安心して暮らしたい。車も持ちたい。旅もしたい。

アダムス キャプテン・ピーターは神の存在に気づいていますか。

私 はい。

アダムス では、神はこれらの要求にどのように答えていますか？

私 それらは欲しいときにいつでも手に入れることができると神は言っています。神はこれらのうちのいくつかはすでに持っていると言っています。なぜなら、私は旅をするし、安心して住める場所もあるし、覚醒しようとしているし、車も借りられるからです。だから神は、「何が問題なのですか？ あなたは欲しいものはすでに持っているのに、なぜそれが分からないのですか？」と神は言っています。

アダムス そうですか。それであなたの答えは？

私 キャプテンの唯一の答えは、彼の銀行口座が増えないことです。減っているのです。

アダムス それは正しい観察ですね。なぜなら、それは事実だからです。そうですね？

私 はい。

アダムス それで神は何と言っていますか？

私 それは私が新しい技能を学ぶまで銀行口座で生計を立てるという計画の一環なのであって、私はただ無駄なおしゃべりをしているだけだと神は言っています。

アダムス 分かりました。それでキャプテンは何と？

私 それが私の計画の一環だったことは分かっています。

アダムス キャプテンが恐怖に感じていることはありますか？ あるいは、これを聞いて恐怖を持った部分はありますか？ チェックしてみてください。

私 私がトレーダーになるというこの計画がうまくいかないという恐怖があると思います。私は本当に成功するトレーダーになれるのでしょうか？

アダムスは彼女が直感的にそこにあることを知っていた「リトルi」の存在を察知した。つまり、「i」はトレーダーとしてお金を儲けることができないことを恐れ、「i」はそれをうまくやる方法を学べないのではないかということを恐れているということである。

アダムス では、キャプテンが監視できるように、彼をあなたのひざの上に置きなさい。空っぽになった手には、その恐怖を持っている部分をイメージしなさい。
私 分かりました。
アダムス それで、その部分は何と言っていますか？ それは何を恐れているのですか？
私 私はトレーダーとしてお金を稼ぐことができないのではないかということを恐れており、その方法を学ぶことができないのではないかということを恐れています。
アダムス それで、その部分はもう神の存在に気づいていますか？
私 気づいていませんでしたが、今は気づいています。
アダムス それは神を信じていますか？
私 少しだけ（時には部分は神を信じるようになるまえに神に紹介されて彼を知るようになる必要がある）。
アダムス 分かりました。では、私が神に、彼がトレーダーとしてお金を稼げないかもしれないという恐怖を神が共有してくれるかどうか聞いてみるので、それをその部分に聞かせなさい。
私 いいえ。私はこれまで私は神に助けられてきましたが、これからも助けられるでしょう。神は、「この恐怖を持てば、あなたはやりた

いことができない」と言っています。

アダムス 分かりました。

私 （神の声は続く）「恐怖はおそらくはあなたが最も恐れる結果を生みだすでしょう。私と一体化して、恐れを捨てれば、あなたは良いトレーダーになるでしょう」

アダムス その部分はそのことを聞きましたか？

私 もちろん、聞きました。

アダムス その部分は何をしたいのですか？

私 私はすでにトレーダーになるべく取り組んでいます。悪いトレーダーよりも、良いトレーダーになりたい。だから私は神と一体化し、彼と一緒にトレードしたい。

アダムス では、何をすべきかは分かっていますね。

私 両手を合わせる。

アダムス そうです。その部分が神と一体化したとき、何が起こるかを観察し、感じなさい。

私 （沈黙）

アダムス あなたが望めば、キャプテンも参加することができます（以前キャプテンはこのプロセスを見ているように言われた）。

私 この恐怖を感じる部分は私のトレーダーの部分であったということが分かってきました。この部分は以前は神を感じていませんでしたが、今は感じています。

アダムス 素晴らしいことです。

私 神を味方につければ市場で負けることはありません。

アダムス そのとおりです。神は市場でお金を稼ぐことが大好きなのです。

私 はい。

アダムス 神はあなたの偉大な指導者なのです。

私 はい。

アダムス　神はあなたのトレードパートナーなのです。

私　はい。

アダムス　では神のエネルギーをすべて自分のなかに取り込みなさい。これは神のプログラミングであり、あなた方はトレードチームなのですから。これはあなたのトレーダーの部分の新たな部分です。

私　はい。私たちはチームとして協力し合うのです。

アダムス　そのとおりです。

私　はい。

アダムス　それはどんな感じですか。

私　とても素晴らしい感覚です。

アダムス　あなたのやったことを見直してみましょう。恐怖をもった部分があった。銀行口座はどんどん減っていた。ピーター、あなたの今の考えは？

私　私の今の考えは、私は神の導きに従って意思決定をすべきだということです。私は、銀行口座ではなく、神と私の内なるガイダンスによってすべての意思決定をすべきなのです。

アダムス　ピーター、それはどんな感じですか。

私　とても良い感じです。とても役に立つといった感じです。

議論

時には「リトルｉ」への道はまっすぐではないことがある。この会話では葛藤と恐怖という２つの問題について語り合っている。会話の最初の部分では、私は「能天気」な部分を持っていた。それは葛藤に対する恐怖やトレードの将来的な成功を無視しようとしていた。なぜなら、その能天気な部分は学習と成長に必要な仕事をしたくなかったからだ。その結果、その部分は報いを受ける前に、あきらめて、楽しむことのみを考えていた。不幸なことに、この部分はキャプテン・ピ

ーターにこの部分が好きになるように仕向けた。なぜなら、キャプテン・ピーターは「能天気」な部分のハッピーな態度に魅力を感じていたからだ。しかし、結局はこの部分は真の幸福を装う者としての正体を現したため、廃棄されなければならなかった。

　アダムスは私に人生で本当に欲しいものを聞いてきた。私は葛藤はしたくないと答えた。しかし、その回答は新たな問題を提起した。つまり、「葛藤しない」ことを定義する前に、葛藤が何を意味するのか定義する必要があるということである。私にとって、葛藤しないとは、常に十分なものを手にしていることを意味した。そこで神が介入し、私は常に十分なものを手にしていることを、そしてこれからも十分なものを手にし続けるということを思い出させてくれた。神は、葛藤する部分は本当の葛藤を経験したことはなく、将来的に葛藤することはない、と言って私を安心させてくれた（神の言葉は私が言っているため、一体それはどこから来たのだろうと思っていることだろう。それは私にも分からない。ただアダムスが何かに対する神の考え方を私に聞いてくるとき、私を助けてくれ、愛情あふれる神の言葉だと信じられる方法で頭に浮かんでくるのだ）。

　しかし、アダムスは次のレベルに進んだ。それは、その葛藤の裏にある「理由」である。私はトレードの方法を知りたくて、今スーパートレーダープログラムに参加している。つい最近、お金を稼ぐどころか、過ちを犯してお金を失った。これらの過ちのひとつが次の会話のテーマだ。はっきりさせておかなければならないことは、私が犯すすべての過ちは私の責任だということである。つまり、コーチの指示を守っていれば過ちを犯さずにすんだのに、コーチの指示を無視したということである。しかし、過ちのすべての責任は私にあると言っても、その過ちが私の自信まで傷つけたというわけではない。したがって、最後に出てきた「リトルi」は、成功するトレーダーになるという目標に達することができないのではないかということを恐れていた。私

たちの会話に神にも参加してもらった結果、神は私のトレードを喜んで手助けしてくれることが分かった。それで私は、その恐怖を持つ部分が私のトレーダーの部分であることが分かった。そして将来的には、神は私のトレードパートナーになり、私の成功を手助けしてくれるのだ。手助けとは、神との強い結びつきとそれに伴う安心感によって、自分のトレードルールに従い、衝動的なトレードを避けるということを意味する。

このTfMプロセスのことを読者と共有する目的は、「リトルi」がどのように変革されるのかということと、このプロセスから私が学んだことを読者のみなさんに分かってもらうためである。「リトルi」がこれほど直接的にかつ素早く変革されたことに私は驚いている。この時期にこういった助けを得られたことを私は非常に幸運だと思っている。中心的なテーマのいくつかが何回か現れたことにも驚いている。私がこのことをアダムスに聞くと、彼女は、これらのテーマは少しずつ異なる課題を持っている多くの「リトルi」によって私の無意識のなかで支持されているから何回か現れたのだと言った。

過ちへの対処

アダムス あなたの前に両手を差し出しなさい。一方の手には、あなたのイメージする神を思い描きなさい。イメージできたらそう言いなさい。

私 私の右手には小さな青い光を放つピラミッドが見えます。

アダムス もう一方の手には、気まずい思いをし、あなたの過ちをだれにも知られたくないという部分をイメージしなさい。

私 それはお漏らしをした2歳の子供のように見えます。

アダムス その部分はあなたの犯した過ちについて何と言っていますか？

２歳の子供　お漏らしをしたことをだれにも知られたくない。

アダムス　では、その部分はもう神の存在に気づいていますか。

２歳の子供　はい。私は神の存在に気づいています。でも、神には私のことも、私の犯した過ちについても知られたくありません。

アダムス　その部分に言いなさい。出てくる必要などなく、裏に隠れて、ただ聞いていればいいのだと。神はその部分に何と言っていますか？

私　だれでも過ちは起こすものだ、と神は言っています。あなたが過ちを犯そうと犯すまいと、私はあなたを愛している、と言っています。でも、過ちを犯せば、それから学ぶことができます。これらの過ちを犯すことで、自分自身と生理的欲求をよりよく理解することができるようになります。これらを本当に理解すれば、その過ちは二度と犯さないでしょう。

アダムス　その部分はそれを聞いていますか。

私　はい。聞いています。

アダムス　それを聞いてその部分の気分は良くなりましたか？

２歳の子供　少し気持ちが良くなりました。私の過ちは永久にそれを繰り返すことはありません。

アダムス　もしこの部分に魔法の杖をあげたら、それは何を望むでしょうか？　その部分が本当に欲しいものは何ですか？

私　二度と過ちを犯さないことを望むと思いますが、それはかなわぬ夢です。

アダムス　もちろんそうです。その部分はその過ちを二度と起こさないことを望むでしょう。

２歳の子供　そうです。私はその過ちを二度と犯したくない。

アダムス　「この過ちに永遠に去ってもらいたい」ということですね。では、神はそういった原理、あるいはそういった原理の欠如について、どのように言っていますか？

私　過ちは起こるものだと神は言っています。でも、それをなくすお手伝いをしましょう、と言っています。
アダムス　神がそれをなくすお手伝いをすると言っているのですか？
私　それは必ずなくなる、と神は言っています。
アダムス　その部分はこのことを聞きましたか？
２歳の子供　はい。
アダムス　それは魅力的ですか？
２歳の子供　前よりもはるかに良くなりました。
アダムス　彼は助けを欲しがっていますか？
私　もちろんです。彼はそれが永遠になくなり、修正されることを望んでいます。
アダムス　では、両手を合わせてください。そうすれば、この部分はチームメイトとして神を取り込んで、神がそれを１人でやらなくてもすむようにするはずです。
私　はい、そうしました。
アダムス　では、何が起こったか教えてください。
私　この部分は間違いは起こるものだけれど、修正可能で永遠に続くものではないと感じています。
アダムス　そのとおりですね。では、今あなたには何が見えますか？
私　神と２歳の子供が固く抱き合っているのが見えます。信頼し合っているようです。
アダムス　そうですね。
私　信用と、一種のサポート、抱きしめ合う感覚。
アダムス　それでは、あなたのエネルギーをすべて内部に取り込んで、神もなかに取り込んで、戻ってきてください。
私　戻りました。
アダムス　どんな感じですか？
私　良い気持ちです。サポートされている感じがします。自分自身を

サポートし、神も私をサポートしているような感じです。そして、手を伸ばせば助けを得られるように感じます。

アダムス　そうです。このように過ちを犯しても、それは悪化することはないのです。

私　はい、そのとおりです。

アダムス　過ちは起こります。過ちが悪化することもあります、しかも何度も何度も。したがって、最も良いのは、過ちをできるだけ犯さないようにし、過ちを犯したら、それがどんなふうに見えるか、そしてそれをどうやってなくせばよいかを考えることなのです。

私　はい。

アダムス　これまでのことをおさらいしましょう。過ちを犯して気まずく感じ、自分自身にも神にも、だれにも知られたくないと思っている「リトルｉ」がいましたね。今あなたはそれをどんなふうに感じていますか？

私　犯した過ちについて気まずく思うことはそれを悪化させ、けっして良いことにはならないと感じています。過ちを認め、必要なら助けを求めることがよいと感じています。神は過ちを除去する手伝いをしてくれると言いました。結局求める助けはすべて得ることができました。

アダムス　その部分に何物をも見過ごさせなかったことで、あなたはあなた自身のために心理学的に素晴らしいことをしたのです。その部分は本当は最も重要なことではなかったことに気づきましたか？

私　気づきました。私がトレードすべきではなかった株は今日もっと下落しました。

アダムス　今日はこれ以外に何がありますか？

私　今日はとりあえずはこれで結構です。もうくたくたです。

議論

　トレーダーが犯す過ちで最大の過ちは、自分のルールに従わないことである。さらに、トレードをするのに文書によるルールがなければ、そのトレードに関するすべては過ちということになる。昔、ある株をトレードしたら一時的に利が乗った。だから、長い間それを観察していた。でも、私にはルールがなく、損切りも無視した。一時的に修正に入ったと思ったため、いくらかは儲けられるだろうと直感したが、市場全体が通常の強気相場からボラティリティの高い弱気相場に急激に変化したとき、私はこの過ちのツケを払うことになった。このトレードでは予想以上の損失を出した。最初のメンタルストップが近づいていたので、それが執行されることを恐れて注文を出さなかったからだ。損切りを入れたとしても、同じ日に損切りに引っかかっていたことだろう。

　しかし、そのトレードが儲けになろうとなるまいと、それ自体が過ちだったという事実は残る。今にして思えば、それは悔いて自分自身を罰する大きな損失というよりも、良い勉強になったと思っている。このトレードからは、自分自身についても、トレードについても多くを学んだ。そのトレードは最終的には手仕舞った。それで出血は止まったが、損失は現実化した。皮肉なことに、価格が一気に何ポイントも下落しても、ときどき反発して私の希望をつなぎとめてくれるため、そんなときでも夜眠れないということはなかったが、トレードを手仕舞った途端に、損失は現実化し、眠れなくなってしまった。でも、変革に取り組み続け、これが終わると、普段どおりに眠れるようになり、私の関心はトレードからスーパートレーダープログラムの心理の部へと移っていった（このトレーダーはスーパートレーダープログラムに参加する前からお金を稼いでいた。だから、彼は心理的なワークはやりたがらなくて、システムのワークショップのためだけに来ていた。

しかし、彼に必要なのは心理的・スピリチュアルなワークだった。ワンネスユニバーシティーはあなたにこのことを伝える方法を持っている)。

　過ちを犯し、それをだれかに知られることに対する困惑は、感情を含む子供時代の問題に原因があった。前に進むためにはこの感情を排除しなければならなかった。アダムスのTfMプロセスはこれらの感情を取り除いたり、ハイアーセルフ（私の場合は神）と一体化させることでこれらの感情を排除する非常に直接的で効果的な方法だ。私も人間である以上将来的にも必ず過ちは犯すだろう。このプロセスのおかげで、今ではこれらをリアルタイムで処理することができるようになり、必要なときは助けを求めたり、これらの過ちを素早く終わらせることができるようになった。この過ちから学んだ最も重要な教訓は、現実に向き合うことの重要性だ。プランがうまくいかず、予想どおりにいかないときは、ポジションをすぐにためらわずに売らなければならなかったのだ。しかし、私はこのトレードを仕掛けたとき予想したとおりにうまくいくことを期待して、ヘッドライトに照らされて身動きできなくなったシカのようにそこに立ちつくしてしまった。私の信念は役に立たず、私の反応も役に立たず、過ちを犯したという困惑も役には立たなかった。これらの役に立たない信念を排除するのに高い授業料を払ったのだ。

本章を終わるにあたって

　生きているかぎりこの旅は続く。神、ハイアーパワー、ユニバーサルマインドとの偉大な結びつきへのスピリチュアルな道。TfMやタープ博士の心理学的レッスン、ワンネスアウェイクニング、『奇跡の講座』を通じて、私はこの旅において大きな進歩を遂げたが、この旅の終着点がどのようになるのかは分からない。私にできることはこの

道を歩き続けることだけである。

　この道を歩んでいく最も良い方法は、これまでに信じてきたこと、あるいはやったあらゆることに対して問うことだということが分かった。しかし、長い目でみればこれもそれほど重要ではない。重要なのは、私が今を生きているというこの瞬間だけである。

　私はノースカロライナ州のカリーにあるホテルの一室でこれを書いている。窓を開け放していると、ハイウエーの音が遠くに聞こえる。私は車の往き交う音が好きだ。ラップトップの上には鏡があり、私は鏡像の一部を周辺視野で見ることができる。「私は自分自身を鏡で直接見るのはあまり好きではない」という考えが脳裏を横切る。取り組むべき新たな「リトルi」の出現だ。TfMプロセスは本質的にはハイアーパワーの助けによって行われる。だから、私はこの「リトルi」に自分自身で取り組むことができる。なぜなら私は1人ではないからだ。神がいつも私のそばにいてくれる。

　「リトルi」を変革するたびに、『奇跡の講座』ワークブックのレッスンをやるたびに、あるいはタープ博士の心理学コースに参加するたびに、私の内なるガイダンスと神へと結びつきは強まっていく。しかし、スピリチュアルの道を光のスピードで歩むのを助けてくれたのはワンネスアウェイクニングプロセスだと感じている。ワンネスブレッシングを与えたり、授かるたびに、私の神とのつながりは強まっていく。それは私がワンネスから絶えず受け取っている喜びと至福によるものだとはっきり言える。

　ワンネスブレッシングギバーになった人なら私の最後の言葉を理解できるはずだ。ワンネスブレッシングを授かったことのない人は、近くにいるブレッシングギバーを見つけ、すぐにブレッシングを授けてもらうことをお勧めする。それはあなたの人生を変えてくれるはずだ。

　すべての人に愛と平和と至福と喜びを。

補足

　私の変革の旅はこの1年で大いに深まった。私を通して神の声を聞くことで「リトルi」を克服するための会話をすることはもうなくなった。今では、神との強く美しい関係を持つことができた。前章でタープ博士が述べたように、ワンネスはバクタ・パラディーナと呼ばれるプロセスを使って、内なるガイダンス、つまり内なる神との個人的な関係を構築し、私たちがその神になってほしい人をだれでも選ぶことができる。私は仏教徒なので女神タラを選んだ。私にとってタラは神であり、神はタラであり、両者は切り離すことはできない。私たちはみな神と一体化しているのだ。

　1年前、タラと関係を築いて以来、この関係はレベル3からレベル8の関係に成長したと信じている（前章で「これはあなたやあなたのトレードにとってどんな意味があるのか」と題した節に列挙した、タープ博士による個人的な神と関係を築くステップを参照）。この関係が今の私にとってどんなものなのかと言うと、私は女神タラを絶対的に信頼し、彼女によって導かれている。あるいは、『奇跡の講座』の言葉を借りれば、私は自分の意思ではなく、神の意思によって導かれている、と言ってもよいだろう。

　この1年間にわたる変化は、ときには段階的であり、ときには放物線状でもあった。前章ではタープ博士は『奇跡の講座』レッスンとドゥルガーとの会話によってドゥルガーとの関係をどうやって強めたかについて書いている。また彼は彼女の助けとガイダンスに対して感謝している。昨年の12月、私はタープ博士からジョン・ランドルフ・プライスの『ザ・アバンダンス・ブック（The Abundance Book）』(Carlsbad, CA : Hay House, 1987) に従って80日間のアバンダンスプロセスをやるように言われた。各レッスンは8回繰り返し、日々の感謝の日記を付け、日々のレッスンについてタラと毎日会話するように

言われた。これによって私とタラとの関係は大きく前進した（これはとても大きな進歩だった）。アバンダンスプロセスの終わりあたりで、タラにブレッシングを求めると、いつでも「直接的な」ブレッシングをタラから受けることができるようになった。そのとき私の神が私の頭の上に手を乗せているように感じた。私がタラにブレッシングを求めるとき、いつでもそれを感じることができる。それ以後のディープニングの体験の後先に起こった出来事をもっと詳しく書くこともできるが、重要なのはストーリーではない。重要なのは、今私がどんな状態にあるかである。

　私はほぼ百パーセント、プレゼンスの状態にシフトした。プレゼンスの状態にないときでも、ものの数分でプレゼンスの状態に至ることができる。プレゼンスとは、赤ん坊や子供のころ、人生の最初の数カ月あるいは数年で経験した自然な人間の状態のことを言う。物に名前を付けたり、物事を判断したり、私たちのなかに何か足りないものを感じるようになると、プレゼンスは徐々に遠のいていく。内なるガイダンスに従うことでどの瞬間においても充足している日々は、次第に遠のいていくのだ。子供のころのプレゼンスという状態になることが変革とどう関係してくるのかを示した簡単な会話を見てもらいたい（この会話はそのあとの２つの会話のあとで発生したものであることに注意）。

タラ　最も重要なのがプレゼンス。今日何か発見しましたね。

私　プレゼントとは、ただここに在ることを意味します。だから、腕に赤ん坊を抱いているとき、何も言う必要はありません。ただ赤ん坊といるだけです。２つの心臓がともに鼓動し合っているのです。

タラ　それはどういう意味ですか？

私　それは私の思考と同じです。歓迎する必要も、感謝する必要もありません。あるいは、それらの思考に対して別の考えを抱く必要もあ

りません。思考が起こったとき、ただプレゼンスにいるだけです。思考からプレゼンスへの簡単なシフトだけで十分です。だから言葉は必要ではなく、役には立ちません。
タラ そうです。愛する息子よ、私はあなたを愛しています。そして感謝します。

　私は私の神を愛しているし、彼女もまた私を愛してくれている。タラの助けとガイダンスによって、私はタープ博士の「レベル３──意識レベルの変革」ステージに行くことができた。最近、ワンネストレーナーやブレッシングギバーはワンネスユニバーシティーの指導によって、アウェイクニングの体験を他人と共有することで彼らをこの状態に導く手伝いをしてきた。私も私の体験を他人と共有することで彼らをこの状態に導くことができればと思っている。今はこの意識のシフトを言葉でしか説明することはできないが、その本当の意味は言葉では完全に説明することはできない。今私の目に映るものはまったく違う世界だ。「見る者」は私のなかにあるのではない。それは頭の後ろの数インチのところにいて、私に満ち足りた気持ちを与えてくれているように感じる。このプレゼンスは日々強く、深くなっていく。アウェイクニングは個人的なものなのであなたの経験は違ったものになるかもしれないが、定量化できる素晴らしい現象だ。
　本章を支配していた厄介な「リトルｉ」はどうなったのかというと、今ではほとんど残っていない。たまに出てきても、タラの助けによって簡単に変革することができる。

タラ たとえ何があろうと、あなたは安全です。トレードはあなたの安全に対する答えではありません。トレードで成功しようと失敗しようと、あなたはいつも安全なのです。
私 ありがとう、タラ。

タラ プレゼンスがあなたの自然な状態であるように、平和はあなたの自然な状態なのですから、平和でいなさい。ところで、今日の恐怖はどんな具合ですか？

私 今週の週末、たとえエリー（私の好きな女性）が一緒に来なくても、私は瞑想に行くことにしました。私はそれをとても平和に感じています。私は彼女が好きなので、彼女と一緒にいると少し緊張します。でも、私はありのままの自分でいることができます。何が起こってもあなたが言ったことに変わりはありません。

タラ そうです。あなたは何があろうと安全なのです。これをマントラとして使ってはどうですか？

私 たとえ何があっても私は安全。たとえ何があっても私は安全。たとえ何があっても私は安全。たとえ何があっても私は安全。うまくいくようです！

タラ これを感じられなくなったらこの言葉を唱えるのです。

私 ありがとう、タラ。そうします。

タラ 私の愛する息子よ、あなたを愛しています。そしてあなたに感謝します。

　この会話以来、プレゼンスは私のデフォルト状態になった。しかし、夜目が覚めると、それを感じられないのだ。それから1週間後、私はタラにガイダンスを求めた。

私 真夜中に考えにとらわれて身動きできなくなり、プレゼンス状態に戻ることができなくなってしまうのはなぜですか？

タラ 夢は制御のきかない考えです。夢を制御することはできません。事実、夢は制御しようとはしないほうがよい。なぜなら、それらの考えはあなたの考えではないからです。

私 では、私はどうすればいいのでしょうか。

タラ 気持ちをゆったりと持つのです。絶望する理由などありません。あなたの思考を歓迎し、腕に抱いた赤ん坊のようにそれらを愛するのです。恐怖に対しても同じようにやるように言ったでしょ？ 今あなたはたくさんの恐怖を持っていますか？

私 最近は恐怖のことを考えたことがありませんでした。恐怖は感じませんが、レベルはかなり下がっています、ほとんど存在しないかのように。

タラ あなたの思考を愛すれば、それらをプレゼンスの状態に持っていくことができます。痛みを愛すれば、痛みは単なる思考なのだから、痛みに対する思考はプレゼンスの状態に持っていくことができます。どんな思考も愛しなさい。そうすればそれらはあなたに不安をもたらすことはなくなります。もし不安をもたらすようであれば、今度は不安を愛しなさい。腕に抱いた赤ん坊のようにね。今の深呼吸は良いですよ。

私 ありがとう、タラ。次に私がプレゼンスを与えてくれるように求め、私が私の思考を愛していなかったら、私の思考を愛するように言ってください。

タラ そうしましょう、私の愛する息子よ。あなたの望みや要求はすべて叶えられます。求めれば、与えられるのです。私の愛する息子よ、幸運を祈ります。私はあなたを愛しています。あなたに感謝しています。アーメン。

　このタラの導きで示されたように、プレゼンスが愛を含んでいることは明らかだ。私は今、どう表現すればよいか分からないが、自分の心と深く不変の結びつきを感じている。私がやることはほとんどすべてがタラによって導かれ、プレゼンスのなかで成し遂げられている。もしこうならなければ、私はタラに助けを求める。

　私は神からの贈り物を授かったが、それによって自分が特別になっ

たとは思わない。むしろ以前よりも普通になったように感じる。朝目覚めると、その日やることについて考えが浮かぶ。しかし、ほかのことをやるように導かれたら、それが私のやるべきことである。私は幸せで、愛されていると感じる。ほかの人にもこれが普通になってもらいたいと思う。

　最後に、タープ博士が前章で提示した「これはあなたやあなたのトレードにとってどんな意味があるのか」に対する答えとして、あなたの神と強い関係を築くことがいかに役立つかについて話したいと思う。先週の金曜日、ドイツにいる友人とスカイプを通じてS&P500のEミニ先物をつもり売買した。私たちは両者ともプレゼンスの状態にあった。私たちはそのときの5分間の市場のトレンドを正しく判断できていなかった。私の友だちは先週も同じことが起こったことに気づいていた。彼は、タラにこの問題について聞いてみたらどうか、と言った。以下はそのときの会話である。

私　タラ、私たちは今日のトレードで何か見落としたことがあったのでしょうか？
タラ　あなた方は起こっていることを見逃したのです。
私　それは何ですか？
タラ　あなた方は確信を求めました。
私　確信を求めてはならないのですか？
タラ　チャートを見て、何が見えるか言いなさい。
私　トレーディングレンジの高値に抜きん出た足があります。
タラ　では売りなさい。
私　利益目標は？
タラ　トレーディングレンジの3ティック下です。そして待ちなさい。プレゼンスの状態になりなさい。エンジョイ。
私　一部をスイングトレードにすべきですか？

タラ しても構いませんが、なぜ与えられているものを受け取らないのですか？

私 与えられているものが－1R（リスクの1倍の損失）だったらどうなりますか？

タラ そうかもしれませんね。でもそれはあなたにはどうしようもありません。

私 ストップが執行されたので、トレードはうまくいきませんでした。

タラ あなたはまた見ていませんね。トレードを再定義しなさい。

私 私はトレードを、勝ったらうまくいったものと定義しています。

タラ それは正しくありません。あなたはトレードを仕掛け、損切りと利益目標を置いた。そのうちのひとつが執行されたのだから、それはうまくいったことになるのです。

私 トレードは私に合っているのでしょうか？

タラ あなたに喜びと満足感をもたらすものはすべてそうです。それは何でもよいのです。もしそれが変わったら、あなたは気づくでしょう。

私 私は成功するのでしょうか。

タラ あなたは成功します。そしてプレゼンスの状態にあり、私とともにいます。成功はすでにあなたのものです。あなたは何があっても安全なのですから、今も、そしてこれからもずっと成功します。私の愛する者よ、私はあなたを愛しています。そしてあなたに感謝しています。喜びに満ちあふれますように。

　損切りに引っかかったとき、買いにドテンした。だから、このトレードは結局は2Rの勝ちトレードになった。
　タラが私を導いてくれ、愛してくれ、プレゼンスと愛のなかで私が彼女と一緒にいたことに対して感謝してくれたことに対して、ありがたい気持ちでいっぱいだ。愛する読者よ、私はあなた方を愛している。

あなた方に感謝する。これはプレゼンスと真実のなかで成し遂げられたことだ。これ以上のことはない。私は生涯にわたる旅の途中にある。より深い結びつきを目指すスピリチュアルな道を私はこれからも歩み続けるつもりだ。

第12章

あなた自身の世界を作る
Creating Your Own World

バン・K・タープ博士

以前 タープ的思考の原理を取り入れるかどうか迷っていた。
現在 何の迷いもなくタープ的思考の原理を取り入れ、トレードを楽にかつ成功裏に行うことができるようになった。

　現時点では、あなたは偉大なトレーダーになるためのワークを懸命にやろうと思っていると思う。また、われわれのモデリングワークの背景にある重要なタープ的思考の原理も理解していると思う。あなたはこれらの原理をすでに習得したか、あるいは少なくともこれらの原理を習得するためには何をすればよいかを知り、それを行うつもりのはずだ。その場合、あなたの次のステップは自分自身を極めることである。レベル2の変革はまさにこのためのものだ。
　表12.1を見てみよう。これは自分自身を極めるのに必要なタープ的思考の概念を一覧表にしたものだ。各概念の右側には、その概念を完全に理解したかどうかをチェックするチェックボックスを設けてある。理解できない場合は、本書第2部の全章を読み直すことをお勧めする。
　最初の4つの概念は第1部と第2部である程度述べたものだ。これらの概念の背景にあるのは、あなたがあなたのトレードにおいて重要

あなた自身の世界を作る

な要素であるということと、得られる結果はすべてあなたの責任であるという考えである。この点は第１部で強調したが、ここでも繰り返す。これを理解しなければ、過ちを正すことはできないだろう。つまり、効率的なトレーダーにはなれないということである。

　また、必要なワークを懸命にやるように努めることも重要だ。なぜなら、一生懸命にやらなければ、立ちふさがる最初の障害とダンスしてしまうことになり、そのダンスによって目標へ向かってやろうとしていることはすべて停滞してしまうからだ。また、自分の好きなことをすることが重要だ。それにトレードが入っていなければ、おそらくはあまり熱心に励まないため、トレーダーとして成功することはできないだろう。

表12.1 タープ的思考の心理的ルール

タープ的思考の心理的原理	出てきた個所	チェック
1. あなたに起こることはすべてあなたの責任。これを理解すれば、過ちを正すことができる。これを「責任能力」と呼ぶ。	第1部と第2部	☐
2. 懸命にやらなければ、障害を回避し、目指す目標に向かって進む代わりに、障害にぶち当たり、障害とダンスすることになる。	第1部	☐
3. あなた自身とあなたのトレードに対して必要なワークを懸命にやらなければ、あなたは成功しないだろう。	第1部	☐
4. あなたの好きなことをしなさい。そのなかにトレードが含まれていなければ、トレーダーにはなるべきではない。		☐
5. あなたはあなたの部分の集合体であり、その集合体こそがあなたが自分自身と思っているものである。	第9章	☐
6. 部分は良い意図を持っているが、それらが自分自身のことをやり始めれば対立が生まれる。	第9章	☐
7. その対立は部分との交渉やTfMを通して取り除くことができる。	第9章と第11章	☐
8. 自分のアイデンティティーとスピリチュアルな信念を理解し、それらが役に立つものかどうか判断しなければならない。	第7章	☐
9. 役に立たない信念は、それが役に立たないことを理解するだけで変えることができる。ただし、その信念に感情が含まれていない場合に限る。	第7章	☐
10. 信念に感情が含まれている場合、感情の解放によってその感情を取り除く必要がある。	第8章	☐
11. トレードをうまく行うには、あなた自身を監視し、自分を磨くことに努める必要がある。	第2部	☐
12. あなたの障害になっている大きな問題を発見したら、その問題の解決方法を探し、それとダンスすることは避けなければならない。	第2部	☐
13. あなたの内なるガイダンスはあなたの親友だ。その使い方を学べ。	第10章と第11章	☐
14. しかし、「願い」を直感と取り違えてはならない。	第10章	☐

個人的な責任はやることに対して及ぶものであり、起こることに対しては及ぶものではないと言う人もいるだろう。しかし、意味を与えるものは、あなたに起こることに対するあなたの反応である。あなたの現実はあなたが物事に与える意味によって形成され、常にあなたの信念によって変わるものなのである。したがって、あなたがお金を失い、落胆すれば、あなたがその損失に対して与える意味に対してあなたは責任を負うことになる。また、あなたはその損失に対しても責任を負う。なぜなら、トレードや投資をするとき、損失は起こり得るものだということを受け入れなければならないからだ。

　次に、もしあなたが多くの人々と同じであれば、あなたは内なる葛藤を多く抱えているはずだ。あなたは、「私は本当に偉大なトレーダーになりたいが、いつも時間を浪費している」とか、「必要なだけのことをする時間がない」といったようなことをいつも言っている自分に気づくはずだ。これは、時間を浪費したり、自分の欲望のために時間を使い、あなたのトレーダーの部分から遠ざかってしまう部分をあなたが持っている例を示すものだ。あなたはこれらの部分を認識し、それらの間の対立を取り除く必要がある。このためには、それぞれの部分は信念を持っており、その信念はほかの部分の信念と対立することを理解することが重要だ。つまり、あなたは多くの対立する、役に立たない信念に振り回されているということである。

　部分のワーク、信念のワーク、感情のワークを終えたら、あなたの内部で起こっていることに気づき、自分自身を監視し、あなたを脱線させようとする問題を事前に解決することができる。

　自分自身を極めたければ、「ピークパフォーマンスの通信教育講座」を受講することを強くお勧めする。しかし、私は本書であなたが必要とするものはすべて与えたいと思っている。したがって、次の９つのステップも並行して行うことをお勧めする。これらはあなたのプログラミングを解くのに大きな効果を発揮するはずだ。

自分自身を極めるための9つのステップ

ステップ1 ── 自分は対立する部分の集合体

　あなたの部分はいくつかのグループに分けることができる。最初の部分は、あなたが感じたくない感情を表すものだ。例えば、あなたは蓄えられていた恐怖を絶えず解放することによって怖いものからあなたを守る恐怖の部分を持っているかもしれない。怒り、拒絶、恥といった負の感情についても同じような部分を持っているかもしれない。

　あなたの人生におけるさまざまな役割を表す部分もある。例えば、トレーダーの部分、夫あるいは妻の部分、親の部分、フルタイムの仕事の部分、ゴルフをする部分などがそうだ。

　また、さまざまな行いを表す部分もあるだろう。制御する部分、正しくありたいと思う部分、完全主義者の部分、ぐずな部分、興奮する部分、冒険する部分などがそうである。

　自分の人生における重要な人々を表す部分も持っている。彼らと生計を共にすれば楽に暮らせるような部分だ。母親、父親、伴侶、継母、娘などを表す部分がこれに当たる。

　最後の部分は縁を切った部分、つまり影の部分である。これらの部分は見つけるのが難しい。なぜなら、これらはあなたの投影のなかにのみ現れるからだ。あなたは他人に対してどういったところが嫌いか。あなたが他人のなかに見るものがあなたと縁を切った影の部分である。

　部分をこのように考えれば、どの部分があなたのなかにあるかが分かってくるはずだ。トレーダーの部分に、ほかの部分でトレーダーにかかわる部分があるかどうか尋ねるとよい。トレーダーの部分はきっと教えてくれるはずだ。新しい部分が現れたら、それが知っているほかの部分のことを聞くのを忘れないようにしよう。部分のリストを作成したら、次のステップに進む。

ステップ2 ── 各部分からアイデンティティーレベルの信念を25から30個引き出す

　この練習を終えるころには少なくとも200のアイデンティティーレベルの信念のリストが出来上がっているはずだ。なぜなら、あなたは少なくとも10の部分を持っているはずだからだ。例えば、トレードに関連する部分は、①トレーダーの部分、②リサーチャーの部分、③興奮する部分、④自己批判する部分、⑤お金を失わない部分、⑥ぐずな部分、⑦完全主義者の部分 ── などがあるだろう。このほかにも、⑧恐怖の部分、⑨父親の部分（あなたのお父さんを表している）、⑩ゴルフが好きな部分 ── を持っているはずだ。これで部分は全部で10個だ。

　あなたの次の仕事は、それぞれの部分に入り込んで（それぞれの部分に責任を持たせ）、それぞれの部分があなたを何者だと思っているか、20から30の信念を引き出すことである。これらの信念は「私は～（である）」から始まるはずだ。

　例えば、あなたのトレーダーの部分から25の信念を引き出したとしよう。次に示すものはその一例だ。

1．私はトレーダーだ。
2．私はトレンドフォロワーだ。
3．私はリスクをとる人間だ。
4．私はリワードがリスクよりもはるかに大きいときだけリスクをとる人間だ。
5．私は注意深い。
6．私はプランを立てる人間だ。
7．私はルールに従う人間だ。
8．私は怠惰で宿題をしない。

9．私はよく過ちを犯す。
10．私はまめだ。

　このほかにも信念はいろいろある。
　次は完璧主義者の部分に聞いてみよう。完璧主義者の部分からは18個の信念を引き出すことができた。次に示したものはその一例だ。

1．私は正しくあることが好きな人間だ。
2．私はけっして満足することがない。もっと良くなりたい。
3．私は「何が」に対しては批判的だ。
4．私は非常に細かい。
5．私は確信できるまで行動に移さない人間だ。
6．私はいつも働いている。
7．私はいつも物事を良くすることばかり考えている。
8．私は他人が考えていることに関心がある。
9．私はトレーダーやリサーチャーをいつも観察している。なぜなら、彼らは私のことが好きではないからだ。
10．私は妙な希望は抱かない。

　この作業を終えるころには、それぞれの部分についてここに列挙したもの以外にもあと10や20の信念を思いつくはずだが、これだけ列挙すればおおよそのことは分かるはずだ。
　これを参考にして、各部分の持つ信念をすべて書き出そう。ひとつの部分の信念はほかの部分の信念と対立することに気づくはずだが、すべてを書き出せば、あなたの人生を動かしているものが何なのかが分かってくるはずだ。そうすれば、あなたをがんじがらめにするマトリックスのことが分かり、それを飛び出す機会が得られるはずだ。
　私には信念について多くの質問が寄せられる。ここでそのいくつか

に答えることにしよう。

信念とは何ですか？　すべてが信念だと言われても、私には漠然としすぎて分かりません。

例を挙げましょう。

あなたは、私の信念に対する発言があなたには漠然としすぎているという信念を持っています。それが信念です。

あなたの思考にはひとつ以上の信念が含まれています。それ自体が信念です。こんな説明でお分かりになっていただけましたでしょうか。

「正しい」信念を持つことでなぜ偉大なトレーダーになれるのですか？

そうですね、正しい信念を持つことは重要ではないというのは信念です。例えば、あなたは価値のない人間で、それを自分に対して証明し続けなければならないという信念を持っているとします。その場合、その信念があなたのトレードを破滅に導くとは思いませんか？　あなたが自分はトレードで利益を稼ぐ価値がある人間だと思っていたとすると、そのほうが役に立つと思いませんか？

タープ的思考の概念のほとんどはあなたがトレーダーとして成功することを手助けします。ただし、あなたがそう思っていればの話ですが。その信念が現実のものになれば、あなたは信念の力を自分自身に対して証明したことになります。

偉大なトレーダーになるために必要な信念としては、どんな信念を持てばよいのですか？

第6章のタープ的思考の概念を読んでください。そこには良い例がたくさん出てきます。

信念が役に立つかどうかはどうすれば分かるのですか？

自分にいくつか質問してみれば分かります。

まず、その信念はあなたと何かを分離するものですか？　どの信念もあなたを何かから分離しますが、あなたをより強く分離するものもあります。信念チェックパラダイムをやってみてください。そうすれば、その信念が役に立つかどうかが分かります。

否定的な信念が繰り返し現れたらどうなるのですか？

否定的な信念が繰り返し現れるということは、そのなかに感情が多く含まれている可能性があります。感情が解放されるまで、感情解放を行う必要があります。感情が解放されたら、その信念はもっと役立つものと置き換えることができます。

ステップ3 ── それぞれの信念に対して信念チェックパラダイムを行う

信念チェックパラダイムについては第7章で話した。「その信念を持つようになってどういったことをやるようになったか」という質問に対して、少なくとも5つの回答を示す。また、「その信念を持つようになって何をやらなくなったか」という質問に対しても、少なくとも5つの回答を示す。ほとんどの人はこれらの質問に対する信念を思い浮かべるのに苦労する。なぜなら、その質問に答えるあなたの部分は、その信念を持っているからだ。これを簡単に行うには、ほかの部分に2番目の質問に答えさせることだ。

例えば、完全主義者の部分が「私は確信できるまで行動に移さない人間だ」と言ったとする。この信念を持つようになって何をしなくなったかと尋ねるとき、完全主義者になるのはやめ、トレーダーになるのだ。リサーチャーになるのだ。興奮する部分になるのだ。これらの

部分はおそらくはその信念は嫌いなはずだから、多くの答えを示すことができるはずだ。

ステップ3a ── 役に立つ信念は持ち続けよ リストを完成させたら、その信念が役に立つかどうかを問え。その信念が役に立つ信念なら、それを持ち続けよ。でも、信念の多くは役に立たないことが分かるはずだ。人生が変わり始めるのは、役に立たない信念を役に立つ信念と置き換え始めたときだ。

ステップ3b ── 感情を含まない役に立たない信念を役に立つ信念と置き換えよ 感情を含まない役に立たない信念は、役に立たないことが分かれば役に立つ信念と簡単に置き換えることができる。例えば、「確信できるまで行動には移さない」という信念は、「リワード・リスク・レシオがあなたに有利になったとき行動する」という信念に置き換えることができる。最初の信念があまり恐怖を含んでいないものであれば、これは簡単に行える。

ステップ3c ── 残っている信念に感情が含まれているかチェックせよ 役に立たない信念の半分は強い感情が含まれているはずだ。そういった信念とそれに関連する感情をリストアップし、ステップ5にしたがって感情を解放する。

ステップ4 ── 投影とあなたの影の部分を見つけよ

ステップ３が終わったら、あなたの影の部分を見つけよ。影の部分とは、あなたが忌み嫌い、ひどく不快に感じ、あなたが縁を切った部分のことを言う。しかし、依然としてそれはあなたの部分であり、予想もしないときに現れるものだ。ではこれをどうやって見つけたらよいのか。そのためには、あなたの嫌いなありとあらゆるタイプの人間を思い浮かべ、なぜあなたが彼らを嫌いなのかを考える。それらの人々

はあなたの影の部分を表すものだ。

　例えば、あなたは頑固な人が嫌いだとする。あなたは彼らを忌み嫌っている。そこで次のことを考えるのだ。あなたは彼らにとって頑固者ではないのだろうか。あなたは暴力を嫌い、それを防ぐためなら何でもやるとしよう。あなたは自分のなかに暴力は持っていないだろうか？　これらがあなたの影の部分だ。

　5つ以上の影の部分を探し、それが持つ20から30の信念を引き出す。そういった部分の信念のほとんどは感情を持っているはずなので、あなたはそれを解放する必要がある。

ステップ5 ── 感情解放によって感情を解放せよ

　次に、役に立たない信念に含まれる感情をリストアップし、第8章で述べた感情解放手法のひとつを使って感情を解放する。これらの手法には次のものが含まれる。

1．第8章で述べたパークベンチテクニック。
2．ヘイル・ドウスキンの「セドナメソッド」コースのなかのセドーナメソッドテクニック。
3．私たちのピークパフォーマンス基礎編ワークショップで教える手っ取り早い解放手法。

　これらのテクニックを定期的に使おう。あなたはその結果に驚くはずだ。
　私は負の信念に含まれる感情の解放についてもよく質問される。これらの質問のいくつかに答えることにしよう。

信念にどれくらいの感情が含まれているのかはどうすれば分かりますか？　あなたの信念のなかで最も多くの感情を含んだ信念はどういったものですか？

　これにはこの9ステップのプログラムが役立ちます。さらに、気をつけていれば、そういった感情が現れたらそれをすぐに察知することができます。気がつかなければ、負の感情を十分に経験することなく、それらに抵抗して、逃げるだけです。

感情を解放するには、それを含む信念を特定する必要がありますか？　それともただ感情を解放するだけですか？

　負の感情は現れたときに解放して、消えてしまえば、その感情によってがんじがらめになっていた役に立たない信念はすべて消えます。

感情を解放してしまったら、それを二度と体験できないということですか？　それによって何かを失うということはないのでしょうか？

　例えば、特定の状況において恐れを感じ、それを解放するとします。感情を解放するとき、次のいずれかが起きます。

1. 同じ状況が起こり、あなたはそれに対して中立的になる。何かを失わないか。失ったとすれば、それは特定の状況で発生する負の感情であり、役に立たない信念をがんじがらめにしていた感情です。これが損失になるでしょうか？　それが何かを失う唯一の方法だとしたら、それを所有したいと思いますか？
2. 同じ状況が起こるが、以前よりも恐怖を感じなくなっている。このような場合、あなたにはもう少し感情解放が必要です。つまり、この状況で恐怖を引き起こす部分をあなたはいくつか持っており、あなたはそのうちのひとつを解放したにすぎないということです。

3．別の状況が起こり、あなたは恐怖を感じている。これは同じ感情の別バージョンである可能性が高いといえます。これは別の感情として開放する必要があります。

抵抗を感じたらどうすればよいのですか？

あなたが抵抗するものは持続する傾向があります。ある感情に抵抗したら、その感情を強めるだけです。感情は抵抗しなければそよ風のように感じられます。でも、抵抗すれば、カテゴリー５のハリケーンと同じです。抵抗を感じたら、その抵抗を感情と考えて、それを解放することです。

ステップ６ ── 人生を振り返り、現れた信念をリストアップせよ

次のステップは、あなたがこれまで生きてきた人生のうち、１年当たり20分か30分かかる。だから、あなたが今40歳だとすると、この練習には14時間から20時間かかることになる。

さて、あなたのやるべきことを話そう。あなたがこれまでに生きてきた人生の１年ごとに、起こったことで覚えていることをすべて書き出す。覚えていることすべてだ。子供のころの話は周囲にいた人に聞いてもよい。

それぞれの年に起こったことをすべて書き出したら、その年齢のときに形成したと思われる重要な信念を書き出す。これを終えたら、それぞれの信念に対して上のステップで述べたことを行う。

1．それぞれの信念に対して、信念チェックパラダイムを行う。
2．役に立たない信念を役に立つ信念と置き換える。
3．蓄えられた感情を解放する。

人生を振り返る練習は、私がスーパートレーダーの候補者たちにやらせる重要な練習のひとつだ。この練習についてはデータを http://www.vantharp.com/matrix.asp から無料で取得可能だ。

ステップ7──問題をリストアップし、その基となる原因（信念や感情）を見つけよ

もうこれだけやれば十分では、と思っているかもしれないが、本当に十分やったと言えるだろうか。あなたはまだ問題を抱えてはいないか？ 変えたいと思っている行動パターンがあるのではないか？ もしそうなら、まだ終わったことにはならない。

あなたの抱えている問題をリストアップして、それぞれの問題の根底にある感情や信念を見つけだすのだ。

例えば、テレビを見て無駄な時間を過ごしすぎているとしよう。それは一種の逃避である。次にテレビを見ようとしたとき、見るのをやめよう。少なくとも最初は見るのをやめるように努力する。そのとき、あなたにテレビを見よと言っている感情に気づくはずだ。それは退屈の感情かもしれない。不安で仕方なく、だから逃避したいと思っているのかもしれない。あるいは、孤独を感じているのかもしれない。あるいは得体の知れない感情が体の中にあるのかもしれない。その感情の裏側にある信念は何だろう？ その感情に対して感情解放を行ったらどうなるだろう？ それをやるときの自分の反応にも注意しよう。おそらくはそれも解放しなければならないものだろう。

あなたとあなたの行いをコントロールしているマトリックスが見え始めたのではないだろうか？

ステップ8 ── あなたの内なるガイダンスと常に交信し続けよ

第10章、第11章、そしてこのあとの第13章を読み終えたら、あなたは何らかの反応を示すはずだ。それはどんな反応だろう。はっきりしない場合、今それらを見直そう。あなたの内なるガイダンスに語りかけることについて、あなたはどんな信念を持っているか。それらの信念をひとつずつ信念チェックパラダイムにかけ、これまでのステップで述べたことを行おう。

『奇跡の講座』はこれについて次のように言っている。

> 創造者と創造を一体化させることで、あなたは完全になり、健全になり、無限の力を持つことになる。この無限の力は神からあなたへの贈り物である。なぜなら、無限の力こそがあなただからだ。あなたが自分はその力の一部だと信じられずにその無限の力から解離すれば、この宇宙で最も強力な力を弱い力とみなしているのと同じである（『奇跡の講座』第3版、T-7.VI.10.4-5 ［Temecula, CA : The Foundation for A Course in Miracles, 2007］）。

ハイアーパワーを信じることについて問題があるのならそれらに気づき、それらを解決しなければならない。これらはあなたが信じていない信念、感情、あなたの部分にすぎないことを思い出そう。これらに対処する方法は以下のとおりである。

まず、あなたの内なるガイダンスと毎日筆談で会話を始める。あなたのハイアーパワーに質問し、答えが返ってくるのを待つ。何かが思い浮かんだら、それを書き取る。これを毎日行い、現れる問題に注目する。問題が現れたらそれを解決する。あなたの内なるガイダンスが安定したものであるならば、このプロセスを手助けしてくれるはずだ。

内なるガイダンスを見つけ、それを強める方法について私はよく質問される。そのいくつかを紹介しよう。

神を信じることでなぜ私は今よりも良いトレーダーになれるのですか？
　いくつかの例を挙げますので、自分で考えてください。まず、デビッド・ホーキンズは次のように言っています——もしあなたが無神論者なら、あなたの意識レベルはおよそ190だ。人々は低い意識水準ではうまくトレードできないことはすでに述べたとおりです。もしあなたが神を信じないのであれば、意識レベルを高めるためには、あなたが信じない神のタイプを見定め、**何かほかにあなたに合うものを、あなたが信じるものを探す**ことです。
　次に、神を信じるのであれば、内なるガイダンスを築き始めることができます。内なるガイダンスはあなたの変革にとって絶対不可欠なものです。レベル３の章を書いた人は、内なるガイダンスを信じることの重要性を何回も強調しています。
　最後に、内なるガイダンスがあなたにとって重要なものなら、内なるガイダンスはあなたがうまくトレードするのを助けてくれます。あなたに必要なのはそれを信じることだけです。

神はただ私たちを脅したり罰を与えるためにいるのだと思います。神を信じるよりも、お金をうんと儲けて自分のやりたいことをやったほうがマシだと思います。
　そんな神を信じてはいけません。それはまったく役に立ちませんから。どうしてもっと役に立つ神を見つけて、それを利用しようとはしないのですか？　脅したり罰を与えたりする神を信じ、あなたのやりたいことをやってお金を儲けようとすれば、その同じ神はあなたが人生で行うすべてのことに影響を及ぼすでしょう。それよりも、偉大な

関係を築くことができ、それから得られるガイダンスを信用できる神を見つけたほうがはるかによいのではないでしょうか。

私の内なるガイダンスとは何ですか？ それは「私」ですか、それとも私の外部のものなのですか？

あなたが私たちはみんなひとつなのだということを喜んで受け入れれば、あなたの内なるガイダンスはそれを表すあなたの内部表現になります。あなたの内なるガイダンスはあなたを無条件に愛し、どんなことがあろうといつもあなたのそばにいて、あなたを助けてくれます。あなたは試されているのです。もしあなたが神こそがすべてだと喜んで信じるならば、それがあなたが神とつながるあなたの内面的方法なのです。いずれにしても、これらはすべてあなたの内面で起きていることであって、あなたの外で起こっていることではありません。そして、神がすべてのものなら、あなたも含まれるということになりはしませんか？

しかし、それはあなたではありません。なぜなら、あなたが自分を変革すれば、あなたの部分は消え、考える人はいなくなるからです。つまり、あなたがいなくなるということです。残るのは内なるガイダンスだけです。

私は宗教は信じていませんが、私の内なるガイダンスはどうやって探せばよいのでしょうか？

おそらくあなたが意味することは、あなたは神を信じないということだと思います。それでもよいでしょう。事実、以前の私もそうでしたから。あなたが決めなければならないのは、どんな神をあなたは信じていないのか、またどんな神ならあなたの役に立つのかということです。あなたに必要なのは、あなたの内なるガイダンスとしてあなたと関係を持つことができる神です。あなたがまずやらなければならな

いことは、あなたの内なるガイダンスが宗教的な信念から来ているという信念を取り払うことです。

ステップ9 ── 部分を取り除くか、あるいはそれらがあなたとともに働くことができるようにせよ

　対立を解決する方法については第9章で述べ、そのスピリチュアルな形（TfM）については第11章で述べた。

　第9章や第11章で述べた方法を使って、あなたの対立する部分を取り除こう。やり方についてはすでにご存じのはずだ。

　自分自身を磨くという作業は困難な作業だ。だからほとんどの人はやりたがらない。でもこれを進んでやれば、報われるはずだ。助けが必要なら、助けを求めればよい。結果は驚くべきものになるはずだ。

　第9章で述べた対立を解決する練習では、あなたの部分の1つひとつをイメージすることが求められる。しかし、これができない人もいる。もしそれがあなただったら、とにかくそれらしいものを作り上げることだ。たとえ想像上のものであっても、あなたのなかからやってきたものであることに変わりはないので、それでもオーケーだ。まったくイメージできない場合は、何かに妨害されている可能性が高い。でも、いろいろな問題に取り組んでいるうちに、その障害物は消えるので心配はいらない。その問題が解決するまで、感覚と聴覚だけを使うことだ。

　最後に、これらの練習を十分に積んだら、大きな変革が始まるはずだ。例えば、

- ●役に立たない信念が突然消える。
- ●特定の状況でよく現れていた負の感情が、同じ状況にあっても現れなくなる。

- ほかの部分と対立していた部分がチームプレーヤーになる。あるいは、消える。
- これといった理由はないが、以前よりも幸せを感じる。

　まず、自分自身を変革すると、マトリックスをコントロールできるようになる。つまり、役に立たない信念を役に立つ信念に変えることができるということである。これによって、あなたが行うあらゆることであなたが効率的になれるようにあなたをプログラミングすることができるようになる。これにはもちろんトレードも含まれる。

　変革が進むと、あなたの部分が消え、内部の対立も少なくなる。これをあなたの個性の喪失と言うが、あなたが持ちたいと思うものは、対立する部分だろうか、それとも平和と幸福だろうか。

　意識レベルが高まると、あなたの意識レベルに対応するいろいろなものが人生に引き寄せられるようになる。非常に否定的な友人を持っているとすると、あなたは彼らを失うだろう。しかし、その代わりにあなたの意識レベルに近いレベルの友人ができるはずだ。

第3部　意識レベルを変えることでマトリックスを超える

MOVING BEYOND THE MATRIX BY TRANSFORMING YOUR LEVEL OF CONSCIOUSNESS

バン・K・タープ博士

　デビッド・ホーキンズ博士は世界有数の精神科医の1人だ。彼は非常に高い意識レベルを持ち、患者たちに奇跡の治療を施してきた。やがて彼はクリニックをたたみ、心理学の博士課程に進んだ。彼の博士論文のテーマは意識レベルについてであった。

　意識とは一体何だろう。意識とは、気づき、自己認識、活動の基となる精神状態と言うことができるかもしれない。例えば、トレーダーは「恐怖」や「欲」（低い意識レベル）よりも「受容」（高い意識レベル）でのほうがはるかにうまくトレードできるだろう。ある意味では意識レベルとは何かの真実を測定したものと言えるだろう。低い意識レベルは幻想で満たされ、高い意識レベルは幻想を飛び超えて真実へと向かう。

　本書の序文では、ホーキンズ博士が『パワーか、フォースか』（三五館出版）で人間の意識レベルを測るのに使っている対数について述べたが、それは役に立つのでここでもう一度おさらいしておきたい。人間の意識レベルは1から1000までの対数によって表され、1000は人間によって達成される最も高い意識レベルを表す。意識レベルが1000に達した人は悟りに達した人で、数人しかいない。イエス・キリストやブッダなどがそうである。ホーキンズによれば、200がマイナス思考とプラス思考を分ける境界線だと言う。200を下回るレベルの人は

自己破壊的で、戦争を引き起こしたり、自殺したりする。

　意識レベルを測るこれに似た尺度もある。セドナメソッドもこの尺度を持っているし、ダイナミズムと呼ばれる私が受けた一連のコーチングプログラムもこの尺度を持っている。特定の意識をこれら3つの尺度を使って表したものが次の表だ。内面的平和のような意識レベルには高い数値が与えられている。

　おそらくあなたは、人間の意識レベルは1から1000までの対数では測れないと思っているはずだ。もし測れると思っているのなら、少なくとも個人的な現実のなかではあなたは正しい。しかし、さまざまなレベルの感情を考えてみよう。平和という感覚は例えば理性という感覚よりも明るく、解放的（高次の波動）だと思うだろうか。「受容」はどうだろう。それは例えば「中立」よりも高次で解放的だろうか。悲しみ、無気力、恥、罪の意識といった負の感情は、それらを体験するとき重く、抑制されたような気分になるのは明らかだ。

　それぞれのレベルを考えてみよう。それぞれのレベルではどうトレードするだろうか。「罪の意識」「恥」「恐怖」「悲しみ」「怒り」といった低い意識レベルの感情を感じているとき、トレーダーとしてあなたはどのようなパフォーマンスを上げるだろうか。それほどうまくはいかないことは明らかだ。市場で成功するには、少なくとも「受容」レベルにある必要がある。あるいは、自分は自分の意識レベルを知りたいかという視点で意識レベルを考えてみることもできる。あなたは自分の時間の大部分をどのレベルで過ごしているだろうか。少なくとも受容レベル（勝ちも負けも受け入れる）にまであなたはあなたの意識レベルを上げることができるだろうか。

　私たちの目的はトレーダーが意識レベルが向上できるように大きく飛躍することを手助けすることである。信念を変えるという簡単なレベル2の変革を考えてみよう。1年でおよそ5000の役に立たない信念を取り去ったときの効果を考えてみよう。そのうちの半分は感情を含

意識レベルの比較表

ホーキンズの尺度		セドナメソッドの尺度	ダイナミズムの尺度
悟り	700+		
平和	600	平和	
喜び	540		喜び
愛	500		楽しみ
満足			
理性	400		熱狂
受容	350	受容	興味
積極性	310		希望に満ちている
中立	250		
勇気	200	勇気	退屈
誇り	175	誇り	苦しみ・軽蔑
怒り	150	怒り	怒り・憎悪
願望	125	強い欲望	ねたみ・敵意
恐怖	100	恐怖	恐怖
悲しみ	75	悲しみ	絶望
無気力	50	無気力	意気消沈
罪	30		無気力
恥	20		狂気・邪悪

んだ信念で、今、その感情は除去された。これであなたの意識レベルは数百ポイントは上昇するはずだ。

　同様に、対立の解消やTfM（変革瞑想）によって2つの部分がひとつになったときの効果を考えてみよう。これもまたあなたの人生に大きな影響を及ぼすだろう。およそ500の部分を除去できたとしよう。あなたがいくつの部分によって構成されているかにもよるが、あなたはほとんど完全に近いはずだ。それがあなたの意識レベルに及ぼす影響を想像してみよう。

私たちの最も強力なツール

　本書で紹介した話は、可能なことのほんの一部にすぎないと私は思っている。例えば、私はかつて同じ志を持つ人たちと会社を興し、世界を変えるという夢を持っていた。しかし、その夢は瞬く間にしぼんだ。自分を変えるまで何も変わらないことに気づいたからだ。これこそがマトリックスの世界でうまくやり、それを超えるための基本なのである。

　大人になってから、自己啓発のさまざまな方法を追究してきたが、すべてが変わったのは、数年前にワンネルブレッシングギバーおよびトレーナーになってからだ。人格変革に取り組んだこの30年のなかで、この数年に体験したワンネスブレッシング（ディクシャ）ほど強力な体験はなかった。今では私のスタッフはほとんどがブレッシングギバーであり、ビジネスも成功した。第12章とレベル３の変革について述べた章は人生を変えるこのプロセスのパワーを示している。

　私は最初、心理学のワークショップでブレッシングを与え始めた。ブレッシングを与えられた人を見て気づいたのは、彼らはブレッシングを与えられた結果として、大きな変革を成し遂げ、意識レベルも大幅に向上したということだった。それこそが私がこれまで目指してきたことだった。

　最初はバン・タープ・インスティチュートのカリキュラムにワンネスを含める気はなかった。現実離れしているように思えたからだ。しかし、どういうわけだか、次第にワンネスをカリキュラムに含めたほうがよいのではないかと思うようになった。私はいつも人々を助けるのに何をすればよいかを考えている。このプロセスを受けた人々に起こった変革を見て、私は本当に驚いてしまった。レベル３の変革は次章で詳しく話すが、これはワンネスブレッシングなしでは不可能だったと思う。第３部ではこの体験話をいくつか紹介したいと思う。

変革によるスーパートレーダーへの旅

　スーパートレーダーの候補者の１人は、ワンネストレーニングを受けてからこのプログラムに参加した。彼女としては、これがこのプログラムに参加する最も手っ取り早く、安い方法だと思ったのだが、実際には難しかった。なぜなら、彼女は神を信じているかどうか分からなかったからだ。たとえ信じているとしても、「信頼」はしていなかったのは明らかだった。しかし、このプログラムには28日間のTfMコースが含まれている。このコースでは内なるガイダンスへの道を阻止する問題と取り組む。内なるガイダンスを信用できなければ、この旅を完成させることは不可能だ。第13章はこんな彼女が内なるガイダンスを信用するようになったいきさつについての話だ。これは彼女の意識レベルを大幅に高めるための旅でもあった。

　私のスーパートレーダーの候補者の多くはエンジニアだった人が多い。つまり、彼らにとってはすべてが論理的で意味をなさなければならないということである。彼らの１人は驚くべき旅を経験した。ただ存在している人からスピリチュアルな戦士に変わり、どういうわけだかいつも幸せそうに見える。彼の話は第14章で紹介する。

　スーパートレーダーの候補者のなかには、大手銀行で働いていたプロの「雇われ」トレーダーとして旅を始めた人もいる。トレードがうまくなるには、ほかのトレーダーの近くにいてトレードのコツを盗めばよいのだということに彼はすぐに気づいた。彼らの多くは良いマーケットメーカーだったが、市場でお金を儲ける方法についてはほとんど知らなかった。個人的な問題を乗り越えて、ハッピーで安定した人間になり、トレードをうまくやることで基盤を得た彼の話は第15章で紹介する。

　最後に紹介するのは、私たちのワークショップでワンネスブレッシングを受けたあと、深い内面的静寂に達した人の話だ。彼女がこれに

ついて話してくれたとき、私はその状態でトレードを続けるように言った。彼女は仏教の修行を受けたことがあり、それを極めるために6カ月休暇を取ると言ってきた。これを終えてから、彼女はすぐにその状態に入りトレードできるようになっていた。2010年11月、彼女が承認を得るために取り組んでいたシステムでトレードをモニターするように言うと、彼女は何と134Rを達成した。その月の間、彼女は86％の勝率を収め、過ちはひとつも犯すことはなかった。100％の効率だ。私は1日彼女のトレードする様子を見ていたが、トレードの間彼女は集中していたため、何をやっているのかを話してくれる余裕はなかった。彼女の話は第16章で紹介する。

　デビッド・ホーキンズは意識レベルと幸福レベルとの間には相関があると言う。私たちは今、幸福度を測る尺度を持っている。したがって、人々は幸福度を継続的に観察することができる。第3部に登場する著者は彼らの幸福度の変化を、彼らが成し遂げた変革の関数として表すグラフを提供してくれている。http://www.vantharp.com/matrix.asp ではこのテストを無料で受けることができる。

　最後の第17章と第18章は、あなたが次にやるべきことについての話だ。意識レベルを変えるにはどうすればよいか、そして、意識レベルを変化させることができたら、あなたのトレードを助けるもっと高度なこと（例えば、偉大なプランを立てる）をやる方法について述べる。スーパートレーダープログラムはこれを書いている時点ではほぼ満席なので、あなたはすぐにはスーパートレーダープログラムに参加することはできないが、あなたの個人的な旅を助ける重要なステップについてはアドバイスすることができる。これらはトレードの秘訣といったものではない。本書を含め、私の本を読めば、あなたが必要なことはすべて分かるはずだ。しかし、あなたの変革に使えるステップを紹介し、あなたがそれに従ってそれを行えば、私の使命、そして私の会社の使命を果たすうえでまた一歩大きく前進したことになる。

第3部を読めば、何が可能なのかが理解できるようになるはずだ。そう願っている。

第13章

変革の旅をどう高めていったか

How I Turbocharged My Transformational Journey

> キム・アンダーソン

　キム・アンダーソンはカナダはマニトバ州の田舎で育った。1995年、カナダ王立陸軍士官学校を工学の学士号を修得して卒業したあと、オタワのカナダ国防省で衛星通信エンジニアとして働いた。そこでエンジニアリングマネジメントの修士号を修得した。2000年、交換要員としてペンタゴンの米国空軍に配属になり、情報技術およびエンタープライズアーキテクチャーで働いた。2004年にカナダ空軍を「退役」したあとも、首都ワシントンにとどまった。今は情報保安アナリストとしてロッキードマーチンで政府コンサルティング契約担当として働いている。彼女は今、バン・タープ・インスティチュートのスーパートレーダー2プログラムに参加しており、翌年にはプロのデイトレーダーになるつもりだ。

以前　信頼感がなく、先天的な自己破壊の才能を持ったパッとしないスイングトレーダーで、大金持ちになることに対して無意識的な恐怖を持っていた。

現在　バン・タープ・インスティチュートの最近のライブトレードクラスで、1週間のデイトレードで45Rを達成した。

変革を扱う本に貢献できる特殊な能力が私にあるのだろうか。私は自己破壊の専門家だ。自己破壊の歴史はかれこれ15年に及ぶ。ところが、一見小さな障害をひとつ乗り越えた途端に、自己破壊のほとんどは魔法のように消え始めたのだ。

　この秘訣についてはあとで話すとして、まず最初に自己破壊について話しておきたい。タープ博士は自己破壊を、自分の利益になるように行動する規律の欠如、または同じ過ちを何回も繰り返すこと、と定義している。私にとって、自己破壊とは、マトリックスのなかに閉じ込められるのに似ていた。マトリックスとは、自己破壊行為をもたらす、無意識で欠陥のあるプログラム（「リトルi」）上で動作する私の心である。理論的には、マトリックスのなかにいることを認識すれば、そこから出ようとすることができるはずだが、そこから出るまでそこにはまって身動きが取れなくなってしまったのだ。

　私の自己破壊の原因は主として自己認識の欠如であったと思っている（実際にマトリックスのなかにいるときは、そのなかにいるのかどうかを知るのは難しい）。自己破壊が容易には解決できないのは、原因が意識から隠されていることが多いからである。自分自身を破壊していることは分かるが、その理由が分からない（例えば、減量しようとしているのだが、5段のチョコレートケーキを注文してしまう）。私のように、自分を破壊していることにすら気がつかないケースもある。悪いことばかりするが、なぜそうするのかが分からないのである。『奇跡の講座（ACIM）』のテキストにはこれをうまく言い表している箇所がある。

　　「恐ろしいのは隠されていることだ。隠されているものが恐ろしいのではなく、隠されているという事実が恐ろしいのだ」
　　　── 『奇跡の講座』

5段のチョコレートケーキをどうしても注文してしまう

　スーパートレーダープログラムでセルフワークを始める前、自分が抱えている問題の大部分は私の外部に原因があることが分かった。私が２つの大きな潜在意識下の自己破壊問題を持っていることが分かったのはセルフワークを始めて数カ月たってからのことだった。その２つの問題とは、①私の意思決定と行動のほとんどは恐怖（特に、失敗する恐怖）に基づくもの、②コントロールに対する願望が強いもの――だった。

　想像がつくと思うが、これら２つの問題は悪いトレードの意思決定として現れる。しかも、繰り返し（自己破壊）。例えば、損をするのが怖くて、利食いを急ぎすぎたり、好転することを願ってあまり良くないポジションを長く持ちすぎたりする、といった具合だ。

　コントロールに対する強い願望も陰湿な形で現れた。私は自分がどう見えるかをコントロールしたかったので、老化に抵抗した。２歳の息子の行動をコントロールしたかったが、コントロールしようとすればするほど、コントロールできなくなった。私はまた無意識のうちに大金持ちになることへの恐怖（バカバカしく聞こえることは分かって

いる）を募らせていた。なぜなら、大金持ちになると私のコントロールの及ばない方法で人間関係が変わっていくと感じたからだ。私のコントロールに対する願望は非常に強く、将来までコントロールしたくなった。流れに沿って生きることも、「神のプラン」を信用することも、私の辞書にはなかった。

　コントロールに対する極端に強い願望はほとんどが潜在意識下のものだったが、そのために、思ったとおりに事が運ばないとひどくイライラした。このイライラの感情は悪循環を引き起こした――物事が思いどおりにいかないとイライラする、だから別のことをやろうとするが、事態をコントロールするには及ばす、イライラはさらに強まり、また別のことをやろうとするが、コントロールできなくて……の繰り返しだった。これが私のトレード、ひいては私の幸せにも影響を及ぼすことは明らかだ。

　図13.1はスーパートレーダープログラムを始める前の私の年ごとの幸福度をグラフ化したものだ（タープ博士がピークパフォーマンス上級編ワークショップで幸福度を測るのに使った尺度で測定）。このグラフからは、子供時代は幸せだったことが分かる。幸福度はまず小学校に入学したときに下がり、大学に入学するとさらに下がった。これは私のコントロール問題とイライラが始まった時期に一致する。23歳のとき幸福度が一時的に落ち込んでいるが、これは母が亡くなったときである。

　この悪循環を止めるべく、本書であなたがすでに学んだテクニックを使って、私は恐怖とコントロール問題を少しずつ除去し始めた。しかし、一見大したことのないように見える障害が立ちふさがった。まずはこの障害を乗り越えなければ、これらの自己破壊問題は、不可能ではないにしても、解決はかなり難しいものになるだろうと思った。

　この障害とは、私のハイアーパワーを信じられないことだった。ほかの問題とは無関係のように見えるが、けっしてそうではなかった。

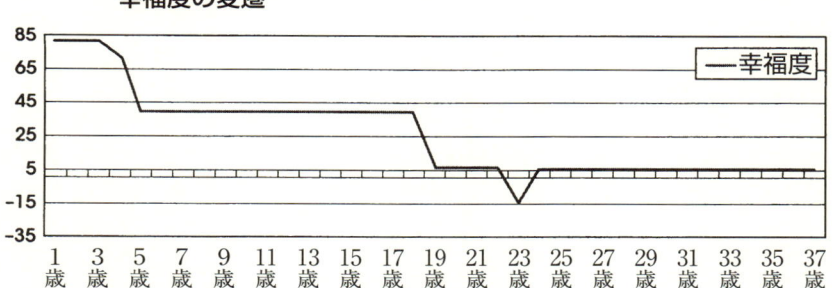

図13.1　スーパートレーダープログラムに参加する前のキムの年ごとの幸福度の変遷

これはほかのすべての問題を引き起こす大元凶だったのである。どうして、と聞きたくなるだろう。それは私がすべてを自分でコントロールしようとしていたからである。『奇跡の講座』のレッスン47がこれをよく言い当てている。

　　「自分自身の強さを信じれば、不安と恐怖を感じるのは当然だ」
　　──『奇跡の講座』（レッスン47）

　私は何をコントロールできるのだろうか。問題の全側面に気づき、適切な解決策を見つけ、それを成し遂げる能力を、何が私に与えてくれるというのだろうか。結局は自分1人ではこれらのいずれも成し遂げることはできないことが分かった。自分の問題を解決する方法を探すために自分自身を信じることは、実質的には恐怖と不安を感じ続けることを保証するようなものだ。自分よりも偉大な何かを信じる必要があるのだ。『思考は現実化する』（きこ書房）のなかで、ナポレオン・ヒルは信念を持つことの重要性を次のように言っている──「信念」は「失敗」に対する唯一の対処法だ……「信念」は無限の英知を持つ宇宙の力が人間によって利用される唯一の作用なのである。

「神」「ハイアーパワー」「信念」といった言葉を聞くとムカつくという人々がどこからきたのか、私にははっきりと分かる。私もそう遠くない過去、同じだったからだ（これについてはあとで述べる）。今のところは、次の問題をじっくり考えてみてほしい —— 神やハイアーパワーが本当に存在するのかどうか知っている人はいないが、必要なときに救いの手を差し伸べ、導いてくれる無限の英知を信じることが役に立つのならば、信じればよいではないか。それを信じる（信念を持つ）ことで奇跡的なことが起こり始めたとしたらどうだろう。それは有益なことではないだろうか。

　これを別の視点から見てみよう。問題を解決するとき、私は解決法を見いだすのに意識だけを使っていたとあなたは言うかもしれない。一般に信じられている科学では、意識は脳の10％を占めているにすぎない。したがって、問題を解決するのにそのほかの90％の部分を最大限に活用することができなかったということである。つまり、潜在意識へのパイプである直感を、言うなれば第六感を信じることができなかったということである。

　しかし、意外なのは、私は自分のハイアーパワーを信じていないことを意識的にも自覚していなかったのである。不信は私の人生を破壊する。しかし、それに気づいていなかったので、解決することができなかった。『奇跡の講座』はこれを次のように言っている。

　　「問題はそれが何であるか分からなければ解決することはできない。それがすでに解決されていたとしても、あなたは依然としてその問題を抱えていることになる。なぜなら、その問題が解決されたことをあなたは気づかないからだ」——『奇跡の講座』（レッスン79）

　自己破壊のほとんどは意識によって潜在意識が間違ってプログラミ

ングされることによって生みだされるため、私の不信や信念の欠如は、潜在意識下でプログラミングされた自己破壊問題を解決するのは実質的には不可能だということを確実なものにした。アインシュタインは、「問題を起こしたときと同じ発想では、問題は解けない」と指摘している（デビッド・ミラックの「5 Business Tips from Albert Einstein」［ビジネスニュースデイリー、2012年4月18日号、http://www.businessnewsdaily.com/2381-albert-einstein-business-tips.html］）。

そこで、ほかの4つの大きな変革を成し遂げるためにその障害を4カ月という短い期間でどう克服したかを紹介することにしよう。また、あなたの変革の旅を高めるために使えるモデルも紹介する。

元凶を見つける

2011年1月に時計を戻そう。私の新年の抱負は、40歳の誕生日までに（2年以内に）プロのデイトレーダーになることだった。2002年からバン・タープ博士の本やニュースレターを読んできて、2004年から2005年にかけてスイングトレードをしようと試みたが、ほとんど成功することはなかった（これは主として自己破壊問題による）。そこで、タープ博士が本のなかで提示するアドバイスに従うことにした。それを効果的にかつ効率的に行うには、タープ博士のコースとワークショップをすべて受講し、スーパートレーダープログラムに参加することであることに気づいた。

スーパートレーダープログラムに参加する必須条件のひとつは、ピークパフォーマンス基礎編ワークショップを受講するか、ワンネスアウェイクニング（ワンネスアウェイクニング、ワンネスブレッシング、ディークシャについては詳しくは第3部とhttp://www.onenessuniversity.org/を参照のこと）ワークショップに参加するか

のいずれかだった。ワンネスアウェイクニングワークショップはピークパフォーマンス基礎編ワークショップよりもはるかに安かったので、そちらを受講することにした。しかし、それまでスピリチュアルワークやセルフワークの経験がなかったので、私は少し不安だった。シラバスにはそこでやることが書かれてあったが、ITやエンジニアリング畑を歩んできた私にとって、それはちょっと現実離れしたものに映った。実際、それは私には「ミステリアス」（つまり、クンダリーニやチャクラのようなもの）に思えた。また「神」という言葉が何回か使われており、敬虔な無神論者（宗教を文明が始まって以来、地球上の大きな対立の主な原因と見る者）の私にはちょっと気が引けた。**たかが２日だ。スーパートレーダープログラムを受講するという最終目的を見失うな**と自分に言い聞かせた。ノースカロライナ州カリーにたつ前、ワークショップのシラバスを夫に簡単に説明すると、彼は即座に「奴らがLSDを飲ませようとしても、飲むな」と言った（彼らはLSDなんて飲ませようとはしなかったのだが）。

　私はこのワークショップには比較的閉鎖的な気持ちで参加したと言ってもよいだろう。しかし、２日間瞑想したり、チャンティングしたり、ダンスしたり、「ブレッシング」を受けたり、過ちを許したり、「私の神のプレゼンスを呼び起こしたり」したあと、人生における新たな解放としか言いようのない気持ちでバン・タープ・インスティチュートを後にした。陳腐な言い方かもしれないが、こうとしか言いようがないのだ。ワシントンDCへ戻る５時間のドライブの間、私は信じられないくらい平和を感じ、感謝の気持ちでいっぱいだった。それはそれまでに味わったことのない感覚だった。これを経験した人は、おそらくはこれは役に立つと感じるだろう。

　この感覚は２日後には弱くなったが、ワークショップ後の至福をまた味わいたくて、瞑想とワンネスブレッシングを提供してくれる統一教会を探した。ワンネスアウェイクニングワークショップの間、私は

ワンネスブレッシングギバーになり、その後の数カ月の間は毎週ワンネスブレッシングを**授かる**ことができたが、どういうわけだか、与えることができないことに気がついた。精神的にそれを阻害するものが存在することは分かっていたが、それが何なのか分からなかった。

　私がスーパートレーダープログラムに受け入れられたのは2011年2月だった。スーパートレーダープログラムの心理の部（スーパートレーダープログラムは基本的に5つの部からなる。タープ的思考、心理的［セルフ］ワーク、ビジネスプランニング、システム開発、過ち分析の5つだ）で20のレッスンに取り組み始め、15分間の瞑想も毎日行った。スーパートレーダープログラムの心理の部を修了するための必須条件のひとつは、人生における5つの大きな変革を書き出すことだった。これには少しストレスを感じた。プログラムを始めて2カ月経つというのに、スピリチュアリティーの効力をいくぶんか再発見する以外には、大きな変革のひとつすら達成できないでいた。

　私が取り組みたいと思っていた最初のリストは以下のとおりだ（実際には2011年3月に取り組んだ）。

問題1　自信。自分のトレード能力に自信がない。成功するトレーダーになる能力があるのかと、小さな声が私に問いかける。

問題2　息子との関係。息子は私より夫のほうが好きなように思える。だから、母親として十分ではないのではないかと感じることがある。息子はまだ2歳なので、こんなことに悩むのはバカげているようにも思えるが、私は真剣に悩んでいる。

問題3　失敗に対する恐れ。これは大きな問題だ。過去の失敗（例えば、大学入試の失敗）を思い出すたびに、胸が締め付けられる感じがする。この感情を感じないようにするために何でもやろうとしている。これが私のトレードを破滅に導くのではないかと不安だ。

問題4　スピリチュアリティーに対するあいまいな気持ち。表面的に

はスピリチュアリティーの重要性を信じ、神との関係を築こうとしている。しかし、時としてこれをやるのに当惑することがある。私のことを心配してくれている人（夫や姉）が私のことをバカだと思うのではないかと不安になるのだ。

問題5 お金との関係。つい最近までお金の問題を抱えるなど思ってもみなかった。昨年、父が亡くなり、姉と私に少しばかりのお金を残してくれた。それはトレード口座を開き、良いシステムと正しいポジションサイジングで生計を立てるには十分だったが、ただちに大金持ちになるのには不十分だった。父は資産をいくつかの銀行と投資ブローカーに分散していた。投資ブローカーのひとつが最近口座明細書を送ってきた。口座にはおよそ560万ドル入っていた。でも、湧いてきたのは、そのお金ですぐに大金持ちになれるかもしれないという気持ちではなく、パニックと不安だった。それまではお金と不健全な関係を持つとは思ってもいなかった。これは私のトレードを破壊するものだと信じている（１週間後、そのブローカーは訂正した口座明細書を送ってきた。口座には実際には３万5000ドルしかなかった）。

この「取り組むべきこと」リストを作成しているとき、私のトレードに影響を及ぼすという意味で、問題１（自信の欠如）が最も重大な問題だと感じた。しかしそのあと、この問題は身動きの取れなくなった感情によるものであることが分かった。この問題は、その感情を解放するとすぐに解決した。これについてはこのあとで詳しく話す。

問題２（息子との関係）と問題５（お金との関係）は私のコントロールに対する願望に関係するものだった。しかし、そのときは私はその願望に意識的に気づいていなかった。分かっていたのは、２つの自己破壊の兆候が私のコントロールに対する願望に関係するということだけだった。私はこれらの問題（特に問題２）が私のトレードに大きな影響を与えるとは思ってもいなかった。

問題4を見ると、私はスピリチュアリティーに対して大きな問題を抱えていることが分かるが、その原因や影響が分からなかった。タープ博士の勧めで、私は『奇跡の講座』のレッスンを始めた。タープ博士はそれはセルフワークのなかで最も重要なもののひとつだと言ったので、私はこれをやることでスピリチュアリティーに対する問題を解決する糸口が見つかるのではないかと思った。

問題4は何とか解決できると感じたが、問題3（失敗に対する恐怖）は私のトレードを破壊に導くと思ったので、心理的ワークの次の目標として問題3の解決を目指した。このワークでTfM（変革瞑想）というものを初めて知った。

私の初めての「リトルｉ」のクリアリングの練習で失敗に対する恐怖を取り除こうとしたとき、私の右手のなかには私のハイアーパワーがいた。それはミニチュアの太陽のように見えた（私は私のハイアーパワーを太陽の前で蓮の花のポーズを取る長髪の男としてイメージする［だから、私の右手のなかには太陽が見えた］。あなたのハイアーパワーをあなたにとってふさわしいと感じるものとしてイメージせよ。これには特にルールはない）。そして、左手には「失敗に対する恐怖」がいた。それはボーリングのボールのように見えた。アダムスが「あなたの恐怖の部分はあなたのハイアーパワーを信じていますか？」と聞いてきたとき、驚くべきことに、ボーリングのボールは「いいえ、私はそんな奴は信じていません。あなたも信じるべきではありません」と言ったのだ。これは私の初めてのTfMセッションだったので、①ボーリングのボールが私に話しかけたこと、②私が太陽（私のハイアーパワー）ではなくボーリングのボールの側にいたこと──に心底驚いた。アダムスがハイアーパワーを信じられないような部分はどんな部分であろうと取り除かなければならないと言ったとき、ボーリングのボールは私の手から離れたがらなかった。しかも、私はボーリングのボールに愛着を感じ始め、代わりにハイアーパワーを取り除きた

そんな奴信じられない。あなたも信じるべきではない！

いと感じた。

　そのTfMセッションの終わりに、私の潜在意識が私に何を言おうとしているのか突然理解できた。つまり、私のハイアーパワーを信じない部分を私が持っているということである。そのため、私は失敗に対する恐怖問題を除去することができなかった。そんな大きな不信問題が立ちはだかっているかぎり、いかなる自己破壊問題も解決できないだろう。

　練習のあと、私はこのことをタープ博士とアダムスに言った。するとタープ博士は、不信問題を解決するためにワンネスブレッシングを受けるように勧めてきた。アダムスはワンネスブレッシングギバーになったばかりだった。これは彼女にとってブレッシングを与える初めての機会となった。ブレッシングの最中、私のハイアーパワーは、いつも私のそばにいたことを、そしてこれからも私のそばにいることを繰り返し言った。私のハイアーパワーは母の姿も見せてくれた。15年前に亡くなったが、彼女は私を置き去りにしたわけではないと言った。

突然、電球が私の頭のうえで点灯したように感じた。それはまるでマンガのなかのひとこまのようだった。私の神に対する不信は、神が母を私から連れ去ったという信念に起因していたのだ。

　真実が明らかになった瞬間だった。私は突然、なぜあることをしたり、できなかったりしたのか、その理由が分かった。特に、これまでなぜスピリチュアリティーに対して曖昧な気持ちを抱いていたのかがはっきりと分かった。

　ワンネスブレッシングのあと、不信問題を解決するために再びTfMセッションを行った。今回は私の不信の部分（不明瞭なナスの色をした球が私の左手に現れた）と私のハイアーパワー（ミニチュアの太陽として再び右手に現れた）を対話させることができた。私のハイアーパワーは、私がやることを手助けするためにいつも私のそばにいたし、これからもいることを強調した。彼はまた、どんな人の物理的な人生もやがては終わるが、その人は魂としてあなたのなかに生き続けると言った。私の母の姿が現れたのはこのためだったのだ。不明瞭なナスはその説明に納得したように見えた。そして、私が両手を合わせると、それらは一体化した。この後、とてつもない安心感を感じた。それはまるで肩から重い重荷が取り除かれるような感覚だった。

　ピークパフォーマンス上級編ワークショップの残りの２日間では、ほかのいくつかの問題を比較的簡単に取り除くことができた。例えば、潜在意識の蓋をあけてそのなかにあるガラクタを全部さらしだすことが嫌いだったため、セルフワークをやることを嫌がる部分を除去することができた。私が家に戻ってきたあとの水曜日、１日で７つのワンネスブレッシングを受けたり、与えたりすることができた。ブレッシングを与えたあと感謝の気持ちでいっぱいになった。これはハイアーパワーへの信頼を回復したことを意味すると私は信じている。

変革の加速

変革の柱1 ── 恐怖を取り除く

そのときは分からなかったが、ハイアーパワーへの信頼を取り戻すと、私の意識と潜在意識との間の道が突然つながった。これは、リビー・アダムスによれば、ハイアーパワーへのパイプとしての役割を果たすと言う。つまり、私がハイアーパワーから受け取るシグナルを信用し始めたということである。**このことに気づくと、私の変革は加速し始めた。**

一方、私のスーパートレーダープログラムの心理的レッスンは続いていた。これらのレッスンの間、タープ博士には「感情日記」を付けるように言われた。負の感情が現れたら、第8章のテクニックを使ってそれらを解放できるようにするためだ。これらを解放しなければ、これらを世界に投影し、自己破壊につながる可能性がある。

実を言うと、感情日記を付けることは私は嫌いだった。なぜなら、私は感情をコントロールしているという自信があったからだ(これもまたコントロールに関する別の問題)。感情日記を付けることで、私の化けの皮ははがされた。しかし、今振り返ると、感情日記は、私の人生のなかを長い間流れ続け、多くの自己破壊を生んだ潜在意識下の感情が何だったのかを知る手掛かりになったため、最も役立つツールだった。

その感情は恐怖だった。恐怖の最大の問題は、それは一見ポジティブなメカニズムに見える仮面をかぶることが多いことである。例えば、生き残りの保証人や行動意欲を起こさせるものなどがそうだ。したがって、恐怖に関連する投影が本当は何なのか ── 自己破壊 ── を見つけるのは難しい。タープ博士は、もし恐怖を市場に投影すれば、あなたが探しているもの ── 損失と投影した恐怖を正当化するための

ストレス——を得ることになる。これはまさに私がトレードをしているときに経験したものである。

　私は第8章で述べたパークベンチの練習を使って恐怖問題を解決することにした。これをやっているとき、私の人生が恐怖によってコントロールされていることに突然気づいた。この練習の最初の日、退屈することなく40分間恐怖だけに集中することができた。死、失業、ホームレスになること、家族を失うこと、良い母でないこと、年をとること、老けて見えること、老けた気分になること、思いどおりに生きていないこと、人生の目標に到達しないこと、幸せでないことなど、私はありとあらゆることに恐怖を感じていることに気づいた。

　次の心理的ワークショップでは、恐怖を軽減させることを第1の目標にした。しかし、恐怖をすべてなくすことに少し不安を覚えた。なぜなら、恐怖は私にとっては強い動機づけになっていたからだ。例えば、エンジニアリングの学士号と修士号を修得するように導いたのは恐怖だったし、今の仕事を得るのを手助けしてくれたのも恐怖だった（貧困への恐怖）。生き残ることへの動機づけになっているのも恐怖だと感じた。もし突然恐怖を感じなくなったら、不注意になるかもしれない。通りを横断するとき左右を見るのをやめ、ビタミンを取らなくなってガンにかかるかもしれない。

　私はタープ博士に「恐怖を取り除くことへの恐怖」を話した。すると彼は、恐怖を完全に解放するように努め、生き残りに関する問題に取り組み、ワンネスで学んだことを思い出すように言われた。しばらく考えたあと、タープ博士が正しいことが分かった。今の私があるのは恐怖のおかげだが、私が本当に行きたいところ（つまり、利益の出るトレード）へ行くのに恐怖はおそらくは役に立たないだろう。それに、私の生き残りの確保はハイアーパワーに完全に引き継ぐべきであることも分かった。なぜならそのほうがいいからだ。2人でやっても仕方ない。

2011年５月のタープ博士によるワークショップでは彼が教えてくれる「集中的な感情の解放」テクニックを使ったのだが、そのテクニックによって私は恐怖をうまく解放することに成功した。それ以降、恐怖に基づくほかの信念（失敗に対する恐怖、死に対する恐怖、批判に対する恐怖など）は、完全に消えないにしても、劇的に減少していった。不安や心配事や長年抱えてきた大きなストレスも、恐怖とともに消えた。恐怖の解放から少したって、私はワンネスブレッシングを与えたのだが、ブレッシングを与えられた人々は、私が以前与えたブレッシングと恐怖の解放のあとで与えたブレッシングとでは違う感じがすると言っていた。

　２つの大きな変革が終わっても、やるべき変革はあと３つ残っていた。これらの３つに関しては、問題が何なのか依然としてよく分からないままだった。自己破壊の結果は知っているが、原因は分からなかったのだ。解決策を見つけるにはまずは原因を特定しなければならないことは分かっていた。つまり、ハイアーパワーに接触して、残る３つの潜在意識の問題を解決するのを手伝ってもらわなければならないということである。しかし、問題があった。長い間ハイアーパワーからのシグナルを無視し続けてきたのだ（信用していなかったから）。つまり、ハイアーパワーからのサインが分からないのである。あるいは、それらを認識することすらできなくなっていたのだ。

変革の柱２ ── ハイアーパワーに接触する

　「真実が存在するあなたの部分は、あなたがそれに気づいていようといまいと、神と常に交信を行っている」──『奇跡の講座』（レッスン49）

　『奇跡の講座』はあなたの部分は神と常に交信していると言うが、

ハイアーパワーと接触するにはどうすればよいのだろうか。つい最近まで私はその方法がまったく分からなかったが、リビー・アダムスが第六感を使えばよいと教えてくれた。つまり、特別な神秘的な力が必要だということだろうか。そんなことはない。アダムスとのワークを通じて私が学んだことは、私の変革の旅を加速するのに役立った。第六感はあなたの意識と潜在意識をつなぐゲートのようなものだ。あなたのハイアーパワーはあなたの潜在意識と同じ領域に存在し、同じ言語（つまり、同じ絵）を使っている。だから、第六感はハイアーパワーへのゲートでもあるのだ。

　これも少し現実離れしているように感じられるかもしれないが、けっしてそうではない。あなたのハイアーパワーからのメッセージと、あなたのエゴからのメッセージの間にははっきりとした違いがある。あなたはその違いを認識する必要がある。私が私のシグナルについて学んだことは以下のとおりだ。**私の第六感からのシグナルは、電球が頭の上で点灯するといった感覚を伴う一瞬のイメージの形でやってくることが多い。まるでマンガのように。また、私の第六感はポジティブなイメージのみを伝えてくる（私が物理的な危険にさらされていないかぎり）が、私の自我は「バカじゃないの？」といったネガティブな内なる会話を伝えてくるのが普通だ。**

　私の第六感からのメッセージは非常に微妙で繊細だが、「リトルｉ」はくどくどと口うるさい。自分の思考、感情、行動に細心の注意を払うことで、私はこれら２つのメッセージの違いを認識できるようになった。これら２つの情報源から発せられるメッセージの間には多かれ少なかれ違いがある。その違いを認識することが重要だ。

　こうした新たな情報を得た今、私は第六感からのシグナルを常に注意深く見たり聞いたりするようになった。第六感に接触し、ハイアーパワーと交信するのに私が使った最も強力なツールは、TfMと瞑想だった。アダムスとのTfMセッションの間、ハイアーパワーが第六

感を通じて語りかけてくる言葉に注意深く耳を傾けた。これは次なる変革の基礎を築くのに役立った。

　しかし、第六感との交信は大きな変革を成し遂げるのに必要な唯一の要素ではない。人生における目標を知ることも変革を成し遂げる重要な要素だと思う。アダムスの28日間のコースで私が最初にやったことのひとつは、私の人生における目標を明らかにすることだった。これは変革の強力なプラットフォームを築くのに必要なだけでなく、私の将来的な幸福を保証してくれるものでもあった。では、人生における目標は幸福とどんな関係があるのだろうか。それはすべてである。このことを少しの間考えてみてほしい。漠然とした目標や疑問のある目標のために何かをやりたいと思うだろうか。けっしてそうは思わないはずだ。

変革の柱3 ── 私の人生における目的

　アダムスとワークをやる前は、私の人生における目的は漠然としていた。特に具体的な目的はなかった。人生において何かを目指して生き生きできなかったのはおそらくはこのためだ。人生において欲していないものははっきりしていたし、日々の生活のなかで何が欲しいのかもはっきりしていた。しかし、すべてを意味のある小さなパッケージにまとめることができないでいた。アダムスのガイドによる短いTfMセッションのあと、私は人生における目的を見つけた──**最大限の潜在能力に達し、他人も最大限の潜在能力に達するのを手助けする**。簡単なことのように思えるかもしれないが、この単純な短い文に綴られたことが、私の人生を生き生きさせるのに必要なものなのである。事実、私は毎朝目覚めるたびにエネルギッシュに感じる。今ではオフィスで新たな日を迎えることに恐れを感じることはない。

　私の人生における目的がはっきりすると、私のハイアーパワーは2

年前に書き始めたeブックがまだ完成していないことを繰り返し私に言うようになった。それはプロのデイトレーダーになることとは関係がないと思っていたため、eブックを書くのはやめようと思っていたところだった。しかし、人生における目的がはっきりすると、私のハイアーパワーは私はそれを完成させる必要があると思ったらしく、「目標」セッションのあと丸1日中、繊細なメッセージを送ってきた。しかし、私のなかにはeブックを完成させることが私の時間の有効な使い方だと確信できない「リトルi」がいた。対立する内部メッセージは私を悩ませた。それで私はこのことをアダムスに話してみた。私たちはeブックを完成させることを「かったるく感じる」「リトルi」についてTfMを行った。人生の目的を考えた場合、eブックを完成させることは私の人生における目的とトレーダーになるという私の目標に合っていた。なぜならそれは収入をもたらすものだからだ。それで私はeブックを完成させることにした。この意思決定に後悔はない。こうして私のeブックは完成した。

変革の柱4 ── コントロールに対する願望を取り除く

28日間のアダムスのコースでは、私の自己破壊問題の原因を探るためにたくさんのTfMセッションを行った。各セッションでは、内なるガイダンスやハイアーパワーは自己破壊の根本的な原因を探るための手掛かりはあまり与えてくれなかった。でも、自己破壊は私のコントロールに対する願望がその原因になっていることを示すイメージがパッと浮かんでは消えるということがたびたびあった。これによって私は最終的には原因を特定することができ、問題の根源にたどり着くことができた。アダムスはこれを、「コントロールに対する願望クラスター」と呼んだ。それはブドウの房のようなもので、それぞれのブドウがコントロールクラスターの部分を表している。

TfMを行って数週間がたったころ、私はコントロールクラスターを徐々に取り除くことができるようになった。

- クラスターの最初の「ブドウ」は、老化プロセスをコントロールしたいという私の願望だった。
- 2番目のブドウは大金持ちになることへの私の無意識の恐怖（これについてはあとで詳しく話す）で、これは変わることへの抵抗と、他人との関係をコントロールしたいという願望に基づくものだった。
- 3番目のブドウは、流れに沿いたくないという部分だった。これは将来をコントロールしたいと思う部分だった。
- 4番目のブドウは潜在意識下の思考をコントロールしたいと思う部分だった。これは重要だった。なぜなら、これを取り除いたあとは、コントロールクラスターをより効果的に除去できるようになったからだ。

TfMをやっている間、このコントロールクラスターはカウボーイハットをかぶり、ムチを持ち、馬に乗って、小さな綿のボールを囲いに入れる私のように見えた（想像力の力とはすごいものだ！）。この部分をカウガール・キムと呼ぶことにしよう。カウガール・キムは、「私は将来的に起こることをすべてコントロールしたいので、何かをコントロールできないという考えは嫌いだ」と言った。

すると私のハイアーパワー（右手にある太陽）は次のように答えた。「カウガール・キムよ、あなたは将来をコントロールすることはできない。あなたはキムのことを心底思ってはいないからだ。でも、私はキムのことを心底思っている。私にはプランがある。それは、キムが彼女の人生における目的に従うことだ。私は彼女が目的に沿えるようにロードマップを提供しよう。だから、将来のことを予測する必要などないのだ。私たちはすでにそれを知っているのだから。私たちは、

キムが将来彼女の人生における目的を達成できることを知っているのだ」

これは私にはしっくりきた。私を導くのはハイアーパワーの仕事だ。だから、私の人生をコントロールしようとし、おそらくは対立するガイダンスを私に与えるほかの部分は必要ではないのだ。私は最終的には私の人生がどうなるのかをすべて知ることはできないが、結果は分かっていることを認識した。別の道をたどるかもしれないが、最終的にはそこにたどり着くことができるのだ。私はそれで満足だ。これは大きな柔軟性をもたらし、私はリラックスして流れに沿うことができるようになった。

大金持ちになることへの無意識の恐怖を手なずける

前にも言ったように、私は大金持ちになることに対する無意識の恐怖を持っていることが最近分かった。アダムスの28日間のコースでは、私はこの問題の原因を探りたかった。なぜなら、この問題は私のトレードを破壊に導くと思っていたからだ。アダムスはTfMセッションを通じて、この物事を限定する「リトルｉ」を除去できるように私を導いてくれた。私の左手のなかには、ブローカーの口座明細書を見ている私が見えた。その部分は言った――「ワオォ！　560万ドルはものすごい大金だ。これは私が大切に思っている人々との関係を変えるかもしれない。彼らは今提供しているお金よりももっと多くを欲しがるだろうか。彼らは私にお金をくれと要求し始めるだろうか」。この部分は実は変わることへの抵抗にほかならなかった。コントロールクラスターが消えた今、この部分との交渉は簡単で、その不安を和らげ、ハイアーパワーと調和させることも簡単に行えた。

私の意識が同意することなく、反対を唱える部分と交渉するのはバカげたことのように思えるかもしれないが、自己破壊は潜在意識によ

彼らは私にお金をくれと要求し始めるだろうか

って引き起こされているものであって、プログラミングし直すまで破壊し続けることを認識することは重要だ。それは自らプログラミングし直すことはなく、意識にプログラミングし直させることもないだろう。でも、私はとにかくこれを取り除くことに成功した。私のトレード口座も私に感謝することだろう。

以前と現在の比較

　表13.1は、4カ月にわたる変革の旅の以前と現在の私の人生における影響を比較したものだ（この旅はまだ始まったばかり）。
　また**図13.2**からは私の幸福度がこの3年間で劇的に改善されたことが分かる。

第13章 変革の旅をどう高めていったか

表13.1 以前と現在の私の人生

以前の人生	現在の人生
人生において小さな困難にぶつかるたびにイライラしていた。	流れに沿って動けるようになった。
恐怖が人生における意思決定を左右する支配的な感情だった。	恐怖が消えた。今は人生における目標に沿って大きな意思決定をするようになった。
大金持ちになることへの恐怖があった。	大金持ちになることは素晴らしいことだ。
失敗することを恐れ、安全領域から出ようとしなかった。	失敗に対する恐怖は消えた。そしてeブックを完成させた。これで安全領域を飛び出せた。
息子の行動を極端にコントロールしたいという願望によって、息子は私を遠ざけていた。	息子との関係は大幅に改善された。託児所に迎えに行くと、走って寄ってくるようになった。以前は父親が迎えに行ったときだけ走って寄ってきていた。
お金を失いたくなくて、負けトレードにしがみついていた。	最近行われたライブトレードクラスでは、私はクラスでトップのトレーダーの1人だった。デイトレードでは1週間で45Rを達成した（ケン・ロングからのメモ）。
自分自身のことも自分の信念のことも分からなかったため、自分に合わず、嫌いなシステムをトレードしていた。	自分の信念をはっきりと理解できるようになり、自分に合うシステム作りに余念がない。クラスでトレードしたシステムは非常にうまくいくように思えたが、フルタイムの仕事があるときにはうまくいかなかった。
直面する問題はすべて私の外部にある（官僚的なルールや、無能な同僚、小さなことを管理したがるボスなど）と感じていたため、自分の仕事が嫌いだった。	自分の仕事を楽しめるようになった。結局、自分の現実は、自分の思考、感情、行動によって創造されるのである。
現状に満足できなかった。	人生における目標を決めてから、幸福度が日に日に高まっていった（図13.2を参照）。
人生における目標がはっきりしなかった。これは長期目標に到達できないという形で現れた。	人生における目標がはっきりしてからというもの、毎朝目覚めるとエネルギーがみなぎってくるように感じるようになった。eブックを完成させた。これは私の人生における目標に一致し、トレード口座に収益を生みだすものであり、経済的自由にも一歩近づくことができた。

図13.2 キムの年ごとの幸福度──スーパートレーダープログラムを始める前と後

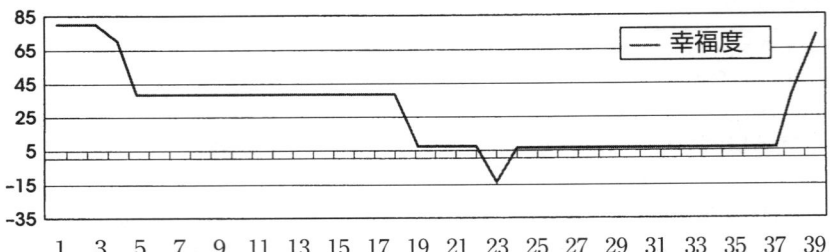

強化された変革モデル

だれでも私がたどったのと同じ道をたどり、私が使ったのと同じツールを使えば、私が得た結果よりも優れているとは言わないまでも、同じような結果を達成できると私は信じている。また、私が使ったモデルは何人の変革の旅も強化できることを保証するものだと信じている。事実、このモデルは将来的にさらに偉大な変革を成し遂げるための堅固な基盤になると信じている。なぜなら、このモデルは自己破壊のない潜在意識を達成するのに必要な基礎となるからだ。自己破壊のない潜在意識を達成してこそ、私の章や本部のほかの章で述べられているような高い意識レベルを達成できると信じている。

このケーススタディーで紹介する変革モデルは**図13.3**に示した3つの要素からなる。

1. **変革の基礎** ハイアーパワーを信じる。この基礎がなければ、偉大な変革は不可能だ。
2. **変革の柱** 次に示す柱は自己破壊のない心を達成するための構造

図13.3　変革の柱

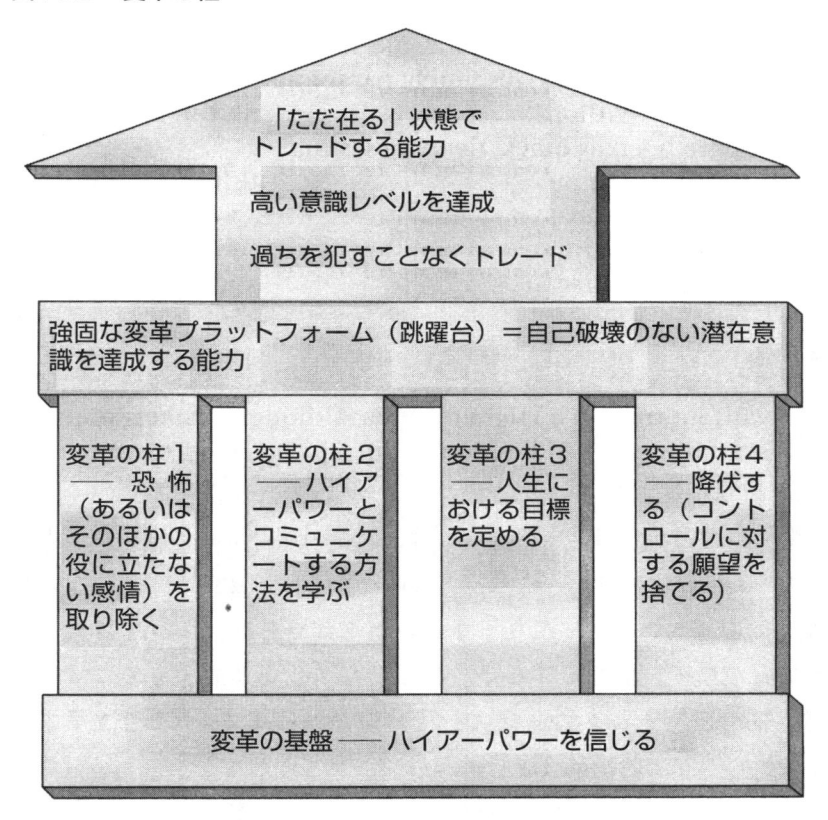

```
            「ただ在る」状態で
            トレードする能力

            高い意識レベルを達成

            過ちを犯すことなくトレード

強固な変革プラットフォーム（跳躍台）＝自己破壊のない潜在意
識を達成する能力

変革の柱1    変革の柱2    変革の柱3    変革の柱4
――恐 怖   ――ハイ     ――人生に   ――降伏す
（あるいは   アーパワーと   おける目標   る（コント
そのほかの   コミュニケ    を定める    ロールに対
役に立たな   ートする方              する願望を
い感情）を   法を学ぶ               捨てる）
取り除く

変革の基盤――ハイアーパワーを信じる
```

を支えるものだが、強固な基礎がなければこれらを得ることは不可能だ。

- 柱1 ── 役に立たない感情を取り除く（恐怖、罪の意識、怒りなど）
- 柱2 ── ハイアーパワーと交信する
- 柱3 ── 人生における目的を定める
- 柱4 ── ハイアーパワーに降伏する（つまり、コントロールに対する願望を捨てる）

3. **変革プラットフォーム（跳躍台）** 自己破壊のない心を達成する能力。このプラットフォームは柱によって支えられている。これらの柱はすべてとは言わないまでも、そのほとんどは高い意識レベルを達成する前に確立しなければならない。

今、私の足はプラットフォームをしっかりと踏みしめている。あとは、この跳躍台を使って高い意識レベルを達成するのみである。高い意識レベルを達成できれば、トレードの目標を達成するのも簡単にできるはずだ。

結論

変革の練習から得た重要なことは、変革の旅で最初に築いた強固な変革の基盤がなければ、これほど短時間でこれほど多くの重要な変革は成し遂げられなかっただろうということである。この基盤——ハイアーパワーを信じること——は重要な変化を達成するのに最も重要なものである。ハイアーパワーを信じなければ、これほど素早い変革は、しかも深い変革は成し遂げられなかっただろう。

しかし、ハイアーパワーを信じることはほんの始まりにすぎなかった。この新たな信頼を利用して、マトリックスから飛び出す方法を私は見つけた（つまり、自己破壊を取り除くために潜在意識をプログラミングし直すということ）。もちろん、これらの変革はすべて、私が潜在意識のプログラミングをやり直すことを意識的に認識し、潜在意識をプログラミングし直した（つまり、自分がマトリックスのなかにいることを認識する）ことによって達成された。ハイアーパワーを信じることができなければ、これらの変革は不可能だっただろう。潜在意識の仮面をはぎとり、ガラクタを一掃するには、熱心な自己反省と意欲が必要だが、その努力はけっして無駄になることはない。

第14章

エンジニアからスピリチュアルな戦士へ ── トレードの旅

From Engineer to Spiritual Warrior--A TRADING JOURNEY

匿名

　経歴 ── 本章の著者は2012年のほとんどを目覚めた状態で過ごした。この状態に至ったせいで、本章ではすべてを書き切ったと語った。彼は匿名を希望している。

以前　冷笑的で、常に落ち込み、考えすぎるきらいがあり、いつも不満でいっぱいだった。
現在　建設的で印象的なビジネスのプロになった。理由は分からないが、いつもハッピーだ。

　私はドイツ出身の45歳のエンジニアだ。IT産業でコンサルタントとして働き、問題の発覚やビジネスの単純化を指導している。美容関連製品の製造、企業のコスト削減、ビジネスプロセスのリエンジニアリングの経験は、組織改革の仕事に大いに役立った。私は有名なマネジメントコンサルタントで、あらゆることを知っているが、その知識は浅いと言う人もいる（これは本当の話）。
　エンジニアリングとコンサルティングの経歴を持つ私の性格は、マイヤーズ・ブリッグスの性格判断で言えばINTJ（内向的、直感的、思考的、判断的態度）に当たる。ほかのエンジニア同様、私は内向的

で実用主義で事実を重視する。どういった組織でも、ITプロジェクトの半数以上は失敗する（この数字がどこから来ているのかははっきりしない。私の観察によればおよそ80％のITプロジェクトは、範囲、コスト、あるいは期間的に当初のプランどおりに行っていない。50％という数字は安全性を期してのこと）。つまり、私は失敗を十分に観察し経験してきたわけである。それとともに、うまくいくものは尊重する。私が通常の科学者と違うのはこの点なのである。科学者は物事が起こる理由を知りたがるが、私はそれを再現できるか、あるいは改善できるかを重視するだけである。

時間表1 ── 下り坂を転げ落ちる

　私はドイツの小さな町で幸せで守られた環境で子供時代を過ごした。小さな町なのでだれもがだれもを知っていた。思春期までは、これといった趣味もないごく普通の子供だった。でも私は組織だった娯楽の枠を超えていつも面白いことを見つけることができた。起こったことをそのまま受け止めて、私も友だちもそれを問題とは思わなかった。これが変わったのは、私の友だちが思春期に入り、大人になり始めてからだ。彼らは突然、遊びを何日も前から彼らの趣味に合わせて事前に計画するようになったのだ。私はこれには興味を持てなかった。友だちとも疎遠になり、私は内に引きこもり、1日1日着実に生きていくだけだった。

　私はほかの子たちと違っていた。これは問題になるかもしれないと思ったが、それを気にすることもなかった。私にはもっと深刻な問題があった。学校の成績がA〜BからB〜Cに下がったのだ。私にとってこれは重大な警鐘だった。私は学業に励むことにした。すると1年後には、成績はB＋にまで戻った。

　私にとって組織化された計画どおりの遊びはあまり意味がなかった

ので、当時の私の交流は学校関係だけだった。両親は、成績が上がったのは「良い」ことだが、もう少し社会とかかわるべきではないかと、遠回しに言い始めた。でも、私は両親の言うことは無視した。なぜなら、私の成績が下がれば、両親は心変わりするだろうと思ったからだ。

学校を出てから、私は人生を楽しむ方法を忘れてしまっていた。このことには気づいていたが、一時的なものだと思っていた。兵役義務（これは楽しかった。なぜなら楽しみを共有する仲間がいつもいたからだ）を終えたあと、エンジニアになろうと決めた。発明が大好きだったし、数学も得意（少なくとも大学に入るまではこう思っていた）で、当時エンジニアの仕事はたくさんあったからだ。

大学に入ってから最初の1カ月で、自尊心を植えつけられ、カリキュラムを全うするには一生懸命に勉強しなければならないことを教授たちに教え込まれた（およそ半数の学生は退学する）。結局私は大学時代は人生を楽しむ方法を学び直すという考えは捨てた。私は失敗に対する恐怖でいっぱいで、学位を取ることに全神経を注いだ。

もちろん、いつも勉強ばかりしていたわけではない。自分はどうしていつも不満を持って緊張しているのかという分析にも時間を費やした。私は自分で作った監獄に閉じ込められていた。下方スパイラルに落ち込んで、もはや勉強に集中することすらできなくなっていた。幸運にも、ちょうどこのころドイツではテレビ放送が解禁された。テレビの音をBGMにしながら勉強することで、ネガティブで分析しすぎる傾向は抑えられるようになった。

大学を卒業すると、企業に就職したが、また同じ状況に陥った。勉強、勉強の毎日で、楽しい生活を送るという夢はあきらめざるをえなかった。恐怖が消えることはなかった。私の恐怖は、学位を取ることから、職を維持することに変わっただけだった。

どこに行っても、問題は私についてきた。仕事のことを考えなくてもすむように、人生への取り組み方を考えなくてもすむように、少な

一生懸命に勉強しなければならない

い余暇の時間を、テレビやラジオや食料品で満たして、気持ちを紛らわそうとした。

　人生を楽しむ問題に向き合うという内なるプレッシャーは、もう無視することができないほど高まってきた。私の人生を見てみると、仕事にはそこそこ成功したものの、外部の成功を内なる幸福に変えることができないプロフェッショナルがそこにはいた。幸せを感じることができない私の人生は、ただ資源を消費するだけのものに退化していた。自分の人生を会社に例えるならば、それは損失を生みだす会社で、閉鎖したほうがよいと思えるものだった。私の人生は熱力学の第二法則そのものだった。つまり、すべてのものは変化し、無秩序が増大す

る（例えば、熱湯と水を混ぜてぬるま湯を作ることができるが、この逆は不可能）ということである。これを認識したとき、絶望的な気持ちになり、自殺の二文字が頭をよぎった。

　私は感情の状態の変化を測るために、バン・タープの幸福度テストを使った。幸福度テストは、自分自身、スピリチュアリティー、あなたを取り巻く世界についての考えを問う35の質問からなる。私は生涯にわたる時間表を作り、各ステージにおける主な出来事を簡単な言葉でメモした（例えば、兵役の終了、大学の1年目、アーヘンへの引っ越し、生き残りのための学習など。**表14.1**を参照）。これらを書くことでその当時に戻り、そのときの気持ちで質問に答えることができた。

　スーパートレーダープログラムを始めてからの幸福度テストのスコアは**表14.1**と**図14.1**に示したとおりである。

　私の自殺願望はけっして感情的なものではなかった。自分の人生を分析し続ければ、残された道は自殺しかないという結論に達するという認識にすぎなかった。そのとき、2つの良いことが起こった。

1. 私の潜在意識は、私が鎮静作用をもたらすもの（仕事、テレビ、食料）をたくさん持っていたので、自殺という行為に及ばずにすんだことを確認した。
2. 良い友だちの1人が、自殺したくなっても、すぐに自殺する必要はないのではないかと言った。まず心理療法を受け、それが本当に効かなかったら、自殺すればよいのだと。

　これは理屈にかなっているように思えたので、私は心理療法を受けることにした。

表14.1　スーパートレーダープログラムに参加する前の幸福度

	主要な出来事と感情を駆り立てたもの
幼少時代 （1965〜72年）	●幸せで、保護された環境で育った子供時代。大きな問題はなかった。 ●幸福度の測定はここから開始。
怠惰だった学校時代 （1972〜82年）	●社会が徐々に私を束縛し始める。 ●頭は良いが、勉強しなくても良い成績を維持できるほど賢くはないことが判明。
活発だった学校時代 （1983〜85年）	●クラスメートとの問題がきっかけとなり、失敗に対する恐怖を感じるようになり、懸命に勉強を開始。 ●成績は急激に上がるが、ハムスターの回し車に閉じ込められているように感じ始め、幸せを感じられなくなる。 ●「勉強しなければならない」ため、人生を楽しむことができなくなった。
兵役時代 （1985〜86年）	●当時、ドイツでは兵役が義務づけられていた。つまり、あらゆる階層の人が入隊。 ●唯一の目標はできるだけ痛みを伴うことなく兵役を終わること。 ●あとで判明したが、罪の意識から気持ちを紛らわせていたため、兵役時代は楽しくはなかったが、比較的幸福。
大学時代 （1986〜91年）	●エンジニアの勉強、高度数学、熱力学に明け暮れ、人生を楽しむことはあきらめ、学位を取ることだけに専念。 ●人生を楽しむことを何度か試みるが、本当の変化を起こすまでには至らず。
最初の仕事 （1991〜97年）	●プロとして成功すべく仕事に打ち込む。生活を楽しむ能力はどんどん薄れていった。 ●自殺願望。 ●心理療法開始。
心理療法 （1997〜99年）	●心理療法によって、すぐ自殺するという考えは遠のく。 ●低いレベルから抜け出すための道が見つかるに違いないという希望を持つ。
ブリージングクラス （2000〜02年）	●リバーシングブリージング、NLP、コーチングによって、自分を限定していた古い信念を解き放ち、人生を楽しみ始める。 ●再びポジティブな気持ちになる。
スピリチュアルな旅 （2002年現在）	●天職を探す旅を始め、自分を取り巻く世界と徐々に平和を持てるようになった。
安定した関係 （2004年現在）	●妻との良好な関係を始めることで、人生を楽しみ受容するというロールモデルがもたらされる。 ●特定の問題は解けて消えた。

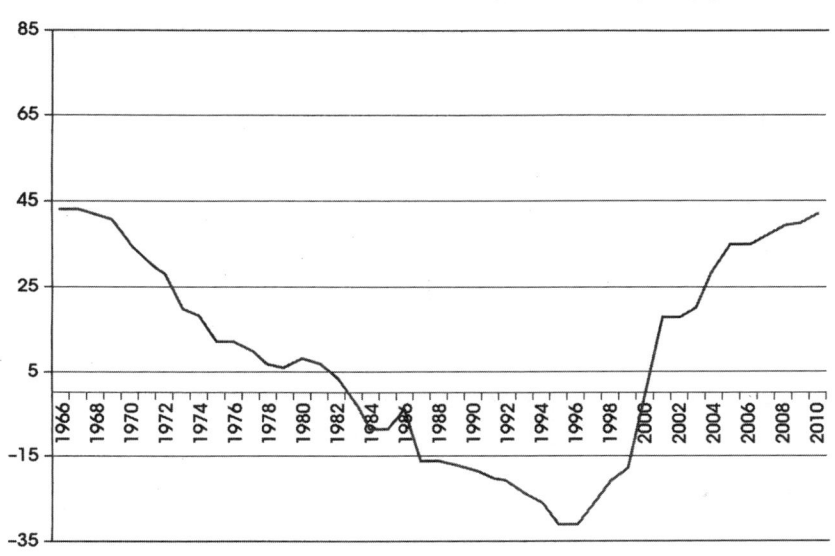

図14.1　スーパートレーダープログラムを始める直前の私の幸福度

時間表２ ── 穴から這い出る

　私に施された心理療法（トークセラピー）は私の信念に合わなかった。私は結果を求めたが、セラピストは話してばかりだった。でも、彼女は私の自殺願望を弱め、再び幸せになるという希望を与えてくれた。この心理療法はおよそ２年続いた。セラピストは私を災いから救いだしてくれることはできるが、幸せにはしてくれないことが分かった時点でこの心理療法はやめた（でも、私を災いから救い出してくれたことには感謝している）。この心理療法で、前向きに歩いていけるという希望は得られたが、どうすればよいのかについての手掛かりは得られないままだった。

　オーストリア人セラピストのウルフギャング・マリック・ウォズを紹介されたのはそんなときだった。彼のコースは15カ月のパートタイ

ムコースで、呼吸（リバーシング）とNLP（神経言語プログラミング）による感情の解放に集中的に取り組むというものだ。当時（2000年ころ）の私は、この概念になじめなかった。リバーシング？　NLP？　またおしゃべり？　ところが、私の同僚がこのコースに参加して、わずか1年で、信じられないくらい不快でネガティブな人物から、素晴らしいチームプレーヤーになるのを目の当たりにしたのだ。彼女の結婚式に招待されたとき、このプログラムの参加者にたくさん会った。彼らのゆったりとしたフレンドリーさと受容を見て、それが何であれ、私も彼らの仲間になりたいと思った。

　マリック・ウォズのプログラムは、基本的にはブリージングセラピストのためのトレーナーをトレーニングするためのプログラムだったが、参加者の多くはそのコースの最中に起こる人格の変革を求めて参加する。このコースは4日間の週末セミナーが9回と、7日間の長いセミナー1回からなる。セミナーは6週間おきに行われる。6週間というのは、経験を十分に浸透させつつ、モメンタムを保つのにちょうどよい期間だ。各セミナーでは、物理的な経験、瞑想、論理的トレーニングが行われる。

　どの要素が変化を引き起こしたのか特定することはできない（「役に立つのはセラピーではなく、セラピストである」という諺があるが、私はこれに同感だ）が、このプログラムは全体的に、16歳のとき以来初めて、私を感情的に前向きな気持ちにさせてくれた。特別な理由もなく、私は人生を楽しむことができた。これは私にとって大きな進歩だった。ただし、人生を極める自由を得た今、次に何をやればよいのかという疑問は残った。

どこからともなくやって来たメッセージ

　マリック・ウォズのプログラムに参加したあと、数日間アメリカで

休暇を取る機会があった。新たに修得した瞑想技術を試し、人生で何をすべきかという内からの（神からの？）明確なメッセージを聞くための場所としては、広いオープンスペースが適切だと思った。

1日車を走らせて、瞑想マットを広げる良い場所を見つけた。私は空にいる想像上の相手に話しかけた。「私はここにいる。私に何をしてほしい？」。私の質問に対する答えは、およそ20分後に別の質問となって返されてきた。「あなたは真実を聞く準備が本当にできていますか？」。準備できているかだって？　そんなこと分からない。それで、私は車に飛び乗って、走り去った。丸1日車を走らせたあと、ニューメキシコでハイウエー沿いの広告板を読みながら、真実に向き合おうと思った。準備はできた。私はこれを克服したかった。

ここでも同じ手順を繰り返した。外に座って、空にいる想像上の相手に話しかけた。「そのことを考えた。さあ、準備はできた」

驚いたことに、およそ15分で返答が返ってきた。「私が真実を話したら、あなたはそれを受け入れて、実行しなければならない。真実を聞いて、それを実行しないという選択肢はない。あなたは行動する準備はできていますか？」

どれだけの質問をされただろうか。私はイライラしてきた。これは私の望む回答ではなかった。心の底から同意できるとは思わなかった。それで再び車に飛び乗り、車を走らせ、与えられたメッセージをしばらく考えてみた。それが本当により高度な実体からの声であるならば、そのメッセージから逃げるのはおかしいということを受け入れるまで、私はさらに2日間田舎を車で走りまわった。遅かれ早かれこれを受け入れるのは時間の問題だ。だったら今でもいいじゃないかと思えた。

これが最後になることを祈りながら、私は座って、実体（自分がだれに話しかけているのかはよく分からなかった。内なる声と神の声は密接につながって、同期されていると私は信じていたので、特に区別しようとはしなかった。「答えてくれる声が」内なる声であり、神の

声だと私は思った）のほうを向いて言った。「さあ、準備はできた。これが最終ラウンドだ。明確な返事を得るまでここに座って待っている。私に何をしてほしいか言ってくれ。家族を持つべきなのか。会社でキャリアを積むべきなのか。修道士になるべきなのか。さあ、どうしてほしいか言ってくれ。準備はできている」。このときは、簡単な答えを得るまでに5分もかからなかった。「自分自身でありなさい」というのが答えだった。

それはどういう意味なのだろう、と私は考えた。私はどの役割でも自分自身であることができる。この不可解な回答のためにこれまで瞑想を続けてきたのか。私は怒りを感じた。この回答は私の期待や、以前のモデルを裏切るものだった。何か特別なことをするという使命がないのは明らかだった。その一方で、私は望むことは何でもできるし、私にメッセージを与えてくれたものに従うこともできる。だから特に難しいことは何一つなかった。私はこの自由に感謝すべきではないのか。

とにかく幾分か役立つ回答は得られた。それは大きな犠牲を要求するものではなかった。私は感謝し、私の野望と話しかけてくれた声と和解することにした。しかし、依然として人生における方向性が見えてくることはなく、プランもなかった。

退職したらすぐにプロの投資家になるという目標

2001年、私はトレードに興味を持つようになった。簡単に儲けることができるうえ、チャートパターンのフラクタルな美も私には魅力的に映った。私はトレードの本を片っ端から読み始めた。エリオットの波動理論のことを聞いたとき、私のエンジニアリングとアートの心はその単純性のとりこになったものの、それから堅牢なトレードシグナルを導き出すことの難しさにイラ立った（私は今でもエリオットの波

動理論は素晴らしい概念だと思っている。この理論はまだマスターしていないが、短時間で利益を出すにはもっと簡単なアプローチのほうが効果的だと判断した)。残念ながらこれはうまくいかなかった。今や私の頭は市場のことでいっぱいだった。

　面白いトレードシステムを探しているとき、たまたま出くわしたのがバン・タープの**『魔術師たちの投資術――経済的自立を勝ち取るための安全な戦略』**(パンローリング)という本だった。「経済的自由」という概念は初めて聞く概念で、お金を稼ぎ使うことに対して初めてパラダイムシフトを経験した。また、社会保障制度(ドイツの年金はそのときどきの現在の年金保険の収入から給付される。つまり、現在支払われている年金を負担しているのは現役世代であるということである。年金システムの総論には賛成するが、計算してみると、私が退職するころには労働人口の１人が１人の退職者の年金を賄うことになる。つまり、このシステムでは私は年金は受け取れないということになる)の構造的リスクもあり、退職後の生活は自分で管理しなければならないことを知った。民間の退職年金保険商品の利息は５％程度だった。そこそこの年金を手にするためには多くの貯金が必要になる。そのうえ、次の50年の間に大きなインフレがないことも想定しなければならない。ドイツの歴史を見てみると、ドイツはこれまで自国通貨の価値を守ることに失敗してきた。

　ドイツ人の間ではインフレリスクがあることに対する記憶がある。私たちが若いとき、祖父母たちは5000億ドイツマルク札(ドイツ語では10億のことをmilliardeと言う。ドイツの「10億」は、われわれの言う１兆に相当する)を見せてくれた。彼らは1920年代にハイパーインフレを経験した。インフレになったとき、多くの人は破産した。なぜなら、彼らは蓄えを長期資産や年金の形で持っていたからだ。流動性を求めて、彼らは金硬貨を買った。大人になったとき、多くの女性が金硬貨でできた宝石を毎日身につけていたのを覚えている。金硬貨だ

5000億（500兆）ドイツマルク札

けがその当時からの遺産だったからだ（ドイツ人ではない読者のために言っておくと、私の祖母や祖母の友人は金硬貨の宝石を身につけていたものだ。その理由を知ったとき、50年以上たった今でも彼らの脳裏からはインフレが消えてはいないのだということが分かった。これは私の経済的安定性に対する考えに長く影響を及ぼした）。

　インフレリスクを考慮して、保険は私には合わないと判断した。これからの数十年を無事に乗り切るには自分のお金は自分で管理しなければならない。管理を投資ファンドに任せたとしても、仕事をやめればプロの投資家になる。**プロ**とは「投資リターンで生計を立てる人」を意味する。

　そのあと短期間だが直感的なトレード（一体お金はどこへ消えた？）に頼る日々が続き、①私にはトレードや投資についての知識がまったくないこと、②経済的自由を手に入れるためにはシステマティックなアプローチを探す必要があること ── に気づいた。システマティックなアプローチがあってこそ、良い結果が得られ、過ちから学ぶこともできるのだ。私の「年金ファンド」を運用するには成功するトレードシステムが必要だと思った。これらのシステムを手に入れるために、

私はセミナーに通い、オープンなブラックボックスシステムをたくさん買い、本も読んだ。何か良さそうなものがあると、それを使って小さなポジションですぐにトレードしたが、損失はかさむばかりだった。

次に手を出したのは、メカニカルなシステム、ニュースレター、商品先物の一任口座だった。結果は惨憺たるものだった。私はトレードでシステマティックな過ちを犯したに違いなかった。

● 私はトレードで成功することに心理的に準備できていなかった。自尊心が低かったため、負けポジションに甘んじざるを得なかった。そのときはこのことに気づかなかったため、無駄な努力を続けた。
● 事前の準備をしなかった。自尊心の低さによって自分自身よりも他人を信用したため、自分の考えを十分に取り入れなかった。
● システムに時間を与えなかったため、統計的エッジを得ることができなかった。私は自己破壊のさまざまな理由を探した。失敗したシステムはすでに低い自尊心をさらに下げた（「だから言ったでしょ。あなたはバカだからトレードはできないって」）。

今にして思えば、自尊心の低さがすべての原因だった。でも、そのときはこのことに気づかなかった。不愉快に感じたが、理由が分からなかった。

本当の問題を抱えているのか、それとも暗闇のなかに悪魔を見ているだけなのか

投資やトレードをしても結局は損をするだけだと気づいた私は、技能を磨くことに集中的に取り組むことにした。コンサルタントとして日々忙しく働いていたため、システマティックに学ぶ時間はほとんどなく、経済的自由は私の視界から徐々に消えていった。

私は自分の仕事に満足し、そこそこの給料ももらっていた。しかし、老後の準備が万端ではないという気持ちが付きまとって離れなかった。さらに、仕事では複雑な事態が発生した。最大限のパフォーマンスを上げるには、1回に1人の顧客しか相手にできなかった。全注意をその人に向けるためだ。週7日、かかりっきりになることもあった。つまり、私の全ビジネスモデルはたった1人の顧客に依存しているということになる。それがうまくいっている間は良いのだが、顧客が私のサービスを必要としなくなれば、もうあとがなかった。
　仕事と食物とテレビという安心できる静かな状態と、重大なリスクを見落としているという気持ちとの間で私は揺れていた。さらに、私の人生における普遍的な疑問が時折湧いてきた。私の人生における目標は何なのだ？　自分の人生を結局どうしたいのだ？　人生から逃げているだけなのか？
　時間がたつにつれて、これらの疑問に答えることができなくても感情的にはならなくなった。回答はないということをいつの間にか受け入れていたのである。経済的自由については、いつか使うことを考えて、ますます肥大化するコレクションに新しいトレードシステムを加え続けた。しかし、顧客のための仕事に忙しく、仕事に行って、帰って、テレビを見て、寝るだけの毎日だった（「metro, boulot, dodo」＝「通勤、仕事、寝る」を表すフランス語。毎日、通勤と仕事と寝るを繰り返すパリ人の単調な生活を皮肉ったピエール・ベアルンの詩が起源）。

スーパートレーダープログラムの参加者に出会う ── 彼らのようになりたい！

　トレードシステムを集めている間、バン・タープ・インスティチュートのワークショップのことを知った。そのワークショップでは、ケ

ン・ロング博士がメカニカルな長期システムとメカニカルなスイング・デイトレードシステムを教えていた。「ケンのワークショップでは良いシステムがたくさん手に入る」と聞かされたので、私はこのワークショップに参加することにした。私が知りたいのはシステムのことだけだった。

　最初はシステムを手に入れるために参加したが、ワークショップのもっと面白い側面を発見した。参加者のなかにバンのスーパートレーダーが何人かいたのだ。私たちは休憩中におしゃべりをした。個人的な性格は千差万別だが、平穏で集中力がありユーモアのセンスがあるという性格は共通していた。彼らは、私がまだ持っていないトレードに対する確かなアプローチを持っているのは明らかだった。私は彼らの持っているものが欲しくてたまらなかった（映画『恋人たちの予感』のデリカテッセンでの有名なシーンを思い出した。メグ・ライン扮するサリーがオーガズムのフリをして、それを見ていたオバサンがウエーターから「何にしますか？」と聞かれて、思わず「あの娘が食べているものを、下さい！」と言ってしまうシーン）。

　これはデジャブ（一度も経験したことがないのに、すでにどこかで経験したと思い込む）の感覚だった。友だちの結婚式に出席し、そこでマリック・ウォズのリバーシング・トレーニングを受けている多くの人に会い、私も彼らと同じような直感を持ったことを思い出したのだ。ウォズのトレーニングはすでに私の生活の質を大幅に改善していた。そして私はスーパートレーダープログラムに参加することを決めた。スーパートレーダープログラムに受け入れられなければ、受け入れられるまでいろいろなワークショップに参加していたことだろう。

　まずは、プログラムへの参加条件を調べ、どうすれば参加できるかを考えなければならなかった。そのとき私はヨーロッパに住んでいて、仕事は非常に忙しかった。私は生き残りの信念のひとつで私を慰めた──私の仕事が障害になることはない。

参加を許可されるまでにはまだ少し時間がかかることが分かったので、当面は2カ月あとで行われるピークパフォーマンス基礎編とピークパフォーマンス上級編ワークショップに受講登録した。

次の8カ月にわたり、私は大きな変革をたくさん経験した。私は自分の人生における構造を探している。そこで、私は各変革を3つの部分に分けた——最初の状態、変革するために何をしたか、変革した状態。

変革1——過去の投影の痛みを捨てる

最初の状態

私はネガティブな思考に常に悩んでいた。「良いジョークは良い友だちに匹敵する」と言う。だから私はいつも他人の欠点を探しては、その欠点を「ジョーク」にしていた。しかし、他人は私のジョークを受け入れてくれなかった。投影という心理学的概念について聞いたことはあったが、そんなものは自分には関係ないと思っていた。しかも、だれかのことをバカだと思えば、彼をからかう正当な理由があると思っていた。車に乗って走るたびに、この世は何かがおかしいという新たな証拠が見つかった。

心の底では、私が世界を認知する方法と、世界が私に反応する方法の間には相関があると感じていたが、それについて意識的に考えることはなかった。結局、私はジャニス・ジョプリンのアプローチに従った——「毎日3時まで、届くのを待ってるの」(ジャニス・ジョプリンの有名な「ベンツが欲しい」の楽曲の一節。ジャニス、どこにいても、幸せに満ちたやすらぎと、あなたが欲しい物すべてが手に入りますように)。

変革するために何をしたか

　ピークパフォーマンス上級編ワークショップ──正しくは幸福ワークショップ──に参加することで、私はこの行き詰まった状態から脱出することに成功した。ワークショップではいろいろなことをやったが、特に私にとって効果的だった3つのことを紹介しよう。

1. ワークショップでの活動は私の感情構造を解放してくれた。だから、自分の態度を変えたり、安心領域の外に出ていくことに対して前向きに取り組むことができた。これは私にとって重要だった。なぜなら、これによって私が世界に対して投影していたネガティブなひずみの多くを取り除くことができたからだ。
2. このワークショップではバイロン・ケイティの「ザ・ワーク」のなかのプロセスが紹介された。このプロセスでは、あなたの隣人について4つの質問に答え、次に最初の4つの質問に対してさらに3つの質問が問われ、これらの考えがあなた自身の投影かどうかを調べるといったことが行われる（いろいろな補助資料がhttp://www.thework.com/index.php から無料でダウンロードできる）。

　　通常は、息を止めて、まばたきをして、ワークショップの次のテーマを待つのだが、ワークショップが終わると、6週間に及ぶ宿題が出される。ほかの参加者とチームを組んで、答えを出しあうのだ。これをいかにも忘れたかのように振る舞って、先に進むことはできなかった。そんなことをすれば、7日間毎日6人の人に、「私はうっかりこの作業を見落としました」と言わなければならないのだ。こんなことが役に立つはずがない。私は歯を食いしばってワークシートを完成させた。
　　この「隣人を評価する」ワークシートは私に大きな効果をもた

らした。このプロセスの一環として、あなたをイラつかせる人を取り上げて、その人のことを自分自身の目で判断して書くのだ（このアプローチは私のINTJ［内向的、直感的、思考的、判断的態度］の性格にぴったり合った。経験を積むと、簡単なエクセルのテンプレートを作成して、分析を効率的に行えるようになった。1人につき、およそ1時間でできるようになった）。ひとつの例外を除き、私にひどい扱いをした人すべてに対して中立的な態度で臨んだ。両親、兄弟姉妹、親戚、友人、同僚、敵を含め、すべての人に対してこのワークシートを作成した。そして、分析のあと彼らを見ると唖然とした。彼らとの最初の問題を思い出すことができなかったからだ。

3. 3つ目はピークパフォーマンス上級編ワークショップで紹介されたもので、ヘイル・ドウスキンのセドナメソッドだ。このメソッドでは感情の解放にいろいろな手法を使う。すべて単純で、嫌な感情を長く感じる必要もない。あまりにも簡単なので、本当に効果があるのか疑ったほどだ。ワークショップが終わって数週間たって、20枚のCDを何度か聞く機会を得たおかげで、効果が体中に浸透した。

　セドナメソッドは、バイロン・ケイティのワークシートを終えたあとも残っていたネガティブな感情を取り除くのに非常に役立った。「隣人を評価する」ワークシートも他人との問題を解決するのに役立つこともあったが、自分が不十分だという感じが残った（例えば、私はバカで、無価値で、のろまだといった感覚が残る）。セドナメソッドはこの感覚を取り除くのに役立った。少なくとも軽くはなり、数時間以内には消えてしまう。

　これをバニラアイスクリーム法と名づけることにしよう。とりたてて特別なものではないが、だれもが大好きで、いくら食べても食べ足りない。

バニラアイスクリーム法 ── いくら食べても食べ足りない

変革した状態

　投影がなくなってから、他人や自分自分に対して平和な気持ちになっていった。私は自分自身の内面的な問題を他人に投影していただけだった。このことが分かったとき、私はすぐにこれをやめることができた。この変革以降、私の人間関係は大幅に改善された。
　２番目の変化は自分を鍛えることに意欲的に取り組むことができるようになったことだ。ほとんどの問題は投影であることを認識することで、私は内面を見つめるようになった。そこは私が完全にコントロールしている領域であり、変革プロセスを駆り立てる領域だ。
　新しく見つけた平和と内面的問題の解決によって、これまで私が人々にネガティブな思考を投影してきたことを意識的に許せるようになった。今では、人々が客観的に見て間違ったことをしているとき、

それをすぐに許せるようになった。彼らは間違っていることが分かればもっと建設的な行動を行うことができたはずだと信じられるようになったのだ。私はこれを私自身の行動によって体験した。だったら、ほかの人にも疑って許すという経験をさせるべきではないか。

しかし、これはネガティブな行動を受け入れて許すという意味ではない。他人が私のつま先を踏みつけようとしたら、私は自分を守るために彼らから離れる（自分を守るために離れるという概念は、核兵器の拡散に対する私の姿勢に対して新たな考え方を生んだ。悪い人がナイフを持っていたら、10メートルも離れれば十分だ。銃を持っていたら、1マイルも離れれば十分だ。しかし、彼が核爆弾を持っていたら、十分な距離を保つためには別の惑星に行かなければならない）。彼らが目覚めたら、私は彼らを喜んでそばに寄せるだろう。**表14.2**はこの全プロセスを示したものだ。

幕あい —— だれにでもお金を儲けるチャンスはある

ピークパフォーマンス上級編ワークショップが終わってからすぐに、スーパートレーダープログラムへの参加が許可され、スーパートレーダーサミットに参加することができた。このサミットはすべてのアクティブなスーパートレーダーたちが年に1回集結する集まりで、3日間にわたって行われる。生徒たちによって過去12カ月間にわたる成功事例や体験が発表される。

スーパートレーダープログラムは私にとってはまったく新しいプログラムで、タープ的思考やワークショップの内容についてもよく知らなかった。しかし、15人のスーパートレーダーの発表を聞くと、共通のパターンがあることに気がついた。発表内容をよく理解できるほどの知識はなかったが、彼らは**彼らの**性格に合った、市場でお金を儲ける方法を見つけたのだということが分かった。つまり、だれにでもお

表14.2 過去の投影の痛みを取り除く

最初の状態	●他人がネガティブなライトのなかに見える。 ●自分の問題を他人に投影していることに気づいているが、自分の立場を正当化しているので、だれも許せない。
アプローチ	●ピークパフォーマンス上級編ワークショップに参加。 ●ワークショップで課された宿題をすべてやる。 ●ネガティブな感情は現れたらすぐに解放し続ける。 ●だれかが私をイライラさせることに気づいたら、「隣人を評価する」ワークシートをやる（ワークシートの数は5つ以下に減少）。
メソッド	●ザ・ワーク ●セドナメソッド
ワークの補助	●ピークパフォーマンス上級編ワークショップのメモ。 ●「隣人を評価する」プロセスを早めるために自分で作成したエクセルのシート。 ●セドナメソッドコース（特に、オーディオCD）。
時間表	●ピークパフォーマンス上級編ワークショップとその宿題（第1週～第7週）。 ●追加的クリアリング（第8週～第15週）。 ●すべての人（自分自身を含め）の95％を許す（第15週）。 ●ネガティブな感情が現れたら解放する（現在進行中）。
成功するための鍵	●「隣人を評価する」ワークシートとセドナメソッドの感情解放を継続的に行う。最初は役に立たないように思えるかもしれないが、3週間やったあと、驚くべき結果を体験。 ●ワークショップの参加者による第三者に対する説明責任。仲間による精神的援助と監視がなければすべてのワークをやり遂げることはできなかっただろう。
変革した状態	●自分の問題を他人と口論することはない。 ●自分自身を含め、すべての人の95％を許せるようになった（今ではだれに対しても意識的に許さないということはなくなった。しかし、これは一時的な観測であって、潜在意識の奥底では、若干の怒りは暗い隅っこに隠されていることを知っている。したがって、95％というのは誇張ではない。私のなかには無意識のうちに残してきた怒りがまだある）。

表14.3　だれにでもお金を稼ぐチャンスはある

最初の状態	●成功するトレーダーに求められる特定の性格があるのかどうか分からないし、これらの性格を身につけることができるかどうかも分からない。
アプローチ	●スーパートレーダーサミットに参加。 ●15人のスーパートレーダーの発表を聞く。 ●彼らの共通点と違いを観察。
メソッド	●ほかのスーパートレーダーの候補からの重要なメッセージを分析・比較。 ●メッセージが理解できない場合は、休憩中に話を聞く。
ワークの補助	●心をオープンにする。
時間表	●スーパートレーダーサミット（3日間）。
成功するための鍵	●スーパートレーダーの候補者たちから（彼ら全員が持つ）最良の洞察を引き出すために、彼らに意欲的に話しかける。 ●参加者は競争していないことを理解する。彼らは他人のシステムをトレードしようとはしない。なぜなら、性格が違うからだ。だからシステムを共有しても何のリスクもない。
変革した状態	●だれにでもお金を稼ぐチャンスがある。 ●熱心に努力することが必要。

　金を儲けるチャンスがあるということである（良いこと）。より具体的に言えば、宿題をやり、自らを極めてトレードをマスターし、規律を守り、絶え間ない進歩を目指しながら、技能を生かした人は、だれでもお金を儲けるチャンスがあるということである（やることは多いが、良いこと）。
　市場で成功する性格のパターンに標準形などないということに驚いた。つまり、宿題をきちんとやれば成功するトレーダーになれるということである。これを念頭に置き、私は必要なワークにいそしんだ。**表14.3**は私が分かったことについてまとめたものである。

変革2 —— 温和な宇宙を体験する

最初の状態

スーパートレーダープログラムに参加する前は、この世界は一神教の世界であり、すべてのものは、良いものであれ悪いものであれ、同じ神から創造されると信じていた。そのときの心の状態にもよるが、対話できる相手がいると思うことがあり、またあるときは、この宇宙はひとつの巨大なマシンであり、それは神の計画によって進化し、私はその巨大なマシンのひとつの小さな歯車にすぎないのだと思うこともあった。

年齢を重ねると、私は大きなマシンの小さなひとつの歯車であるという考えを好むようになった。その歯車は自分自身の生命を持ちたいと思うようになる。そして、「私は1日中回っていたくない」「私は違う歯車になりたい」「ほかの歯車は私にやさしくない……だから外に行きたい」と考えるようになる。そのとき私の脳裏には、やる気のない歯車に向き合う運転手のように、生命という黄色いスクールバスを運転しながら、やる気のない歯車に、物事がうまく進み続けるように神に与えられた位置に戻れと、ののしる不機嫌な神の姿が浮かんだ。

私は自分の人生で何がしたいのか。そこには自由意志があるのか。こういったことが分からなかったため、そのことは考えないようにした。それが私をイライラさせ続けた。人生とは山あり谷ありを繰り返す煮え切らないものだ。しかし、少なくとも私は痛みの深い谷は克服した。痛みの深い谷はもうないはずだ。周りを見渡すと、通りを行きかう人も幸せには見えない。エンジニアリングの観点から、私はこれを統計学的に有効な前提として認めた。人生というものは多かれ少なかれイライラする冒険なのである。幸せな瞬間はあるかもしれないが、葛藤は続く。葛藤を愛するようになれば、すべてうまくいくのである。

変革するために何をしたか

2010年12月のスーパートレーダーサミットのあと、タープ博士はワンネスアウェイクニングワークショップを開いた。このワークショップではどんなことが期待できるか分からなかったが、投影の変革やネガティブな感情の解放ではすでに大きな進歩を経験していたため、先に進みたい思いでいっぱいだった。

ワンネスムーブメント（詳しくは、http://www.onenessuniversity.org/を参照）はインドで始まった。これは、特定のテクニックを使えば脳が生理学的変化を起こし、世界をありのままに見ることができるというものだ。役に立たない信念やネガティブな自我を取り除けば、「ワンネスに目覚め」、永遠の至福を手に入れられるのである。

リバーシングトレーニングの間、意識改善テクニックを少しだけやってみて、何でもやってみようという気になった。しかし、あまり期待はしていなかった。3日間の瞑想を行う準備もできていた。何でも受け入れようと思っていた。

この3日間は一連のステップから構成されていた。各ステップは脳の抵抗と習慣パターンを少しずつ克服していくというものだった。気分はよかったが、それ以上のことは起こらなかった。変化があったのは、チャンティング（「私は愛である」）とダンスの49分間のセッションを始めたときだった。このセッションの間、突然、体外離脱したのだ。それはまるで、自分の後ろに立って、チャンティングしたりダンスしたりしている自分の姿を見ているようだった。体外離脱した状態から、私は自分の肉体が「話をして」「動いている」のを観察していた。でも、それは私ではなかった。奇妙な瞬間をすでに体験していた私は、自分はまだエンジニアであることを思い出し、テストしてみることにした。再テストすれば、瞑想に夢中になっているだけで、すべてはまた元どおりになることを証明できただろう。

第14章 エンジニアからスピリチュアルな戦士へ――トレードの旅

でも、再テストはしなかった。私はしばらく自分自身を観察し続けた。10秒から20秒ごとに、私の肉体が動いていることを観察したが、それは私ではなかった。しゃべってはいたが、それは私の物理的な肉体がおかしな音を立てているにすぎなかった。それを後ろから見ている心は、この不思議な体験を受け入れ、陰囊をつかみ、ただ座って、次に何が起こるのか興味津々に見ているだけだった。

何も起こらなかった。瞑想は終わり、肉体から分離されたものは肉体に戻ってきた。私はぼうぜんとしていた。休憩が必要だった。

瞑想のあとの夜、私のエンジニアとしての分析的な心はこの状況をもっと冷静に見ていた。肉体から分離して観察していた部分は、肉体から分離されたとき、大きな平和と幸福を感じていた。汗をかくことも、息をのむこともなかった。汗が眼鏡を流れ落ち、視界をさえぎったのは観察できたが、私を邪魔することはなかった。体外離脱した状態では、心は肉体から離れているため、心は幸福に満ちていた。これがだれもが話していた状態に違いないと思った。

さらに分析を進めると、もっと興味深い示唆を発見した。肉体から離脱した心が理由もなく純粋に幸せで平和な状態にあったのならば、不幸、欠乏感、ストレス、平和の欠如は、この離脱した心からは分離しているはずである。離脱した心のアイデンティティーは肉体や感情、目標、行動、身体的感覚では定義できなかった。それらはすべて外的なものだったのだ。

「自分は巨大なマシンのひとつの小さな歯車にすぎず」、ほかの人と同じなのだと考えた場合、この世界のありとあらゆる創造物は幸福で平和で温和な核を持っているという事実を経験したことになる。これが日々の生活で経験できないただひとつの理由は、外部からの知覚をフィルターにかけ、「純粋な心」が創造物に与えるシグナルをひずませてしまう物理的な肉体や信念や感情パターンをわれわれが持っているからなのである。投影の経験と、「人々はこの新しい経験と完全に

425

マッチすればより良い人になるだろう」という信念は、余分な装飾にすぎないのである。

変革した状態

これらの練習のあと、**肉体的な体とつながらない意識がある**のだということが分かった。さらに、この肉体から離脱した意識は真に幸福で平和であり、何の望みも要求も持たなかった。充足には欠乏が含まれている可能性もあるが、肉体から離脱した意識は、充足した状態をも超えた、完全なる状態のなかにあった。

変革で2番目に得たものは、この宇宙の真の核は温和という新たな信念だった。物理世界の何かが温和でないとするならば、それは温和な核の外部に加えられた役に立たないものにすぎない。役に立たない部分を解放しても、何人の真のアイデンティティーもリスクにさらされることはない。それはガラクタを捨てるようなものだ。幸せになるのにほかのものは必要ではない。余計なものを除去するだけでいいのだ。

この体外離脱の状態になるのにはそれほど時間はかからなかった。**一連の瞑想と練習に従うだけで、私は望むときにその状態に戻ることができた**。ガラクタを除去するという明確な目標を持つことで、この幸福で平和な核へのつながりを簡単に手に入れることができ、維持することができた。この変革は**表14.4**に示したとおりだ。

変革3 ── 自分の目標を認識する

最初の状態

心理的な問題の多くは何とか克服できたが、「なぜ私はここにいる

表14.4　温和な宇宙を体験

最初の状態	●私は自分の肉体である。 ●すべては神で、すべては神によってもたらされる（良いことも悪いことも）。 ●私は新しい体験を受け入れる準備ができている。 ●スピリチュアルだが、現実的でもある（私はエンジニアだから）。
アプローチ	●ワンネスアウェイクニングワークショップ ●一連の瞑想と練習。
メソッド	●上に示したとおり。 ●ダンスとチャンティングをやっているときに特定の変革が起こった。
ワークの補助	●特になし。
時間表	●１回の３日間のセミナー。
成功するための鍵	●ワンネスプロセスを効果的に行う。 ●新しい体験を受け入れる準備があること。
変革した状態	●宇宙は温和。 ●私は自分の肉体ではない。 ●瞑想によって体外離脱の状態にすぐになることができる。 ●ネガティブな感情やパターンといった余計なものを解放することで、温和な核が光り輝く。

のか？」という疑問に対する答えは見つからないままだった。この10年、この疑問に対する感情を何とか減らし、この答えは見つからないだろうということを受け入れてきた。おそらく私は人生におけるはっきりとした魅力ある目標を見つけられるようには作られていなかったのだろう。自分らしくあれという「どこからともなく」やってくるメッセージはいまだ健在だったが、あまりにも無関心で私を導いてくれるには至っていなかった。

　良い目標なら、私の意思決定を手助けし、選択肢をなくしてくれなければならない。私が食料品店の牛乳売り場の前に立っているとき、良い目標は全乳を買うべきなのか、スキムミルクを買うべきなのか教えてくれなければならないのだ。成功と進歩のための一般的な言明（私

の場合、「自分らしくあれ」）は時間の無駄でしかないと私は思っている。

変革するために何をしたか

　私が初めて正しい方向に動いたのは、7年前に妻と出会ったときだ。心の友にやっと出会えたという喜びを胸に、私は彼女に私が満足させてあげられる望みがあるか聞いた。私は指輪などの宝石を想像していたが、およそ30秒後、彼女は言った。「私は50年続く愛と喜びと至福が欲しい」と。意外な答えだったが、経営コンサルタントの視点から考えれば、私の人生における目標を設定するのにこれほど賢明な望みはなかった。

- それはプロセス指向の望みだった（つまり、毎日行動を必要とし、上限がないということ）。
- 特定の日付が指定されていた（「50年」）。
- この目標は個人的な目標であると同時に、2人で達成する目標でもある。これを達成するには、両方ともこれに貢献し、互いの貢献に感謝する必要がある。
- 具体的なことは分からないが、私たちの両方とも任意の状態を評価し、それが「愛と喜びと至福に」貢献しているかどうかをチェックすることができる（これは「ポルノグラフィールール」とも言う。純粋にテクニカルな観点からは特定するのが難しいかもしれないが、それは見ればそれと認識できる）。

　これによって私の人生における最初の目標が見えてきた。前に述べた牛乳売り場のシナリオにこれを適用すれば、答えは簡単だ。スキムミルクは私に人生の喜びを与えない。したがって、選択肢からは外す

ことができる。大きな規模で考えると、「自分らしくあれ」というメッセージのようにまだ漠然とした部分はあった。次なる目標は仕事選びに適用することだ。マネジャーか、コンサルタントか、トレーダーか、あるいは職人か。私はすでにポジティブな領域に入っていたが、注意は怠らなかった。いままでずっとくよくよと思い悩んできた。これがコントロールできなくなると、またネガティブな思考がぶり返し、テレビや食物や仕事で紛らわせなければならない。

次に大きな飛躍が起こったのは、ワンネスアウェイクニングワークショップ（変革2ですでに述べた）を受けているときだった。3日間の瞑想と練習の間、私は内なる声に耳を傾け、メッセージ（洞察）を待っていた。通常アクセスできない部分にアクセスできたことが分かると、私を長年悩まし続けてきた未解決問題の長いリストを取り出し、すぐにその場で解決しようとした。私は、答えを与えてくれる内部の潜在意識の部分と内なる会話を始め、私の目標がはっきりしたかどうかをチェックした。数分間で私は新たな気持ちをカバーする新たな目標を作りだすことができたが、さまざまな反復が行われ、これは厄介なものになった。まるで委員会によって設計されたプロセスのようだった。

- **最初の仮定**──**愛、喜び、至福**　物理的肉体からの離脱と宇宙とのつながりが含まれなければならない。
- **反復1**──**「愛と喜びと至福」および「宇宙とのつながり」**　これは名詞の集まり。動詞に変える必要がある。
- **反復2**──**「愛と喜びと至福」および「宇宙とのつながり」を得る**　これはあまりにも利己的で、プロセス指向ではない。
- **反復3**──**私自身および他人のために、愛と喜びと至福および宇宙とのつながりを持つ、あるいは増強させる**　当面はこれでよいだろう。でも、なぜこんなに複雑なのか。

最初はこの言明に満足していたが、次の数カ月の間にほかのスーパートレーダーたちが彼らの使命を話しているのを聞いた。これもまた複雑で理解しがたいものだった。それを言ったあとで説明する必要があるような使命などほんとうに効果があるのだろうかと私は疑問に思った。本当に洞察のある言明（例えば、「人生、自由、幸福の追究」など）はプロセス指向かどうかやバランスや時間のことなど気にしないが、大きな刺激を与える。これを考えると、自分の使命はふわふわとして空回りをしているように感じた。
　最後のステップは、スーパートレーダーカリキュラムの一環であるリビー・アダムスの28日間のプログラムで完成した。アダムスとのコーチングセッションの間、「どちらのミルクを買うべきか」を判断させてくれる魅力的な使命が見つからないことを彼女に話した。アダムスの助けのおかげで、私は長い旅の本質――幸せになり、感謝する――を導き出すことができた。幸福とは、気分が良くなり、ポジティブなエネルギーに満たされ、世界をそのまま愛することである。感謝の部分は、外向きの幸福に対してバランスを取る役目を果たす。小さな経験が与えられるたびに、やがて平和と喜びをかみしめることができるようになるのである。それらが私を助ける以上に私を制約するという複雑な気持ちに思い悩むことはもはやなくなった。

変革した状態

　非常に単純な使命を見つけてからは、私は安心感に包まれた。本当にこんなに単純でよいのだろうか。私の意識は以前の障害物をチェックし、それらがすべて取り除かれたことを確認した。
　特に、目標の言明は将来の目標を定めるというプレッシャーから私を解放してくれた。私は即座に私の目標を実現することができるよう

表14.5　人生における目標を実現する

最初の状態	●気持ちの落ち込みを克服した…… ●……しかし、私は自分の人生をどうしたいのか分からない。 ●一般的な使命は時の試練に耐えることができない。
アプローチ	●内なる声に耳を傾ける。 ●うまくいく仮説を設ける。 ●うまくいくまで改善し続ける。
メソッド	●瞑想。 ●アウェイクニングワークショップ（瞑想や練習をさらに行う）。 ●リビー・アダムスの28日間のプログラム。
ワークの補助	●特になし。
時間表	●2001年から10年にわたって時折セルフワークを行う。 ●2010年現在、システマティックなセルフワークを行っている。
成功するための鍵	●やり続ける。 ●新しい体験を受け入れる。
変革した状態	●単純な使命──幸せを感じて、感謝する。 ●10日のうち9日は使命を実現できるようになった。 ●過去の考え過ぎから解放されて大きな安堵感に包まれる。

になっていた。外部のパラメーターが「目標」と歩調を合わせるのを待つ必要はない。これをミルク売り場のシナリオで確かめてみた。味の良い食品を買うことは私を幸せにしてくれる。そして、これができる能力は感謝を生む。減量しなければならないとすると、ほかの食品が私の健康を改善してくれるはずだ。これもまた私を幸せにしてくれる。私は毎日の意思決定プロセスを行うための堅牢なルールを見つけたのだ。**表14.5**はこのプロセスをまとめたものである。

変革4 ── 自分に合ったビークルを見つける

最初の状態

　感謝の心と幸福を得た今、本当にそれらが得られたのだと感じている。次の未解決の問題が、映画『ジョーズ』のブイのように現れるまでにはしばらくあった。
　私は今、日々の生活を最適化することにいそしみ、人生にどうアプローチすればよいのかとくよくよ思い悩んでいた日々からは解放された状態にあった。しかし、自由になった今、どの方向に進めばよいのかという新たな問題が発生した。
　私はエンジニアリングの心を使って、感情的なバイアスなしに事実を見つめることにした。

- 私には「幸せを感じ、感謝する」という使命がある。これのおかげで、日々の生活のなかで幸せを感じ、感謝することができる。
- 魅力的な目標を思い描けないでいる（例えば、製造会社を興して、宇宙船を作る）。
- 過去6カ月にわたるVTIワークショップとスーパートレーダーのセルフワークは、私が急速に進化していることを示している。今日目標を思い描いたとしても、次のステップに進めば数週間以内にその目標は時代遅れになるだろう。
- 役に立つ目標ならば、私の世界の見方に対する劇的な変化をも含むほど柔軟性があるはずだ（例えば、将来的に車の販売代理店を始めるのに大きな借金をするのは賢い選択ではない）。
- VTIワークショップやほかのスーパートレーダーとの交流、瞑想を通して得た洞察は、私は簡単な解決法を好み、その解決法はうまくいくということである（メカニカルなエンジニアの観点で言えば、

表14.6　簡単なビジネスシナリオモデル

トレードの時間枠	日足	コンサルタント(*)とEODトレーダー	投資家、コーチ(*)、EODトレーダー
	日中足		デイトレーダー
	旅行が多い		一カ所にとどまる
	旅行の頻度		

* 参考までに、コンサルタントの仕事は1人のクライアントのためにクライアントのところで4週間以上働くことを意味する。仕事日数は週に3日から7日（7日はピークのときのみ）。これに対して、コーチの仕事はクライアントのところに行くのは一度に1日だけで、クライアントのところに行くのはコンサルタントに比べるとはるかに少ない。

マシンの失敗パターンと複雑さとの間には関係がある。複雑なマシンは高い出力を持つが、細部にわたるメンテナンスを必要とし、狭い範囲の外部パラメーターのなかでしかエッジを持たないが、単純で効率性の悪いマシンは、壊れにくくメンテナンスも簡単だ）。総所得コストの観点で考えれば、簡単な解決法こそが長い目でみればあなたを幸福にする可能性が高い。

変革するために何をしたか

これらの観察からすれば、私は現在のあるいは将来の条件を満たす魅力的なビジネスモデルを作ることができる状態にはなかった。そこで私は、数年前にビジネス戦略コンサルタントに相談しているときに聞いたガイドラインに戻ることにした。つまり、あなたのビジネスに対してどういった取り組みをすればよいのか分からないときは、「親会社」がデフォルトになるということである。親会社はどういったビジネスをやっているのかや、そのコア能力には無関心だ。短期的利益と長期的利益を生み出すことにだけ興味がある。退屈に聞こえるかも

しれないが、これは極めて効果的だ。退屈という言葉が示唆するように、これは単純であり、私の基本条件のひとつを満たしている。

いろいろなビジネスモデルを定義し、それぞれのビジネスモデルに対してビジネスケースモデルを作成するのに、私はシナリオ分析法を使うことにした。これは**表14.6**に示したとおりである。

ビジネスモデルは親会社のなかで細分化され、うまくいかなくなれば売却するか、凍結する。共通して求められる能力やインフラは分析に基づいて決め、どのシナリオを選んでもこれらの「後悔のない行動」は実行する。全般的には、経済の荒波のなかで細分化されたものを柔軟性を持って渡り歩く頭の回転の速いビジネスマンの作ったビジネスモデルを最適化することになる。

このアプローチには十分満足していたが、再びリビー・アダムスの28日間のプログラムの助けによって、もう一歩先に進むことができた。私は望みと本当に魅力的な目標を思い描く私の限定された能力に取り組んだ。唯一の潜在意識のガイダンスは「自分自身であれ」という曖昧な言葉だと冗談で言った。するとアダムスはこの大したことのないメッセージを「自分**自身**であれ」という啓発的なものに変えた。**自身**は、私が体外離脱したときに一瞬だけ見た私の真の核を表すものである。10年前にこのメッセージを私に与えてくれたのがだれであっても、その人は私をバカっぽく見せようとしていたわけではなかったことは明らかだった。

変革した状態

「自身」がゴシックで表記されても、「自分」と「自身」が切り離されても、一見大きな変化はないように思えるが、私は2つの効果を発見した。

1．私は内なる**自身**をひと目見て、それは複雑で世俗的な目標は要求しないだろうということが分かった。私の内なる**自身**は初期状態ではハッピーだった。つまり、それは意識であり、私の幸せを限定する可能性のあるネガティブな潜在意識パターンだったのである。

したがって、親会社の最初の目標は、現存するネガティブな潜在意識パターンが邪魔されないような環境を作ることである。例えば、リーダーシップを取ることを恐れるパターンを私が持っているとすると、個人で運営できるようなビジネスモデルを作らなければならないということである。

2．ネガティブな感情パターンを解放するというセルフワークは、突然、私のビジネスモデルの成功を推進するための重要な要素になった。自分**自身**になることができる私の能力は、ネガティブなパターンが設ける境界によって限定されていた。これらのパターンの境界を取り除くことができれば（例えば、ネガティブな信念を取り除くことで）、私**自身**のための大きな安心ゾーンを手に入れることができるだろう。**つまり、ネガティブなパターンを取り除くことは無限の安心ゾーンを作ることになるのである。**

このメカニズムによって、セルフワークの定量化された経済モデルを作ることができた。新しいポルシェを手に入れたときだけ私には価値があるとするパターンがあったとして、そのパターンを取り除くことができれば、ポルシェ1台分の貯金ができることになる。これはポルシェを持たないという意味ではなく、自分の目標を達成するのにポルシェを持つ必要はないという意味である。

結局、私は自分の目標ビークルを管理する方法を見つけることはできなかったが、最終的には「自分**自身**であれ」という言葉を理解することで、ネガティブなパターンに取り組むための明確なビジネスケー

表14.7　自分に合ったビークルを見つける

最初の状態	●簡単な使命を見つけた……。 ●……しかし、この使命をビジネスモデルに変換する方法が分からない。 ●簡単な解決法が自分に合っていることは分かっている。
アプローチ	●2段のアプローチ。 　●パート1　純粋に合理的なロジック ── シナリオ分析。 　●パート2　リビー・アダムスの28日間のプログラムの一環としてコーチしてもらう。
メソッド	●条件分析。 ●2つのパラメーター（トレードの時間枠と旅行頻度）を含むビジネスシナリオ分析。 ●リビー・アダムスの28日間のプログラム。
ワークの補助	●簡単なMSワードの文書（鉛筆と紙でやっても構わない）。
時間表	●6カ月間にわたって時々ワークをやる。 ●費やした時間 ── 40時間以内。
成功するための鍵	●合理的で一方向のアプローチ（無限のループに陥らない）。 ●最後までやり通すこと。 ●外部からのガイダンスを進んで受け入れる。
変革した状態	●親会社としての役割を果たし、賢いビジネスマンになるという目標。 ●複数のビジネスサブモデル。これらのうちのいずれも永久には存続しない。 ●自分**自身**であるという目標（真の内なる自分）。 ●作戦上の目標1　今のネガティブなパターンが消滅し、自身が繁栄するような環境を作りだす。 ●作戦上の目標2　ネガティブなパターンを解放して、自身が繁栄する安心ゾーンを増大させる。 ●すべてのネガティブなパターンを一掃することで、無限の安心ゾーンが生まれる。

スと意図を持つことができた。4番目の変革をまとめたものが**表14.7**である。

変革5 ── 感情状態の積極的な管理者になる

最初の状態

　青年後期以降の私の人生は、思考と感情に支配されてきた。アクティブでなくなると、内なるおしゃべりが始まるのだった。その日の気分にもよるが、このおしゃべりは、「退屈だ」から「私は生きている価値がない」までいろいろだった。いつの間にか、こうしたおしゃべりを仕事や食物やテレビで紛らわせるという習慣が身についた。家で仕事をするとき、内なるネガティブなおしゃべりをかき消すのにBGMにテレビやラジオが欠かせなかった。

　感情が非常に高まって、食物やテレビでは平穏を保つことが不可能なこともときどきあり、そんなときは感情の下方スパイラルに陥った。これが止まるのは、外からのプレッシャー（例えば、たまった仕事）が強まり、失敗に対する恐怖が作動して、私が再び動きだすときだけだった。体外離脱した状態からこの状況を落ち着いて見れるほど精神的に安定しているとき、私はいつも自分は自分の感情と思考の犠牲者だと思うのだった。鎮静作用をもたらすメカニズムと失敗に対する恐怖が引き金となる回復はうまくいったが、ずっと続くものではなく、楽しいものでもなかった。

　雇用されるというメカニズム、企業が雇用者を働かせるために与えるアメとムチのメカニズムを知れば知るほど、そろそろ犠牲者の立場から逃れ、自分の感情と思考をコントロールするときではないかと思うようになった。しかし、これをやろうとすると、すぐに日常の雑事に追われるのだった。すると自己不信に陥り、「もうあきらめろ。そんなことできっこないのだから」とささやく声が聞こえてくるのだった。気がつくと、テレビの前でジャンクフードをむさぼりながら、人生の難しさと成功する能力のなさに対して愚痴をこぼしている自分が

いた。私は本当に犠牲者のように感じた。

変革するために何をしたか

　犠牲者パターンを克服するための初めてのシステマティックなアプローチを始めたのは、マリック・ウォズのリバーシングプログラムでだった。このプログラムでは、犠牲者パターンを特定し、それらを理論的に克服する方法を学んだ。そのうちに、犠牲者であるという気持ちを持つことはビジネスで自分自身を無能者に見せることだと分かってきた。だから、愚痴を言うのはやめた。問題は自分の胸のなかに秘め、自分がどれくらい変わったかを他人からフィードバックしてもらうことに専念した。そのため、根本的な原因を取り除くことはできなかったが、他人とはうまく交流できるようになった。これは私にとっては偉大な第一歩だった。

　感情に対する私のアプローチが本当に変わったのは、初めて参加したピークパフォーマンス基礎編ワークショップでだった。このワークショップでは、犠牲者のストーリーを人に話し、それぞれのストーリーを振り返り、問題を引き起こす状態をどのように作りだしているのかを調べた。すると突然、犠牲者の役割は思っていた以上に選択されていたことが分かり、コントロールする役割のほうがはるかに効果的であることが分かってきた。これによって、自分のネガティブな感情と思考を考えるとき、新しい見方ができるようになった。私はネガティブな感情や思考を与えられたものとして受け入れるのはやめた。ネガティブな感情や思考が起こったとき、それはすぐに解放の対象になった。私は長い間犠牲者としての役割を悪用してきたが、もはやそれには耐えられなかった。これを取り除くためならどんなことでもしようと決心した。

　スーパートレーダープログラムでのワークはネガティブな思考や感

情の第一層を取り除くのに役立った。特に役立ったのは、ピークパフォーマンス上級編ワークショップで行った変革瞑想とセドナメソッドのセルフワークだった。

　次にやらなければならなかったことは、それぞれの意識レベル（恥、苦しみ、悲しみといった低いレベルから、愛、至福、啓蒙といった高いレベルまで）で費やした時間を記録することだった（デビッド・ホーキンズの『パワーか、フォースか』[三五館出版]の付録の参考図書を参照）。驚いたことに、私はまだネガティブな状態で多くの時間を費やしていた。この３年間を振り返ると、私の内なる声がネガティブなメッセージを出し続けていたため、４分の１の時間は、仕事もせずにコンピュータースクリーンをただ眺めているだけだった。宿題をタープ博士に提出すると、ネガティブな領域でなぜこれほど長い時間を費やしたのかを分析し、これを解決するにはどうすればよいかを考えるように言われた。

　これを解決するために、私は感情のなかに入るという戦略をとった。週末を使って、自分のオフィスに閉じこもった。最初の日、コンピューターの前で苦しみという感情を体験した。心を集中しようとしても、私の内なる声からの気を散らすネガティブなメッセージが聞こえてきて、集中することができなかった。数時間後、体外離脱の状態に何とか入ることができ、遠くから自分を見つめた。ネガティブな言葉が思い浮かぶと、それがどこから来ているのか自分に問うてみた。１人っきりで過ごした最初の日の終わりに、ネガティブな感情が罪の意識から来ていることを突き止めた。罪の意識を感じると、ネガティブな体験をするのが当然の報いであって、良いことを体験する価値はない。これが自己破壊を引き起こし、物理世界において罰と欠乏として現れていたのである。私はセドナメソッドで罪の意識を解放しようとしたが、アクセスできず、ほかの方法を探すしかなかった。

　２日目、罪の意識を生み出すものが何なのか分析しようと思い、再

び罪の意識に入っていった。すると、子供時代からの４つのルールがあることを発見した。これによって、私が望むものや私が取る行動のほとんどすべてが罪の意識に結びついていたのである。

１．他人を悲しませるな。
２．他人の重荷になるな。
３．他人から何も取るな。
４．他人を裏切るな。

それぞれの言葉は筋が通っているように思えたが、私はそれらが意味する限界を見つけることができた。

１．**他人を悲しませるな**　私は自分の感情をすべて第三者にコントロールさせる。
２．**他人の重荷になるな**　私は他人と協力する自分の能力を制約する。協力とはギブ・アンド・テイクを意味するから。
３．**他人から何も取るな**　トレードでまだ成功していないのは当然のこと。
４．**他人を裏切るな**　これによって本当に陽気になることができない。心の底では陽気になることを阻止する罪の意識を抱えているが、ハッピーであるように装おうとする。

どんな解放メソッドでもアクセスできなかった罪の意識とは違って、私は子供時代のルールにはすぐにアクセスできた。すると、感情はたちまちのうちに消えた。２日目には、限定的な信念をもっと役に立つ信念に置き換えることができ、そのおかげで私は受動的な犠牲者から機知に富んだドライバーになることができた。

　３日目、元となる原因となる信念の変革の影響をチェックしてみた。

表14.8 分析の順序と信念の変革

- ネガティブな潜在意識の状態で長い時間を過ごした（ネガティブなセルフトークが現れるたびに、テレビや食物や仕事で紛らわし、仕事ができなかった）。
  →なぜなのか

- 良いことに値しないと感じる。値するのは悪いことばかり。
  →なぜなのか

- 過去の悪い行動や不適切な望みに罪の意識を感じる。
  →なぜなのか

- 基本的なルールを破った。
  →どんなルールなのか

- 子供時代の４つのルール（例えば、他人を悲しませるな）。
  →これらのルールは今でも有効なのか

- いいえ、今では無効だ。これらは私を弱くする。
  →もっとよいルールは何だ？

４つのルールが定義された。
すぐに現れた効果１　罪の意識は消え、二度と戻って来ることはなかった。
すぐに現れた効果２　トレードや人生における問題に取り組むことができた（しかし、まだ解決されていない）。

罪の意識はすぐに消えた。次に、その結果現れるネガティブな行動と、スーパートレーダーカリキュラムの一環として書き出したすべての問題もチェックしてみた。ネガティブな行動に対する感情は消え、人生やトレードにおける問題も一部は解決された。私の変革の方法をまとめたものが**表14.8**である。

変革した状態

罪の意識を解放することができてから、私は新しい人間に生まれ変わったような感じがした。ネガティブなフィードバックを恐れることなく、内なる声に耳を傾けることができた。内なる声に進んで耳を傾

表14.9 感情状態を積極的に管理できるようになった

最初の状態	●ネガティブな思考や感情の犠牲者だった。 ●内なるネガティブなおしゃべりが現れると、テレビやラジオで紛らわしていた。 ●内なるおしゃべりが現れるため、仕事に集中できなかった(生産性が25％減少)。
アプローチ	●タープ博士のアドバイスを基に内面に深く入り込んだ。 ●3日間オフィスに閉じこもって感情の中に入り込んだ。 ●第1日目　罪の意識があることが発覚。 ●第2日目　子供のころのルールが原因であることを突き止める。 ●第3日目　子供のころのルールと置き換えることができる信念を見つける。 ●つながった信念が自然に現れた。
メソッド	●感情のなかに入り込む。 ●問題の元となる原因を突き止める。 ●元となる原因を見つけ、役に立つ信念と置き換える。
ワークの補助	●MSエクセルで問題ツリーを作成（鉛筆と紙でやっても構わない）。
時間表	●1日におよそ10時間、3日間にわたって1人だけで過ごす。
成功するための鍵	●外部に対する説明責任（タープ博士に筋の通る回答を提供）。
変革した状態	●思考と感情を積極的に創造できるようになった。 ●幸福感が増し、平和を感じるようになった。 ●集中力が高まったため、生産性が向上。

けるようになった。心を平穏に保つのに、もはやバックグラウンドノイズ（テレビやラジオ）は必要ではなくなった。

　全体的に、私は以前よりもずっと幸せな人間になった。犠牲者ゲームをプレーすることもない。犠牲者パターンに支配されていた人生やトレードにおける問題も今では消えた。新たなパターンが現れても、太陽が当たると溶ける雪だるまのようにゆっくりと消えていく。

　ネガティブな思考や感情が現れても、受動的モードにはならなくなった。逆モードになって、その場で退治することができる。取り組むべき思考や感情のリストを作り、これまでに学んだいろいろな方法で

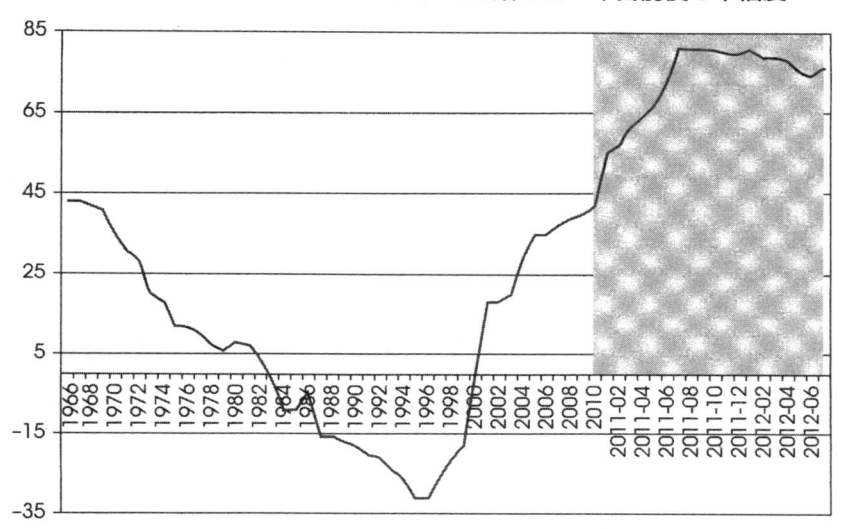

図14.2　スーパートレーダープログラムを始めた1年目前後の幸福度

それらを解決している。変革5をまとめたものが**表14.9**だ。また、幸福度の変化を表したものが**図14.2**である。グレーの部分に注目してもらいたい。

結論 ── 最後に勝者となる

　スーパートレーダープログラムに参加した7カ月を振り返ってみると、このプログラムは私の人生を根本から変えた。幸福度は劇的に向上し、仕事の生産性は20％上昇した（変革5ではネガティブな内なるおしゃべりを克服するのにおよそ25％の時間を使ったと言ったが、生産性は20％しか向上させることはできなかった。この差の5％は、私の体が休憩時間として古い非生産的な時間の一部を使ったのだと思っている。こうした休憩時間は必要だが、私はもっと良い気分でその時

表14.10　変革の結果として現れた私の人生における大きな変化

以前	現在
およそ25％の仕事時間を集中力を高めるために使ったが、何も成し遂げることができなかった。	10分もあれば仕事に集中することができるようになった（仕事時間の2％以下）。
基本の生産性＝100。	生産性は20％向上 ── 一週間のうちで効果的に仕事ができる日が増えた。
1週間に15時間以上テレビを見ていた。	2台のテレビとラジオは人にあげた。
車の運転中にラジオをつけていた。	車のラジオはつけない。
その日の気分にもよるが、タープ博士の幸福度は60から65。	平均的なスコアは80になり、最高スコアは85。

間を使う。基準能力＝100、正味能力＝100×（100％−25％）＝75、改善後の能力＝75×（100％＋20％）＝90。したがって、改善の余地はまだあることになる）。私はさらなる改善が期待できることを確信している（幸福度は−35から85まで上昇しているので、改善の余地はそれほどはないのだが）。

　私のようなエンジニアには、こういったストーリーは信じがたい。私は自分自身をごまかしているだけかもしれない。

　表14.10を見てもらいたい。これは私が経験した「現実世界」での変化を示したものだ。

　背中を押してくれたタープ博士に感謝する。

第15章

プロトレーダーの旅 ── マトリックスを超えて

A Professional Trader's Journey beyond the Matrix

カーティス・ウィー

　カーティスはカナダのトロントで育った。トレードに興味を持ったのは高校生のときだ。トロント大学を卒業（ヒト生物学）後もトレードへの興味は失せることがなく、カナダの大手銀行で顧客注文担当として働きながら、認定証券アナリスト（CFA）や認定マーケットテクニシャン（CMT）、証券外務員資格を取るための勉強をした。CFAとCMTの全過程を終了後、資産管理会社に転職して、顧客注文を担当したり、ポートフォリオマネジャーのために市場分析をしたり、自己勘定売買を行ったりした。彼はトレードで成功するための鍵は自分自身をよく知ることであることを知った。これは、これまでの仕事や学習では重視されなかったことだ。トレードはもっと高い意識レベルに到達するためのメタファーであることに彼は気づいた。スーパートレーダープログラム1を終了し、今スーパートレーダープログラム2に取り組んでいる。

以前　プロとしてトレードしていたが、自分の能力に自信が持てず、ほとんど恐怖にかられてトレードしていた。

現在　損失を出すことがなくなり、トレード関連の多くの問題も解決することができて、よいパフォーマンスを上げられるようになった。なぜだか分からないが、幸せな状態でトレードできるようになった。

私の父は、成功するには周りの人よりも優れていなければならないという伝統的な考えを固く信じている。卓越するには賢明に働かなければならない。でなければ、あなたよりハングリーな人に押しのけられて、あなたが得るべきものを取られることになる。良い仕事をしたと思っても、父はプロに必要な称号を持っていなかったため、昇進することはできなかった。しかし、これを物ともせずに、父はプロの称号を手に入れ、キャリアをまっしぐらに歩み続けた。私の知るかぎり、父は他人のゲームをプレーしていることに気づいていなかったようだ。おそらく父は、それをプレーし続けるしかほかに選択肢はないと信じていたに違いない。父は自分の人生のためのルールを他人に定義させた。父は出世階段を上り続けた。成功することの意味に対する私の考え方は父によって形成されたと言っても過言ではない。
　こうした考えで世界を見ると、世界はけっして満ち足りたものではなかった。自分が成功するには、他人が失敗しなければならない。自分が有利になるためには、秘密を持ち、ウソをつかなければならなかった。要求されることをやって、欲しい物を手に入れられなければ、私は犠牲者だ。重要なのは結果であって、勝つためには必要なことは何でもやらなければならない。
　しかし、私には別の面もあった。私は若いころから、現実とスピリチュアリティーを必死に理解しようともがいていた。若いときに教会に行くように言われると、「なぜ教会に行かなければならないのか」といつも思っていた。神はどこにでもいて、全知全能ではないのか。私は教会に行きたくなかった。退屈だと思っていたからだ。両親が教会に行く唯一の理由は、家族の全員がそれを期待していたからだと思っていた。
　私の父は時間に厳しい。彼は時間を守れない人が大嫌いだ。しかし、

なぜだか、私たちはよく教会に遅れた。当時私は、人々が教会に行くのは、教会に行かなければ神に何をされるか分からなくて恐ろしいから教会に行っているのだと思っていた。これは良くても偽善的だ。神が愛情深いとされる世界で、犠牲と苦しみに対する教会の解釈を理解することができなかった。私は宗教施設をスピリチュアリティーのためのものと誤解し、宗教は無知で偉ぶった人々のものであると思っていたのである。私はこの宇宙には、科学が探求することができる現象以外には何も存在しないと信じていた。宇宙はランダムで、科学理論のみが説明することのできる秩序によってあちこちが分断していた。

高校時代の私は人を小バカにして、嫌味ばかり言う生徒だった。他人をあざけり、「ポジティブ思考の人間」が大嫌いだった。愛国心や愛校心といった集団心理を助長するようなものは他人を卓越することのできない劣った人間のものだと思っていた。当時は、こう思っていた。私は学校一水泳がうまく、地域でもトップ数人のなかに入っていた。努力しなくても学校の成績は良かった。事実、学校経営者は私を公的システムから優秀な生徒向けの特別コースに移したいと思っていたほどだ。

でも、私はどういうわけだか惨めだった。良い成績を取ったり、レースで勝ったりしたときに感じる喜びは一時的なものでしかなかった。時には少しフェアではないと感じることもあった。なぜなら、自分が気分良くなるには、だれかが負ける必要があったからだ。あるとき、別の学校から転校してきた耳の不自由な少年を気の毒に思い、彼が絶対に勝てると思うレースで彼に勝たしてやった。もちろん彼はハッピーで、これは良いことであることは確かだった。でも、私は自分をチームを裏切ったペテン師のように感じた。それ以来、何をやっても、罪の意識と恐怖が私につきまとった。

大学に入ると、私の問題は変化した。大学では学業も運動も競争が激化した。高校時代はスターだった私も、今ではチームの一員にすぎ

教会は退屈なものだと思っていた

なかった。かつてはレースで勝てていたが、ほとんど勝てなくなった。さらに、学業成績もさえなかった。いつもボーっとして、疲れて、恐れていた。成績不振で退学させられるのではないか、競泳チームから外されるのではないかと恐れ、平均であることに対して恐怖を感じていた。水泳をやめなければ卒業はできないだろうと判断した私は、ついに水泳をやめた。

最悪の状態だった。私は深く落ち込んだ。**図15.1**を見ると、私の幸福度は思春期から落ち始め、大学時代には最低になったことが分かるはずだ（カーティスは目盛を－100から＋100までに変えた）。

初期のトレード

しかし、私に喜びをもたらすものがまだひとつだけ残っていた。それはトレードだった。トレードは高校時代に趣味として始めた。16歳

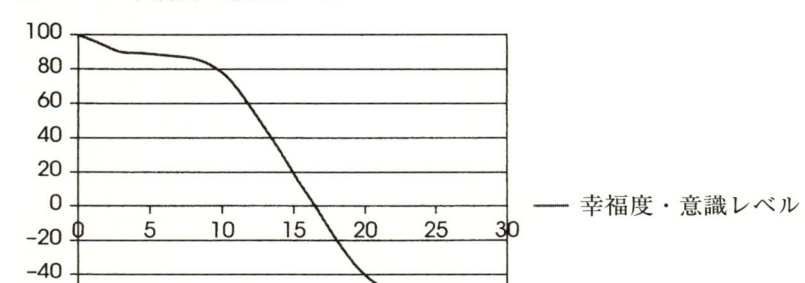

図15.1　幸福度－意識レベル

のときに最初の株を買ったのが始まりだ。大学時代は1990年代の上げ相場の真っただ中で、そのときトレードしていたのはナスダックの大型株だ。成功するには銘柄選択が大事で、リスクは銘柄そのものに内包されていると信じていた。大きく上下動する（そのときはボラティリティだと思っていた）株を見て、投機株の大きなスイングにはついていけないと分かったので、私はもっぱらアップル（AAPL）やインテル（INTC）といった銘柄のみをトレードした。1日単位で何かが変わるわけではなく、価格の変動もファンダメンタルとはほとんど関係なかったが、私はファンダメンタルのみに注目した。私の信用口座は7年で6000ドルから10万ドルに成長した。これは年50％の複利リターンに近かったが、ほとんどは1999年の極端な上げ相場で稼いだものだった。生計のためにトレードするには何が必要かなんて知らなかったし、リスクやポジションサイジング戦略のことも知らず、心理がトレードに影響を及ぼすことも知らなかった。お金を稼いでいる自分を、すごいと思っていた。

　しかし、トレードがうまくいかなくなると、心理的問題のすべてを

トレードに転嫁していたため、しっぺ返しを食らうことになる。突然、自分自身が信じられなくなった。プロとしての自分のトレード能力に疑問を持ち始めたのだ。大学時代、同じような疑問を持った。お金を失うことが怖くて、心からの願望である、プロとしてトレードすることができないのではないかという恐怖もあった。

　しかし、そのときはそれが自分であることに気づかなかった。ほかの人と同じように、私も聖杯を探していたのだ。プロの秘訣をもっと知らなければならないと思った。トレードは私が本当にやりたいことだったので、私はそれが得意だと思っていただけなのだ。

　私はブローカーや投資アドバイザーをバカにしていた。彼らの唯一の目的は手数料を取ることだけだと信じていたからだ。新たな顧客はどんどん増やすことができるので、彼らは顧客のお金を増やしてやろうなどとは考えない。両親の投資アドバイザーと何回か話したことがあるが、彼らの言うことはCNBCで言っているようなことばかりだった。彼らはCNBCを見て、見聞きしたことをそのまま話しているだけだったのだ。私はこういった連中に私のお金を預けようとは思わなかった。それで大学卒業後、トレードのプロになることを決意したのだ。

　カナダの大手銀行に就職し、顧客注文を担当したが、私は大手投資銀行でトレードの仕事がしたかった。驚いたのは、大手投資銀行はGPA（学生の成績評価値）が4.0のアイビーリーグの大学院卒業者のみを採用するという事実だった。私はこの要件は満たさなかったので、別の方法で潜り込むしかなかった。特に賢明でもなく、投資のこともほとんど知らない人が多くいたが、それでもトレーダーや投資銀行家やポートフォリオマネジャーとしてうまくやっていた。秘訣はCFAやCMTになることだと思った私は、CFAやCMTを取ることを決心した。

　CFAやCMTを取ったあと、職探しを行った。評判の良い銀行や買いサイドの会社の面接をいくつか受けたが、どれもうまくいかなかっ

第15章 プロトレーダーの旅——マトリックスを超えて

た。私は犠牲者になったように感じた。言われたことはすべてやったが、まだ十分ではなかった。それで顧客注文を続けながら、チャンスを待つことにした。

　銀行で働くことはトレードの勉強にはならなかった。競争が激しく、だれもが次なる「ビッグシング」のことで頭がいっぱいで、ほとんどの意思決定は感情に基づいてなされていた。役に立たない信念がまん延していた。主張が検証されることはなく、正しく適用されることもなかった。正しくあることが常に必要とされていた。

　のちに資産運用会社で働くことになるが、機能不全な環境は変わらなかった。一緒に働く人々は自分が何をやっているのか理解できていなかった。チャートもよく理解していないし、インディケーターの使い方や検証方法も知らなかった。当然ながら、インディケーターがトレードエッジを提供してくれるのかどうかをチェックすることもできなかった。面白かったのは、彼らが天井や底を見つけたと頻繁に主張することだった。そういった価格では出来高が少ないにもかかわらずにである。それで私はうまくトレードする方法を学ぶ代わりに、うまくいかないことを学ぶハメになった。

　いずれにしても、私の学習は私が昔思っていたような成功するトレーダーになるための役には立たなかった。私はイライラした。大学時代に感じていた疑問が再びよみがえってきた。得意なことでもはや競争はできないと、突然感じ始めたのだ。プロとしてトレードすることはトレードの世界では非常に高レベルのことであり、プロのトレーダーとして成功するには賢明であること以外には必要なものはないと私は信じていた。出世競争は避けたかったし、雇用者に頼るのも嫌だった。これは当時は役に立つ信念のように思えたが、これらは私を制限するだけだった。

　このことが分からずに、私は自分の問題を再び転嫁した。そんな力量は私にはないのではないかと不安だったが、私はとにかく自立した

451

かった。私のためにならない仕事を離れ、独立したフルタイムのトレーダーになりたかった。でも、思い切ることができなかった。一体私は何をしていたのだろう。

バン・タープ・インスティチュートとの出合い

　バン・タープ博士のことをどのようにして知ったのかはよく覚えていない。おそらくはCMTの勉強をしていたときではなかったかと思う。『マーケットの魔術師』（パンローリング）のタープ博士の章を読み、何か革命的なことに触れたような感じを受けたのを覚えている。私は彼の考え方に共感した。これはいままでに感じたことのない感覚だった。私はタープ博士の本とコースを友だちから借り、バン・タープ・インスティチュートのウェブサイトでタープ博士のニュースレターのバックナンバーをすべて読んだ。私はもっと知りたくてたまらなくなって、次なる論理的なステップを取った。つまり、ピークパフォーマンス基礎編ワークショップとブループリント・フォア・トレード・サクセスのワークショップを受講したのである。こうして私は、私の人生とトレードを変えることになる考えに引き込まれていった。

　ワークショップを受けて、トレードをフルタイムでやるという自分の夢を追究するのに、自分がいかに準備不足であったかを思い知らされた。規律もなければ、意思決定の仕方もほとんど理解していなかった。自分の信念にも気づかず、多くの過ちを犯し、利益の出ないトレードに１～２回遭遇するとすぐに自分のルールを変えていた。もちろん、ビジネスプランもなかった。やることは山ほどあった。これをやり遂げる間、だれかのコーチが必要で、軌道から外れないように監視してもらう必要があった。だから、スーパートレーダープログラムに参加することを決意した。

　スーパートレーダープログラムには、心理的なワークショップやテ

クニカルなワークショップがたくさん含まれていた。私はこれらに参加した。また、リビー・アダムスの28日間のコースにも参加した。これによって、常に自分を分析するようになり、自己認識への道を歩み始めた。これらのすべてが、自分の今いる場所、どこに行くべきなのか、そこに行き着くには何をしなければならないのかを理解する助けになった。

　しかし、最も効果的だったのは、「投資家とトレーダーのためのピークパフォーマンスコース」だったのではないかと思っている。このコースからは、何をやるにしても、成功するためには何が必要かということを学んだ。ピークパフォーマンスコースは20のレッスンに分けられ、これをすべて終了するまでにおよそ10カ月かかった。これはおそらくは私がこれまでにやったなかで最もチャレンジングなことのひとつだったが、やる価値は十分にあった。事実、特定の問題に取り組む必要があるとき、今でもこのコースを参考にしている。私が定期的にやる練習は第7章で説明されている信念チェックパラダイムだ。毎日、その日に頭に浮かんだ信念を記録する。これによって、私のなかに忍び込み、日々の思考に影響を与える役に立たない信念を察知することができる。

　またタープ博士やスーパートレーダープログラムのほかの人が推奨する本もたくさん読んだ（巻末参照）。これらの本のすべてがすべての人の信念システムに合うものではないかもしれないが、私には大いに役立った。

重要な教訓1 ── 責任を持つ

　コースやワークショップに参加している間、私はトレードだけでなく、宇宙の見方や宇宙における自分の場所を変革してくれる多くの概念を学んだ。最初のひとつは、**自分に起こったすべてのことは自分の**

これまで長年にわたって犠牲者を装ってきた

責任であるという概念だった。あとで分かったことだが、私は長年にわたって犠牲者を装ってきたが、それは私の大きな戦略だったのだ。特に子供のころはそうだった。私は2人兄弟の末っ子で、犠牲者を装えば、たとえ殺人を犯しても許されただろう。大人になって対処しようとしたネガティブな問題の多くは、その戦略から派生していたのである。これには疑問の余地はなかった。私が問題を起こしたのだから、それを何とかするのは自分の責任だった。

しかし、自分のコントロールの及ばない出来事に対して責任を取るという考えを受け入れることができなかった。どうしてそんなことができるだろうか。どうしようもない恐ろしいことは、時として起こるものだ。それなのになぜその責任を取らなければならないのか。タープ博士に『奇跡の講座』のなかの365の練習をすべて行うように言われた。やってみてようやくこの概念を理解できるようになった。

出来事そのものには何の意味もない。私がそれらに意味を与えるだ

けである。例えば、ある経験が恐ろしいと思うと、たとえ最初に感じたものが身体的感覚でしかなかったとしても、私は「恐怖」を感じ、その言葉から連想されるものや言外の意味をいろいろと考えてしまう。つまり、私は自分の経験を定義してしまうということである。それらが意味するものや、それらが何の意味を持つのかさえも、私が決めてしまうのである。

この概念を学ぶことで、私の物の見方はがらりと変わった。感情を、感情にのみ込まれることなく感じることができるようになったのだ。これは怒りや恐怖の感覚を経験しないという意味ではなく、感情移入することなく、それらを単なる身体的感覚として観察できるという意味である。それらに名前を付けるわけではないので、それらと距離を置くことができるということなのである。

重要な教訓２ ── 思考、感情、行動を自由自在に操れる

リビー・アダムス（キャロル・リビー・アダムス。アカデミー・オブ・セルフナレッジの創始者）の教えによれば、**TEA（思考、感情、行動）は互いに関係があり、それらは常に監視・評価する必要がある**。TEAを意識的に監視することは、自己認識を達成するのに不可欠だ。

ある考えを聞き、その考えを現実化すると、感情がついてくる。その考えがネガティブなものである場合、何か破壊的なことをやりやすい。瞬時にして自制心を失ってしまう。つまり気がつく前に、口座を破産させるような軽はずみなことをしてしまっているということである。トレーダーの多くは聖杯を見つけようとする。聖杯は存在するが、それは彼らが思っているようなものとは違う。聖杯とは、最良のインディケーター、損切り、手仕舞い、仕掛け、ポジションサイジング戦略を手に入れることではない。聖杯とは「Self（自己）」のことをよ

く知り、自分の作った幻想の世界に生きるのではなく、物事の現実を見ることなのである。聖杯とは、静かで平和な心で、そして真実が存在するところからトレードできることを意味するのである。

「Self」は大文字になっているが、これは本当の「自己 (Self)」とウソの自己 (self) とを区別するためだ（これはこの議論のためにアダムスのモデルを単純化したもの。アダムスは、ビッグ「Ｉ」を意識、リトル「ｉ」を分離した自己、THE SELFを潜在意識と呼んでいる）。私の真の自己は、自分がスピリチュアルな存在であることを知っている自分である。ウェイン・ダイアーが言ったように、「われわれはスピリチュアルな経験を持った人間ではなく、人間の経験を持ったスピリチュアルな存在なのである」（『リアル・マジック [Real Magic : Creating Miracles in Everyday Life]』by Wayne Dyerより）。ある考えを聞き、その考えを現実化すると、感情がついてくる。まるでそれが現実であるかのように、私は痛みを創造するのだ。しかし、TEA（思考、感情、行動）を常に監視するように訓練すれば、私は気づいた状態に戻り、名前を付けて現実化した問題や、喪失、怒り、欠乏といった感情から離れることができる。エックハート・テレが言ったように、「あなたはあなたの思考ではない。あなたはその思考の裏側にある気づきなのである」（エックハート・テレはこのことを『ア・ニュー・アース [a New Earth : Awakening to Your Life's Purpose]』で述べるとともに、オプラ・ウィンフリーとともに行ったポッドキャスト・シリーズでも話している。ポッドキャスト・シリーズはｉチューンを通して無料で入手することができる）。

今、私は次のような状態にある（役に立たない思考や信念が現れても見落とすことがときどきあるが、これから説明するように、それはそれほど頻繁にあることではない）。

●かつて私を苦しめた思考を信じることはもはやない。

- 感情に支配されることはもはやない。これによってうまくトレードできるようになった。
- 起こることのなかに教訓を見いだす。
- 感情が湧き起こってきたら、現在に戻れという合図だと受け止めている。
- 平和な状態に戻ることができる。

　TEAを監視しているとき、受け取る強い感情的なシグナルに感謝する。なぜなら、それは自分の内面を見つめ、何か学ぶことがあることを思い出させてくれるからだ。最初、TEAを監視するのを忘れることがときどきあった。それは時間がたつにつれ改善されたが、信じられないことが起こっていることに気づいた。ネガティブな思考、感情、行動を発見すると、私はそれらを解放したくないと思っていることに気づいたのだ。これに対処する方法を見つけだす必要があった。私には３つの選択肢があった。

1．その感情を無視する。
2．その感情が本物であることを信じ、「正しく」あることができるようにそれを持ち続ける。
3．その感情から教訓を学べるように、その感情を心行くまで感じ、その感情に気づくとともに、それから完全に離れる。

　皮肉なことに、思考、感情、行動をうまく処理することができるようになるにつれて、得られるシグナルが少なくなっていった。私に警告するシグナルが少なくなると、私は再び無意識の状態に戻った。１時間ごとに現在に戻るように思い出させるルールを作ったのはこのためだ。今、『奇跡の講座（ACIM）』のレッスンにも取り組んでいるが、このレッスンでは１日のうち数分をそのレッスンについて考えること

が要求される。これによって「今」に戻ることができる(エックハート・テレのワークもまた私の人生に大きな変化をもたらした。私は彼の本を定期的に読んでいる)。

また、私の気づきを私の心が定期的にチェックしなくなると、完全なる宇宙は私にネガティブな感情を思い出させるということも発見した。『奇跡の講座』のレッスンの間、1時間ごとに気づきをチェックしている今、その時間の目標を設定することで、気づき度は上がってきている。何をしていても、私は完全に今にあり、すべてを気づきに注ぎ込むことができる。気がつくと、心のおしゃべりは少なくなり、一度に複数の仕事をすることもない。以前より生産性も上がり、仕事でもトレードでも苦労は減った。

重要な教訓3 ── 私の思考は私のものではない

私がこのアイデアに最初に出合ったのはワンネスアウェイクニングワークショップに参加したときだった。実は、このワークショップは最初はとても分かりにくかった。概念を理解できなかったのだ。私にとっては、非常に奇妙で難解に感じた。ピンと来たのは3回目だった。心が解放され、魂が自由になるのを感じた。**私の思考はひとつの古代の心から発していることを発見した。思考は私のなかを流れるが、出所は私ではないことを発見した**。思考にとらわれると、私はそれらを現実化して、幻想を作りだす。思考の裏側にある気づきである真の「自分(Self)」になったとき、私は心を静めることができるのだ。

これを理解したあとは、「ただ在る」状態になることが簡単にできるようになった。思考は現れたときと同じように、やさしくあっけなく消えた。もう思考にとらわれることはなくなった。神聖な内なる心に耳を傾けることができた。これは私を驚かせ続けた。宇宙のすべてが私のためになされていることを、すべては奇跡であることを理解す

ることができた。

　また、世界が創造されるのは今この瞬間であることに気づいた。これが起こったプロセスは以下のとおりである。

1．思考に気づく。
2．それは私の思考であり、現実であると信じる。
3．私はそれに意味を与える。
4．それにまつわる複雑なストーリーを、自分の中心的な性格として作り上げる。
5．それは私のアイデンティティーになり、私の過去になる。

　こうして、瞬時にして私の世界が生まれた。
　ワンネスは私に12の教訓（「1．心は私のものではない」「2．思考は私のものではない」「3．私は人として存在しているのではない」「4．この体は私のものではない」「5．すべてのことは自動的に起こる」「6．行動は存在するが、行動する人は存在しない」「7．思考は存在するが、考える人は存在しない」「8．見ることは存在するが、見る人は存在しない」「9．聞くことは存在するが、聞く人は存在しない」「10．私は愛である」「11．全世界は私の家族である」「12．私は存在し、意識であり、至福である」）を与えてくれた。これは第3部の結論で述べている。これら12の教えはひとつの教えに集約される。つまり、私たちは自分たちの考える人物でも物でもないということである。私たちは純粋なる気づきであり、愛なのである。この信念は私に力を与えてくれた。なぜなら、これを通して自分自身に対して責任を持つという真の意味が分かったからだ。すべてを変えたいと思えば、すべてを変えることができるのである。

重要な教訓4 ── 内なるガイダンスを信じる

　真の「自分（Self）」を知るためには、**あなたの内なるガイダンス**に従う必要があるとタープ博士は言う。しかし、これを実践するのは私にとっては難しかった。いろいろな疑問が湧いた。どうやって内なるガイダンスに従えばよいのか。それが別の思考でないことをどうやって知ることができるのか。それの言うことをどうやれば信じられるのか。

　根本的な原因は、私の神への強い不信であることが分かった。私は子供のころに教会に行き、その経験が私にスピリチュアリティーに対する拒絶反応を生んだことは前にも述べたとおりである。私は不可知論者だったが、神は存在しないと思っていたので、無神論者でもあった。

　問題は、私が内なる声に対するコントロールをあきらめたくないということだった。私は自分自身の判断を尊重したかった。車輪をコントロールしたかったのである。

　しかし、徐々にその考えは緩み始めた。内なるガイダンスを熟考し、耳を傾け、会話を始めた。時には、静寂以外の何物もない状態が発生したが、私は続けた。疑問に思ったことを何でも日記に書き始め、1日におよそ15分間回答の声を聞くようにした。何の期待もせず、ベストなものは私の欲することであると信じた。その結果、非常に興味深い洞察を得ることができた。それらがどこから来たのかは分からない。それらはいとも簡単に現れた。何かをやったわけではない。そこには存在のみがあっただけだ。

　今では1日に何回も何の苦労もなくガイダンスを求めることができる。心を静かに保ち、ただ在る状態になることができる。今でも前と同じことをやっているが、すべては違っている。なぜなら、**ただ在る状態で****やっている**からだ。

重要な教訓5 ── 世界が完全であることを理解する

　私は「完全主義者」だが、それは百パーセント自分の望んだ結果を得ることにこだわるという意味ではない。この種の完全主義者は、自分で作った地獄にほかならない。自分の手の届かないものを永遠に追い求めるのである。世界を不完全なものと見ると、落とし穴に陥るおそれがある。私もかつてはそうだった。タープ博士に出会う前は、完全なトレーダー、つまり負けトレードを喫しないトレーダーになることを目指していた。それぞれのトレードの結果にこだわるあまり、いつも自分のルールを変えていた。

　バイロン・ケイティとザ・ワークに出会ってから、すべてが変わった。1986年に彼女は目覚めたのだが、それ以前は慢性的に落ち込み、妥協していた。しかし、ある日、彼女は自分が何者であるのかに目覚めた。ワンネスの概念はどれも彼女にとっては完全に理にかなったものだった。そして、その状態から、自分自身の思考を問う手順を学んだ。彼女はこれをザ・ワークと呼んでいる。ザ・ワークは4つの質問とそれらの質問に対するさらなる質問とからなる。今、彼女は彼女の学んだことを他人と共有したいと思っている。彼女のワークシートは彼女のウェブサイト（http://www.thework.com/index.php）から無料でダウンロードすることができる。

　ザ・ワークの基本的な前提は、ほかの悟りを開いた人々の前提と同様、世界は完全であるということと、苦しみを引き起こすのは世界についてのわれわれの思考のなかにある信念であるということである。それらの思考を問い、さらけ出せば、苦しみは消える。彼女は悟りというようなものはないと信じている。「私はこの思考に悟りを開いているか」と絶えず問う継続的なプロセスこそが悟りだと彼女は言う。

　あるワークショップで、私たちはケイティの「隣人を評価せよ」ワ

ークシートをライティング瞑想として行った。これから私が学んだ主な教訓は、私は常に投影しているということと、世界はそうあるべきと私が信じているものであるということである。私は自分の嫌いな自分の部分を、責任を逃れるために、だれかや何かに投影するのだ。

ワークシートは２つの部分からなる。最初の部分は、あなたの特定の信念が本物であるかどうかを問い、あなたがそれを信じているときに何が起こり、あなたがその信念を持っていないときあなたは何者になるのかを問う。私の自我はワークシートのこの部分が大好きだ。なぜなら、望むだけ愚痴を言い、ちっぽけで子供じみた自分になれるからだ。

ワークシートの２番目の部分は、私が最大の利益を得られる部分はどこかというものである。この部分は、信念をいろいろと変え、変更した信念もまた真実であるかを観察するというものだ。ひとつの問題をいろいろな角度から見ると、最初の信念も含め、それぞれの角度から見た信念は想像にすぎないことが分かってくる。あなたは自分の信念を世界に投影しているだけなのである。あなたは世界を、あなたが真実と思っていることの投影にしているだけなのである。

このワークシートを定期的にやることで、私は自分を現在に引き戻すことができるようになった。なぜなら、これは私の経験するストレスの多い感情を、問うた時点で使うように命令するからだ。最初、私はワークシートなしにはこれができなかった。何でも物理的に書かなければならず、そうしなければ投影を見ることができなかった。今では、ワークシートの質問の内容を知っているので、ワークシートがなくても自分を現在に自動的に引き戻すことができる。

それでも、私はできるだけ答えは書くようにしている。なぜなら、自分の信念を常にチェックすることは私にとっては重要で、たとえそれが投影にすぎない場合でも、私の経験する感情を完成させなければならないからである。でなければ、投影された感情は違う衣をまとっ

て再び現れるからだ。

　私は『奇跡の講座』を日課としてやると同時に、バイロン・ケイティの『ア・サウザンド・ネームス・フォー・ジョイ（A Thousand Names for Joy)』を読んだ。これから分かったことは、真実はただひとつしかなく、すべてはひとつである、ということだった。真実には始まりも終わりもない。真実から得られるものは、私の意識レベルによる（意識の尺度はデビッド・ホーキンスの『パワーか、フォースか』［三五館出版］で使われているものと同じ。同書で彼は意識の尺度をどう検証したかや、意識の尺度が感情のタイプと関係していることについて述べている。私はこの尺度は、自分がどの意識レベルにいるのかをいつでもおおまかに測定することができるツールとして便利なものだと思っている）。

　今、私は別の意味で完璧主義者だ。私は今「世界を完璧なものと見ている」。変革プロセスの間、すべてのものは「完璧」でなければならないと思っていたが、その考えは徐々に消えていった。この考えがなくなった途端、物事を結果を気にすることなく行う勇気が湧いてきた。これによって私のパフォーマンスは向上した。すべてのことを知ることはできないという事実を受け入れることができるようになった。そして、私のトレードシステムが機能すれば、つまり、それほど大きなドローダウンを喫することなく十分なお金を稼ぐことができれば、それで十分だと思えるようになった。損失さえも完璧なものなのだ。すべての結果はなるようにしてなったものなのだ。つまり、起こるべくして起こったことなのである。結果には常に学ぶべき教訓が含まれているのである。

重要な教訓６ ── 自分の目標を知る

　トレードは私にとって喜びだ。また、私の目標はハイアーセルフを

意識すること（気づくこと）である。デビッド・ホーキンズの人間の意識レベルについては第3部の初めで紹介した。これは0から1000までの対数で表され、200以下の低レベルは「フォース」として定義される。「フォース」レベルには、昇順に、恥、罪、無関心、悲しみ、恐怖、願望、怒り、うぬぼれが含まれる。201から700までは「パワー」レベルで、昇順に、秩序、勇気、中立、積極性、受容、理性、愛、喜び、平和が含まれる。「悟り」レベルは701から1000までである。

　ホーキンズのモデルにより、自分はどのレベルにいたいかを理解することができた。私は「パワー」のできるだけ高いレベルにいたい。そのためにはどうすればよいのだろうか。瞑想のとき、これを私の内なるガイダンスに聞いてみた。すると、異なる目盛が示された。私の目標はトップの状態にいることであり、それ以下はその状態に達する手助けをするツールにすぎないのである。

　私の目標は、**意識レベルをできるだけ高める**ことである。私の意識レベルは、日々の幸福度が目安になる。

　私は現実の架空レベルで自分がどう機能しているかを知り、私が毎日やることを自分の人生の目標に一致させたいとも思った。それでまた内なるガイダンスに聞いてみた。答えは単純なものだった。何をやろうと、何を持とうと、私は自分の目標を達成することができるというのだ。なぜなら、目標は、存在であり、行動ではないからである。目標のために私にできることはない。目標は持つべきものではないのである。私の歩む道、旅、その旅をどう歩くかはすべて私次第ということだ。ほかのルールはない。

　人生で何が起ころうと、それは私の歩む道の一部にすぎない。これを完全に理解すれば、苦労することなく人生を歩むことができる。起こるどういったことに対しても平和でいられる。なぜなら、何が起こっても、それは私が道を歩むのを手助けしてくれるからだ。トレードは私にとってスピリチュアルなものだ。トレードを通して、私の内な

る声を聞き、私の真の「自分（Self）」への気づきを実践することができるからだ。それはスピリチュアルなものというだけではなく、私の歩む道のメタファーなのである。別の宇宙では、私は木を切り、牛を飼っているかもしれない。私のやることは問題ではない。重要なのは、何かをやっているときの「存在」なのである。

　今では、何が起こってもそれを受け入れることができ、私のスピリチュアルな道に集中することができる。困難なことが起これば、それは自分が学ぶべき教訓ととらえることができる。それらが私に起こるのは、私がそれらを別の意識から見ているからである。目標があれば、言い訳も犠牲もない。現在こそが私の持つすべてであり、それは永遠に続くものなのだ。プランや目的がないと言っているわけではない。不測の事態に備えた完璧なプランを持っていると言っているだけである。プランどおりにいかない何かが起これば、それはプランに沿って行動し、何らかの教訓を得よ、という合図なのである。

重要な教訓7 ── 自分を作り変える

　これまでに経験した最も重要な変革のひとつは、継続的な変革を認識する能力が高まったことである。私は今いろいろな方法で常に自分を作り変えようとしているように思える。変革すればするほど、前進でき、意識レベルもそれに追いついてくる。これが初めて起こったのは、ワンネスブレッシングを経験したときだった。それは奇跡以外の何物でもなかった。私がブレッシングギバーになったとき、私のなかで変化は起こった。私はそれに気づくことはなく、何かをしたわけでもなかった。自我からの変化に対する抵抗は明らかにあった。にもかかわらず、私のなかで何かが変わった。それを説明することはできない。そのときは、それほど大きくは感じなかったが、翌朝になって、そしてそのあと数カ月たって、私の世界が大きく変わったことを感じ

た。

　ワンネスで学んだ教訓は、起こることを感じる勇気を私に与えてくれた。それらの感情に直面し、包みこみ、受け入れると、苦しみは不思議と消えた。苦しみはそれらの感情から逃げようとするときに起こるのである。時には何かから逃げる唯一の方法はそれらを溶かしてしまうことであることもある。カール・ジャングはこれを次の言葉でよく言い表している——「すべての神経症は正当な苦しみを代弁するものである」（C・G・ジャングの『サイコロジー・アンド・リリジョン［Psychology and Religion : West and East］』p.75）。苦しみを包みこむことで、苦しみを離れ、真実、愛、満足に近づくことができた。

　ワンネスに教えられたことがもうひとつある。結論を求めずに、自分の旅に満足せよということである。これは私の人生の状態（人生において起こることを、エックハート・テレは、「人生」ではなく「人生の状態」と呼んでいる）だけでなく、トレードにも奇跡を生んだ。感情を解放して、自分の道を進むとき、各トレードの結果は気にならなくなった。それはきっとうまくいくと信じるだけである。バイロン・ケイティは『ア・サウザンド・ネームス・フォー・ジョイ』のなかで次のように書いている——求めることは、あなたの人生がすでに完璧なものであるという気づきから遠のくことを意味する。明らかな痛みの瞬間でも、機能しているものはなく、欠落しているものもない」（『ア・サウザンド・ネームス・フォー・ジョイ』第15章）。といっても、結果をまったく見ないというわけではない。時には、トレード戦略のなかで機能していないものがあるかどうか結果をみて確認する必要があるときもある。さらに、十分な証拠、経験、あるいは洞察に基づいて、ルールを変えることもある。私のトレード結果は、この信念を取り入れたことが役に立ったことを十分に示している。

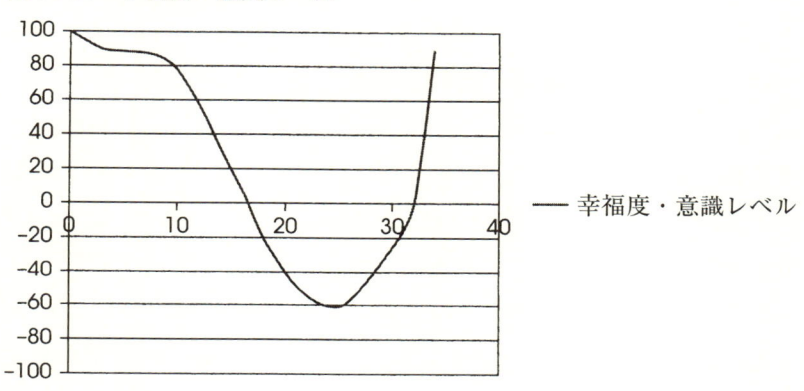

図15.2 幸福度－意識レベル

―― 幸福度・意識レベル

今の自分

　私はこの２年間で学んだことを懸命に適用してきた。その結果、以前よりハッピーになり、自分のことをよりよく意識できるようになった。私は悟りの域に達することはできない。なぜなら、悟りは別の領域のもので、言葉や図表では説明できないからだ。つまり、悟りはもうこれ以上追究するものがない状態を言う。しかし、平和で、満足感を感じる域には達することができたと思っている。そして、真の「自分（Self）」にかつてないほど近づけたと思っている。

　図15.2は、私がこれまでに学んで適用した概念が私の人生をどれほど変えたかを示したものである。20代半ばに最低だった幸福度は、そこから回復し、上昇し続けている。縦軸は幸福度（意識）レベルを示し、横軸は年齢を示している。

　悟りの領域では、すべてのスピリチュアルな教えは何らかの方法で制限される。直線的思考で言えば、私は目覚めに近づいていると言えるが、意識ということになると、その距離を測ることは不可能だ。グ

ランドキャニオンほど離れているとも言えるし、原子以下の粒子の大きさほど近づいているとも言える。この差は、どれくらい恐怖を抱えているかを測るものである。物理的距離ではないのだ。これが理屈抜きに神を信じることと言われるのはこのためかもしれない。理屈抜きに神を信じることは、意識レベルのどの位置にいる人にでもできるものだと私は思っている。

　私の言葉を額面どおりには取らないでもらいたい。自分で経験してもらいたい。私が語ることができるのは自分の経験のみであって、あなたの経験とは異なるかもしれない。私が言えるのは、私がこれまでに得た知識と経験は私を助けてくれたということだけである。

　知識と知覚の違いを説明するのは難しいが、『奇跡の講座』では次のように書かれている──「部分的に知ることは全部を知ることに等しい。なぜなら、知識と知覚は基本的に違うからである。知覚では、全体は分解して別の集まりに組み立て直すことができる部分からなる」（『奇跡の講座』T8.VIII.1）。つまり、知識は絶対的で不変的なものである。なぜなら、それが真実だからだ。そして、知覚は相対的なものである。なぜなら、それは変化する観察に基づくものだからだ。私がここで書いてきたことは知覚と真実とが入り混じったものである。なぜなら、知識を得るためには、経験しなければならないからである。

第16章
「ただ在る」状態でトレードする
My Journey to Trading in the Now

タン・グエン

　タン・グエンはベトナム出身でカナダ在住の起業家だ。彼女は2008年にバン・タープ・インスティチュートのスーパートレーダープログラムに参加し、2011年に心理の部を終え、2012年に修了した。この数年はアメリカ株のフルタイムデイトレーダーとして働いてきた。グエンは独特の瞑想テクニックをさまざまなスイングトレードシステムやデイトレードシステムに応用している。これは「空状態」あるいは「ワンネス」トレードスタイルというシンプルなテクニックだ。

以前　ストレスに苦しみ、利益を出すことができなかった。どんなにがんばっても市場でお金を稼ぐことができなかった。
現在　心穏やかで、市場がやることを感じることができるようになった。トレードを始めて数カ月で、トレーニングプログラムの全代金を支払うことができた。

　私は戦中戦後のベトナムで育った。子供のころ、「なぜ私はここにいるの？」とか「なぜあなたは私のお母さんなの？」と母にいつも尋ねていた。母は笑って取り合ってくれなかった。母は家族を養うために1日に13時間働いた。アメリカを支持していた父が戦後に逮捕され

食事の時間さえなかった

たからだ。私は母の生き方が好きではなかった。私は母とは違う人生を歩むのだと自分に言い聞かせていたのを覚えている。

　私は今37歳だ。ビジネスウーマンで、結婚しているが子供はいない。今はカナダに住んでいる。経営学学位を修得して、自分のビジネスを立ち上げた。お金をたくさん稼いだ会社もあれば、失敗した会社もある。私は3つの美容院と、輸出家具の店と、化学品卸売業を営んできた。私も夫も毎日、食事の時間も惜しんで働いた。毎日仕事が終わるのは午後11時ごろだ。仕事が終わると疲れ果てて寝てしまう毎日だった。自由時間は、毎日曜ごとに訪れる仏教寺院での20分のお参りだけだった。でも、お参りするとリラックスできて、心を静めることができた。こういった生活を10年続けてきた。ある日、自分のやっていることは母と同じだということに気がついた。家族を顧みることなく、仕事に明け暮れる毎日だったのだ。

　もっとお寺にお参りに行く時間が欲しかった。勉強する時間も欲しかった。それで、5つの会社のうち2つをたたむことにした。夫は不動産投資の勉強を始め、私は寺でのスピリチュアル活動に参加し始めた。

　私の目標は、悟りの状態であるニルバーナに達することだった。1

日に1回瞑想を行っていたが、目標はあきらめなければならないと思った。尼僧になって、人生のすべてをスピリチュアル活動に捧げなければニルバーナを達成することは不可能だと思ったからだ。

私は尼僧になる気はなかったが、自分の信念を実行する時間がもっと欲しかった。この時間を見つけるには、ビジネスオーナーからトレーダーになるのがよいと判断した。トレーダーになれば短時間で多くのお金を儲けることができると思ったからだ。

最初、トレードに適用できる魔法のシステムがあると信じていた。それを手に入れれば成功できる（お金を儲けることができる）と思った。それで費用のかかるデイトレードコースを受講した。そこではメカニカルな他人のシステムやテクニックを学ぶことができた。しかし、これらのシステム（例えば、緑の矢印で仕掛けて、赤い矢印で手仕舞う）に従っても、資産が増えることはなかった。勝つ日もあれば、負ける日もあった。なぜ負けるのかを知りたかった。手法のなかで何か見落としていることがあるのか。それとも別の何かか。

ある日、夫は帰宅すると、トレードは中断して、『**新版　魔術師たちの心理学**』（パンローリング）を読めと私に言った。私はその夜一晩でこの本を読み終えた。翌日、バン・タープ・インスティチュートのスーパートレーダープログラムに参加することを決めた。

ほとんどの人はトレードでお金を稼ぐのは簡単なことだと思っているが、成功するためには多くの時間をかけて取り組む必要があることを知った。結局、会社はすべて売却し、受動的所得を得るための不動産だけ残した。これで儲かるトレーダーになるための勉強をする時間ができた。

変革への旅

「真実に達するまでの道で人が犯す過ちが2つある。ひとつは、

終わりまで行かないことで、もうひとつはその道を歩みださないことである」──ブッダ

　信念やトレード心理の重要性をまだ十分には認識できていなかったが、私はとにかくバン・タープの教えに魅了された。「人は市場をトレードするのではない。市場についての信念をトレードするのである」という彼の言葉に魅力を感じたからだ。私は正しい信念を見つけたかった。スーパートレーダープログラムに参加することで、私は自分の道を歩き始めた。

　スーパートレーダープログラムは５つのステップからなる──①タープ的思考を学ぶ（タープ的思考はトレードをうまくやるための基本的なモデルであり、タープ博士の本『**タープ博士のトレード学校　ポジションサイジング入門**』の根幹をなすものでもある）、②心理を学ぶ、③完璧なビジネスプランを立てる、④異なる市場で機能する３つの無相関なシステムを開発する、⑤最低でも95％の効率性でそれらのシステムをトレードする。

　プログラムを始めたとき、私は自分が完璧なビジネスプランと思うものをタープ博士に提示した。それは５ページに及ぶものだった。彼は笑って、それを突き返して言った──完全なプランなら100ページの長さになるはずだ、と。必要なワークショップを受講し、プログラムの間に私が得た情報を駆使することにより、私は長大なプランをタープ博士に提示することができた。

　スーパートレーダープログラムの５つのステップのなかで、私にとって最も有益だったのは心理の部である。タープ博士によれば、幸福度は人生を心理的かつスピリチュアル的に測定する良い尺度である。私がスーパートレーダープログラムに参加したのは2008年だ。この前の８年間の幸福度をグラフにしたものが**図16.1**である。

　2008年の時点では、幸福度は最低ではなかったが、最高でもなく、

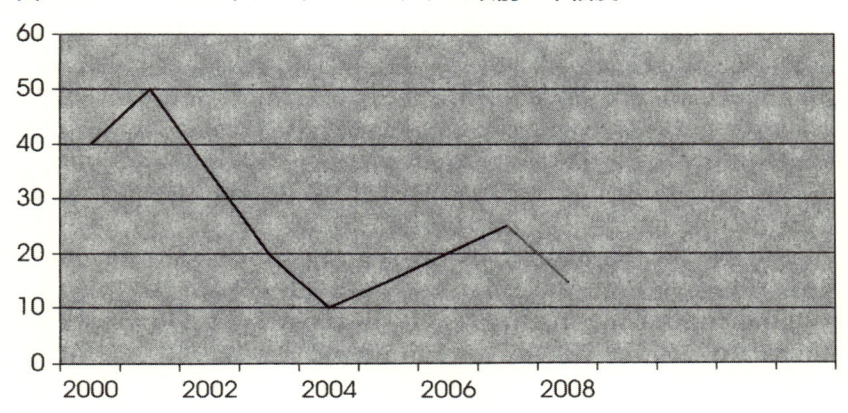

図16.1　スーパートレーダープログラム以前の幸福度

自分の目指すものからはほど遠かった。私にはやるべきことがあると思ったのはそのときだ。幸福で、成功するためには、変化を起こさなければならない分野が6つあった。これからこれらの6つの分野と、私の変革への旅、そしてそれをどのようにして達成したかを話していくことにしよう。

分野1 ── 不安や心配

　私には強い訛りがあって、大勢の人の前で話すとき人が私のことをどう思うだろうかといつも不安だった。笑われるのではないかと怖かったのだ。でも、今は違う。精神状態を簡単に静めることができるようになった。人前で話すとき、自分を中立的な状態にする。そして、人がどう思うかということよりも、自分の話したいことに集中するのだ。
　でも、これは私の不安のひとつでしかなかった。トレードを仕掛け

たとき、市場が逆行するのではないかといつも不安になる。安心と確実性が欲しかったが、それを手に入れることはできなかった。損をするのではないかと不安でたまらなかった。でも、心理学ワークショップを終えてからは、そういった精神構造では損をしてしまうことが理解できるようになった。なぜなら、私は自分の考えていることを創造してしまうからだ。

また、宇宙と調和したとき、不安という感情はメッセージだということも分かるようになった。だから、そういった感情は否定するよりも耳を傾けるほうがよいのだ。今では自分のなかに「不安」を感じたら、それは重要なメッセージだと受け取るようになった。そんなときは、**私が見落としているものは何なのかとか、なぜこんな不安を感じるのか**と問いかけるようになった。

今、私はトレードを行う前に、「トレードのトップタスク」をやることにしている。第1のタスクは自己分析だ。トレードに干渉しそうな部分(リトル「i」)が現れたことに気づいたら、トレードする前にその問題を解決する。もうひとつのタスクは、メンタルリハーサルだ。つまり、**現れることに対する準備をする**のである。これによって自分のルールに従わないという過ちを未然に防ぐことができ、不安は消える。

分野2 —— 辛抱強さのなさ

私は市場に対して短気だ。市場が仕掛ける絶好のシグナルを与えてくれるのを待てないのだ。また、結論を急ぐこともときどきある。こうした性格によって、大きな負けトレードを喫する割には、勝ちトレードは小さい。

この問題を解決するのに使ったのが、先ほど出てきたトレードのトップタスクだ。これらのタスクをやることで、注意深くなり、気を散

不安に対処する

らすものに心を奪われることはなくなった。心のおしゃべりにとらわれることなく自分のシステムに従えば、利益はおのずと付いてくるものだ。

分野３──失敗することや間違うことへの恐れ

　かつては失敗は悪いことだと思っていた。この信念に加え、アジア文化の根底を流れる信念──メンツを失うことへの恐怖──も持っていた。失敗を防ぐために必ず何かをやるという意味では、これは役に立つ信念だった。しかし、私はこの信念のために多くのビジネス機会を失った。

　トレードするとき、私は具体的なデータを探す。いろいろな問いかけをしながら情報を得るのだが、これは特定の行動を安心して取れるほど十分とは言えなかった。なぜなのか。それは、失敗に対する恐怖のあまり、そのトレードを間違えるのではないかという不安から行動

を取れなかったのだ。

　今では、正しいとか間違っているとかいうことはないと思っている。あるのは、私の思考と行動からのフィードバックだけである。何事も何らかの理由があって起こるのであって、それぞれの経験は学習のための機会なのである。

　上級ワークショップのひとつでは、私はいつも自分の信念を投影しているということが分かった。私の信念は私の頭の中にあるものだが、私はそれらを私の外部のものとして見るのである。瞑想を行うと、沈黙の気づきの状態に達する。この状態からは、投影することはない。その結果、私はトレードをコントロールすることができる。思考は干渉しない。そして市場はやりたいことをやるだけである。

分野4 ── 圧倒される

　トレードのような新しいことに臨むとき、すべてのものを習得する十分な時間がないのではないかといつも不安になる。私は情報をひたすら求め、スポンジのように知識を吸収する。多くの情報を素早く把握しようとするが、他人よりものみ込みが悪いのではないかと思ってしまう。私の行動と思考が私の動きを鈍くするのだ。私は競争心が強く、速くなければならないと思うのだが、学習を通じて、スローダウンしなければならないことを学んだ。

　スーパートレーダープログラムには多くの心理学的レッスンが含まれていたが、どういうわけだか、どのレッスンもやり直しを命じられるのだった。十分に理解していない場合もあったが、自分の理解を十分に表現できないこともあった。

　今はただひとつのことをうまくやれるようになることが重要だと思うようになった。大きなプロジェクトの一部が終わると、外出して自分をほめることにしている。これは本当に気分のよいもので、明日へ

のエネルギーになる。

分野5 ── 自分はいつも正しいのだと信じる傾向がある

　トレードでは、自分は正しいのだというこのバイアスによってかつて大きなドローダウンを被ったことがある。私は自分は正しいと思っていたので、市場にそれを証明してもらいたいと思ったが、市場は証明してはくれなかった。最終的には自分が間違っていることを認めざるを得ず、この教訓は非常に高いものについた。

　今では自分のパフォーマンスを見直すために毎日結果をチェックしている。特に、自分の犯した過ちをチェックしている。なぜ過ちを犯してしまったのか。それは、正しくありたいという気持ちのせいだった。これを防ぐにはどうすればよいのか。それには、教訓を学び、瞑想し、心配りのできる状態でトレードすることである。

　今ではひとつの仕事と、それをやり遂げるためのステップに集中しているため、何か過ちを犯しそうになったら事前にそれを察知し、必要な予防策を講じられるようになった。これによって、正しくあろうとしたり、自分が正しいことを証明しようとする願望もなくなった。過ちを犯さずにトレードするとき、それは百パーセント正しいことになるということが分かったのだ。これと良いトレード技能があれば、向かうところ敵なしだ。

分野6 ── プランやシステムなしにトレードする

　スーパートレーダープログラムを始める前は、タープ的思考のことは何ひとつ知らなかった。R倍数も、目標の重要性も、ポジションサイジング戦略も、最悪の場合のプランも、ビジネスプランも何も知らずにトレードしていたのである。必要なのは、多くのお金を生むブラ

ックボックスシステムだと信じて疑わなかった。でも私は間違っていた。

特に、自分の信念がトレードにどんな影響を与えるのか全然分かっていなかった。私は自分自身や市場やシステムに関して何百という信念を持っている。だから、その1つひとつを検証する必要があった。

自分自身に関する信念の例を挙げると次のようなものになる。

- 私は感情で動く人間ではなく、論理的な人間だ。だから、良いトレードの意思決定をすることができる。
- 私はまめな人間だ。トレードするには準備が重要だと思っている。
- 重要なのは結果だ。そのため、時として性急になる。
- 結論を急ぐ傾向がある。
- トレードで成功するためには、従うべきルールが必要だ。

市場に関する信念は以下のとおりだ。

- 私には短期トレードが合っている。
- 私にはエッジがある。だから、ほかのトレーダーたちとは違う。
- 私は自分の信念に合ったシステムしかトレードしない。

システムに関する信念は以下のとおりだ。

- 最初の足がどこで寄り付くかに基づいて買うか売るかを決める。
- 価格が始値を下回ったら、売る。
- 価格が始値を上回ったら、買う。
- 大きな損失を防ぐために、損切りは前の足に置く。
- 底や天井は大きなトレード機会を与えてくれる。
- 日足の方向にのみトレードする。

タープ的思考を十分に理解した今は、低リスクでトレードできるので、最悪のケースのシナリオが発生しても生き抜くことができる。R倍数データの収集方法や、R倍数分布の分析方法も分かってきた。その結果、トレードをいつもリワード・リスク・レシオで考えるようになった。システムがどう機能しているかを理解し、それを現在の市場状態に合わせて調整することもできるようになった。偉大なポジションサイジングアルゴリズムもあり、システムが自分の目標を達成してくれることを確信している。口座が破産する心配もない。

今は自分のシステムを自信を持ってトレードすることができる。いつも日記を読み返し、これまでに学んだ教訓や、犯した過ちを見直す。過ちは二度と犯したくない。毎月、システムが今の市場状態に合っているかどうかチェックする。私は今の状態にとても感謝している。

私はこれをどのようにして達成したのか

私は自分の信念を1つひとつ検証してみた。感情を含む役に立たない信念を発見すると、感情を解放した。変革瞑想（これらのテクニックは本書の第11章で解説している）もたくさんやった。私の最大の変革はスピリチュアルなものだった。

スーパートレーダープログラムのワークショップのひとつで、私はワンネスブレッシングを授かった。このブレッシングで私は深遠な状態になった。このことをタープ博士に話すと、彼は「その状態でトレードしてみてはどうか」と言った。とても素晴らしいアドバイスだったが、では「どうすればよいのか」という疑問が残った。

帰宅したあと、1カ月の仏教コースに参加することを決めた。コースは首尾よく進み、禅師にインドでの6カ月の瞑想を勧められた。6カ月間インドにいる間、禅師は徳のこと、瞑想の概念、神経学、瞑想

テクニックのことを教えてくれた。これらの教えによって、私は体、心、精神を鍛えることができた。マインドフルの状態に達するために、1日に9時間から12時間練習を重ねた。通常の瞑想時間は夜の9時から朝の6時までで、その間は眠ることも許されなかった。しかし、瞑想のおかげで、午後に数時間眠るだけで十分だった。情熱と使命がなければ、このプロセスをやり遂げることはできなかったと思う。

　私が学んだ3つの方法――献身瞑想、安定瞑想、精神安定瞑想――は人生におけるあらゆるものに適応することができる。また、沈黙して5つの姿勢（立つ、歩く、横たわる、腰掛ける、食べる）ができるようにも訓練した。これは思考や感情を常に観察し、眠っているときでもマインドフルの状態を維持できるようにするためだ。これはおしゃべりの状態を脱し、**空**という新たな習慣を生み出した。

　もっと興味深いのは**無常の法則**（アヌパッサーナ）という考えだった。生命ははかないものだと知っているが、これを現在でどう関連づければよいのか分からなかった。インドで生きるのとベトナムで生きるのとは違う。無常はすべてのものを苦しませ、すべての苦しみは無常から生まれる。無常とはこの世界の普遍的法則であり、あらゆるものに適用される。例えば、生まれたら、年をとり、病気になって死ぬ。これはすべて無常のなせる業である。市場は常に上下動を繰り返し、ひとつの価格にとどまることはない。これも無常のなせる業である。

　幻影の心は無常を追求する。だから苦しいのである。悟りとは真の本質に戻ることである。それこそが死や生から解放される道なのである。

　私はトレードするとき、マインドフルの状態に入る。これは目標にとらわれることのない、完全に気づいた状態を意味する。私は何もない空間における観察者なのだ。体が軽くなったように感じ、血液が手足の端々に流れたり、血圧が下がったり、血糖値が下がったり、体温が上がったりといった一連の生物学的活動を感じることができる。私

の心は他人に対する偏見やバイアスや外界にとらわれることなく、静かで平和に満ちあふれ、安定する。その一方で、思考力は研ぎ澄まされ、変革される。これが**ただ在る**状態でトレードするということなのである。

6カ月の瞑想の旅から帰るころには、その状態に自由自在に入ることができるようになっていた。最も重要なことは、その状態でトレードできることだった。この状態は心のおしゃべりがまったくない状態だ。だから、その状態にいるときにはトレードについて語ることはできない。しかし、その状態でトレードできるので、うまくトレードできる。

今の自分

スーパートレーダープログラムのタスクのひとつは、トレードシステムを開発して、それで95％以上の効率性でトレードできることを証明することである（20回のトレードに付き1回以上のミスは許されない）。

私は私のよく知っている1銘柄をトレードするデイトレードシステムを持っている（ほかの銘柄もトレードできる）。このシステムは通常1時間当たり5つ以上のトレード機会を与えてくれる。2010年11月、タープ博士の95％の効率性という条件を満たすために152回トレードを行った。私は通常、1つのトレードを2時間以上保有することはなく、1日当たり4～11回のトレードを行う。11月の1カ月で132.5Rを達成した。これは1トレード当たり0.87Rで、システムのその月のSQNスコアは7.34だった。勝率は81.58％で、過ちは1回もしなかった（1日だけ遅く起きたが、これは過ちに含めなかった）。だから、私のトレード効率は100％だった。

非常に小さなポジションサイズでトレードしたが、これだけで、①

スーパートレーダープログラムの代金を支払うこと、②1日に数時間だけのトレードで目指していた収入を達成すること——ができた。

銀先物のスイングトレードシステムも持っているが、このシステムは若干の手直しが必要だ。スイングトレードシステムは時間が長いため、マインドフルな状態でトレードするのは難しい。でも、この時点での自分の進歩に満足している。

私が何をやっても、私に何が起こってもすべての責任は自分にあることを知っているという意味で、かつてないほど自分の人生をコントロールできるようになった。トレードでは、自分の信念に基づき、自分のシステムに期待することがよく分かっている。また、はっきりとした目標もあり、その目標を実現させるための詳細なプランもある。

トレードは自分を極める旅であり、お金はそれを測るための尺度だ。トレードでの成功は、自分のスピリチュアルが進歩したという具体的な証拠であり、これにはワクワクする。トレードは、まずは自分自身を磨く方法を学ぶ必要があるため、おそらくは最も難しい職業だ。

学ぶべきことはまだまだたくさんあると思っているが、これまでの変革によって良い人間になれたと思っている。私は今自分が夢見てきた生活を送っている。これは、熱心に取り組んできたこと、トレードに対する情熱、目標（私はなぜこれをやる必要があるのか）のおかげである。

スーパートレーダープログラムを始めたのは2008年の終わりで、2011年の初めに終了した。**図16.2**のグラフはプログラム中の私のスピリチュアルな状態の変遷を示したものである。これらの変革の影響がいかに大きかったかに注目してもらいたい。これらの変革は永続的なものであると私は思っている。

安全ゾーンから私を外に押しだしてくれたバン・タープ・インスティチュートに感謝したい。あなた方がいなければ、明確なビジョンも使命も持つことはできなかっただろう。長い間眠っていたエッジに気

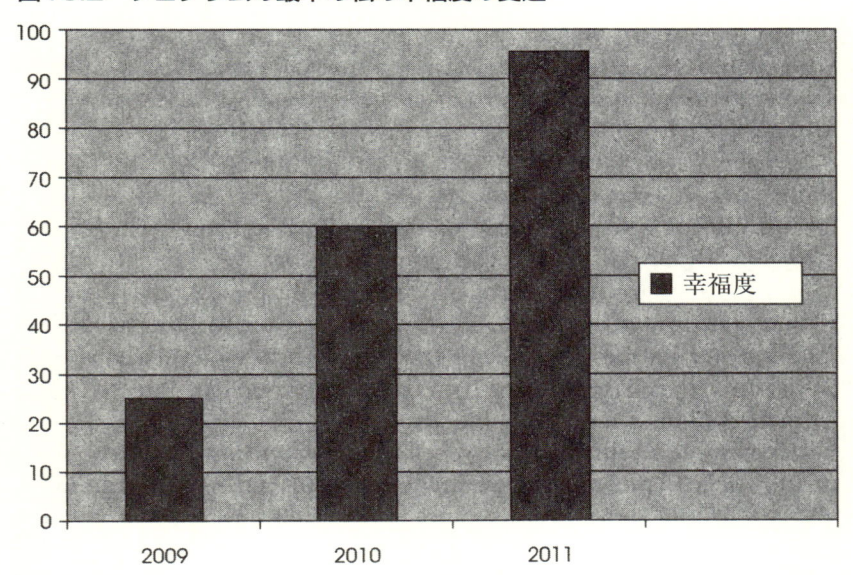

図16.2　プログラムの最中の私の幸福度の変遷

づかせてくれたのもあなた方だ。ワンネスをトレードに適用することでスピリチュアルな世界と物質世界とのバランスをとるためのビークルを見つけられたのもあなた方のおかげだ。あなた方のおかげで、私の資産は堅実に増えていった。

　これらの変化によって私は家族の偉大なモデルになるはずだ。また、私は自分のトレード技能を使って、ベトナムの尼僧コミュニティーがマネーゲームを学ぶ手助けをしたいと思っている。彼らはすでに適切な状態になる方法を知っているため、タープ的思考の基本を教えるのは簡単だろう。

　トレードにおける変革は、世界中を旅し、どこででも自由に働き、家族と充実した時間を過ごし、私のスピリチュアルな生活を改善する機会を与えてくれた。私は今、制約を受けることなく、自分の時間と生活を完全にコントロールすることができる。私は今、自分の可能性

を最大限に追求することができる。これは私にとって究極の喜びであり、私はとても幸せだ。

編集者注

　ケン・ロング博士は5日間のライブトレードイベントのうちの1日、グエンのトレードの様子を観察してこう言った──「彼女は市場がどこへ行こうとしているのかを知っているようだ。そして、ほとんどのトレードで『正しい』。まるで神がトレードしているようだ」。5日間のトレードで彼女は53Rを達成した。これはロングのパフォーマンスを上回っていた。

　グエンは2012年6月にスーパートレーダープログラムを卒業した。女性初の卒業生だった。

第17章

意識レベルを向上させるために
Thoughts on Raising Your Level of Consciousness

> バン・K・タープ博士

以前 恐怖や欲といった低い意識レベルでトレードしていた。
現在 受容、平和、悟りといった高い意識レベルでトレードできるようになった。

　第6章ではタープ的思考の基本的なトレード原理について学び、第12章ではタープ的思考の基本的な心理学的要素とあなたをプログラミングから解くための9つのステップについて学んだ。つまり、これら2つの章で、成功するトレードのための原理とそれを応用する方法を学んだわけである。

　次のステップは、内部的干渉を受けることなく何が起こっているのかが分かる段階まで意識レベルを向上できるように、このプロセスを続けることである。その段階まで行けば、トレードは楽に行えるようになるはずだ。そのためには次のことを行うことをお勧めする。

- 5000個の主要な信念を変えたり除去したら何が起こるだろう。これは信念チェックパラダイムによって行うことができる。
- 心のなかのおしゃべりがやむまであなたのなかの部分を徐々に除去できたら何が起こるだろうか。これは対立を解決するためのプロセ

ス、つまりTfMを通して行うことができる。
● どういった干渉も受けることなく、今市場が何をやっているかを観察することができたら何が起こるだろうか。

これらをやった結果は驚くべきトレードとして現れ、トレードの成功によってスピリチュアルな進歩を測定することができる。デビッド・ホーキンズが受容と呼ぶ意識レベル（彼の尺度では350）に達すれば、トレードを成功させることができ、残りの３つの分野も難なくクリアできるはずだ。

「ただ在る」状態でトレードするための練習

　自分自身をよく知るための練習をやってみよう。まず、目を閉じて、１分間自分の思考を見つめる。現れる思考の１つひとつに注目しよう。その思考に何が起こるかに注目し、それが消えたあと何が起こるかにも注目しよう。思考がひとつ消えたら、できれば次の思考がどこからやってくるのかも観察しよう。これを今、１分だけやってみよう。
　これをやったら何が起こっただろうか。あなたの思考はスローダウンしただろうか。思考の間の静寂に気づいただろうか。この練習のあとリラックスしてきただろうか。下の空白にあなたが観察したことを書いてみよう。

_____
_____
_____
_____
_____

　ほとんどの人は自分の思考は自分のものだと思っている。でも、こ

の練習を長くやれば、思考は自分のものではないことが分かってくるはずだ。それらの思考はあなたのなかを流れていくものにすぎないのだ。エックハート・テレが言うように、こうした瞑想を通じて、あなたは思考ではなく、あなたの思考への気づきであることが分かってくるはずだ。

　同じ練習をもっと長くやってみよう（3分くらい）。あなたのなかを流れる思考をじっくり観察しよう。意識を集中して観察するのだ。3分経過したら、何が起こったか書いてみよう。あなたの思考はやんだか、スローダウンしたか。思考のない状態、つまり沈黙の状態に入ることはできただろうか。眠ってしまっただろうか。平和を感じただろうか。喜びは感じただろうか。どういう感じを受けただろうか。あなたが観察したことを書いてみよう。

_____
_____
_____
_____

　おそらくは平和や喜び、深い気づき、あるいは静寂さえも感じたはずだ。もう一度練習をやると、そういった感情が湧き上がるのを感じるはずだ。それは静寂や無のようなものではないだろうか。

　同じ練習をもう一度やってみよう。ただし、今度は5分だ。練習をやっている間、自分の思考に注目し、その思考がどこからやってきて、どこにいくのかに注目しよう。静寂が発生したら、それにも注目しよう。練習をやっている間に現れる感情に注目しよう。たとえそれが静寂や気づきであってもだ。そこに現れるものを観察しよう。あなたは何もやる必要はない。やるべきことはないからだ。何もコントロールする必要はない。コントロールすべきものなどないからだ。ただ何が

起こるかに注目し、それを観察しよう。何らかの感情が現れたら、それを観察するだけである。5分経過したら、目を開けてみよう。おそらくはその感情はまだそこにあるはずだ。観察したことを書いてみよう。

_____
_____
_____

　気づきや静寂、あるいはあなたが感じる感情はあなたが何者かを示すものだ。第10章で私は私自身のハイアーセルフを見つけるための旅について話をした。今、あなたは自分のハイアーセルフを見つけた。それを見つけるのに何年もかからなかったはずだ。あなたは気づきなのだ。あなたは平和、喜び、至福なのだ。

　では、同じ練習を今度は10分やってみよう。自分がいつ感情に気づくかに注目しよう。感情が湧き起こったら、たとえそれが深い静寂であれ、気づきであれ、何であれ、それに集中しよう。それを観察し、それを認識するのだ。なぜなら、それはあなただからである。それになれるのはあなたしかいないのだ。

　10分経過したら、目を開けて、この感情に気づいている間にそこにあるものを見てみよう。部屋を見渡し、そこにあるものに注目するのだ。1回に見えるもの1つだけに注目しよう。そして、あなたの気づきをその感情に注ぎ続けるのだ。

　次に、部屋を歩き回ってみよう。あなたの経験することに注目しよう。あなたが感情を感じ続けていることに注目しよう。それはそれ自身を変革するはずだ。このとき、無意識のうちに笑ってしまうかもしれないが、部屋を歩き回っている間に感じる感情に注目しよう。終わ

ったら、観察したことを書いてみよう。

_____
_____
_____
_____
_____

　体が軽くなるのを感じたり、平和や喜びを感じたり、気づきの度合いが上がったら、この練習は成功だ。あなたは他人が何年もかかることをわずか数分で達成したのである。このプロセスでは、あなたは自分が何者であるのかにもっとよく気づいたはずだ。つまり、あなたの真の「自分（Self）」にもっとよく気づいたというわけである（私が今教えているのは、トレードのためのより効果的な状態を達成するための方法だ。フランク・キンスローはこの感情を「ユーフィーリング［幸福感覚］」と呼んでいる。詳しくは彼の本『ザ・シークレット・オブ・クオンタム・リビング［The Secret of Quantum Living］』と『ユーフィーリング！［Eufeeling! The Art of Creating Inner Pece and Outer Prosperity］』を参照してもらいたい。これらの本は付録の推薦図書や参考文献にも挙げている）。

　この状態でトレードしたら何が起こるかを自問してみよう。答えは伏せておくことにする。これはあなた自身が考えることである。この練習の間に気づいた感情をまだ感じているのであれば、次の節を読みながらその感情に注目しよう。

「ただ在る」状態でトレードする

　図17.1のローソク足チャートを見てみよう。これは週足チャートだ（最後の足は１日のみ）。これから低リスクのトレードを見つけら

図17.1　週足のローソク足チャート

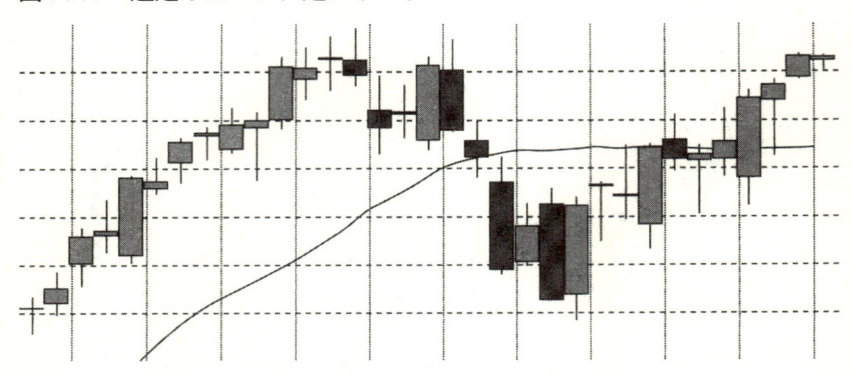

れるだろうか。

　まず、5本のローソク足が上昇している。価格はおよそ20週前に付けた前の高値に近づいている。この高値は抵抗線になるだろうか。もし逆方向に動き始めたら、どこで仕掛ければよいだろうか。どこに損切りを入れればよいだろうか。3対1のリワード・リスク・レシオのトレード、あるいは5対1のリワード・リスク・レシオのトレードは発生するだろうか。もし50％の確率で正しければ、お金を儲けられるだろうか。

　第二に、価格は新たな高値に近づいている。新たな高値は前の高値と同水準だ。新たな高値は前の高値を上抜くだろうか。そうなった場合、価格は5年前に付けたもっと前の高値まで上昇するだろうか。**図17.2**はその前の高値を示す月足チャートを示したものだ。

　そうなった場合、価格は過去11週間と少なくとも同程度上昇することになる。そこで3対1のリワード・リスク・レシオのトレードは発生するだろうか。5対1あるいは10対1のトレードはどうか。どこで仕掛けて、どこに損切りを置けば、そういったリワード・リスク・レ

図17.2　月足のローソク足チャート

シオが得られるだろうか。

　そういったトレードが得られると思っている場合、買いや売りの絶好の機会がある可能性が高い。価格がどの方向に動いても、その動き

をとらえお金を儲ける方法を見つけることはできるだろうか。

　トレードは予測ではなく、良いリワード・リスク・レシオのトレードを見つけることである。もちろんこれは私の信念にほかならない。最後の練習のときに入ることができた状態にいるとき、そういった動きを見てお金を儲けられると思っているだろうか。もしそう思っているのなら、それがあなたの信念の力であり、あなたの意識レベルの力である。

　とはいえ、私が本書で提示してきたすべてのことを無視して、ただこの状態に入ってトレードすべきであると言っているわけではない。私が言っているのは、効果が証明されたトレードシステムを使って、この状態でトレードし、本書で私がこれまで提示してきたことに従えば、あなたにとって大いに役立つだろうということである。さらに、市場をありのままに見ることもできるはずだ。今、何が起こっているのかを見ることができるのだ。

レベル4の変革

　最終レベルの変革（あるいは変革の新たな旅の始まり？）は、「あなた」（別の存在としてのあなた自身の感覚）があたかも消えたような状態になり、「ただ在る」状態になったときに起こる。私がこの本を書き始めたとき、永久に目覚めたトレーダーはいなかったので、そのためのセクションはなかった。しかし、第3部でストーリーを紹介してくれたほとんどの人はワンネスの状態に入った期間があった。あなたも今終えたばかりの瞑想の練習のあと、ワンネスの状態に入ることができたかもしれない。

　これまで、なぜだか喜びの感情を伴って笑い始めるという経験が何回もあった。しかし、そういったワンネスの状態は永久の目覚めとは異なる。なぜなら、「あなた」はまた元の状態に戻ってしまうからだ。

あなたが消えたように思える

　心の平和が去って、心のおしゃべりがまた始まるのだ。高揚感が去ると、しばらくは落ち込むかもしれない。そして、落ち込みに抵抗すれば、その状態はしばらく続くかもしれない。なぜなら、あなたが抵抗したものが持続するからだ。しかし、ある時点まで来ると、またワンネスの状態に戻る。そのとき、喜びは少しだけ強くなり、落ち込みの期間は短くなる。

　今、私たちのスーパートレーダーの候補者や卒業者の何人かは永久の目覚め状態に入り、それはワンネスユニバーシティーで確認された。おそらくは、これから数年以内に書かれる本書の続編にはレベル4の変革が含まれるはずだ。

　レベル4の変革が発生すると、次のことが起こる。

●思考が起こるが、あなたはそれらの思考と一体化しない。
●見たり聞いたりすることも起こるが、見る者も聞く者も存在しない。

- 行動が起こるが、それは自動的に発生し、行う者はいない。
- 体はそこにあるが、それはあなたの体ではない。
- 心はそこにあるが、それはあなたの心ではない。
- あらゆることが自動的に起こる。
- あなたは多くの個性（リビー・アダムスはこれを「リトル i 」と呼んでいる）を持つ、あるいは持っていたが、それらのいずれもあなたではない。そこに人は存在しない。
- あなたは存在であり、意識であり、至福である。
- 全世界はあなたの家族である。
- これらの文で「あなた」という言葉を使うと誤解のおそれがある。なぜなら、「あなた」はあなたが以前自分だと思っていたものを意味するからだ。あなたはあらゆるものと一体化しているため、あなたはもはや存在しないのだ。

　目覚めた人がどういった生活を送っているかを知りたい人は、バイロン・ケイティの『ア・サウザンド・ネームス・フォー・ジョイ（A Thousand Names for Joy）』を読んでみるとよい。これを経験したければ、前のセクションで述べた練習を続けることである。

　私はワンネストレーナーで、ワンネスへの目覚めコースはバン・タープ・インスティテュートで受講可能だ。このコースを受講することで、ワンネスブレッシングギバー（変革を加速する神からのエネルギーを与える人）になることができる。今現在、このコースを通して永久に目覚めた人はおよそ150人知っているが、もっといると思っている。ワンネスユニバーシティーは、2013年1月21日現在で、永久に目覚めた人は35万2000人以上いると言っている。したがって、彼らは2013年末の目標にはすでに達したことになる。彼らによれば、目覚めた状態を経験した人は1億0300万人いるとも言っている（今世界人口は70億4000万人なので、およそ1.46%の人が目覚めた状態を経験した

ことになり、0.005％の人が目覚めた状態にある。しかし、１人の目覚めた人は10万人に影響を及ぼすことができるので、この予想が正しければ地球全体を変革することができる）。

このレベルの変革で重要なことは、このレベルに達した人はだれでもトレードを楽に行え、お金を簡単に儲けることができるということである。この例は最終章で提示する。

意識レベルを上げることに対する質問

この話題になると、多くの疑問が寄せられる。そこで疑問のいくつかを紹介したいと思う。

なぜ意識レベルを上げなければならないのですか？

デビッド・ホーキンズによれば、意識と幸福との間には１対１の関係があります。あなたが正常に機能し、欲しい物を手に入れられる能力は、（あなたが消えるまで）意識レベルとともに上がってきます。パワーか、フォースかは、意識レベルによって違ってくるのです。

意識レベルを測るにはどうすればよいのですか？　何かお勧めの方法はありますか？

あなたの幸福度、すなわち意識レベルを測定できる無料テストを http://www.vantharp.com/matrix.asp で提供しています。

あるいは、第３部の序論で紹介したホーキンズのチャート（意識レベルと感情との関係）を使ってもよいでしょう。過去２カ月の間に各レベルで過ごした時間を測ります。それを平均すれば、あなたのおおよその意識レベルが分かります。

意識レベルを上げることとトレードは何の関係もないように思えますが。意識レベルを上げることがトレーダーにとって役に立った例を挙げていただけますか？　私は論理的な人間なので、「意識レベルが上がる前」と「意識レベルが上がった後」を比較するような数字を示してもらえると助かります。

　段階的に説明しましょう。

　まず、各意識レベルの感情を見てみましょう。欲や恐怖でトレードしている場合、どちらも意識レベルは200以下ですが、あなたのパフォーマンスはどうなるでしょうか。おそらくは最悪でしょう。次に、受容の状態（レベル350）になっていると想像してみましょう。受容の状態では、あなたは起こることは何でも受け入れ、あなたのシステムに従ってトレードします。そのときのパフォーマンスはどうでしょうか？　受容の状態のほうがパフォーマンスははるかに良いはずです。

　次に、意識レベルが上がっていつも幸せに感じられたら、トレーダーとしてどうなると思いますか？　あなたはすでに良いトレードから期待できる最後の状態にいるわけですから、あなたはうまくトレードできるはずです。

　最後に、第16章に出てきたトレーダーの例を見てみてください。彼女はいつも高い意識レベルでトレードしています。5Rを達成するのに1日に数時間トレードすればよいだけです。1日に5Rを達成できるトレーダーはそれほどいないと思います。

意識レベルが変われば、違う人間になれるのですか？

　意識レベルが上がれば、あなたはもっと幸せになり、人生もうまくいくようになるでしょう。

私は賢明な人間だと思っています。意識レベルを上げるにはどうすればよいのですか？　悟りを開く、手っ取り早い方法を

知りたいのですが、近道はないのですか？　なぜ私はその域にまだ達していないのでしょうか？

　こんな質問をしている「あなた」は、けっして意識レベルを上げることはできません。こんな質問をする「あなた」は悟りを開くことはけっしてありません。しかし、あなたのハイアーセルフはそこにいます。本章の最初にやった練習は近道ではなく、あなたが何者であるかを示す証拠なのです。

神があなたの言うように強力なものであるのなら、なぜ神は私を悟りの域に到達させてくれないのですか？　すぐにトレードで成功させてくれないのですか？

　あなたの内なるガイダンスと一体化すれば、それは可能ですが、こういった質問は神から離れ、「あちら側」の神について聞いている人からの質問です。あなたが最初にやるべきことは、あなたの内なるガイダンスとつながり、強い絆を築くことです。

私は至高体験によって、感情が通りすぎたとき、喪失感を味わうため、非常に低い意識レベルに下がることを発見しました。この問題はどう解決したらよいのでしょうか？

　解決方法はありません。今感じていることを十分に経験してください。そうすればこの感情は消えます。それに抵抗してはいけません。ただそれに気づいて、十分に経験するのです。十分に経験したものはやがては消えます。

あることが大きな変革だということはどうすれば分かりますか？

　まず最初に、あなたの人生を支配していたもの、つまりあなたの古いプログラミングが突然消えます。これは体が軽くなり、何かが大き

く変化した感じで分かります。しかし、しばらくすると、この状態が普通の状態になります。

　次に、その変革があなたの意識レベルを上げるほど十分なものであれば、あなたの幸福度は理由もなく上昇するはずです。

５つの大きな変革を成し遂げたら、スーパートレーダープログラムの心理の部は完了したものとしていますが、これはだれにとってもそうなのでしょうか。低い意識レベルから始めた人が、５つの低レベルの変革を成し遂げたとしても、持続的な成長には不十分なのではないでしょうか？

　「低レベル」の変革は大きな変革ではありません。第３部で述べた大きな変革の要素を今一度見直してみてください。大きな変革を成し遂げると、内なるガイダンスを信用し始めます。目標を見つけ、最終的には恐怖やコントロールに対する願望といった大きな問題も解決されます。こういったものが大きな変革なのです。

変革が持続的なものなのか、今だけの理想的なもので、対立する部分を抑制するものなのかはどうやって分かるのですか？

　それははっきりしていて、変革が持続的なものだと次のうちのひとつが突然起こります。

- ●あなたのハイアーパワーと内面的につながる。
- ●人生における使命と目標を持つようになる。
- ●大きなネガティブな感情が現れなくなる。
- ●正しくあることや制御していることが問題ではなくなる。
- ●理由もなく以前よりも幸せな気分になる。

　もっといろいろな変化が現れるかもしれませんが、そういった変化が起こるとすぐに分かります。

目覚めるとどういった変化が起こりますか？

分離されているという感覚が消えます。そして、何事も評価しなくなり、すべてが完全に見えます。そこで起こっていることに抵抗しなくなり、理由もなく幸せな気分になれます。

目覚めた状態になるのと目覚めるのとはどう違うのですか？

目覚めとは、感情がそれらを感じてから30分以内に消えることを言います。持続する時間が1分未満だと、それらの感情は再び戻ってきます。

至福、平和、笑いに包まれることを、目覚めた状態と言います。それらが永続的なものなら、あなたは目覚めた状態から元に戻ることはありません。あなたは消えたのです。

ある時点までいくと、あなたはもうそこにはいなくて、あなたはあなたの思考や感情ではないことに気づきます。至高や感情はただあなたのなかを流れるだけです。

目覚めた状態と神を認識した状態とはどう違うのですか？

目覚めた状態についてはもう述べましたね。神を認識したかどうかについては、第10章の神を認識する手順を読んでください。私はこれらの判断基準をワンネスユニバーシティーで聞きました。これらの判断基準は目覚めた人々によって広められているようです。最も重要なのは、これらの判断基準が私のモデルにフィットし、役に立っているということです。

目覚めた状態になったり、目覚めたりすると何か違った感覚が得られるのですか？

目覚めた状態になったり、目覚めたりすると、いくつかのことが起こります。例えば、①起こったことをすぐに経験し、経験したらすぐ

に消える、②感性が研ぎ澄まされる、③以前よりも幸せに感じる——といったことです。

高い意識レベルに到達しても、まだ意識レベルを上げようとするといったワナに陥るのはどうしたら防げますか？　そういった思考に陥れば、形（この場合は、精神構造）と、ひいては分離と一体化することになりはしませんか？
　内面的な目覚めに達するための鍵は、あなたのなかで何が起こっているかに気づくことです。それに抵抗してはいけません。それを十分に経験するのです。そうすればそれは消えていきます。概念やアイデアにこだわれば、目覚めた状態ではなくなります。あなたはあなたの思考になってしまうのです。それでも構いません。最終的には、あなたは目覚めた状態に再び戻りますから。

第18章

旅は続く

Continuing the Journey

バン・K・タープ博士

以前 ビジネスプランもなければ、システムもなく、すべての市場でトレードすることもできなかった。どのトレードも過ちだらけだった。

現在 個人的なトレードガイドとしてビジネスプランを持ち、少なくとも3つの無相関のシステムを持つことであらゆる市場でトレードできるようになった。今では過ちを犯すことなくトレードできる。

　前の応用の章では、2つの応用分野について議論した──①タープ的思考の概念を学ぶ、②これらの概念を使えるように自分を変える。では、これから分野3～分野4へと進むことにしよう。本章ではあなたにとって役立つと思われるチェックリストを設けている。

分野3 ── トレードや投資のための個人的なビジネスプランを作成する

　トレードガイドとなるビジネスプランを作成することは骨が折れるが、これは最も重要なことのひとつだ。まずは十分なセルフワークをやってから、ビジネスプランの作成に取り掛かるとよい。
　私たちはビジネスプランを作成するための「ブループリント・フォ

ア・トレード・サクセス」という３日間のワークショップを開いている。このワークショップでは50以上の練習を行う。これらの練習では、自分自身、トレードビジネス、市場、システムについて問う。それぞれの質問に答える時間はおよそ15分だが、質問によっては十分な回答を引き出すまでに数日から数週間かかることもある。ビジネスプランを作成するにはハードワークが要求されるのだ。

私のスーパートレーダーの候補者とブループリントワークショップに参加している人のためにチェックリストを準備した。チェックリストは11のセクションからなる。

1．個人的な心理
2．トレードビジネス（トレードシステム以外にもビジネスをやるために必要なさまざまなシステムがある）
3．不測の事態に備えるためのプラン
4．組織構造
5．日々のチェックリスト
6．大局的なプラン
7．トレードプラン
8．意思決定戦略の理解
9．最初の戦略の重要な要素とそれがフィットする市場
10．２番目の戦略の重要な要素とそれがフィットする市場
11．３番目の戦略の重要な要素とそれがフィットする市場

全チェックリストは**表18.1**に示したとおりである。最初に「はい」と思っても、まだはっきりしない場合は、その背景にある限定的な信念に対して信念チェックパラダイムを行ってみる。

表18.1 トレードプランのためのチェックリスト

セクション1 —— 個人的心理	チェック
トップ10の価値	☐
トレードに持ち込む強みやリソース	☐
あなたのトレードエッジ	☐
あなたの性格タイプとそれがあなたに及ぼす影響（タープトレーダーテストを受けてみるとよい）	☐
トレードをうまく行うに当たっての大きな問題（トップ5）	☐
その問題が発生したときどう対処するつもりか	☐
夢の生活	☐
なぜ夢の生活をしたいのか、そのわけ、目的、使命。また夢の生活に対する感情	☐
5年後の目標	☐
毎年の目標	☐
毎月の目標（次の3カ月）	☐
それらの実行プラン	☐
経済的自由へのプラン	☐
健康状態の評価とそれを改善するためのプラン	☐
運動状態の評価とそれを改善するためのプラン	☐
プランのなかで最も抵抗を感じる部分	☐
セクション1に対する信念の評価。役に立たないものはあるか	☐
自分自身を磨き続けることに真剣に取り組むつもりか	☐

セクション2 —— トレードビジネス	チェック
あなたのトレードビジネスに関する信念	☐
ほかのシステム	☐
●キャッシュフローと口座	☐
●データ分析	☐
●R倍数データの収集とその使用	☐
●ほかに必要なデータ（統計量など）	☐
●それらのデータや統計量をどう収集してまとめるか	☐

表18.1　トレードプランのためのチェックリスト（つづき）

セクション2 ── トレードビジネス（つづき）	チェック
●トレードデータの収集とデータのエラーに対する対処	☐
●研究開発プラン	☐
●システム設計モデル	☐
●トレードの自動化	☐
●ほかに必要な、あるいは計画しているビジネスシステム	☐
●教育プラン	☐
●自分自身を磨くためのプラン、新たな問題に対処するプラン	☐
●ビジネスの運営	☐

セクション3 ── 最悪の事態に備えたプラン（主要な8つの分野）	チェック
1．自分自身と家族	☐
2．環境	☐
3．ブローカー	☐
4．機器	☐
5．法律や規制	☐
6．市場	☐
7．システム	☐
8．心理的問題	☐
最悪の事態が起きたらどうすればよいか ── リハーサルプラン	☐

セクション4 ── 組織構造	チェック
●新しい税制が施行され、組織なしにトレードするのが難しくなった。あなたが欲しい組織はどういった組織か？	☐
●自国でやるつもりか？　それはなぜか？	☐

表18.1　トレードプランのためのチェックリスト（つづき）

セクション5 ── 日々のチェックリスト	チェック
●トレードのタスク	☐
●トレードビジネスのための日々の手順チェックリスト	☐
●そのほかの重要なこと	☐

セクション6 ── 大局的なプラン	チェック
大局観に関する信念	☐
大局観を見失わないようにするためのプラン	☐
●間違っていることをどうやって知るか	☐
大局に基づくあなたのトレード	☐
●どんな戦略を用いるか	☐
●金になる分野。集中的にトレードすべき市場	☐

セクション7 ── トレードプラン	チェック
市場に関する信念	☐
トレードシステムに関する信念	☐
さまざまなシステムに関する信念	☐
●トレンドフォロー	☐
●バンドトレード	☐
●チャートパターンの読み	☐
●バリュートレード	☐
●セクターローテーション	☐
●裁定	☐
●オプション戦略	☐
これらの戦略であなたに最も合うものは？　それはなぜ？	☐
●どの時間枠があなたに合うか。それはなぜ？	☐
経済的自由度	☐
トレード目標	☐
●各市場における各システムの目標を達成するためのポジションサイジング戦略	☐

表18.1　トレードプランのためのチェックリスト（つづき）

セクション7 ── トレードプラン（つづき）	チェック
●戦略を変えなければならないことをどうやって知るか	☐

セクション8 ── 意思決定戦略の理解	チェック
●成功と失敗とを分けるもの	☐
●あなたの意思決定戦略は？	☐
●確信するための戦略は？	☐
システムを使うときと使わないときとをどうやって決めるのか	☐
システムが破綻したことをどうやって判断するのか	☐
保持できる以上の仕掛けシグナルが出たら、取るポジションはどうやって決めるのか	☐
そのシステムを使うためには、そのシステムはどういった判断基準を満たせばよいのか。また、それらの判断基準は役に立つのか	☐
市場のタイプをどうやって見極めるのか	☐
市場のタイプに対する時間枠	☐
過ちを犯さないようにするためにはどうすればよいのか	☐
最初の4つのセクションで行ったことを前提として、あなたは本気でトレードしたいと思っているか	☐

セクション9 ── 最初のトレード戦略の重要な側面	チェック
トレード戦略に関する信念。あなたはそのトレード戦略がうまくいくと思っているのはなぜか	☐
その戦略は異なる市場でも機能すると思っているか	☐
この戦略はあなたにどんなエッジを与えてくれるか	☐
仕掛けのためのフィルター	☐
仕掛けシグナルについての信念	☐
最初の損切りについての信念	☐
利食いのための手仕舞いについての信念	☐
R倍数分布の入手	☐

表18.1 トレードプランのためのチェックリスト（つづき）

セクション9 ── 最初のトレード戦略の重要な側面（つづき）	チェック
6つの市場でのパフォーマンスと期待値とSQNスコア	☐
どういったときにこの戦略を使い、どういったときに使わないのか	☐
どのくらいの頻度でこの戦略を使ってトレードするのか	☐
このシステム（戦略）とほかのシステムとの相関	☐
このシステム（戦略）では6つの市場をどれくらいうまくトレードできたか	☐
このシステム（戦略）に対する特定の目標は？	☐
R倍数分布に基づけば、このシステム（戦略）にはどういったポジションサイジング戦略を使うつもりか	☐
トレードシステム1のチェックリスト	☐

セクション10 ── 2番目のトレード戦略の重要な側面	チェック
トレード戦略に関する信念。あなたはそのトレード戦略がうまくいくと思っているのはなぜか	☐
その戦略は異なる市場でも機能すると思っているか	☐
この戦略はあなたにどんなエッジを与えてくれるか	☐
仕掛けのためのフィルター	☐
仕掛けシグナルについての信念	☐
最初の損切りについての信念	☐
利食いのための手仕舞いについての信念	☐
R倍数分布の入手	☐
6つの市場でのパフォーマンスと期待値とSQNスコア	☐
どういったときにこの戦略を使い、どういったときに使わないのか	☐
どのくらいの頻度でこの戦略を使ってトレードするのか	☐
このシステム（戦略）とほかのシステムとの相関	☐
このシステム（戦略）では6つの市場をどれくらいうまくトレードできたか	☐
このシステム（戦略）に対する特定の目標は？	☐

表18.1　トレードプランのためのチェックリスト（つづき）

セクション10 ── 2番目のトレード戦略の重要な側面（つづき）	チェック
R倍数分布に基づけば、このシステム（戦略）にはどういったポジションサイジング戦略を使うつもりか	❏
トレードシステム2のチェックリスト	❏

セクション11 ── 3番目のトレード戦略の重要な側面	チェック
トレード戦略に関する信念。あなたはそのトレード戦略がうまくいくと思っているのはなぜか	❏
その戦略は異なる市場でも機能すると思っているか	❏
この戦略はあなたにどんなエッジを与えてくれるか	❏
仕掛けのためのフィルター	❏
仕掛けシグナルについての信念	❏
最初の損切りについての信念	❏
利食いのための手仕舞いについての信念	❏
R倍数分布の入手	❏
6つの市場でのパフォーマンスと期待値とSQNスコア	❏
どういったときにこの戦略を使い、どういったときに使わないのか	❏
どのくらいの頻度でこの戦略を使ってトレードするのか	❏
このシステム（戦略）とほかのシステムとの相関	❏
このシステム（戦略）では6つの市場をどれくらいうまくトレードできたか	❏
このシステム（戦略）に対する特定の目標は？	❏
R倍数分布に基づけば、このシステム（戦略）にはどういったポジションサイジング戦略を使うつもりか	❏
トレードシステム3のチェックリスト	❏

ビジネスプランは非常に総合的なものだと思いますが、私はただトレードしたいだけなのです。どうしてそんなに細かくやらなければならないのですか？ トレードよりも、リサーチや必要事項を書き込むことにもっと時間を割かなければならないのですか？

ひとつの過ちをなくすだけで大金を失わずに済みます。最悪のケースを避けることで、ゲームを継続できるのです。まだ説明の必要がありますか？

分野4 ── トレードに対する準備ができているか

最初の3つの分野は完了したが、これでトレードの準備が完全にできたと言えるだろうか。**表18.2**を見て、自分自身を評価してみよう。スコアが130を超えれば、あなたはおそらくトレードで成功することができるだろう。トレードで成功するにはかなりの努力が必要なことが分かるはずだ。

自分のいる位置を知りたい人は**表18.3**を見てみよう。

表18.2 準備とコミットメント（関与）のチェックリスト

準備とコミットメント	ポイント
1．自分が何者なのかをどうやれば知ることができるか。	☐
a．自分の強みと弱みを分かっているか。あなたのトレードエッジが何なのか分かっているか。あなたの心理的問題は分かっているか。また、それがあなたのトレードにどんな影響を及ぼすのか分かっているか。自分自身についての何百もの信念をリストアップできるか。市場についての何百もの信念をリストアップできるか。これらに対する答えがいいえならば、あなたにはトレードを始める前にやるべき準備がまだたくさんある。	☐
あなたの準備度を０から10の間でランク付けしてみよう（10は完全に準備できている、０はまったく準備できていない）	☐
b．目標に達するまでに障害があるとき、あなたはその障害とダンスして感情的になるか、それともその障害を避けて目標に向かって進むか。	☐
（障害を避けられる＝５ポイント、障害とダンスする＝０ポイント）	☐

大局	ポイント
2．大局についての考えを書き出し、それを監視するためのプロセスを明確にしたか。	☐
（はい＝５ポイント、いいえ＝０ポイント）	☐

市場	ポイント
3．自分に合った市場のタイプを明確にし、その市場を監視するためのプロセスに従っているか。	☐
（はい＝５ポイント、いいえ＝０ポイント）	☐

自分に合ったシステム	ポイント
4．あなたに合い、あなたの大局に対する考え方に合い、現在の市場に合ったトレードシステムを開発したか。	☐

表18.2　準備とコミットメント（関与）のチェックリスト（つづき）

自分に合ったシステム（つづき）	ポイント
あなたのシステムは最低でも、仕掛け、1Rの損失を定義する最悪のケースの手仕舞い、1つ以上の利食いのための手仕舞い、あなたのアイデアがまだ機能しているときに損切りに引っかかったときに備えた再仕掛けを含まなければならない。これらの条件を満たすシステムを少なくとも1つ持っているか。	☐
あなたに合い、あなたの大局に対する考え方に合い、現在の市場に合った少なくとも1つのシステムの開発はどれくらいうまくいっているか。0から5まででランク付けしてみよう。こんなシステムを持っていない場合は0ポイントになる。	☐

すでに複数のシステムをトレードしている場合、質問5から14に答えよ。	ポイント
5．1つの市場でうまくいく聖杯システムを開発するのは簡単だが、すべての市場でうまくいく1つのシステムを作成するのは不可能であることを理解しているか。次の市場のそれぞれに対するシステムを少なくとも1つ以上持っているか。	☐
それぞれの市場に合うシステムを1つ持っている場合は1ポイント、2つ以上持っている場合は2ポイントとしてカウントする（最大ポイントは12ポイント）。	☐
a．静かな上げ相場	☐
b．ボラティリティーの高い上げ相場	☐
c．静かな横ばい相場	☐
d．ボラティリティーの高い横ばい相場	☐
e．静かな下げ相場	☐
f．ボラティリティーの高い下げ相場	☐
6．それぞれのトレードシステムに対する目標を明確にしたか（目標を明らかにしたシステムには1ポイント）。	☐
7．それぞれのシステムに対するトレードサンプルは十分にあるか。	☐
a．それぞれのシステムの期待値（平均R値）は知っているか。	☐

表18.2　準備とコミットメント（関与）のチェックリスト（つづき）

すでに複数のシステムをトレードしている場合、質問5から14に答えよ。（つづき）	ポイント
はい＝3ポイント、いいえ＝0ポイント	☐
b．それぞれのシステムについて少なくとも100個のR倍数を収集したか。	☐
100個のR倍数＝2ポイント、50個以上＝1ポイント、50個未満＝0ポイント	☐
8．これから10年から20年にわたってさまざまな市場で各システムがどのように機能するかについて分かっているか。	☐
各市場のそれぞれについて少なくとも30のR倍数のサンプルを収集したか。	☐
はいなら、それぞれの市場に対して2ポイント与えよ。	☐
a．静かな上げ相場	☐
b．ボラティリティーの高い上げ相場	☐
c．静かな横ばい相場	☐
d．ボラティリティーの高い横ばい相場	☐
e．静かな下げ相場	☐
f．ボラティリティーの高い下げ相場	☐
トレード目標	☐
9．自分に合う強力なトレード目標を立てることができたか。これらの目標には、利益目標や破産ポイントが含まれる。	☐
（強力な目標を立てることができた＝10ポイント、目標を立てることができていない＝0ポイント）。	☐

ポジションサイジング戦略	ポイント
10．目標を達成するのを手助けしてくれる各システムのR倍数分布に対するポジションサイジング戦略はあるか。	☐
（はい＝20ポイント、いいえ＝0ポイント）	☐

表18.2　準備とコミットメント（関与）のチェックリスト（つづき）

重大な問題	ポイント
11．トレードに影響を及ぼす重大な問題は分かっているか。また、これらの問題を解決するために何でもやるつもりか。	☐
問題が分かっている＝1ポイント、問題が解決している＝1ポイント（最大で20ポイント）	☐
問題1＿＿＿＿＿＿＿＿　解決済み　はい＿＿いいえ＿＿	☐
問題2＿＿＿＿＿＿＿＿　解決済み　はい＿＿いいえ＿＿	☐
問題3＿＿＿＿＿＿＿＿　解決済み　はい＿＿いいえ＿＿	☐
問題4＿＿＿＿＿＿＿＿　解決済み　はい＿＿いいえ＿＿	☐
問題5＿＿＿＿＿＿＿＿　解決済み　はい＿＿いいえ＿＿	☐
問題6＿＿＿＿＿＿＿＿　解決済み　はい＿＿いいえ＿＿	☐
問題7＿＿＿＿＿＿＿＿　解決済み　はい＿＿いいえ＿＿	☐
問題8＿＿＿＿＿＿＿＿　解決済み　はい＿＿いいえ＿＿	☐
問題9＿＿＿＿＿＿＿＿　解決済み　はい＿＿いいえ＿＿	☐
問題10＿＿＿＿＿＿＿＿　解決済み　はい＿＿いいえ＿＿	☐
12．過ちを犯さないようにトレードのトップタスクを定期的にやっているか。	☐
過去20日間のうち、これらのタスクをすべてやったという日には1ポイント与えよ（最大で20ポイント）。	☐

過ち	ポイント
13．過ちを追跡し、理解し、解決すべく努力したか（はい＝2ポイント、いいえ＝0ポイント）。	☐
a．過ちをR倍数で定義したか。	☐
b．過ちがトレードに対してどんな影響を及ぼすのか理解しているか。	☐
c．過ちの原因を理解しているか。	☐
d．過ちの影響を最小化するために自分を磨くのに十分な時間を割いているか。	☐

表18.2 準備とコミットメント（関与）のチェックリスト（つづき）

ビジネスプラン	ポイント
14. トレードの旅をガイドする、これらの重要な情報をすべて含んだビジネスプランを立てたか。	☐
このビジネスプランは他人から資金を集めるときに作るものではなく、あなたのトレードをガイドしてくれる魅力的で楽しくてためになるものだ。あなたは自分のトレードを向上させるために常に手を加えるだろうから、ビジネスプランは完成することはない。下記の各項目を含むこうしたプランを持っているか（はい＝2ポイント、いいえ＝0ポイント）。	☐
a．自分自身に関する信念	☐
b．自分自身に関する信念のなかで、自分の強み、弱み、心理的問題などについての信念	☐
c．大局に対するあなたの考えと、あなたのトレードに影響を及ぼすさまざまな出来事	☐
d．市場に対するあなたの信念	☐
e．大局に対するあなたの信念を支持する3つの無相関なシステム	☐
f．最悪の事態に対するプラン	☐

表18.3 セクションごとのスコア

	あなたのスコア	可能最大スコア
準備とコミットメント ── 自分自身をどれくらいよく理解し、障害に対してどのように対処するか	☐	20
大局 ── 定義と監視プロセス	☐	5
市場のタイプ ── 定義と監視プロセス	☐	5
自分、大局、市場のタイプに合うシステム	☐	5
各市場に対する少なくとも1つのシステム	☐	12
各トレードシステムの目標	☐	6
100個のR倍数とシステムの期待値	☐	5
市場別のシステムのパフォーマンスと各市場に対する30のR倍数	☐	12

表18.3　セクションごとのスコア（つづき）

	あなたのスコア	可能最大スコア
それぞれの市場に合ったシステムを使う	☐	4
よく考え抜かれ自分に合った強力なトレード目標	☐	10
各システムのポジションサイジング戦略	☐	20
重大な問題が特定され解決されている	☐	20
トレードのトップタスクを定期的に実行	☐	20
過ち	☐	8
トレードの旅をガイドしてくれるビジネスプラン	☐	12
トータルスコア	☐	164
トレードする準備ができている	☐	＞130ポイント
平均以上 ── 準備を続ける	☐	115-130
平均 ── あなたにはやるべきことがまだたくさんある	☐	90-114
まったく準備できていない ── トレードはやめよ	☐	＜90ポイント

分野５ ── トレードの過ちを理解する

　利益を出しているトレーダーが私のところに相談に来たとき、私が最初にやらせるのはトレードのあらゆる側面をガイドするルールを書かせることである。どのトレーダーもルールを持たなければならない。自由裁量トレーダーでもだ。ルールを書いたら、本当に理解しているか確認し、そのシステムでトレードする各市場状態でそのルールが生み出す期待値とSQNスコアを決定させる。よさそうだったら、そのシステムをトレードさせる。ただし、過ちのＲ倍数値を記録させる。過ちとはルールに従わなかったことを意味する。

同様に、スーパートレーダーの候補者がトレードを始めたら、小さなポジションサイズでトレードしようが、過ちのR倍数値を記録させる。例を示そう。
　10万ドル口座の1％のリスクをとると仮定しよう。つまり、1トレード当たりリスクにさらす金額は1000ドルということである。あなたは過ちを10回続けて犯してしまった。

1．あなたのルールに含まれない有力情報を聞いてトレードを行い、2500ドルの損失を出してしまう。この過ちは2.5Rに相当する。
2．トレードはあなたの思惑どおりに進んでいるが、突然逆行し始める。損切りには達しなかったが、あなたは素早く手仕舞い、4000ドルの利益を手にする。ところが、そのトレードは再び順行し始める。最初の目標に達するまで追跡してみると、ルールに従っていれば、4000ドルではなく1万2000ドルの儲けになっていたことが分かった。この過ちのコストは8000ドルなので、この過ちは8Rに相当する。
3．耳寄り情報でトレードして、1000ドル儲けた。これは過ちだが、1000ドル儲けたので＋1Rになる。
4．次のトレードは執行を間違えた。売るべきところだったが、買ってしまったのだ。あなたはすぐに自分の過ちに気づき、手仕舞い、70ドルの損失を被った。そのあと130ドル高い価格で正しく執行する。この執行の過ちのコストは200ドルなので、この過ちは0.2Rに相当する。
5．次のトレードは1日の最後で注意散漫になった。数字をチェックせず、損切りも切り上げなかった。翌日の早い時間帯に、そのトレードは急に下落してしまう。前の損切りに引っかかったが、1500ドルの儲けになった。しかし、損切りは300ドル切り上げるべきだった。損切りを300ドル切り上げ損なったので、この過ち

は0.3Rに相当する。

6. 次のトレードを仕掛けると、逆行し始める。43ドルの損切りに達しようとしていたとき、「この損切りはしたくない。きっとすぐに上昇するはずだ」と思い、突然その損切りを取り消す。しかし、価格が上昇することはなく、27ドルまで下落する。その日の終わりにそこで手仕舞い、500株につき15ドルの損失を被る。ルールに従っていれば被ることのなかった7500ドルの損失だ。この過ちは7.5Rに相当する。

7. 自分に腹が立ち、次のトレードはしないことにする。腹が立ったときにトレードをしないというルールはない。あなたはただトレードをしなかっただけだ。もしこのトレードを行っていれば3Rの勝ちトレードになっていたはずだ。この過ちは3Rに相当する。

8. 翌日、損失が多くなりすぎたため、システムがおかしいに違いないと思う。あなたは２つのトレードをし損なう。１つは0.5Rの勝ちトレードで、もう１つは2Rの負けトレードだった。今回の過ちで1.5R失わずにすんだが、過ちには違いない。実際にはこれは２つの過ちに相当する。

9. だれもがある株で儲けているという話を聞き、あなたも翌朝その株を買う。しかし、これはルールに反する行為だ。とはいえ、この株を買うことでその日は2Rの儲けになった。また過ちを犯すことが利益につながった。今回は2Rの利益だ。

10. その株に対するあなたのプランはその日の終わりに手仕舞うことだったが、2Rの含み益に気をよくしたあなたは週末までその株を保有し続ける。もちろん、これはルールに反する。しかも、損切りも入れなかった。これもまたルールに反する。週末、その会社が倒産するというニュースが舞い込む。翌日、ギャップダウンで寄り付き、8Rの損失を被った。これで8R損をしたので、過ちのトータルコストは10Rになる。

表18.4 過ちのコスト

		過ちのコスト	
過ちの番号	過ちを犯した理由	個別	累積
1.	有力情報	-2.5R	-2.5R
2.	早く手仕舞いしすぎた	-8.0R	-10.5R
3.	有力情報	+1.0R	-9.5R
4.	執行エラー	-0.2R	-9.7R
5.	注意散漫	-0.3R	-10.0R
6.	損切りしたくない	-7.5R	-17.5R
7.	勝ちトレードを逃した	-3.0R	-20.5R
8.	2つのトレードを逃した	+1.5R	-19.0R
9.	有力情報	+2.0R	-17.0R
10.	予定どおりに手仕舞わなかった	-10.0R	-27.0R
	過ちの合計コスト		-27.0R
	1つの過ち当たりの平均コスト		2.7R

表18.4に示したこれら10個の過ちをまとめたものを見てみよう。

これはよく見るパターンだ。このケースの場合、各過ちのコストは平均で2.7Rだ。トレーダーにこの練習をやらせると、トレーニングを受けたプロでさえ、効率性は70％以下である。つまり、10トレードのうち3つ過ちを犯すということである。ほとんどは同じ過ちを繰り返す。これこそが自己破壊である。

したがって、人々にはトレードを始める前に必ず心理ワークをやらせることにしている。心理ワークをやって、過ちを犯すことに気づけば、すぐにそれを修正することができる。心理ワークをやらなければ、過ちの修正は非常に難しい。このことが分かれば、レベル2のワークをやろうという気になるはずだ。

インタビューを扱ったほとんどの本は、インタビューの内容を示すだけである。本章では、成功するための公式をステップバイステップ

で示してきた。これは私がスーパートレーダーの候補者たちにやらせる公式である。これまでの章と本章のステップとであなたに必要なものはすべてそろったことになる。ここであなたに問うてもらいたい。必要なワークを進んでやるか、それとも最初に出くわす障害とダンスをするか。

付録

推薦図書

Anonymous. *A Course in Miracles,* 3rd ed., Helen Schucman, scribe. Mill Valley, CA: Foundation for Inner Peace, 2007.
Ardagh, Arjuna. *Awakening into Oneness.* Boulder, CO: Sounds True, 2007.
Dwoskin, Hale. *The Sedona Method: Your Key to Lasting Happiness, Success, Peace and Emotional Well-Being.* Sedona, AZ: Sedona Press, 2007.
デビッド・ホーキンズ著『パワーか、フォースか』（三五館出版）
ナポレオン・ヒル著『思考は現実化する』（きこ書房）
Katie, Byron, and Stephen Mitchell. *A Thousand Names for Joy: Living in Harmony with the Way Things Are.* New York: Three Rivers Press, 2007.
Katie, Byron, and Stephen Mitchell. *Loving What Is: Four Questions That Can Change Your Life.* New York: Harmony Books, 2002.
Kinslow, Frank. *The Secret of Quantum Living.* Carlsbad, CA: Hay House, Inc., 2012.
Mother Meera. *Answers.* Ithaca, NY: Meeramma Publications, 1991.
ジャック・D・シュワッガー著『マーケットの魔術師』（パンローリング）
ジャック・D・シュワッガー著『新マーケットの魔術師』（パンローリング）
Tharp, Van K. *Peak Performance Course for Traders and Investors,* 2nd ed. Cary, NC: International Institute of Trading Mastery (IITM), 2009.
バン・K・タープ著『タープ博士のトレード学校　ポジションサイジング入門』（パンローリング）
バン・K・タープ著『新版　魔術師たちの心理学』（パンローリング）
Tharp, Van K. *Van Tharp's Definitive Guide to Position Sizing Strategies.* Cary, NC: International Institute of Trading Mastery, 2008.
Walsch, Neale Donald. *The Complete Conversations with God.* Charlottesville, VA: Hampton Roads Publishing, 2005.

参考文献

グレゴリー・ベイトソン著『精神の生態学』（新思索社）
Braden, Gregg. *The Isaiah Effect.* New York: Three Rivers Press, 2000.
Cameron, Julia. *The Artist's Way: A Spiritual Path to Higher Creativity.* London: Penguin, 1992.
Chopra, Deepak, Debbie Ford, and Marianne Williamson. *The Shadow Effect: Illuminating the Hidden Power of Your True Self.* New York: HarperCollins, 2010.
Coit, Lee. *Listening: How to Increase Awareness of Your Inner Guide.* Ventura, CA: Los Brisas Publishing, 1985.
Dilts, Robert. *Belief Systems, Health, and Longevity.* Pamphlet from a seminar given in Santa Cruz, CA: January 26–30, 1989. For more information, contact Dynamic Learning Publications.
Dyer, Wayne W. *Real Magic: Creating Miracles in Everyday Life.* New York: HarperCollins, 1992.
Franck, Frederick. *Zen of Seeing: Seeing/Drawing as Meditation.* New York: Vintage, 1973.
Frankl, Viktor E. *Man's Search for Meaning.* New York: Washington Square Press, 1959.
マルコム・グラッドウェル著『ティッピング・ポイント』（飛鳥新社）
The Gospel of Ramakrishna, abridged ed. Translated into English by Swami Nikhilananda. New York: Ramakrishna-Vivekananda Center, 1970.
ロバート・ハグストーム著『株で富を築くバフェットの法則』（ダイヤモンド社）
Kinslow, Frank. *Eufeeling! The Art of Creating Inner Peace and Outer Prosperity.* Carlsbad, CA: Hay House, 2012.
Lipton, Bruce. *The Biology of Belief: Unleashing the Power of Consciousness, Matter and Miracles.* Carlsbad, CA: Hay House, 2008.
Losier, Michael J. *Law of Attraction.* New York: Wellness Central, 2003.
ロジャー・ローウェンスタイン著『天才たちの誤算』（日本経済新聞社）
Mooney, Stuart. *American Buddha.* Fairfield, IA: 1st World Publishing, 2007.
McMillan, Lawrence. *Options as a Strategic Investment, 5th ed.* New York: Prentice Hall, 2012.
Melchizedek, Drunvalo. *Serpent of Light: Beyond 2012—The Movement of the Earth's Kundalini and the Rise of the Female Light, 1949 to 2013.* San Francisco: Red Wheel/Weiser, 2007.
Palmer, Harry. *Living Deliberately: The Discovery and Development of Avatar.* Altamonte Springs, FL: Star's Edge International, 1994.
Price, John Randolph. *The Abundance Book.* Carlsbad, CA: Hay House, 1987.
Renard, Gary R. *The Disappearance of the Universe: Straight Talk about Illusions, Past Lives, Religion, Sex, Politics, and the Miracle of Forgiveness.* Carlsbad, CA: Hay House, 2002.
ジャック・D・シュワッガー著『続マーケットの魔術師』（パンローリング）
Taylor, Jill Bolte. *My Stroke of Insight: A Brain Scientist's Personal Journey.* New York: Penguin, 2006.

バン・K・タープ著『魔術師たちの投資術』(パンローリング)
Tharp, Van K., and Brian June. *Financial Freedom through Electronic Day Trading.* New York: McGraw-Hill, 2000.
Tolle, Eckhart. *A New Earth: Awakening to Your Life's Purpose.* New York: Penguin, 2005.
Tolle, Eckhart. *Practicing the Power of Now: Essential Teachings, Meditations, and Exercises from the Power of Now.* Novato, CA: New World Library, 1999.
Tolle, Eckhart. *The Power of Now: A Guide to Spiritual Enlightenment.* Novato, CA: New World Library, 1999.
Wattles, Wallace D. *The Science of Getting Rich.* Tucson: Iceni Books, 2002. Originally published in 1910.

用語解説

1R値（1R-value） 任意のポジションで取った最初のリスク。イニシャル・ストップロス（損切り）に相当する。

R倍数（R-multiple） すべての利益と損失は最初のリスク（R）の倍数として表すことができる。例えば、10Rの利益は最初のリスクの10倍の利益を意味する。最初のリスクが10ドルの場合、10Rの利益は100ドルになる。すべての利益と損失をR倍数で表すことで、システムはそれが生成するR倍数分布で表現することができる。R倍数分布は平均（期待値）と標準偏差によって表される。

TEA（思考、感情、行動）（TEA. Thoughts, Emotions, Action） 思考、感情、行動に気づくことは、マトリックス内で支配権を得るための重要な要素。

意識（consciousness） 思考、信念、感情、個人的なプログラミングに気づくこと。

意識レベル（level of consciousness） デビッド・ホーキンズは物の真実レベルを意識レベルと言う。ホーキンズによれば、人間の意識は0から1000の対数で表すことができる。200を下回るものはネガティブで、200を上回るものはポジティブと見なされる。各レベルは心の状態（例えば、恐怖、欲、受容など）に対応している。

内なるガイダンス（Inner Guidance） ハイアーセルフのこと。

エクスペクチュニティー（expectunity） 期待値に機会を掛けたもの。例えば、期待値が0.6Rで、1年に100トレード生成するシステムのエクスペクチュニティーは60R。

神の認識（God realization） 内なるガイダンスと絆および信頼関係を築き、その内なるガイダンスと一体化すること。

感情の解放（feeling release） 感情が消えるまでそれを経験するこ

とを言う。

感情の含まれた信念（changed belief）　考えようとすると強いネガティブな感情が頭をもたげてくるような信念。たとえそれが役に立たない信念であっても、感情に取り付かれてその信念を解放することはできない。

期待値（expectancy）　多くのトレードを行ったとき平均してどれくらい稼ぐことができるかを示すもの。もっと分かりやすく言えば、リスクにさらした1ドルに対してどれくらい儲けることができるかを示すもの。トレードシステムによって生成されるR倍数分布の平均Rのことを意味する。

気づき（awareness）　心の中で起こっていることに気づくこと。思考や感情やこれらの状態のサブモダリティー（五感を通して認識する様々な構成要素。視覚、聴覚、身体感覚など）が含まれる。気づき、抵抗することをやめ、経験し始めると、覚醒が始まる。

経済的自由（financial freedom）　受動的所得（あなたのために働いてくれるお金から生まれる所得）が支出を上回るとき経済的自由を得たことになる。例えば、月々の支出が4000ドルで、あなたのために働いてくれるお金が1カ月に4300ドル生み出すとき、あなたは経済的に自由になる。

ゲーム（game）　2人以上の人間の間で起こる相互作用で、勝つ者と負ける者とが存在する。ルールを作った人、特に勝つためのルールを作った人が勝つ可能性が高い。

サブモダリティー（submodalities）　五感を通して認識するさまざまな構成要素。例えば、視覚映像はあなたの目で見たり、あなたがそのなかに入っていたり、鮮やかだったりぼんやりしていたり、白黒といった色や、静止画や動画、フレームに入っていたり、パノラマだったり、右側、左側、中央だったりといったもので構成される。サブモダリティーのなかには、無意識にあなたの振る舞いを支配するものもあ

る。判断は、無意識的なサブモダリティーの違いに基づく。

ザ・ワーク（The Work） 4つの質問と改善によって1回に1つの信念に対して悟りを開くための方法。バイロン・ケイティによって開発された。ワークシートは、http://www.thework.com/index.php から無料でダウンロードできる。

市場のタイプ（market type） 市場には少なくとも6つの市場のタイプがある――①静かな上げ相場、②静かな横ばい相場、③静かな下げ相場、④ボラティリティの高い上げ相場、⑤ボラティリティの高い横ばい相場、⑥ボラティリティの高い下げ相場。1つの市場タイプでうまくいく聖杯システムを作るのは簡単だが、そのシステムがすべての市場タイプでもうまくいくことを期待するのは愚かなこと。

システム（system） トレードのためのルール。完璧なシステムは通常、①セットアップ条件、②仕掛けシグナル、③最悪の場合の損切り（資産の保護）、④再仕掛けシグナル、⑤利食いのための手仕舞い、⑥ポジションサイジングアルゴリズム――を含んでいる。しかし、市販されているシステムの多くはこれらのすべてを含んでいるわけではない。トレードシステムはそれが生成するR倍数分布で表すこともできる。

システム・クオリティー・ナンバー・スコア（SQNスコア）（System Quality Number Score or SQN Score） 特定のトレードシステムでポジションサイジング戦略を使ってあなたの目標をどれくらい簡単に達成できるかを決定する方法。SQNスコアが高いほど、ポジションサイジング戦略を通してあなたの目的をより簡単に達成できる。この手法は自己裁量的で、平均RとRの標準偏差によって決定される。

シャドウセルフ（shadow self） あなたが他人に投影する、あなたが縁を切った部分。例えば、あなたが頑固者が嫌いだとすると、あなたは自分の頑固な部分を他人に投影する。したがって、外界はあなたのなかで起こっていることを解くための重要なヒントになる。

受動的所得（passive income） あなたのために働いてくれるお金によってもたらされる所得。

信念チェックパラダイム（belief examination paradigm） 信念について問う質問。質問には、①この信念を植え付けたのはだれか、②この信念によってやるようになったことは何か、③この信念によってやらなくなったことは何か、④この信念は役に立つか、⑤その信念には感情が含まれているか――などが含まれる。これは信念が役に立つかどうかを評価するためのテクニック。役に立たない信念は、感情が含まれなければ簡単に置き換えることができる。

神経言語プログラミング（NLP）（Neuro Linguistic Programming. NLP） システムアナリストのリチャード・バンドラーと言語学者のジョン・グラインダーによって開発された一種の心理トレーニング。人間の優秀な行動をモデル化する科学の基礎となる。ただし、通常のNLPセミナーで教えているのは、モデリングプロセスから開発されたテクニックである。例えば、バン・タープ・インスティチュートではトップトレード、システム開発、ポジションサイジング戦略をモデル化し、セミナーではこれらを行うプロセスを教えている。モデリングプロセスそのものを教えているわけではない。

信念（belief） 現実を見るときに使うフィルター。

スイングトレード（swing trading） 市場の素早い動きをとらえる短期トレード。

正の期待値（positive expectancy） R倍数分布の平均R値が正の値の場合、そのシステムは正の期待値を持つと言う。システムが正の期待値を持っている場合、そのシステム（ゲーム）は最悪のドローダウンを生き延びることができるほど低いリスクレベルでプレーすれば、長期にわたってお金を儲けることができる。

聖杯システム（Holy Grail System） 市場に完璧に従い、常に正しく、大きな儲けを生みだし、ドローダウンがゼロの架空のシステム。こう

いったシステムは実際には存在しないが、SQNスコアの高いシステムは、1つの市場タイプではうまくいく可能性がある。

損切り、ストップロス、逆指値（stop loss, stop order） 損切り価格に達すると成行注文になる注文。ある価格まで下落したら売るための注文なので、損切り注文（ストップロス注文）と呼ばれる。

タートルズ（Turtles） 1980年代にリチャード・デニスとウィリアム・エックハートによって彼ら独自のトレード手法を教わったトレーダーグループ。彼らの多くは偉大なトレーダーになった。

タープ的思考（Tharp Think） 成功しているトレーダーのモデリングを通して得られたトレードに関する役にたつ信念の集まり。タープ博士はこれらの原理をタープ的思考と呼んでいるが、それはバン・タープ・インスティチュートがこれらを重視する唯一の場所だから。

ティック（tick） トレード可能な商品の価格の最小変動。

投影（projection） 本当は自分が持っている性質であるが、それが到底受け入れられないために、その性質を他人のなかに見いだすことで、嫌な感情、不安などから精神衛生を守る、無意識の防衛的働き。ネガティブな感情や不安に対する防衛。

トレード（trading） 十分な利益を得て、あるいはトレードがうまくいかなければ損切りすることを予想して、ロングあるいはショートのポジションを建てること。

トレーリングストップ（traling stop） 市場の動きに合わせて損切りを移動させること。利益を最大化させるための方法として用いられる。

パーツパーティー（parts party） 部分に現れてもらい、それらの意図や対立しているほかの部分について話してもらうこと。パーツパーティーの練習は第9章で解説している。

ハイアーセルフ（Higher Self） 自分は何者なのかを示すもの。日々の世界と同時に生きることができ、真実を経験し、知るあなたの部分。これを信頼し、耳を傾けようとすれば、ガイダンスの源泉になる。

バクタ・パラディーナ（Bhakta Paradeena）　「帰依者の道」を意味するサンスクリット語。神を経験すれば、あなたはなりたいものになれる。それを作り出すのはあなたであって、他人ではない。それを作り出すのはあなたなので、あなたは神と完璧な関係を築くことができる。

ビー玉ゲーム（marble game）　トレードシステムのR倍数分布が異なる色（各色は各R値を表す）のビー玉で表されるトレードシミュレーション。袋からビー玉を無作為に取り出して戻すという行為を繰り返してトレードをシミュレートする。

ビッグマネーゲーム（Big Money Game）　大企業やそれらの所有者によって作られるルール。このルールによってお金はあなたから彼らに流れる。例えば、ゲームに勝つためのビッグマネールールには、ほとんどのお金を得たり（つまり、勝者は1人だけ）、ほとんどのおもちゃを得ることが含まれる。頭金が安ければ、どんなおもちゃでも買えるが、これは経済的奴隷を意味する。

標準偏差（standard deviation）　データ（確率変数）と平均値との差（偏差）の2乗を平均し、これの平方根をとったもの。正規分布で表されたデータのばらつき具合。

部分（part）　あなたの内なる自分。部分はポジティブな意図を持ってあなたによって作られる。部分は、①あなたの人生における役割、②あなたの人生における重要な人々、③あなたが感じたくない感情──などを表す。

部分の交渉（パーツネゴシエーション）（parts negotiation）　2つの対立する部分がポジティブな意図を通して和解する対立解消テクニック。通常、最もネガティブな部分にはポジティブな意図を満たすために役に立つことを行わせる必要がある。

変革（transformation）　信念、感情、プログラム、意識レベルの変化を言う。本書では3つの変革レベルについて解説している。

変革瞑想（TfM）（Transformation Meditation. TfM）　ハッピーでない部分をハイアーセルフに引き合わせる対立解消テクニック。ハッピーでない部分はハイアーセルフの考えを受け入れるか、廃棄される。リビー・アダムス博士によってアカデミー・オブ・セルフナリッジで開発されたテクニック。

ポジションサイジング戦略（position sizing strategy）　成功するトレードの6つの重要な要素のなかで最も重要なもの。あなたが目標を達成することができるかどうかはこの部分によって決まる。1つのトレードのポジションの大きさをどれくらいにするかを決める要素。通常、ポジションサイズを決めるアルゴリズムは現在の資産に基づく。

マトリックス（Matrix）　映画『マトリックス』のように、人類は自動的に反応するようにプログラミングされているという考え方。現実世界では、そのプログラミングは私たちの信念であり、私たちの経験することは幻想にすぎない。

ムクティ・ディクシャ（Mukthi Deeksha）　目覚めのプロセスを開始するためのワンネスブレッシング。目覚めを達成するために脳を変化させるためには、ディバイン（神）の助けなしにはこれを成就することはできない。ムクティ・ディクシャは、ディバインの恩寵を、人を介さずにできる限り純粋な状態で直接に受け取る方法。ムクティ・ディクシャを受け取った人は、ブレッシングギバーになる。

無常の法則（アヌパッサナー）（Impermanence Law. Anupassana）
　あらゆるものは変化することを述べた仏教の法則。この世には、生、命、死が存在する。利益と損失が存在する。無常に抵抗すれば、苦しみを生みだす。

目覚め、覚醒（awakening）　自分というものが永久に消え、物事が自動的に起こるように思える状態。物事がただ起こるだけなので、見る者、行動する者、聞く者、考える者は存在しない。思考や感情にとらわれることはない。それらは心の中を通り過ぎる出来事にすぎない。

目覚めた状態（awakened state） 意識レベルがホーキンズの基準で600を超えた状態を言う。至福感、歓喜、平和、頭の中がはっきりした状態などが含まれるが、これらに限ったわけではない。エゴが消えていくように思える瞬間。しかし、これらは一時的なものなので、目覚めた状態である（「目覚め」とは異なる）。

目標（objective） トレードで達成したいこと。例えば、最悪のドローダウンを喫することなく達成したい利益など。ドローダウンと達成したい目標のバランスのとれたものが良い目標になる。起こり得る結果はトレーダーの数と同じくらいある。

モデリング（modeling） ピークパフォーマンス（例えば、トップトレード）がどのようにすれば達成できるかを決定し、それを他人に教えるプロセス。

モデリングの科学（science of modeling） NLPのテクニックを使って、特定の分野で秀でている人に共通する振る舞い、信念、精神状態、精神的戦略を決定すること。これを他人に教えれば、彼らはその動作や行動を再現することができる。

リスク（risk） 仕掛け価格と、受け入れる最悪の損失との差。例えば、20ドルである株を買い、18ドルになったら手仕舞おうと思っているとすると、リスクは1株当たり2ドルになる。この定義は投資する市場の変動を意味する学術的な定義とは異なる。各トレードでは、潜在的利益は潜在的損失の5倍以上でなければならない。

リワード・リスク・レシオ（reward-to-risk ratio） 口座の平均リターン（年次ベース）を最大ドローダウンで割ったもの。この値が3を超えれば優良。平均勝ちトレードを平均負けトレードで割ったものを指す場合もある。各トレードは、潜在的利益が潜在的損失の3倍以上にならなければならない。

レベル1の変革（level I transformation） タープ的思考のアイデアを取り入れれば、トレードについて違った考え方ができるようにな

る（「タープ的思考」参照）。

レベル2の変革（level II transformation）　信念、感情、部分が変わるため、タープ的思考のアイデアがより取り入れられやすくなる。

レベル3の変革（level III transformation）　レベル2のメソッドを使ってあなたを十分に変革させることで、意識レベルが向上する。

レベル4の変革（level IV transformation）　目覚めた状態になったとき（例えば、意識レベルがホーキンズの基準で常に600を上回る）。

ワンネスブレッシング（Oneness Blessing）　ワンネスブレッシングギバーから直接受け取るブレッシングで、神のエネルギーがブレッシングギバーからワンネスブレッシングを受ける人に伝授される。神のエネルギーは脳に変化を起こし、目覚めた状態に導く。ブレッシングの効果は、それを受ける人、ブレッシングギバー、およびディバイン（神）によって決まる。

■著者紹介
バン・K・タープ博士（Dr. Van K. Tharp）
バン・タープ・インスティチュートの社長。長年にわたりトレーダーや投資家のコーチおよびコンサルタントとして活躍。スキルと教育法を駆使した彼の教え方には定評がある。『タープ博士のトレード学校　ポジションサイジング入門――スーパートレーダーになるための自己改造計画』『新版　魔術師たちの心理学――トレードで生計を立てる秘訣と心構え』『魔術師たちの投資術――経済的自立を勝ち取るための安全な戦略』（いずれもパンローリング）、『ディフィニティブ・ガイド・トゥー・ポジション・サイジング・ストラテジー』『ファイナンシャル・フリーダム・スルー・エレクトロニック・デイ・トレーディング』などの著書がある。1975年にオクラホマ大学ヘルスサイエンスセンターで心理学の博士号を修得。NLP（神経言語プログラミング）の専門家、タイムラインセラピスト、NLPモデラー、NLPのアシスタントトレーナーでもある。ウエブサイトは、http://www.vantharp.com/。

■監修者紹介
長尾慎太郎（ながお・しんたろう）
東京大学工学部原子力工学科卒。日米の銀行、投資顧問会社、ヘッジファンドなどを経て、現在は大手運用会社勤務。訳書に『魔術師リンダ・ラリーの短期売買入門』『新マーケットの魔術師』『マーケットの魔術師【株式編】』（いずれもパンローリング、共訳）、監修に『高勝率トレード学のススメ』『フルタイムトレーダー完全マニュアル』『システムトレード　基本と原則』『一芸を極めた裁量トレーダーの売買譜』『裁量トレーダーの心得　初心者編』『裁量トレーダーの心得　スイングトレード編』『ラリー・ウィリアムズの短期売買法【第2版】』『コナーズの短期売買戦略』『続マーケットの魔術師』『アノマリー投資』『続高勝率トレード学のススメ』『グレアムからの手紙』『シュワッガーのマーケット教室』『トレーダーのメンタルエッジ』『プライスアクションとローソク足の法則』『トレードシステムはどう作ればよいのか　1　2』『ミネルヴィニの成長株投資法』『破天荒な経営者たち』など、多数。

■訳者紹介
山下恵美子（やました・えみこ）
電気通信大学・電子工学科卒。エレクトロニクス専門商社で社内翻訳スタッフとして勤務したあと、現在はフリーランスで特許翻訳、ノンフィクションを中心に翻訳活動を展開中。主な訳書に『EXCELとVBAで学ぶ先端ファイナンスの世界』『リスクバジェッティングのためのVaR』『ロケット工学投資法』『投資家のためのマネーマネジメント』『高勝率トレード学のススメ』『勝利の売買システム』『フルタイムトレーダー完全マニュアル』『新版　魔術師たちの心理学』『資産価値測定総論1、2、3』『テイラーの場帳トレーダー入門』『ラルフ・ビンスの資金管理大全』『テクニカル分析の迷信』『タープ博士のトレード学校　ポジションサイジング入門』『アルゴリズムトレーディング入門』『クオンツトレーディング入門』『スイングトレード大学』『コナーズの短期売買実践』『ワン・グッド・トレード』『FXメタトレーダー4 MQLプログラミング』『ラリー・ウィリアムズの短期売買法【第2版】』『損切りか保有かを決める最大逆行幅入門』『株式超短期売買法』『プライスアクションとローソク足の法則』『トレードシステムはどう作ればよいのか　1　2』（以上、パンローリング）、『FORBEGINNERSシリーズ90　数学』（現代書館）、『ゲーム開発のための数学・物理学入門』（ソフトバンク・パブリッシング）がある。

2014年3月2日　初版第1刷発行

ウィザードブックシリーズ ㉕

トレードコーチとメンタルクリニック
——無理をしない自分だけの成功ルール

著　者　　バン・K・タープ
監修者　　長尾慎太郎
訳　者　　山下恵美子
発行者　　後藤康徳
発行所　　パンローリング株式会社
　　　　　〒160-0023　東京都新宿区西新宿 7-9-18-6F
　　　　　TEL 03-5386-7391　FAX 03-5386-7393
　　　　　http://www.panrolling.com/
　　　　　E-mail　info@panrolling.com
編　集　　エフ・ジー・アイ（Factory of Gnomic Three Monkeys Investment）合資会社
装　丁　　パンローリング装丁室
組　版　　パンローリング制作室
印刷・製本　株式会社シナノ
ISBN978-4-7759-7181-9

落丁・乱丁本はお取り替えします。
また、本書の全部、または一部を複写・複製・転訳載、および磁気・光記録媒体に
入力することなどは、著作権法上の例外を除き禁じられています。

本文　©Emiko Yamashita／図表　©Pan Rolling　2014 Printed in Japan

バン・K・タープ博士

コンサルタントやトレーディングコーチとして国際的に知られ、バン・タープ・インスティチュートの創始者兼社長でもある。これまでトレーディングや投資関連の数々のベストセラーを世に送り出してきた。講演者としても引っ張りだこで、トレーディング会社や個人を対象にしたワークショップを世界中で開催している。またフォーブス、バロンズ、マーケットウイーク、インベスターズ・ビジネス・デイリーなどに多くの記事を寄稿している。

ウィザードブックシリーズ 134
新版 魔術師たちの心理学
トレードで生計を立てる秘訣と心構え

定価 本体2,800円+税　ISBN:9784775971000

秘密を公開しすぎた
ロングセラーの大幅改訂版が（全面新訳!!）新登場。
儲かる手法（聖杯）はあなたの中にあった!!あなただけの戦術・戦略の編み出し方がわかるプロの教科書!「勝つための考え方」「期待値でトレードする方法」「ポジションサイジング」の奥義が明らかになる!本物のプロを目指す人への必読書!

ウィザードブックシリーズ 160
タープ博士のトレード学校
ポジションサイジング入門

定価 本体2,800円+税　ISBN:9784775971277

普通のトレーダーがスーパートレーダーになるための自己改造計画
『新版 魔術師たちの心理学』入門編。
「自己分析」→「自分だけの戦略」→「最適サイズでトレード」
タープが投げかけるさまざまな質問に答えることで、トレーダーになることについて、トレーダーであることについて、トレーダーとして成功することについて、あなたには真剣に考える機会が与えられるだろう。

トム・バッソ

トレンドスタット・キャピタル・マネジメントの株式と先物の元トレーダー。1980年から株式の運用を始めて年平均16％、1987年から先物の運用し始めて年平均20％の実績を残す。『新マーケットの魔術師』で取り上げられ、どんな事態でも冷静沈着に対応する精神を持つ「トレーダーのかがみ」として尊敬を集めた。

ウィザードブックシリーズ 176
トム・バッソの禅トレード

定価 本体1,800円+税　ISBN:9784775971437

シュワッガーが絶賛したミスター冷静沈着が説く投資で成功する心構えと方法とは

成功するための一番の近道はパフォーマンスよりも自分に合った「バランスの取れた」投資法を選択することだ。「自分自身を知ること」の重要性について、本書で明確にその答えを示している。

ジェイソン・ウィリアムズ

ジョンズ・ホプキンス大学で訓練を受けた精神科医。下位専門分野として心身医学の研修も受けており、世界的に有名な人格検査NEO PI-Rについては共同開発者のひとりから実施方法と分析方法を直接学んだ。バージニア州北部在住で、精神科の入院患者と外来患者の両方を診療している。

ウィザードブックシリーズ 210
トレーダーのメンタルエッジ

定価 本体3,800円+税　ISBN:9784775971772

最強のトレード資産は【あなたの性格】
己を知ることからすべてが始まる！

トレードには堅実な戦略と正確なマーケット指標が欠かせない。しかし、この2つがいざというときにうまく機能するかどうかは、その時点におけるあなたの心の状態で決まる。

アリ・キエフ

精神科医で、ストレス管理とパフォーマンス向上が専門。ソーシャル・サイキアトリー・リサーチ・インスティチュートの代表も務める博士は、近年多くのトレーダーにストレス管理、ゴール設定、パフォーマンス向上についての助言を行っている。

ウィザードブックシリーズ107
トレーダーの心理学
トレーディングコーチが伝授する達人への道

定価 本体2,800円+税　ISBN:9784775970737

人生でもトレーディングでも成功するためには、勝つことと負けるにかかわるプレッシャーを取り除く必要がある。実際、勝敗に直接結びつくプレッシャーを乗り越えられるかどうかは、成功するトレーダーと普通のトレーダーを分ける主な要因のひとつになっている。
トレーディングの世界的コーチが伝授する
成功するトレーダーと消えていくトレーダーの違いとは？

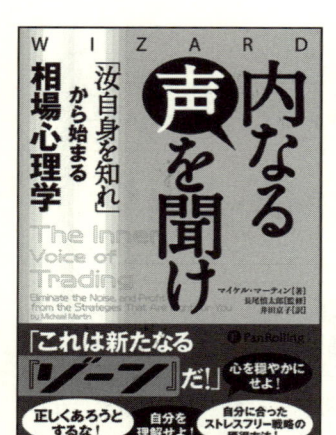

ウィザードブックシリーズ195
内なる声を聞け
著者：マイケル・マーティン

定価 本体2,800円+税　ISBN:9784775971635

**自分自身を理解することこそが
トレード上達の第一歩である！**

トレーディングは、20％の知的な要素と80％の心理的な要素から成り立っている。成功への第一歩は、古代ギリシャの格言である「汝自身を知れ」から始まる。いくら素晴らしいメカニカルなトレーディングモデルを開発しても、結局は失敗に終わることが多い。失敗することなく最終的に成功を収めるためには、あなたのトレーディングシステムとあなたの感情を調和させなければならない。

ブレット・スティーンバーガー

ニューヨーク州シラキュースにある SUNY アップステート医科大学で精神医学と行動科学を教える客員教授。2003 年に出版された『精神科医が見た投資心理学』（晃洋書房）の著書がある。シカゴのプロップファーム（自己売買専門会社）であるキングズトリー・トレーディング社のトレーダー指導顧問として、多くのプロトレーダーを指導・教育したり、トレーダー訓練プログラムの作成などに当たっている。

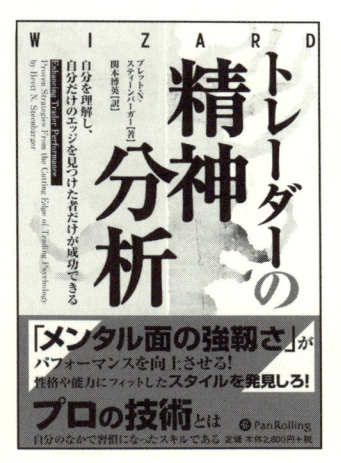

ウィザードブックシリーズ 126
トレーダーの精神分析
自分を理解し、自分だけのエッジを見つけた者だけが成功できる

定価 本体2,800円+税　ISBN:9784775970911

性格や能力にフィットしたスタイルを発見しろ！
「メンタル面の強靱さ」がパフォーマンスを向上させる！
「プロの技術とは自分のなかで習慣になったスキルである」
メンタル面を鍛え、エッジを生かせば、成功したトレーダーになれる！
トレーダーのいろいろなメンタルな問題にスポットを当て、それを乗り切る心のあり方などをさらに一歩踏み込んで紹介。

ウィザードブックシリーズ 168
悩めるトレーダーのための
メンタルコーチ術

定価 本体3,800円+税　ISBN:9784775971352

不安や迷いは自分で解決できる！
トレードするとき、つまりリスクと向き合いながらリターンを追求するときに直面する難問や不確実性や悩みや不安は、トレードというビジネス以外の職場でも夫婦・親子・恋人関係でも、同じように直面するものである。
読者自身も知らない、無限の可能性を秘めた潜在能力を最大限に引き出すとともに明日から適用できる実用的な見識や手段をさまざまな角度から紹介。

マーク・ダグラス

シカゴのトレーダー育成機関であるトレーディング・ビヘイビアー・ダイナミクス社の社長を務める。商品取引のブローカーでもあったダグラスは、自らの苦いトレード経験と多数のトレーダーの間接的な経験を踏まえて、トレードで成功できない原因とその克服策を提示している。最近では大手商品取引会社やブローカー向けに、本書で分析されたテーマやトレード手法に関するセミナーや勉強会を数多く主催している。

セミナーDVD発売予定！

ウィザードブックシリーズ 32
ゾーン　勝つ相場心理学入門

定価　本体2,800円+税　　ISBN:9784939103575

「ゾーン」に達した者が勝つ投資家になる！

恐怖心ゼロ、悩みゼロで、結果は気にせず、淡々と直感的に行動し、反応し、ただその瞬間に「するだけ」の境地…すなわちそれが「ゾーン」である。
「ゾーン」へたどり着く方法とは？
約20年間にわたって、多くのトレーダーたちが自信、規律、そして一貫性を習得するために、必要で、勝つ姿勢を教授し、育成支援してきた著者が究極の相場心理を伝授する！

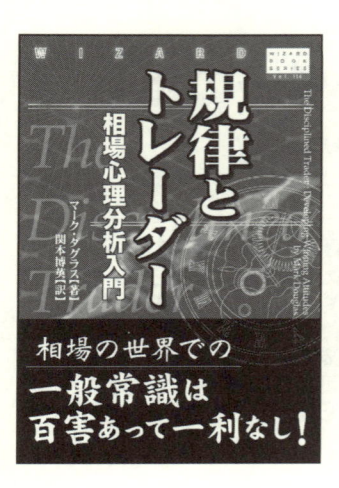

ウィザードブックシリーズ 114
規律とトレーダー　相場心理分析入門

定価　本体2,800円+税　　ISBN:9784775970805

トレーディングは心の問題であると悟った投資家・トレーダーたち、必携の書籍！

相場の世界での一般常識は百害あって一利なし！
常識を捨てろ！手法や戦略よりも規律と心を磨け！
本書を読めば、マーケットのあらゆる局面と利益機会に対応できる正しい心構えを学ぶことができる。

エイドリアン・トグライ

「トレーダーズコーチ」としてトレード業界で豊富な指導経験を持ち、特に心理面に深刻な悩みを抱えたトレーダーたちを多く成功に導いてきた。世界の主要投資カンファレンスでの講演、メディア、ラジオ、テレビへの出演など、第一線で活躍している。

ウィザードブックシリーズ124

NLPトレーディング
投資心理を鍛える究極トレーニング

定価 本体3,200円+税　ISBN:9784775970904

自分の得意技を最大限に極める

トレーダーとして成功を極めるため必要なもの…それは「自己管理能力」である。優れたトレード書の充実、パソコンの高機能化、ネット環境の向上によって、個人トレーダーでも独自の売買アイデアを具現化し、検証し、実践することが容易になってきた。ところが、それでも安定した収益を達成できず、悪戦苦闘しているトレーダーは多い。その大きな理由のひとつに挙げられるのが「心の問題」である。

■目次
- 第1部　トレードとモデル化の戦略
- 第2部　個人と感情の問題
- 第3部　妨害のワナを避ける
- 第4部　トレードを改善する戦略
- 第5部　身体とトレード
- 第6部　最悪の事態に対処する
- 第7部　成功の選び方

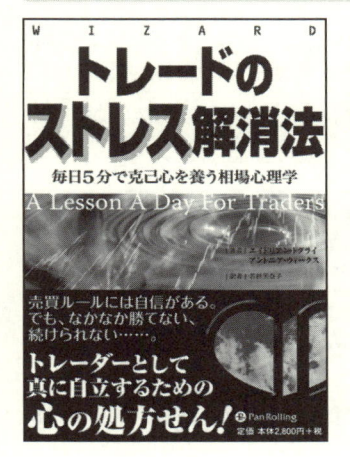

ウィザードブックシリーズ173

トレードのストレス解消法
毎日5分で克己心を養う相場心理学

定価 本体2,800円+税　ISBN:9784775971406

売買ルールには自信がある。
でも、なかなか勝てない、続けられない……。

トレーダーにとって「最難関」の壁は負の人生経験が作り出す「心の障壁」である。本書の目的は、さまざまな心の問題を抱えるトレーダーに、解決策や改善策を提示し、洞察、平穏、一筋の光をもたらすことにある。いずれの章も五分で読めるよう、簡潔にまとめた。本書を読み、やる気を高めることで、トレードに対する心の準備をしてもらえればと思う。

ジャック・D・シュワッガー

現在、マサチューセッツ州にあるマーケット・ウィザーズ・ファンドとLLCの代表を務める。著書にはベストセラーとなった『マーケットの魔術師』『新マーケットの魔術師』『マーケットの魔術師[株式編]』（パンローリング）がある。
また、セミナーでの講演も精力的にこなしている。

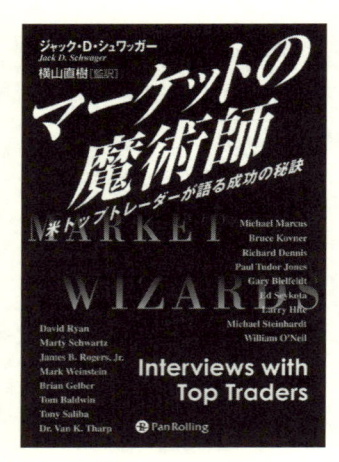

ウィザードブックシリーズ19
マーケットの魔術師
米トップトレーダーが語る成功の秘訣

定価 本体2,800円+税　ISBN:9784939103407

トレード界の「ドリームチーム」が勢ぞろい

世界中から絶賛されたあの名著が新装版で復刻！
投資を極めたウィザードたちの珠玉のインタビュー集！
今や伝説となった、リチャード・デニス、トム・ボールドウィン、マイケル・マーカス、ブルース・コフナー、ウィリアム・オニール、ポール・チューダー・ジョーンズ、エド・スィコータ、ジム・ロジャーズ、マーティン・シュワルツなど。

ウィザードブックシリーズ13
新マーケットの魔術師
定価 本体2,800円+税　ISBN:9784939103346

知られざる"ソロス級トレーダー"たちが、率直に公開する成功へのノウハウとその秘訣。高実績を残した者だけが持つ圧倒的な説得力と初級者から上級者までが必要とするヒントの宝

ウィザードブックシリーズ14
マーケットの魔術師 株式編 増補版
定価 本体2,800円+税　ISBN:9784775970232

今でも本当のウィザードはだれだったのか？
だれもが知りたかった「その後のウィザードたちのホントはどうなの？」に、すべて答えた！

ウィザードブックシリーズ201
続マーケットの魔術師
定価 本体2,800円+税　ISBN:9784775971680

『マーケットの魔術師』シリーズ　10年ぶりの第4弾！先端トレーディング技術と蘊蓄が満載。「驚異の一貫性を誇る」これから伝説になる人、伝説になっている人のインタビュー集。

ウィザードブックシリーズ66
シュワッガーのテクニカル分析
定価 本体2,900円+税　ISBN:9784775970270

シュワッガーが、これから投資を始める人や投資手法を立て直したい人のために書き下ろした実践チャート入門。

ウィザードブックシリーズ208
シュワッガーのマーケット教室
定価 本体2,800円+税　ISBN:9784775971758

本書はあらゆるレベルの投資家やトレーダーにとって、現実の市場で欠かせない知恵や投資手法の貴重な情報源となるであろう。